Aesthetics

Five lectures on Aesthetics

# 美学五讲

◎ 徐 岱／著

浙江大学出版社

图书在版编目（CIP）数据

美学五讲/徐岱著. —杭州：浙江大学出版社，
2020.6

ISBN 978-7-308-19751-9

Ⅰ. ①美… Ⅱ. ①徐… Ⅲ. ①美学－研究 Ⅳ.
①B83

中国版本图书馆CIP数据核字（2019）第265867号

## 美学五讲

徐 岱 著

| 责任编辑 | 黄兆宁 |
|---|---|
| 责任校对 | 杨利军　张培洁 |
| 封面设计 | 刘依群 |
| 出版发行 | 浙江大学出版社 |
| | （杭州市天目山路148号　邮政编码　310007） |
| | （网址：http://www.zjupress.com） |
| 排　　版 | 杭州林智广告有限公司 |
| 印　　刷 | 杭州高腾印务有限公司 |
| 开　　本 | 710mm×1000mm　1/16 |
| 印　　张 | 21.5 |
| 字　　数 | 363千 |
| 版 印 次 | 2020年6月第1版　2020年6月第1次印刷 |
| 书　　号 | ISBN 978-7-308-19751-9 |
| 定　　价 | 68.00元 |

版权所有　翻印必究　　印装差错　负责调换

浙江大学出版社市场运营中心联系方式：0571-88925591；http://zjdxcbs.tmall.com

# 目录

## 第一讲：美学历程

1. 来自神学的美学 / 1
2. 通往科学的美学 / 14
3. 回归哲学的美学 / 27
4. 作为诗学的美学 / 40
5. 走向人学的美学 / 53

## 第二讲：美是什么

6. 虚实之辨：实在论美学批判 / 69
7. 有无之境：价值论美学质疑 / 80
8. 动静之间：对称论美学反思 / 92
9. 阴阳之道：爱欲论美学辨析 / 109
10. 超越之维：发生论美学考量 / 122

## 第三讲：美的呈现

11. 艺术让人成为人 / 134
12. 赋到沧桑句便工 / 146
13. 一树梨花压海棠 / 162
14. 美丽总是愁人的 / 173
15. 天地有大美不言 / 189

## 第四讲：美学问题

16. 自恋主义与美学问题 / 206
17. 神秘主义与美学问题 / 217
18. 形式主义与美学问题 / 229
19. 趣味主义与美学问题 / 244
20. 现代主义与美学问题 / 259

## 第五讲：美学理论

21. 经验与经历：故事美学 / 274
22. 贫困与贫乏：苦难美学 / 287
23. 诗人与女人：性别美学 / 302
24. 动脑与动心：接受美学 / 318
25. 看法与见识：批评美学 / 327

## 后 记 / 338

# 第一讲　美学历程

## 1.来自神学的美学

众所周知，尽管包括中国在内的世界各民族，自古以来皆有关于美的自觉或不自觉的思想；但在作为一门"学科"意义上、形成了系统的"学术史"的美学，却起源于西方世界的思想源头——爱琴海畔的古希腊。虽说就像美学家托马斯·芒罗所指出的，"现代意义上的作为哲学或科学的一个有机分支的'美学'，在古代东方与西方都是不存在的"[1]，但当我们沿着西方美学史的轨迹回溯其整个发展历程时就不难发现，这个发生于古希腊哲人的思想活动，其实与现代意义上以大写的"艺术"为中心的人文思考相去甚远。因为它原本只是早期基督教神学的一个组成部分。如果说西方美学源于柏拉图笔下的苏格拉底，那么我们可以说：柏拉图借苏格拉底之口道出的那些关于"美"的论述，其初衷完全与艺术无关，而只是为了替作为超验性存在的上帝展开雄辩的论证。唯其如此，直到中世纪结束和随之而来的文艺复兴运动的崛起，西方美学一直是汲取神学的养分在发扬光大。那些有影响力的所谓"美学家"基本上都是属于基督教思想阵营的神学家。

何谓"神学"（theology）？在思想史上专家们的观点不尽一致。在此我主要引用两位学者的观点。其一是20世纪苏格兰神学教授麦奎利的话："神学可以定义为这样一种学问，它通过参与和反思一种宗教信仰，力求用最明晰和最一致的语言来表达这种信仰的内容。"[2]其二是美国波士顿大学神学院院长罗伯特·诺维勒教授（南乐山）的观点：作为一门知识学科的神学

---

[1]　[美]托马斯·芒罗：《东方美学》，欧建平译，北京：中国人民大学出版社1990年版，第73页。

[2]　[英]约翰·麦奎利：《基督教神学原理》，何光沪译，香港：汉语基督教文化研究所1998年版，第36页。

是对要求理解宗教本质的好奇心和其他需求的一种理性回应，它是宗教的自我反思，并有能力从学说上给关于神的观念以真理的根据。两位学者的见解或许并非"定论"，但基本上能够厘清我们的问题。换句话说，神学也就是作为宗教文化的一种系统化的反思性思想学说。古希腊的色诺芬尼被认为是历史上最早的"思辨神学家"，他的学说特色在于，在盛行多神论的时代果断提出了神的统一性和不变性，明确地将神确立为万物存在于其中的宇宙的永恒基础。他之所以强调"神学家必须是逻各斯——圣言——的首要仆人"①，是因为他意识到只有形成这样一个无可置疑的绝对中心，才能落实作为万物归一之"一"的上帝的位置。所以，海德格尔在其《林中路》中直截了当地指出，"基督教神学乃是形而上学"。美学史家们早已认识到，对于古希腊，就像"只有在宗教里才存在着真正的美，那种把美的源始表象世界远远抛到脑后的震惊即是对这种惟（唯）一真正的美的观照"。因而，"从美的哲学的基本命题中一定可以寻找到神学同样也能胜任的一切的蛛丝马迹"②。

但在神学与美学间率先建立起相应关系，从而为"神学美学"日后的诞生做出奠基性贡献的，是以"理念论"为核心的柏拉图学说。在柏拉图思想中，"理念"的位置堪比孔子的"仁"。这个抽象概念是总是处于变动状态的具体事物和现象世界后面永恒不变的东西。比如柏拉图在《巴曼尼得斯篇》里阐述：和存在于个体心灵里的观念意识不同，"理念是原因，它是事物的模型，其构造具有永恒的性质"。所以，就像美国哲学史家梯利所说的："柏拉图的体系对基督教哲学与神学有很大影响"，当日后的"基督教力图使它的教义被有教养的罗马人所理解时，柏拉图的体系乃成为它的思想宝库"。因为正是在柏拉图的学说里，"善的理念是逻各斯，即宇宙的目的"这个思想得到强有力的倡导；"它断言理想的世界超越经验世界，宣扬超验论，承认造物主"，并力图从"善"这个"终极原因或目的方面对宇宙做最根本的解释"。这使得柏拉图的整个学说"在根本方面有伦理色彩"③。这同时意味着对于柏拉图而言，他关于"美"的阐述只是为强调"理念世界"的"超现实的现实性"提供一种论证。

比如，柏拉图在《会饮篇》里提出，"美"虽然呈现于现象，但其"本体"却是一种超感觉的东西。因此才有"一种最值得人过的生活，这就是

---

① ［德］汉斯·昆：《基督教大思想家》，包利民译，香港：汉语基督教文化研究所1995年版，第2页。
② ［瑞士］巴尔塔萨：《神学美学导论》，曹卫东等译，北京：生活·读书·新知三联书店2002年版，第11—12、16页。
③ ［美］弗兰克·梯利：《西方哲学史》，葛力译，北京：商务印书馆1995年版，第67页。

对绝对美的沉思"这样的说法。正是通过对美的论述，柏拉图为作为一种终极本源的善的理念的实体性，提供了一种自圆其说的论证。因为"事物可见不可知，理念可知不可见"。人们无法以"眼见为实"这样的理由来怀疑"理念"的实体性。在这个意义上，尽管我们必须承认柏拉图本人并没有直接着手营造基督教神学体系，但他赋予超验的善的理念以最高实体性的强有力的论证，为以上帝为中心的"基督教神学"的诞生提供了不可缺少的形而上学基础。有研究者指出，柏拉图还是历史上正式使用"神学"（theology）的第一人。[1]所以，梯利的这个观点是成立的：不是柏拉图本人的主观意图，而是"柏拉图的体系成为宗教世界观或通神学的构架"。同样只有在这个意义上，我们才能理解，何以吉尔伯特和库恩在他们合著的《美学史》里认为，柏拉图的著作与其说是美学著作，不如说是反美学的著作。只是有必要补充一点："反美学"其实正是一种美学思辨。正是出于这个考虑，克罗齐在其《美学的历史》中毫不犹豫地提出，"美学问题正是和柏拉图一起产生的"，让波兰著名美学史家塔塔科维兹得出"柏拉图是艺术批评和美学思辨的创始者"[2]的结论。

但确切地讲，由柏拉图所开创的这种美学，就是"作为一种神学"的美学，柏拉图只是在用其理念论来替基督教"自然神学"奠定思想基础的同时，"顺便"地为神学美学打开了一扇门。将这种思想真正演绎为一种学说的，是被思想史家们看作"新柏拉图学派创始者"的、出生于埃及的罗马帝国时代最伟大的哲学家普罗提诺。神学美学的两位主要的思想家是奥古斯丁和托马斯·阿奎那。普罗提诺沿着柏拉图开辟的道路再进一步，强调将思想从对感觉与物质世界的关注转向对超感觉的非物质实在的认识：一个人观看具体的美时不应该让自己沉湎其中，而应当超越它，努力"飞升到美的本源那儿去"。所谓"美的本源"，也就是身处我们的感官—经验世界之外、作为"绝对的善"的神。在《九章书》第一部第六卷的《论美》篇中，普罗提诺明确提出："如果要得到美本身，那就得抛弃尘世的王国以及对于整个大地、海洋和天空的统治。"整个审美过程就是通过"爱"的体验回返神的国度。比如，"想一想绘画的情形吧：凡是以肉体的感官看见了绘画艺术作品的人，绝不是以唯一的一种方式在看见这种东西的；他们从眼前被勾画出来的事物里面认识到深藏在理念之中的事物的表现，因而深深地被感动，并这样被唤起了对于真理的回忆，这正是'爱'所由以产生

---

[1] 陈中梅：《柏拉图诗学和艺术思想研究》，北京：商务印书馆1999年版，第105页。
[2] [波]沃拉德斯拉维·塔塔科维兹：《古代美学》，杨力等译，北京：中国社会科学出版社1990年版，第154页。

的经验"。自此，神学美学才真正启程。

美的历程也就是芸芸众生重返天国的朝圣。对美的热爱表明了人们对一个超越经验世界的精神故园的怀念。所以，审美主体的自我修养就举足轻重。因为"通过这个自我修养的过程，我们便可以获得那种'独一无二的眼睛'：它可以观看'太一'伟大的美"。从柏拉图提出的美的超验性出发，普罗提诺进一步明确了美的彼岸性。这个作为"太一"的美也就是存在于彼岸的"神"。因此，"为了能够看到那个神，我们必须凝神屏气，宛如在神庙中一样，我们必须对此岸的事物不置一词，宛如在观看神像"。由此可见，普罗提诺通过对纯粹精神、灵魂、物质三种形态的区分，确立了上帝的至高无上性。但经过了奥古斯丁和托马斯的发扬光大，神学美学才趋于成熟。奥古斯丁的贡献在于将美学融入"系统神学"之中。不同于普罗提诺的柏拉图主义，"奥古斯丁倾全力于神学，即使联系到哲学问题，其主要目的也是调和《圣经》的教导与柏拉图派的哲学遗产"[①]。所以，在奥古斯丁这里，普罗提诺的"神"已明确转换为"天主"和"上帝"。至高无上的美就是上帝，上帝即"美本身"。一部人类史就是作为"上帝之城"的美之天国同世俗之国的凡界之间的较量。芸芸众生所要做的，无非就是认清虽然"天空是美的，但看不见的创造物则更为美"，那虽然无形但又有实体性的上帝才是"无可匹敌的、真正的美"。奥古斯丁由此排出了一个关于美的四层阶梯，即肉体之美、经由肉体之美趋向灵魂之美、灵魂内在之美、趋向上帝之美。他也因此而获得了"西方基督教美学的创立者"的名声。

从美学的立场来看，奥古斯丁的主要贡献有三点。首先是通过以美决定快感，明确了美作为一种精神实体的客观性。也即"快感仅生于美，而美取决于形状，形状取决于比例，比例取决于数"。而这个通过尺寸、形式与秩序三者体现出来的数，则"是上帝所创造的无论精神的还是物质的事物的基本完善性"。因而，对于这种作为完善的理念的美，我们只是观看它而并没有创造它。其次是肯定了象征与想象力在审美活动里的重要性。即"以上帝的一个'神圣的名字'出现的、严格说来仅仅属于上帝的美，借助于象征主义这一茫茫无际的绳索，从天国降到大地。想象力常常被称为一只小船，往返于天国和大地之间"[②]。最后也是最重要的，就是对上帝作为绝对美的确定。在《忏悔录》里他以自身的经历为担保表示"我为达到至高

---

① ［英］伯特兰·罗素：《西方的智慧》，崔人元译，北京：世界知识出版社1992年版，第169页。
② ［美］凯·埃·吉尔伯特等：《美学史》，夏乾丰译，上海：上海译文出版社1989年版，第199页。

的美的相等（equality）而欣喜，对此，我不是凭肉眼，而是凭心灵去认识。因此，我相信我以肉眼所见之物愈是接近我以精神领悟之物，它便愈完美。但无人能够解释为何如此"。

如果说奥古斯丁的贡献在于将柏拉图学说彻底"基督教化"，那么将亚里士多德诗学理论基督教化，则是托马斯在美学史上的主要贡献。他通过把理性引进神学而实现了基督教思想的一次转型，在这种新的思想背景下，托马斯给美学带来了新内容，即给了超验的美的理念以经验的基础。亚里士多德虽然接受了柏拉图提出的作为事物之形式（理念）的永恒性，但却扬弃了其超验性。在他看来，形式并不脱离事物，而在事物之内；理念作为目的，固然是最本质的东西，但它不具有自在性。感官世界与现象界不单纯是实在世界的模仿或影子，它们就是实在的世界。依托于亚里士多德的这一观念，托马斯提出了他关于美的著名定义：美的事物是一种在人们看见它时能给人以快乐的事物。需要特别强调的是，这是西方美学史上第一个真正意义上的"关于美"的界定。托马斯也以这种方式间接地"回应"了苏格拉底在《大希匹阿斯》中做出的"美是难的"这个结论。借助这个定义，托马斯对美提出了新的认识：首先是强调了美与现象的联系，因为"观看"行为有一种直接性，总是同具体事物联系。其次是明确了人作为审美主体的意义，因为"只有人才对如此这般的感性事物的美感到喜悦"。再次是触及了审美活动本质上的超越性。用他的话讲，"狮子在看到或听到一只牡鹿的时候感到愉悦，是因为这预示了一顿佳肴。而人却通过其他感觉体验到愉悦，这不仅是由于可以美餐一顿，还由于感性印象的和谐。……因此，这种愉悦也就不再同维持其生存相联系"[①]。

需要进一步说明的是，这与神学美学有什么样的密切关系。关键在于，在西方哲学传统中"实在何在"这个根本性问题上，托马斯借助于"共相既在先又不在先"的思想，调和了柏拉图的先验论与亚里士多德的经验论之间的间隔，为美的神圣性留下了坚实的基础。换言之，神学之所以为"神之研究"，在于必须为一种"不可见"的"超验存在"留下位置。因此，作为神学的美学则必须给人的经验生活留下一席之地，否则的话它就只能是神学而称不上美学。托马斯的上述见解正体现了对这二者的包容。虽然这个问题从普罗提诺开始便已被诸多思想家讨论，但只是在托马斯这里，事情才有了一个较为明确的转变。唯其如此，像塔塔科维兹这样的美学史家给了托马斯以高度评价，在他看来，"圣托玛（马）斯的定义虽然简单，

---

① [波]沃拉德斯拉维·塔塔科维兹：《中世纪美学》，褚朔维等译，北京：中国社会科学出版社1991年版，第316页。

却具有伟大的历史意义"①。因为他不仅为经院论哲学争了光，而且也为现代美学的诞生做出了重要贡献。但归根到底，所有这些仍然只是希腊精神的延续。"对于希腊人来说，宗教是借助乞求神的降临、排演神的故事、移情地感受神至高无上的光辉、把神用美的和人的形式不断置于自己眼前的种种手段。"②换句话说，希腊人对"神"的态度完全是世俗化的和工具性的。他们在意的是以身体性为本的"美"，而不是抽象的形而上之"神"。

如果回到中国的思想传统，上述观点就显得完全不同。以孔子和老子为代表的早期思想家们的美学言说与神学的关系，与西方思想家们的路径显然不同。认识中国古代美学与神学之关系的关键所在，是怎样评估作为中国传统思想文化两大主潮的"儒与道"的宗教性。一般说来，中国思想尤其是孔门儒学同基督教意义上的宗教文化相去甚远。也正因如此，对于中国思想的宗教性，长期以来人们总是有些怀疑。比较起来，一种介于明确的否定与肯定之间，将中国思想视为一种能够被以宗教式对待的"仿宗教"的观点，因其显得较为"中庸"而得到了不少学者的赞同。其中最有代表性的是英国人肯尼迪所提出的，儒学可以被作为一种宗教体系来对待，但它不能被称为宗教。③林语堂虽然曾提出，普通中国人"依赖道家的神学以解释自然界的神秘"；但也基本认可这一说法，承认"孔子学说，干脆些说，它有一种对待人生与宇宙的思想，接近宗教而本身不是宗教"④。分歧的关键在于，究竟怎样理解人类的宗教文化。

事实表明，任何试图以某个单一特征来将所有的宗教现象一网打尽的做法，既不现实也无必要。当代英国学者约翰·希克曾建议，采纳维特根斯坦当年以游戏为例提出的"家族相似说"，将整个宗教活动看作一个既有某种联系又不尽一致的现象。人类文化的多元化决定了宗教现象的多样性，驻足于基督教传统来制作宗教文化的范本并不合适。但另外，也正是"家族理论"本身提醒我们，正如基因与血缘最终将一个家族联结成一体，在文化现象的多样性里同样也存在着某种最为根本性的东西。汤因比曾经提出，如果我们对不同时代和地区的各种宗教做出总体性概览，那么所产生的第一个印象是无限的多样性。但一旦经过进一步考察便能发现，所有这些多样性都可以分别被归纳为三类崇拜对象：自然界、人本身和既非自然

---

① ［波］沃拉德斯拉维·塔塔科维兹：《中世纪美学》，褚朔维等译，北京：中国社会科学出版社1991年版，第301页。
② ［美］乔治·桑塔亚那：《诗与哲学》，华明译，北京：北京大学出版社1991年版，第51页。
③ ［美］J.M.肯尼迪：《东方宗教与哲学》，董平译，杭州：浙江人民出版社1988年版，第153页。
④ 林语堂：《吾国与吾民》，北京：中国戏剧出版社1990年版，第95页。

亦非人而又存在于自然和人之中并超越于它们之上的绝对实在。这个见解是深刻的，可以再做补充的是，三者之中又属"绝对实在"更为基本。

汤因比指出：归根到底，作为一种文化现象的宗教活动是人类需求的产物，是"寄寓在我们每个人之中的人类精神不得不为我们生存于其中的宇宙寻求一种解释"①。在这个意义上，宗教是具有自审意识的人类生命所特有的，人类通过对某种"绝对实在"的确认而给已经不再满足于只是盲目地活着、而渴望知道应如何活的自身一个说法，以使其能够从容地接受某种安身立命的方式。所以希克指出，正如在"游戏"的例子中我们需要一个出发点，从这个出发点去说明这一系列的现象；在宗教领域内，由保罗·蒂里希率先提出的"终极关怀"的概念能有效地给予一种出路。这样的关切最终将我们引向某个绝对实在。正如他所说："绝大多数宗教形式都肯定超越于人类和世界的拯救性实在，人们把这个实在不同地想象成人格的上帝或非人格的绝对者，或者想象成宇宙的普遍有序的结构或过程或基础。人们可能会把对这一主题的系统讨论称为'神学'，除非这一概念把超越者的概念限于神这个含义。"②

以此来讲，任何一个经历了文明演进历程的民族都不可能没有属于自身的宗教文化，并因此而拥有其相应的神学思想，区别只是在于各自所认同的绝对实在不尽一致。如同古希腊的柏拉图和亚里士多德的形而上活动对"逻各斯"的建构，为基督教神学的创立奠定了基础；作为中国思想传统之源的老子和孔子之学则凭借着对抽象的"道"的认同，在开创了中国哲学之源的同时，也催生出了一种属于汉文化的神学。迄今为止，不仅许多研究中国思想史的学者，已对"道"这个概念作为古代中国思想的"绝对实在"基本达成共识，而且已有学者从比较文化的视野入手，进一步指出了这个东方之"道"同西方之"逻各斯"的相通：二者都同时拥有作为一种"存在"的理性和作为其表达的言说的意思。③如同后者在西方早期文化中所具有的意义一样，它在汉文化思想里是一个"关键词"。老子《道德经》的书名本身就已体现出这个特点，而马克斯·韦伯指出，"'道'本身是个正统的儒教概念"④。这个见解不仅独特并且深刻。孔子"朝闻道，夕死可矣"的论述，让人们看到"道"在孔子思想中的至高无上性。

德国古典思想家谢林认为，在中国的全部学说和智慧中，根本不存在

---

① [英]阿诺德·汤因比：《一个历史学家的宗教观》，晏可佳等译，成都：四川人民出版社1990年版，第27页。
② [美]约翰·希克：《宗教之解释》，王志成译，成都：四川人民出版社1998年版，第7页。
③ 张隆溪：《道与逻各斯》，成都：四川人民出版社1998年版，第72页。
④ [德]马克斯·韦伯：《儒教与道教》，洪天富译，南京：江苏人民出版社1995年版，第208页。

西方思想里的"上帝"的概念，唯一在格局上相近的字是"天"。[①]这个见解同样值得重视。儒家对"天"的顶礼膜拜并非什么秘密。天就是命，对它的敬畏被孔子列为君子的"三畏"之首。道家更是如此，将它视为唯一能对世俗君主具有某种制约作用的力量："天有六极五常，帝王顺之则治，逆之则凶。"（《庄子·天运》）甚至墨家也有言："昔三代圣王禹汤文武……其事上尊天，中事鬼神，下爱人，故天意曰：此我所爱，兼而爱之"（《墨子·天志上》）。这样，如果我们承认，"宗教是用神圣的方式来进行秩序化的（活动）。在此，神圣意指一种神秘而又令人敬畏的力量之性质，它不是人，然而却与人有关联，人们相信它处于某些经验对象之中"[②]，那就不难看到，中国思想里的"天"同西方文化中的"上帝"一样具有宗教意义。因为在标举"天人合一"的汉文化中，这个以"天"来命名的伟大力量虽然主宰着一切却又是神秘而不可知的。所以，无论是《孟子·尽心下》里所言的"圣而不可知之之谓神"，还是《易传·系辞传》里的"阴阳不测之谓神"，其内涵都反映出中国古人对一种以"天"来命名的某种神秘存在的认识。德国汉学家孔汉思以此断言，"中国人畏天命，……而现在仍在许多方面是中国宗教的主要特征"[③]，这是有识之见。而进一步来看，笔者同意这样的观点：就像基督信仰是"上帝神学"，可以认为"儒、墨、道三家的天命观，已不是简单的天帝崇拜和天命迷信，而是理论化了的天命神学"[④]。

这种崇"天"的宗教也即尊"道"的宗教："道"乃"天"之本。所谓"天命之谓性，率性之谓道"（《中庸》第一章），所谓"人法地，地法天，天法道，道法自然"（《老子》第二十五章）。显然，在"道生一，一生二，二生三，三生万物"的中国思想中，"道"就是作为终极者的绝对实在。借用一下南怀瑾先生的话，"中国过去的观念，称宇宙万有的本体为'道'，另外还有'大'、'逝'、'远'、'反'等名称，甚至于儒家所讲的'天'或者'帝'，也都是'道'的代号"[⑤]。唯其如此，老子才一再强调"道"的"不可道"性。无非因为这个"可以为天下母"而"先天地生"的东西，就是终极实在。在这个意义上，"道"与"逻各斯"之间拥有了一个最具根本性的相通性：二者都具有形而上特性，而这种立场是任何宗教文化的出发点。

---

[①] [德]夏瑞春：《德国思想家论中国》，陈爱政等译，南京：江苏人民出版社1995年版，第149—150页。

[②] [美]彼得·贝格尔：《神圣的帷幕》，高师宁译，上海：上海人民出版社1991年版，第33页。

[③] [加]秦家懿、[德]孔汉思：《中国宗教与基督教》，吴华译，北京：生活·读书·新知三联书店1990年版，第93页。

[④] 朱天顺：《中国古代宗教初探》，上海：上海人民出版社1982年版，第272页。

[⑤] 南怀瑾：《老子他说》，上海：复旦大学出版社1996年版，第351页。

此外，中国古代思想的宗教性也在于其鲜明而浓厚的伦理性。人类学家泰勒根据其对世界原始文化的多方位研究，曾得出"宗教的一个极为重要的因素是道德因素，它是较高级部族宗教中的最重要部分"的结论。①《道德是一种宗教》一书的作者姆泽依也认为："道德宗教的第一点要求是，道德存在于宇宙之中，它象（像）自然界的物质规律一样贯穿于一切之中，而且是不能废除的。"②所有这些论述都说出了一个重要的道理。因为宗教文化是从价值论的立场出发给出宇宙世界的秩序，其意义主要在于最终为人类的现世生活提供一个行为规范和伦理依据。因而从某种意义上讲，所有宗教的根本差异主要也表现于其所认同的道德立场上。

中国古代思想的宗教性也同样体现在这里。不仅儒家明确地将"道"归结为一种人伦法则（如《中庸》里所言："诚者，天之道也；诚之者，人之道也。"），以至于韦伯认为儒家所说的"道"就像佛教一样，"只不过是一种伦理"③；而且道家倡导"道"同样也是出于一种伦理立场。因为在持"心物一元论"立场的中国传统里，道所效法的"自然"并非一种事物（大自然），而是一种状态（自然而然）。所以，南怀瑾先生用"法尔如是"来解释"道法自然"是准确的。其实公元3—4世纪的郭象就曾表示，"天地以万物为本，万物又以自然为正。自然者，不为而自然者也"，认为"自然即物之自尔耳"。④以此观之，则正如南先生所言："老子的本意是使我们的人生自然与天然法则相吻合。"⑤这也意味着老庄对"道"的强调本质上也是通过对"顺其自然"的生存方式的推崇，确立起一种有别于儒家人伦规范的道德宗教。

所以，与世界文明史相同步，中国的思想传统同样曾处于一种以宗教文化为主导的历史格局。海外华裔学者秦家懿教授说得好：以中国传统词汇里没有"宗教"这个词来推论中国没有宗教传统的语言学决定论，是站不住脚的，"历史上的儒学曾经在宗教与非宗教两方面都有其功用"。虽然"随着祭天礼仪的终止和公众的祭祖活动日渐息微，儒学在宗教礼仪方

---

① ［英］爱德华·泰勒:《原始文化》,连树声译,上海:上海文艺出版社1992年版,第415页。
② ［美］斯特伦:《人与神:宗教生活的理解》,金泽等译,上海:上海人民出版社1991年版,第110页。
③ ［美］马克斯·韦伯:《儒教与道教》,洪天富译,南京:江苏人民出版社1995年版,第110页。
④ ［日］沟口雄三:《中国的思想》,赵士林译,北京:中国社会科学出版社1995年版,第39页。
⑤ 南怀瑾:《老子他说》,上海:复旦大学出版社1996年版,第42页。

面作用不大，但在其内涵深处，仍然具有浓厚的宗教性"[1]。一代哲学泰斗黑格尔在其百万言的《宗教哲学》里早就认定："中国的宗教应称为道德的宗教。"[2]迄今来看，这个概括仍具有学术生命力。如果要做出区别的话，也就是以儒与道为主体的中国宗教由于受中国文化的"生存本位"和"在世主义"的影响，在本质上属于一种"救世宗教"。与此相应，"正是在救世神学方面，中国传统做出了它最突出的贡献"[3]。这个观点已受到当今海内外汉学界的重视。虽然也有学者试图在这个方面将儒与道分而论之，把儒学排斥在外，但说服力显得不够。[4]概而言之，二者的区别在于着眼点：儒家侧重于调和人伦关系来使门徒们在当下社会安身立命，通过建功立业来实现生命的意义；道家则主张奉道者借助于对终极原理的皈依来延年益寿，最终体会到生命的乐趣。

这也正如南乐山教授所言，尽管神学之名来自西方的宗教传统，它却不能仅仅为这个传统所独占，它具有一种开放性。也即是说在每一种不同的宗教文化里都存在着属于自己的神学："神学可以是基督教神学、犹太教神学和佛教神学。"[5]凡是存在着宗教自觉之处，也就存在着某种关于这种宗教的神学。但问题依然存在：由儒道二教为主体所构成的古代中国神学，对中国美学思想的历史发生究竟具有怎样的意义？困惑是显而易见的：时至今日人们早已接受了关于汉语"美"的这么一种词源学解释：羊大则美，美意味着肥大的羊肉给人的味道甘甜可口，这种口腹之乐同作为一种神圣的精神活动的宗教追求似乎相去甚远。虽然也有学者曾提出，上述"羊大则美"中的"羊大"不应简单地理解成羊的肥大，而应解释为"羊人为美"。因为古代文献里的"大"呈"人"形，汉代许慎在《说文解字》中对"羌"字的解释是"从大；大，人也"。所以，"美"意味着以羊这类动物为图腾崇拜的古人头戴羊角进行祖先朝拜活动。[6]但这种说法迄今并未能受到学界的真正重视。

---

[1] ［加］秦家懿、［德］孔汉思：《中国宗教与基督教》，吴华译，北京：生活·读书·新知三联书店1990年版，第87页。
[2] ［德］黑格尔：《宗教哲学》上册，魏庆征译，北京：中国社会出版社1999年版，第260页。
[3] ［美］南乐山等：《在上帝面具的背后：儒教与基督教》，辛岩译，北京：社会科学文献出版社1997年版，第82页。
[4] ［加］秦家懿、［德］孔汉思：《中国宗教与基督教》，吴华译，北京：生活·读书·新知三联书店1990年版，第133页。
[5] ［美］南乐山等：《在上帝面具的背后：儒教与基督教》，辛岩译，北京：社会科学文献出版社1997年版，第25页。
[6] 肖兵：《从"羊人为美"到"羊大则美"》，《北方论丛》1980年第2期。

分析起来，其实无论是"羊大则美"还是"羊人为美"，都涉及"羊"与"人"的关系，关键之处首先是对这种关系的定位：是指满足人的基本生理需要还是指满足人的社会礼仪需要。"羊大说"倾向于前者，是因为肥大的羊味道可口。问题在于这样的羊并非一定是给活人享受的，也可能是特意挑选出来作祖先朝拜之用，这同样也是人的一种需要。从有关信息来看，后一种情形不仅曾确实存在，而且更为重要。比如《论语·八佾篇》第十七条记载："子贡欲去告朔之饩羊。子曰：'赐也！尔爱其羊，我爱其礼。'"这清楚地表明，每逢初一宰一只羊祭于祖庙这项活动，在早期中国社会是十分普遍的。很难想象作此用途的羊不是一只肥大出色的羊，而且它最终很可能并不再被取回给人享受，否则子贡也不至于为之可惜。以此来讲，"羊大说"与"羊人说"并不龃龉，二者都可以表示古代中国的一种宗教礼仪活动，其意义在于提供一种精神方面的满足。用冯友兰先生的话说："儒家对于祭祀之理论亦全就主观情感方面立言，祭祀之本意依儒家之眼光观之，亦只以求情感之慰安。"①

日本美学家今道友信曾提出，古代汉语里的"羊"同"义"与"善"等字有密切关系，因为古汉字"义"由"羊"在"我"上所构成，而"善"字则表示"羊"置于一只形如盘状的古代食器"豆"上。这个意见无疑是成立的。这也表明，在当时的汉文化传统里，羊这种动物的主要用途不同于今天这样以"烤羊肉"闻名，更多的是被当作一种牺牲的象征以满足人们的宗教礼仪之需。当然我们也可以认为，当时的人们之所以会选择以羊而非其他动物作为祭祀物品，是出于对羊的食用效果的考虑。用许慎在《说文》里的解释是："羊在六畜主给膳也，美与善同意。"但羊肉能满足个人温饱固然是一种善，以羊讨得祖先的欢心以保障家族与百姓的生存无疑是更大的善。显然正是这样的理路使今道友信教授从对汉字"美"的语义拆解中，得出了"美相当于宗教里所说的圣，美是作为宗教里的理想道德而存在的最高概念"这一结论。②这虽然带有一定的理论设定性，但就其逻辑推断而言不无道理。之所以让人一时还难以做出最后的定夺，是由于"美"字同"甘"字在古时能够通释。如《说文》中许慎不仅认为"美"即"甘也"，而且将"甜"的异体字明确地释为"甘舌，美也，从甘从大，舌知甘者"。由此很容易让人觉得，中国古人对"美"的认识，起源于对口腹之乐的体验。如果由此而进一步地联系在现代汉语里依然通用的诸如"美食""美味""美餐"等，以及中国古代诗人里曾十分盛行的以"味"论诗

---

① 冯友兰：《三松堂学术文集》，北京：北京大学出版社1984年版，第139页。
② ［日］今道友信：《关于美》，鲍显阳等译，哈尔滨：黑龙江人民出版社1983年版，第176页。

的现象，那么这一结论似乎显得十分牢靠。

　　无须赘言，在我们祖先的美感生成历程上，感官享受无疑曾是一条十分重要的途径。一些国外汉学家认为"中国人最初的美意识起源于味觉美的感受"的观点，也能够成立。①问题是这是否就意味着同宗教文化的分道扬镳呢？在我看来并非如此。"食必求饱，然后求美"，墨子的这句名言提醒我们注意"美味"同一般食欲满足的本质区别。《中庸》里说得更明白："人莫不饮食也，鲜能知味也。"作为"美"的"味"虽在食中，但食毕竟并不就是味，它只是善品者从佳肴里所获取到的一种东西。这究竟是一种什么样的东西？许慎其实已在解释"甘"字时道出："甘，美也，从口含一，一，道也。"这就是说，只有当人们能够从看似最平常不过的饮食活动中品尝出一种"道"来，他才能拥有一种"美"的体验，这样的食品也因此而被视为美食。所以，"美"即"道"，这个位居中国文化传统之首的"道"也就是"美"，美同甘的通释归根到底向我们拓开了一扇通往"道"之门。如果说单凭古时的"妙"有"好也"之意（《广雅·释古一》），而按《说文·女部》里的解释，"好，美也"，便推定"'道'正是众'美'之门的枢机"②，这或许有点勉强；但参照一些早期道家经典来看，"道"与"美"的同一性关系仍是显而易见的。

　　比如被一再形容为"无形无声，视之不见，听之不闻。是谓微妙，是谓至神。绵绵若存，是谓天地之根"的无为之"大道"（《通玄真经·精诚》），有一种虽无以名状但却能有所体验、虽无法言传但仍可心领神会的特点，否则我们也就不会知晓其存在。所以说："道者，神异之物，灵而有性，虚而无象，随迎不测，影响莫求。不知所以然而然。"（司马承桢《坐忘论·序》）正如许地山所指出的，老子并没有完全否定道的可感知性，只是强调了"道是感觉器官不能完全理解的实体，所以名之为恍惚"③。也正是从这个意义上我们得以发现"美"与"道"的一致性，所谓"天地有大美而不言，四时有明法而不议，万物有成理而不说"（《庄子·外篇·知北游》）。二者的不同在于：道作为终极实在是一种类似于柏拉图"理念"的抽象实体，而美作为道的体现却具有感性。美因此而成了道的最佳代言者，因为美既与道同在，又能作用于我们的身心。所以老子曾表示，道虽不可道，却可以通过"致虚极，守静笃"的方法来"观复"，后人宗炳从中进一

---

① ［日］笠原仲二：《古代中国人的美意识》，魏常海译，北京：北京大学出版社1987年版，第5页。
② 潘显一：《大美不言》，成都：四川人民出版社1997年版，第13页。
③ 许地山：《道教史》，上海：华东师范大学出版社1996年版，第31页。

步提出了"澄怀味象"和"澄怀观道"的命题。

凡此种种揭示出这么一个事实：美的世界是道的家园，审美体验是抽象之道能够以一种具象的方式从容显现的最佳舞台。对此，哲学家怀特海曾做过一番生动的描述："当我们认识到欣赏花朵的美就不能把花朵的细胞和它的脉动分割开来时，我们就会开始意识到，我们对整体中细节的了解是多么有价值。这是神圣的直觉，这是宗教的直觉，这种直觉是一切宗教的基础。"所以，求"美"是为了得"道"，人类在从事宗教文化的活动中真正发现了美的存在与价值，美的魅力成了人们领悟终极实在的桥梁，曾经，自觉的神学思考成了孕育美学思想的胎盘。这既是西方美学的一道发生学背景，同样也是中国美学的一条历史轨迹。众所周知，孔子由于有过闻《韶》而"三月不知肉味"的经历，而有"知之者不如好之者，好之者不如乐之者"的主张；但这并不意味着他有"唯美主义"的立场，恰好表明他已清楚地认识到"乐所以成性"是由于"乐中有道"的奥妙。所以，在倡导"夫子之道，忠恕而已矣"的儒学礼教中，对"道"的强调最终被"仁"所代替（如"人而不仁，如乐何？"）；在孔子的思想里，仁即爱人，就是天地万物的根本之道。

概而言之，儒道二家共同的生存本位和在世倾向，使它们在取道于形而下的感官享受来获取形而上的终极之道这一点上握手言和，最终殊途同归于以"味"求"道"的享乐主义美学。在这里，虽然以"饮食男女之大欲"为主体的感官欲望的满足是其前提，但其内涵并不仅仅范围于单纯的生理层面。日本学者笠原仲二对"羊大"所引起的美感的分析颇能给人以启示。他认为在此至少包含着这样一些内容：第一是视觉上对于羊的肥壮姿态的欣赏，第二是味觉上因大羊肉厚油多的感受，第三是触觉上由羊的毛皮柔软引起的舒适感，第四是羊所具有的经济价值等。而美感的最终产生则在于所有"这些感受归根到底来源于生活的吉祥，包含着心理的爱好、喜悦、愉快等等可以叫作幸福感"的一切。[①]这种"在世的幸福感"便是所谓中国式"乐感文化"所依据的道，它体现了汉文化里的庇护神与其信仰者的关系。

著名社会学家涂尔干指出过，那种将"神"理解为恐惧的产物的说法没有任何根据，"原始人并没把他的神视为陌生人、敌人，或者是必须不惜任何代价让它满意的名副其实的恶毒的东西。恰恰相反，诸神是朋友，是

---

① ［日］笠原仲二：《古代中国人的美意识》，魏常海译，北京：北京大学出版社1987年版，第3页。

亲戚,是他天然的保护者"①。作为一种超越的全能力量的"神"既由其信仰者的想象力所构建,也是其主观愿望与意志的某种体现。而它们的诞生又反过来向其创造者实施控制,铸造出与其相应的文化。这就是所谓的"宗教异化",即:一方面,任何形式的宗教都是作为人类意义的建构被投射进空旷浩瀚的宇宙之中;另一方面,"这种投射又作为异己的实在返回来缠住它的创造者"②。所以,一旦我们明确了美学的神学之源,那就不难理解何以早期西方美学表现出了一种超越感官之乐趋向彼岸的特点,而传统中国美学里则一直存在着一种鲜明的返回躯体固守当世的倾向。对于二者的这种反差,我们只能从它们各自所属的宗教背景中去寻求解答。

## 2. 通往科学的美学

凡是对美学史略有所知者,对德国学者亚历山大·戈特里布·鲍姆嘉滕这个名字一定不会陌生,因为他有一个"现代美学之父"的响亮称号。现在看来,这个称号显得不太合适,或许改动一个字为"美学教父"更恰当。但"之父"也好,"教父"也罢,无论如何,鲍姆嘉滕在美学史上的位置一直以来受到轻视,这个现象同样并不合适。因为正是他率先以"关于诗的哲学默想录"之名,出版了第一部真正意义上的美学著作。而那一年(1735),被黑格尔等后来者共同供奉为"现代美学第一人"的康德,才只是一个11岁的孩子。但如果仅仅只是为"美学之父"的名誉究竟应该归属于谁而大费笔墨,那没太大意义。重要的是,倘若我们认真对待鲍姆嘉滕为美学事业所做出的贡献,那么就会对西方美学发展轨迹有一种重新认识。

比如,在鲍姆嘉滕于1750年出版的《理论美学》一书中,不仅首先以"感觉学"的概念为美学命名,而且还做出了第一个"美学"定义:美学作为自由艺术的理论、低级认识论、美的思维的艺术和与理性类似的思维的艺术,是感性认识的科学。对这个定义人们同样并不陌生,耐人寻味的一件事是,一直以来史家们的注意力基本都聚焦于"低级的感性认识"这方面,而忽略了"科学"这个概念。但这种忽略的结果却有着严重的后果:对现代美学与现代科学的特殊关系的无视。事实上从发生学视野看,就像戏剧艺术产生于宗教仪式,古典美学起源于神学,现代美学是在经过了漫

---

① [法]爱弥尔·涂尔干:《宗教生活的基本形式》,渠东、汲喆译,上海:上海人民出版社1999年版,第294页。
② [美]彼得·贝格尔:《神圣的帷幕》,高师宁译,上海:上海人民出版社1991年版,第120页。

长的中世纪之后，在文艺复兴和随之而来的启蒙运动之后，才真正以一门独立学科的身份在人文学领域里安营扎寨。但这种现象有个重要前提：科学。换句话说，从神学中独立出来自立门户的美学，最初仍然不具有名副其实的自主身份，而只是依附于科学之力并栖息于科学的地盘。鲍姆嘉滕之所以能成功地为美学命名，从而为它在日后走向鼎盛奠定基础，完全得益于将它归于科学的名下。这在鲍姆嘉滕《美学》的英译者阿什布鲁纳·霍尔特的"导言"中，有着清晰的反映。他不仅呼吁人们给予鲍姆嘉滕公正评价，而且还特意强调了这位美学教父的科学美学思想。他写道，"美学是这样一种科学：它审查感觉，以达到说明那种适用于它的完善"[1]。

只有重新认识到这个被忽略的事实，我们才能理解何以在康德与黑格尔等一代美学大家纷纷退场之后，已经在启蒙运动之后的浪漫主义思想家手中借助哲学之力而真正独立自主的美学，一度又重新踏上了走向科学之途。比如泰纳在《艺术哲学》的开篇就写道："当今科学研究的总趋向是人文科学向自然科学靠拢，并通过将自然科学原则和批判方式赋予人文科学的途径，使人文科学的地位得以稳固和获得进步。"若干年后，美国学者托马斯·门罗分别出版于1928年和1956年的《美学的科学方法》与《走向科学的美学》等著作里也同样提出，现代美学之所以让人失望，是"由于科学还没有对美学领域进行勘察"。直到20世纪80年代，希望跻身于科学家阵营、让现代美学依仗科学的力量再创辉煌的"科学主义情结"，在美学家当中依然十分强烈。当代法国美学家于斯曼的观点颇有代表性。他所著的《美学》问世于1954年，到1992年已陆续再版达11次。在这部书里他明确表示："现实的美学当前只有两条道路：要么沉入浮夸之中，要么变成一门科学。"在他看来，"如果美学拒绝成为严密的、精确的和实证的，它就不能存在下去"[2]。

科学对于美学的巨大诱惑事出有因。人类社会是一种文化的存在，但如果说在文艺复兴以前宗教文化是唯一的至尊女皇，那么自英国工业革命以来，科学早已取而代之成为当今时代的龙头老大。《两种文化》一书的作者斯诺早已指出，当今时代，科学家与人文学者在社会地位上存在着巨大反差，早已不是什么秘密："无情的事实是：年青（轻）科学家知道他们可以轻而易举地找到舒适的工作，而他们同时代的英语或历史专业的对手们

---

[1] ［德］鲍姆嘉滕：《美学》，简明等译，北京：文化艺术出版社1987年版，第178页。
[2] ［法］德尼斯·于斯曼：《美学》，栾栋等译，北京：商务印书馆1995年版，第141页。

却只能有幸挣到他们收入的百分之60（六十）。"①今天的差异比起斯诺当年无疑更大，这反映出社会对于两种文化之间的价值评估。正如美国科学史家罗杰·S.琼斯所说："在我们的生活中，科学已不再只是一个研究领域，它已经成为一种生活方式和人们的信念，至少已经成为一种盲目崇拜的形式。"②随着科学技术在我们生活的各个领域取得全面胜利，以为只有自然科学才是"硬道理"的观念早已在当今的思想文化界悄然形成。当人文领域里充满见智见仁的争吵与喧哗，自然科学不断地以其胜过一切雄辩的产品征服着世界，当仁不让地塑造了当今时代的知识理想。身处这样的文化环境，让科学全面进驻自己的研究领域，这似乎成了美学的一个明智选择。

当然，美学科学化主张的主要动因，还在于一种对科学品格自觉的认同心理，这种心态首先由于对美学能够真正具有实践意义的期待而得以强化。一般说来，滥觞于柏拉图的理念论、汇总于黑格尔"绝对精神"的审美论，构成了西方美学的"古典时代"。用杜夫海纳的话说，"古典主义就是这样：它借助柏拉图主义，在确实存在着一种美的理念或美的本质这个观念的基础上，建立起了一种规范性美学"③。但进一步来看，这种"规范美学"就其实质而言，其实便是以形而上学方法为基础的"神学美学"；所谓美学的古典时代，也即以形而上学为根基的神学思想在美学领域独步天下的一段日子。狭义上的形而上学指的是以某个抽象的观念实体为最终存在依据的思想体系，它热衷于以逻辑的设定来取代经验、规范现实，以发现万物存在的终极本原为使命。由于柏拉图的"理念说"代表了这种思想的最高水平，所以海德格尔曾提出："形而上学就是柏拉图主义。"④但这种主义当初并非只是一种单纯的哲学思辨活动：当柏拉图从作为一种"逻各斯"的完善的理念出发创造了自己的理想国，他事实上也为以上帝为本位的基督教神学的创立奠定了基础。

卡西尔指出："所有伟大的宗教都把它们的宇宙演化学说和道德学说建立在这样一个论点上。它们一致认为造物主当兼有双重身份并负有双重职责——同为天文秩序和道德秩序的奠基者，同将这两种秩序从混乱的魔力

---

① [英]C.P.斯诺：《两种文化》，纪树立译，北京：生活·读书·新知三联书店1995年版，第17页。
② [美]罗杰·S.琼斯：《普通人的物理世界》，明然等译，南京：江苏人民出版社1998年版，第275页。
③ [法]米盖尔·杜夫海纳：《美学与哲学》，孙非译，北京：中国社会科学出版社1985年版，第11页。
④ [德]马丁·海德格尔：《面向思的事情》，陈小文、孙周兴译，北京：商务印书馆1996年版，第59页。

下拯救出来。"①对于宗教神学而言,关于天文方面所做的种种设定具有的重要意义,就在于其能够被利用来确立一种伦理依据和道德规范,而上帝则是这一切的终极裁决者。以追究美之本源为己任的神学美学,诞生于宗教文化论证上帝之存在的需要,因而在这里,体系的严密与完整具有举足轻重的意义:因为作为宗教文化的组成部分,它所看重的是能够影响我们信仰的雄辩性,而并非冷静地实现对真理的追求。在这个意义上,当尼采在其《悲剧的诞生》里郑重宣称"我不相信并尽量避免一切体系,对体系的追求是缺乏诚实的表现",以及若干年后,当波普尔给予回应说"那些伟大的哲学家并不肩负着美学追求。他们并不想当精心构思体系的建筑师"②时,这不仅意味着一直在接受形而上学本体论的垂帘听政的美学的古典时代的终结,而且也昭示着美学在思想形态上的一次根本性转折。

康德早已发现,在形而上学的天地里,你"可以说任何胡话而不用担心谎言会被揭穿",因为一切都无法、也不需要被证明。其结果便使得美学成了各种谬论的收容所。"形而上学犹如没有边际、没有灯塔的黑色海洋,堆满了哲学的沉船。"③康德的此番概括形象而中肯。在这样的情形下,以注重实际的形而下科学美学来取代空洞乏味的形而上神学美学,便成了一种历史的必然:它标志着美学的"现代"时期的到来。因为众所周知,现时代一直被这种最高的信念所支配,它认为世界是一个整体上可知的系统,由有限的几条普遍规律支配着,人们能够把握这些规律并为他自己的利益理性地运用这些规律。这个时代启动于文艺复兴,"从工业革命发展到信息革命,其特征就是理性的、认知思维的急剧进展"④。在此意义上说,如果我们承认"现代性"的全面登陆首先意味着科学的胜利,那么美学在其形态上的科学化转变,则无疑标志着以"认知美学"为特征的现代美学的正式开张。随着那些中看不中用的美学体系的纷纷倒塌,向来注重于实践效用的科学形态成了一种有力的召唤。

除此之外,美学对于科学的认同也在于一般地来看,这项活动似乎如同科学一样,是一项知识活动。这不仅仅是由于美学的思辨之舟似乎同样

---

① [德]恩斯特·卡西尔:《人文科学的逻辑》,沉晖等译,北京:中国人民大学出版社1991年版,第32页。

② [英]卡尔·波普尔:《通过知识获得解放》,李本正等译,杭州:中国美术学院出版社1998年版,第395页。

③ [美]威尔·杜兰特:《哲学的故事》,朱安等译,北京:文化艺术出版社1991年版,第273页。

④ [美]杰拉耳德·霍耳顿:《科学与反科学》,范岱年等译,南昌:江西教育出版社1999年版,第219—220页。

启动于"问题"的码头驶往答案的港湾,以完成一次"求知"之旅;还由于人们发现无论是对于美学还是对于科学,都有一种客观性的要求。科学的客观性表现为其理论概括的普遍有效性。李凯尔特指出,"我们可以把自然科学方法称为普遍化的方法",因为"自然是在普遍化过程中被认识的。这就构成了自然科学知识的逻辑本质"。①美学的客观性要求则在于其所面对的审美体验具有一种"公有性":尽管审美反应总是以个体心理为基础,但真正的审美体验从来都不是一种孤芳自赏的行为;不仅能够超越于时空边界,而且还能突破民族文化的心理樊篱,这是所有伟大艺术的共同特征。所以卡西尔精辟地写道,"将自然科学的'普遍概念'与历史(人文)科学的'个体概念'对立起来并不是令人满意的解决问题的方法",因为事实上"客观性问题就不仅包含了自然世界,而且也包含了人文世界"。②

  对于美学来讲,对客观性的此番确认仿佛最终为它架起了一座通往科学的桥梁。波普尔说得好:知识是对真理的追求,获取真理才是人们求知问道的真正目的。而真理的本色是一种客观确定性,正是由于有客观性为保障,科学才能向我们做出提供真理的承诺,并因此而替自己赢得了无上光荣。这种承诺对于美学来说同样事关重大。事情看来别无选择:"美学必须以真理性为目标,否则就会被贬得一无是处、一文不值,或者更糟,即被贬为一种烹饪观。"③所以通过客观性这座桥梁向科学靠拢,似乎成了美学捍卫自尊的一种宿命。这使得我们不仅能够从著名的鲍桑葵的《美学史》里,看到"美学仅仅作为一种知识而存在"这样的结论;而且还可以从拥有"现象学美学之父"头衔的盖格尔笔下读到:"美学是关于审美价值的科学。它是一门科学,这意味着知识是它的目标。"④

  从以上所述来看,美学的科学化不仅可以理解、令人同情,而且似乎也颇有些道理。问题是所有这一切并不能遮蔽这样一个事实:无论美学如何向科学献媚,迄今为止试图让美学与科学联姻的努力仍只是一些美学家们的一厢情愿。人们看到,离人们为美学通过强化认识功能而实现的现代转型欢呼雀跃早已过去了不少日子,但事情显然并未有什么根本性的改变。泰纳本人的例子便是如此。读着他标榜以科学方法完成的《艺术哲学》,你会感到卡西尔的这段评语十分贴切:"泰纳以自然科学家的言词和语气作为

---

① [德]H.李凯尔特:《文化科学和自然科学》,涂纪亮译,北京:商务印书馆1991年版,第43页。
② [德]恩斯特·卡西尔:《人文科学的逻辑》,沉晖等译,北京:中国人民大学出版社1991年版,第55页。
③ [德]西奥多·阿多诺:《美学理论》,王柯平译,成都:四川人民出版社1998年版,第583页。
④ [德]莫里茨·盖格尔:《艺术的意味》,艾彦译,北京:华夏出版社1999年版,第36页。

第一讲　美学历程

开场白,但是,却使我们感到他的这些语言讲得并不得心应手。他的论述愈是随着发展和接近具体的问题,就愈令人感到他不得不用另外一种概念语言来思考和陈述。"[1]更能说明问题的,是心理学美学的历史命运。

　　这门学科不仅是真正在科学的旗帜下推出的现代美学的第一波,事实上迄今为止仍足以代表以科学美学的名义登记注册的新美学所取得的最高成就。或许也唯其如此,率先于1876年运用实验与测定等手段来研究人的审美反应的费希纳,被世人公认为是"20世纪科学主义美学的奠基人"。同样地,毕生倡导"走向科学的美学"的门罗,其所身体力行的主要也就是审美心理学。为此他曾明确提出,"在科学的心理学为我们描述人类本质的总轮廓之前,美学不可能靠自身的力量成为一种可以理解艺术的学科"[2]。但一个显而易见的事实是,这种越过外在的审美客体、主要以内在的审美心理为基本研究对象的学问,不仅在经过了一段并不长久的鼎盛之后,如今早已陷入疲软状态,而且它并未为自己带来能够同古典形而上美学相媲美的资本。问题自然不在于美学家们不够努力,而在于恐怕再怎么使劲也于事无补。时至今日,当人们对心理美学的成绩进行一番盘点,虽然能为其对主体审美反应别开生面的研究留下深刻印象,但也还是会对其关注视野的相对狭窄和成果内容的相对单薄,感到遗憾与失望。

　　经验表明,虽然并不存在能独立于主体审美经验之外的"美",但毕竟,受某种审美心境制约的审美态度充其量只能影响主观的审美反应的成败得失,并不能决定客观的审美情境的有无存亡。这就像通过某种努力我们甚至可以将某个数学公式视作审美对象,也无法将肉麻当有趣地把一出流氓行径视为一幕爱情故事来欣赏。这也就意味着对于人类的审美活动,客观的审美存在总是第一位的,主观方面的审美态度只有在此基础上才具有意义。概括起来看,心理学美学的根本缺陷在于过于怠慢了审美对象,在其对主体审美反应的描述与分析中并没有把审美对象真正当回事。而问题是,公共性的审美趣味与一般私有性的生活口味的差异就在于,后者是自足的、不以对象的性质为转移的,而前者则是对象性的。用康德写在《判断力批判》第九节里的一段话说,也就是:"审美判断恰恰在于,在对象的性质适合了我们对待它的方式时,我们才按照这种性质称之为美。"因而,对审美经验的把握并不能代替对审美对象的分析,缺少了后者的美学

---

[1] [德]恩斯特·卡西尔:《人文科学的逻辑》,沉晖等译,北京:中国人民大学出版社1991年版,第132页。
[2] [美]托马斯·门罗:《走向科学的美学》,石天曙等译,北京:中国文艺联合出版公司1984年版,第139页。

无疑就像失去了那位多愁善感的丹麦王子的《哈姆莱特》，是难以想象的。

所以，当盖格尔提出"我们必须拒斥作为心理学的美学"时，他的意思其实是认为，在心理学美学的苑地里原本就没有什么真正有意思的问题。这个观点的偏激显而易见。当代英国美学家安妮·谢泼德女士说得好："如果我们想要回答为什么我们发现某些自然对象具有表现性这样一个问题，那么，我们就必须研究我们自己，而不是去研究大自然。正像就艺术作品而言所出现的情况那样，这种答案在某种程度上是一个心理学问题。"[1]应该承认心理美学为现代美学的正式开张所立下的汗马功劳，只是同时也有必要清楚地看到其所适合的舞台，主要在于审美主体对具有突出的形式感的作品的欣赏。这可以解释20世纪两位最负盛名的心理美学家贡布里希和阿恩海姆，为何不约而同地都选择了视觉艺术作为其学术主战场，以及也正是在这个领域，现代心理美学从曾经八面威风的形而上神学美学那里，确立起了一个真正属于自己的品牌。

但即便如此，人们也仍然可以看到它所面临的挑战与阴影，克莱夫·贝尔当年关于"有意味的形式"所做的解释最终以语焉不详而宣告失败，事实上就意味着这种以心理学为方法的美学的困境。正如安妮·谢泼德所分析的："假定我们可以训练自己把各种绘画完全只当作由二维的形式组成的图案来观看。这样做的结果就可能是，我们将不再对这些绘画之中的大多数绘画感兴趣。"这表明即使在审美欣赏领域，要想"从心理学方面孤立地考虑视觉艺术的形式特征也是极其困难的"[2]。审美活动有其语义学前提，因为审美体验不同于从自身得到满足的手淫，它是由对象所唤起的。因而对于美学思辨，重要的不仅仅是对我们的体验方式的研究，还在于对所体验的具体对象的把握。以此来看，当弗洛伊德表示，美学通常的失败"在于层出不穷的、响亮的、却是空洞的语词。不幸，精神分析学对美几乎也说不出什么话来"[3]，不能认为这仅仅是对一门学科所做的谦逊的姿态和必要的反省，在某种意义上，这似乎也可以看作是对现代美学之所以最终还是走出了心理学美学（尽管在艺术学领域还显得依依不舍）的一种注解。

而进一步来看，这同样也意味着知识论美学的终结。审美实践虽然包含有独特的认识内涵，但并不因此而属于知识论的领地。因为虽然审美体

---

[1] ［英］安妮·谢泼德：《美学：艺术哲学引论》，艾彦译，沈阳：辽宁教育出版社1998年版，第87页。

[2] ［英］安妮·谢泼德：《美学：艺术哲学引论》，艾彦译，沈阳：辽宁教育出版社1998年版，第70页。

[3] ［奥地利］弗洛伊德：《弗洛伊德论美文选》，张唤民等译，北京：知识出版社1987年版，第172页。

验是一种对象性的活动，但它是一种不具有实在性因而也就无所谓真假的对象。历史上曾经屡次发生因将扮演角色的演员与实际情形混为一谈而酿成悲剧的事件。这些案例突出地表明，在审美领域内首先必须认可虚拟原则，接受"艺术从不要求将它当作事实"这一戒律。因此，能否暂时搁置对对象的真伪判断而仅仅关注其所呈现的现象，对于审美活动的顺利进行具有举足轻重的意义。由此可以见到美学同科学的龃龉：如果说科学的对象是一种具有本原性的事实，那么美学的对象则是一种符号化的现象；对于审美主体来讲，对象已不再是一种原态的存在，而仅仅是这种存在的一个代替物。正是在这个意义上，康德曾经写道："自然在它具有艺术的特征时才是美的，而艺术只有在我们意识到它是艺术，它并且通过自然的外表呈现出来时才能称之为美。"① 所谓"意识到艺术是艺术"，也就是意识到艺术的非本态的符号性，它所具有的仅仅只是"自然的外表"。这种符号化过程同样也是自然美的存在方式。

　　由此可见美学的非知识论的特性所在：人们可以对一种关联着原在事物的表达做出真与伪的甄别，而无法一视同仁地施之于一个符号；对于后者我们只能追究其是否有意义，而不能去审核它的真伪。因为知识之所以为知识便在于它是真实的，也就是说能够为经验事实来验明正身。这是无论怎样拐弯抹角最终总是会指向某个实在事物的"知识"，与仅仅只是一种主体态度的"意见"的区别。以此来看，要求主要针对一种符号现象的美学为我们提供关于审美对象的种种知识，是一种非分之想。在实际事务里，美学与科学一直是在各司其职。这就像卡西尔所说："自然科学教我们如何'打破现象，以便将它们看作是经验'；而文化科学则教我们去诠释符号，以便将其中隐藏的意义揭示出来。"② 所以就在一些美学家天真地以为只要美学能够弃暗投明地追随科学便能万事大吉时，盖格尔就已清醒地看到，"人们在美学的开端就首先必须面对一个矛盾：美学作为一门科学只能处理那些一般概念，但是，人们却只有通过那直接的、非概念的体验才能够理解这门科学的研究对象。所以人们必然会提出这样的问题：难道这个矛盾不会使作为一门科学的美学成为不可能的吗？"③

　　世纪之隔的历程已经表明，盖格尔的此番疑惑已成事实，美学与科学的分道扬镳在所难免。这在一般意义上自然无损于科学的利益，但对于美

---

① ［法］德尼斯·于斯曼：《美学》，栾栋等译，北京：商务印书馆1995年版，第135—136页。
② ［德］恩斯特·卡西尔：《人文科学的逻辑》，沉晖等译，北京：中国人民大学出版社1991年版，第139页。
③ ［德］莫里茨·盖格尔：《艺术的意味》，艾彦译，北京：华夏出版社1999年版，第38页。

学而言似乎就有些情况不妙了。一度声名显赫的分析哲学就曾以此为据,对作为一门学科的美学做出过破产判决。比如维特根斯坦。在他所做的诸如"关于哲学的大多数命题并不是虚假的,而只是无意思的,因之我们根本不能回答这类问题,而只能说它们荒唐无稽"这样的陈述里,美学便首当其冲;在他所说的"要是你问问自己,一个孩子是如何学会说'美的'和'好的'等等,你就会发现,他只是简单地把它们当作感叹来学的"[1]这样的话里,"审美取消主义"的立场显而易见。另一位分析学者艾耶尔的态度更明白:"美学的蠢笨就在于企图去构造一个本来没有的题目,事实也许是,根本就没有什么美学,而只有文学批评和音乐批评的原则"。在他看来,"像'美的'与'丑的',同伦理学词汇一样,并非对事实的陈述,而只是表现某种感情和引起某种反应而已"[2]。

面对这些学术泰斗的振振有词,美学能否为自己做出辩护?现代美学因与知识论相排斥而导致的同科学的同床异梦,是否就意味着它在当代人文思想界将无所作为?毋庸讳言,现代美学之所以在走出了神学美学的苑地之后不久,便处于一种裹足不前的状态,一个重要原因便在于,时至今日其对于自身"既是哲学的过继子女又是科学的过继子女"[3]的角色仍感到无所适从。在我看来,问题的症结主要在于美学一直未能打消成为一门"准科学"的念头,现在看来已是做出最终了断的时候了。首先要做的是,终止那种将科学视为真理的法定代理者的现代神话。这种观念虽然由来已久,但却是幼稚而荒谬的。因为"真理"并非某个自在实体,只是意味着所做的陈述同事实相符。因而,真理既是"存在"的,因为在终极意义上存在着这种"相符"的可能性;但又并非是"现实"的,因为在实际情境里并不存在毋庸置疑的确定性。在当今时代,再没有比科学思想的发展变化更为频繁的事物了。这本身便已表明,任何科学知识都不过是以种种人为的设定与猜想对真理的一种逼近,它们不仅能够、事实上也总是期待着被充实、改进和颠覆。宽容与批评对于科学事业因此而显得尤为重要:只有在这样一种情景里,真理才有可能获得显山露水的出场机会。

从这个意义上讲,如果把远古神话看作是充满了各种主观臆想的故事的话,那么科学在某种意义上确实就像波普尔所说,不仅是从神话里诞生,而且迄今仍在与其调情。即便我们不能因此而将科学当作准神话,至少可

---

[1] 刘小枫:《人类困境中的审美精神:哲人、诗人论美文选》,北京:知识出版社1994年版,第525页。

[2] [英]阿尔弗雷德·艾耶尔:《语言、真理和逻辑》,陈启伟译,上海:上海译文出版社1987年版,第114页。

[3] [德]莫里茨·盖格尔:《艺术的意味》,艾彦译,北京:华夏出版社1999年版,第41页。

以发现在它与神学之间依然存在着一种暧昧关系。那种"科学至上论"者、认为科学叙述便是真理的观念更是如此,无非"神学的决定论被自然的决定论取而代之,即,上帝的全知全能被自然科学的全知全能取而代之"①。康德早就说过:我们的理智不是从自然引出定律,而是把定律强加给自然。因而,透过科学与神学在形态上的分庭抗礼,人们渐渐发现二者之间其实"有惊人的相似":它们都建立在经验之上,并试图以一种决定论的模式来一统天下。所以琼斯的这一见解不无道理:"科学已经取代现代文明中'国教'的作用,并且成为一种十分有影响力的'宗教'。"任何人只要能正视,当今公众对科学的态度犹如一千年前的教会长老倍受世人爱戴,谁若怀疑科学的权威就像中世纪俗人向罗马天主教皇叫板,他便得承认科学权威人士已成为"现代教士"②。由此来看,虽然当波普尔说出"我们不能认为科学就是真理"③这句话时,他似乎为我们充当了一次《皇帝的新衣》里的那位孩子的角色,但却意义重大:这不仅有助于我们终止对于科学的盲目崇拜,而且也能让美学不再为充其量也只是真理的二道贩子的身份,感到无地自容。

替美学的"去科学主义"辩护的再一个根据,是指出科学方法的局限性。这首先表现在它所关注的领域方面。对此,除了那些徒有虚名的科学从业人员外,真正杰出的科学家从来都十分清醒。正是他们在不断地提醒着我们:"虽然自然科学具有如此鲜明的特点,它带来了神奇的技术和光辉的成就,但对解释人类存在方面的问题却无能为力。自然科学在很大程度上改善了人们的生活,……但从探询精神和生活的意义方面来看,它几乎起不到什么作用。"④构成科学方法的核心是数学,"为使科学家能准确地表达他们对自然界的抽象,数学方程式是必需的工具"⑤。李政道教授的这番话无疑是经验之谈。所以,化繁为简、化模糊为精确,是科学方法的本色所在,但也恰恰是以丰富多彩的精神领域和生命本体为对象的人文研究的大忌。"复杂的情感态度和具体的研究方法绝不能归结为少数几条简单的逻辑

---

① [英]卡尔·波普尔:《通过知识获得解放》,李本正等译,杭州:中国美术学院出版社1998年版,第196页。
② [美]罗杰·S.琼斯:《普通人的物理世界》,明然等译,南京:江苏人民出版社1998年版,第113页。
③ [英]卡尔·波普尔:《通过知识获得解放》,李本正等译,杭州:中国美术学院出版社1998年版,第424页。
④ [美]罗杰·S.琼斯:《普通人的物理世界》,明然等译,南京:江苏人民出版社1998年版,第271页。
⑤ [美]李政道:《艺术和科学》,《文艺研究》1998年第2期。

公式。如果过多地运用逻辑方式来研究美学问题，那么，这种研究就会变得虚假造作。"[1]门罗当年的这个见解很中肯，只是他似乎有意无意地回避了这样一个事实：他的这番批评不仅能针对形而上的神学美学，同样也适用于美学的科学化道路。琼斯说得好："没有人否认科学在其自身领域的精确性，然而神秘事物的特点，是不能用已知的科学法则来判断的。"[2]只要我们还愿意承认，美便是大千世界里最大的神秘现象，那么就没有理由不为美学留下一条属于自己的通道。

而更耐人寻味的是，科学方法的局限性如今在被认为是其大本营与根据地的研究领域里，也渐渐开始浮现。早已有学者提醒我们，就在一些人文学家在心理上向科学方法俯首称臣之际，一种反其道而行之的、通过参照传统人文学方法来取得学术思想的新发展，正渐渐成为当今科学界的一大景观。"自然科学一直都在朝着一个新的方向转变，它日益地将宇宙看成是不稳定的、不可预测的。于是，宇宙便被设想成是一种能动的实在，而不是一架受处于自然之外的人操纵的自动机器。"[3]以华勒斯坦教授为首的一个研究小组在向古本根基金会递交的一份报告中如此说道。其权威性自然并不仅仅取决于它的十位作者均是当代不同领域的知名学者，主要在于他们所说的早已既成事实。诸如"混沌学"这样的新学科的崛起以及在向来被视作科学之首的现代物理学中引入东方神秘主义思想，凡此种种都在不断地昭示着发生于现代科学中的新变化。其实质是对"机器论"的放弃。普里戈金曾经指出，每个伟大的科学时期都会以一种机器模型来标志自然界，对于经典科学它是钟表，在工业革命以后它是发动机。所以拉普拉斯认为：只要给出充分的事实，我们不仅能够预言未来，甚至可以追溯过去。显然，在某种意义上所谓"科学观"其实也就是"机器观"。

但自从爱因斯坦的"相对论"思想彻底解构了以牛顿学说为基础的"绝对论"观念，以及随着"熵"概念与"耗散结构理论"等的发展，当人们终于承认只有人为的过程是可逆的和决定论的，自然界则包含着随机性和不可逆性，以往那种机器观也就走到了头，科学方法的"仿制性"也终于露出了马脚。再高明的科学理论都只是对实际世界的抽象，时至今日人们终于认识到：虽然我们得承认"科学的抽象方法非常有效和强有力，但

---

[1] ［美］托马斯·门罗：《走向科学的美学》，石天曙等译，北京：中国文艺联合出版公司1984年版，第163页。

[2] ［美］罗杰·S.琼斯：《普通人的物理世界》，明然等译，南京：江苏人民出版社1998年版，第274页。

[3] ［美］伊曼纽尔·华勒斯坦：《开放社会科学》，刘锋译，北京：生活·读书·新知三联书店1997年版，第84页。

是我们必须为之付出代价。当我们更加精确地定义我们的概念体系，使它成为一个整体，并且使那些联系越来越严格时，它们也就变得越来越脱离实际的世界"①。这个世界究竟是什么样子？李政道说，"科学的目的就是研究一切物质的基本原理"②。但现代物理学的"波粒二象说"从一个侧面揭示出，物质在其最终意义上并非是能够被我们以非此即彼的方式来把握的某种实在的东西，它只是一种充满了各种亦此亦彼的佯谬性的过程而已。所以，当人们突然发现，在科学巨匠奥本海默所说的"如果问，电子是否静止，我们应当回答'不'；如果问，它是否在运动，我们应当回答'不'"，与古印度《奥义书》中的"它动，它不动。它既远又近。它既在一切之内，又在这一切之外"之间，有一种遥相呼应；当一些科学家不仅感到，"现代物理学看上去更像是一种艺术和想象"，而且也公开表示，"转变自然科学的研究方法，并使其具有人文学科的特点，是当今社会面临的主要任务"③，科学的人文学化也就拉开了帷幕。

诚然，凡此种种并不意味着科学的终结，而只是表明美学再也无须为其在研究方法上不够精确而缺乏自信。波普尔说得好："精确性和准确性其本身并没有智力价值，我们决不应该追求超出问题本身所要求的精确性或准确性。"④从现代科学的此番"逆向行进"，美学至少能够获取一些自立的力量。当然，这种力量不仅来自于美学在方法论上对科学的扬弃，更来自于其在价值论方面对科学的超越。在一度十分出名的《科学的终结》的结尾，作者约翰·霍根告诉我们，他写作此书的一大体会是：虽然科学如今已形成了一个真正的创世神话，让我们获得了驾驭自然的可怕力量，但它却"迫使我们去面对毫无意义的生活"⑤。对科学的这番指控虽然很重，但并不新鲜。一部科学史表明，科学原本就是在严峻的反对声中发展起来的，但它同样也从不缺少坚定不移的支持者。作为针对霍根的一种反驳，哈佛教授霍耳顿著书宣称："即使西方文明在某种深刻的意义上最终衰退了，而某些其他的文化取代了它，仍可以有把握地打赌，在回到全面的原始主

---

① ［美］F.卡普拉：《物理学之道：近代物理学与东方神秘主义》，朱润生译，北京：北京出版社1999年版，第20页。
② ［美］李政道：《艺术和科学》，《文艺研究》1998年第2期。
③ ［美］罗杰·S.琼斯：《普通人的物理世界》，明然等译，南京：江苏人民出版社1998年版，第269页。
④ ［英］卡尔·波普尔：《通过知识获得解放》，李本正等译，杭州：中国美术学院出版社1998年版，第396页。
⑤ ［美］约翰·霍根：《科学的终结》，孙雍君等译，呼和浩特：远方出版社1997年版，第356页。

不久，新的学校又将讲授欧几里得几何、哈维的血液循环、牛顿的动力学、爱因斯坦的时—空、诺伯特·维纳的控制论和沃森—克里克的双螺旋。"①

今天我们所要做的并非是简单地在否定或肯定之间做出选择，而是给科学的功能一个恰如其分的评估，以让其发挥最佳作用。应该承认，虽然科学无权自认是真理的全权代表，但它确实称得上是真理的热忱仰慕者。唯其如此，屡犯错误的科学迄今依然是一条我们获取真理的基本途径。但问题的关键是，我们不仅需要有关于我们"从哪里来"的准确解释，更想得到关于我们"往哪里去"的理由。前者关涉的是事实，因而属于"真理"界面的问题；后者只涉及一种可能性，因而属于"意义"方面的事情。后者虽不如前者"基础"，但却显得更为重要。或许也正是在此意义上，石里克将哲学称为"科学的女王"。这位"女王"本身并非科学，它只是从作为科学主体的人的立场，通过目标的选择与确定等来支配科学的实际进行。即便我们不能据此将科学视为人类学术王国的二等公民，至少也可以看到，在科学之外还存在着别的思想空间，足够其他人文形态大显身手。美学理当列队其中。这就像康德所说："美学是花朵，科学是果实。"②尽管果实的重要性不言而喻，但花朵的意义也不能被无视。二者既殊途同归——满足人的需要，也因这需要的不同而各自为政。而无论怎么说，美学都没有理由让自己的苑地成为科学的又一实验场。

所以，在经历了上述的思想跋涉之后我们理当认同这一结论："严格说来，科学的诗（美）的概念，就像诗（美）的科学概念一样是荒唐的。"③这并不排斥在科学与美学之间常常会有一种联系。斯诺认为，一个人在科学的实际活动中有一种发现时，不能不意识到一种美的存在。"这种美的满足的主观经验，似乎同写一首诗或一篇小说或作一支曲子所感到的满足是完全一样的。"琼斯甚至提出，"在物理学中发现文学与戏剧的成分并不是令人吃惊的事"④。如此这般的观点与证据迄今已可以举出许多。但有一点：它们所显示的只是世界在根本上的审美性，都可以被纳入诸如"通往美学的科学"这样一个题目下面进行阐述，而这显然已不属于本文的范围。就让我们暂且先在此打住。

---

① ［美］杰拉耳德·霍耳顿：《科学与反科学》，范岱年等译，南昌：江西教育出版社1999年版，第168页。
② ［苏联］阿尔森·古留加：《康德传》，贾泽林等译，北京：商务印书馆1981年版，第274页。
③ ［德］弗·施勒格尔：《雅典娜神殿断片集》，李伯杰译，北京：生活·读书·新知三联书店1996年版，第29页。
④ ［美］罗杰·S.琼斯：《普通人的物理世界》，明然等译，南京：江苏人民出版社1998年版，第265页。

## 3. 回归哲学的美学

通常认为,"美学当初是从哲学家的某种见解和某种爱好中产生的"[①]。诗人瓦莱里的这番话道出了这样一个事实:作为一种知识形态的美学向来都是哲学的一个组成部分,并与其相依为命、荣辱与共。因此,迄今为止仍有许多美学家赞同黑格尔的立场,表示"我们应把美学看作是哲学的一个分支,而不是一门心理学、人类学或其他什么学科"[②]。但也正是由于这个原因,面对美学在当代文化中的无所作为,人们将其归咎于哲学长期以来一直对美学的垂帘听政;并将当代美学收复失地、重振家业的希望,寄托于其对哲学的超越。就像阿多诺曾指出的:"如同哲学体系或道德哲学这种观念一样,哲学美学这一概念看来已经非常过时陈腐了。这一感知不限于艺术家和公众舆论,因为两者对美学理论都漠不关心。甚至在大学的学者中间,你也会遇到这种感伤的情绪。"[③]问题在于这番努力是否具有切实的可行性。换言之,哲学美学在今天的声名狼藉,是否就意味着我们已有足够的理由,将哲学从美学苑地里就此判罚出局?

毋庸讳言,在经历了近两个世纪的辉煌之后的美学,如今早已成为一种圈子里的自言自语。对于这样一种局面,传统意义上的哲学美学负有不可推卸的责任。因为它总是驻足于一种"形而上学"的立场,以某种一成不变的"基本原理"来范围丰富多彩、变动不居的审美现象。比如从柏拉图在其著名的《大希匹阿斯》篇里提出"人们应该观察的并不是那些被称之为美的个别对象,而是美本身",到黑格尔在他的《美学》中坚持"应当作为基础的东西不是个别,不是各种特殊性、对象、现象等",强调"我们正是应当从美的理念开始"对美进行思考,我们不难看到一条一以贯之的"构建理性主义"的法则。根据哈耶克的阐述,这是一个以柏拉图为鼻祖、由黑格尔作为终结者,"相信可以把演绎推理方式应用于人类事务的哲学学派"[④]。以此为背景的"理念论美学",其关注焦点自然并非具体感性的审美存在,而是被认作为其依据的抽象的美的理念。因为在柏拉图看来,虽然"事物可见不可知,理念可知不可见",但"理念是原因,它是事物的模型,其构造具有永恒的性质"。因而出于同样理由,"我们肯定美自身、善自身

---

① [法]德尼斯·于斯曼:《美学》,栾栋等译,北京:商务印书馆1995年版,第1页。
② [美]H.G.布洛克:《美学新解》,滕守尧译,沈阳:辽宁人民出版社1987年版,第2页。
③ [德]西奥多·阿多诺:《美学理论》,王柯平译,成都:四川人民出版社1998年版,第557页。
④ [美]霍伊:《自由主义政治哲学》,刘锋译,北京:生活·读书·新知三联书店1992年版,第6页。

的存在，我们说每一事物都有与之对应的理念，它是一个统一体，我们称之为它的本质"①。这一立场最终被黑格尔在其宏大的《美学》里概括为一句话："美是理念的感性显现。"

虽然迄今来看，这种以"理念"为本的学说具有鲜明的神学色彩，但它却具有真正的哲学意味。因为哲学这门学科的基本宗旨就是对宇宙奥妙的探索，其关注对象从来都并非具体的"经验"，而是从这些经验里提取出来的"观念"。胡塞尔说得好："所有一切通常所认为的特有的哲学问题，都超越纯粹事实的世界。它们超越它，正是因为它们探讨理性的观念问题。"②真正的哲学发现总是能让我们从常识中起飞，升入开阔壮观的思想天空，引领我们向世界的终极意义逼近。在这个意义上，认为"哲学的工作只是一个永远在进行着的'思想布局'活动"③，不无道理。因为它所面对的诸如"人生的意义"和"自由的真谛"等，都属于"观念客体"。这也使得在哲学与形而上学之间总是存在一种若即若离的暧昧关系，因为"形而上学的问题，是要发现终极的本原"④。康德因此曾表示，虽然旧的形而上学对哲学造成了巨大伤害，但这不应该成为我们从思想王国里放逐形而上学的理由。他相信哲学家们"迟早都要回到形而上学那里去，就像要回到同他们吵过架的爱人那里去一样"。因为形而上学犹如哲学之舟的停泊港：一般说来，"如果对一个人的哲学思想穷根究底，最终可以把它归结为一系列基本的形而上学问题"⑤。而曾明确肯定"只要人生存，哲学活动就以一定方式发生"的海德格尔，同时也承认："只消我们生存，我们就总是已经处于形而上学之中。"因为他也同样认为："哲学就是把形而上学带动起来。在形而上学中哲学才尽兴，并尽其明确的任务。"⑥

或许正是由于这样的缘故，哲学总是容易陷入各种概念的陷阱，热衷于借助逻辑的脚手架来安营扎寨，哲学与美学之间的龃龉似乎也因此而在所难免。康德曾清醒地指出，"谁也不敢仅仅借助逻辑就对对象做出判断"，因为"逻辑作为一门关于一切思维的科学，不考虑作为思维质料的对象"。⑦

---

① [法]让·布兰:《柏拉图及其学园》，杨国政译，北京:商务印书馆1999年版，第54页。
② [德]埃德蒙德·胡塞尔:《欧洲科学危机和超验现象学》，张庆熊译，上海:上海译文出版社1988年版，第9—10页。
③ 赵汀阳:《二十二个方案》，沈阳:辽宁大学出版社1998年版，第70页。
④ [美]弗兰克·梯利:《西方哲学史》，葛力译，北京:商务印书馆1995年版，第86页。
⑤ [美]理查德·泰勒:《形而上学》，晓杉译，上海:上海译文出版社1984年版，第2页。
⑥ [德]马丁·海德格尔:《形而上学是什么?》，见马丁·海德格尔:《海德格尔选集》上册，孙周兴选编，上海:上海三联书店1996年版，第153页。
⑦ [德]康德:《逻辑学讲义》导言，许景行译，北京:商务印书馆1991年版，第5页。

第一讲　美学历程

实际的情形是：审美实践中的"美"并非一种抽象观念，而是各种活生生的具体现象。这是"审美对象"无法离开我们对它的感知而存在的原因。正如俄国宗教思想家弗兰克所说："一切'美'，一切在审美经验中呈现的东西，都被感受为某种与活生生的有生命的东西相像的东西。"生命之为生命就在于其"意味着某种直接的个体性"[1]。这在审美现象上表现得尤其显著。弗兰克说得好："假如我们能够用普通的词语，即逻辑概念表现出美所表现的东西，那么我们恰恰就是以另一种不同于审美的方式表现它……美表现的正是用逻辑无法表现，因而只能审美地表现的东西。企图（令人遗憾的是这种企图太多了）用平淡的日常语言，即用逻辑概念的词汇去表达美所表述的东西（例如在对艺术作品的评价中），——至少是在极大程度上使审美经验内容的真正意义苍白化、干瘪化，从而将它歪曲了。"[2]

众所周知，凭借着对鳞次栉比的各种理论体系的建构，传统的哲学美学曾创造过自己的全盛时代；但也由于其一直热衷于做概念的叠床架屋的游戏，最终它步入了穷途末路。因为无论如何，"逻辑是高度的抽象，而对美学而言，在有限理解的需要所允许的情况下，尽可能与具体事物保持着密切关系"[3]。所以，由古典"理念论美学"向现代注重具体事实的"经验论美学"的渐进与演变，在已具有两千多年时空的西方美学史上，形成了一种历史性的转折。根据著名学者托马斯·门罗的概括，"这种基本的思想方法主要包括如下的内容：首先对具体的现象进行观察和比较，以发现它们之间的相似之处和不同之处。然后通过形成某些假设来解释它们的起因和反复出现的原因。最后再通过对具体事实的更加仔细的观察和实验来验证这些假设"[4]。这种"经验论"与传统"理念论"的分庭抗礼是显而易见的：在这里，具体的观察替换了逻辑的运作，长期以来一直被作为美学的关注焦点的抽象的美的本质，被个别的审美现象所取代。它似乎是对康德当年的这一说法做出某种回应："假如学说使我们据以获得所希求的完备规律，那么，美学就仅仅是一种经验的原理。"[5]

问题在于，此番历史性转型并未取得真正的成功，期待这种新美学来振兴美学早已是事与愿违。用阿多诺的话来说："一直被称之为经验主义美

---

① ［英］怀特海：《思想方式》，韩东晖等译，北京：华夏出版社1999年版，第133页。
② ［俄］谢苗·弗兰克：《实在与人：人的存在的形而上学》，李昭时译，杭州：浙江人民出版社2000年版，第72页。
③ ［英］怀特海：《思想方式》，韩东晖等译，北京：华夏出版社1999年版，第55页。
④ ［美］托马斯·门罗：《走向科学的美学》，石天曙等译，北京：中国文艺联合出版公司1984年版，第5—6页。
⑤ ［德］康德：《逻辑学讲义》导言，许景行译，北京：商务印书馆1991年版，第5页。

学的东西的确没有多大的指望。……如果应用于当今的艺术实践,这些经验主义美学的抽象观念并不比已往任何时代的艺术理想更有价值。"①对于二者的区别,门罗曾做过如此这般的描述:"美学家只是抽象地给'美'和'创造性'下定义,而批评家则可能指出某首乐曲是'对勃拉姆斯的拙劣模仿',某尊雕像是'不平衡的、表面装饰太过分了',某首诗是'措辞巧妙的、文雅的和简洁的',某位画家或某种流派善于表现'阳光灿烂、色彩鲜艳、华丽而热烈的气氛',等等。"他认为,"尽管这种评价在很大程度上是主观的和有争议的,但却相当具体和容易理解"②。但迄今看来,这种"经验主义"在日常生活里常常滋生出种种偏见,且它对于审美活动的危害尤其突出。因为人类的审美实践从来都不是对可见的现实世界里的既成事实的复制,而是在不可见的生命宇宙中对种种内在可能性的发现。对于那些真正伟大的艺术家,那些来自既成事实的经验常常成为其有待突破的防线。就像"任何一位感受到卡夫卡作品之伟大的人都几乎得出这样的结论:艺术的概念不知怎地无法适用于他的作品"③。总是在为我们的生命存在开辟新空间的审美活动,是其自身创造行为的立法者。这使得范围于过去经验的美学批评或者流于片面,或者流于浅薄。阿多诺曾一言以蔽之:"经验之所以在美学中没有牢固的根基,其原因很简单,那就是从历史哲学的角度来看,经验的边界是有限的。"④

再进一步讲,经验论唯个别事实是从的立场,不仅是对人类认识活动的彻底消解(一切认识都具有普遍性),而且也与其所推崇的经验立场相抵触。比如我们知道,现实中的任何一匹马都存在着变动性:它的颜色会随着岁月的变化而变化,它的形体也会随着工作而发生某种改变。但凡此种种之所以不会影响我们做出这是"同一匹马"的判断,是由于我们早已"凭经验认定"在事物的变化着的事实之外,还存在着一种具有相对延续性的"质"。"尽管这种'质'是看不见、摸不着的,我们却认定它才是那一只(匹)马的'本身'。"⑤同样地,在审美活动中,真正具有意义的也并非

---

① [德]西奥多·阿多诺:《美学理论》,王柯平译,成都:四川人民出版社1998年版,第562—563页。
② [美]托马斯·门罗:《走向科学的美学》,石天曙等译,北京:中国文艺联合出版公司1984年版,第24页。
③ [德]西奥多·阿多诺:《美学理论》,王柯平译,成都:四川人民出版社1998年版,第570—571页。
④ [德]西奥多·阿多诺:《美学理论》,王柯平译,成都:四川人民出版社1998年版,第586页。
⑤ [西]何·奥·加塞尔:《什么是哲学》,商梓书等译,北京:商务印书馆1994年版,第105页。

是粘连于个别事实的经验,而是蕴含于其中的某种精神品质、一种活生生的思想意念。罗丹说得好:"美丽的风景所以使人感动,不是由于它给人或多或少的舒适的感觉,而是由于它引起人的思想。"①随着时光流逝,往日的经验会泯灭消散,但真正的艺术却能穿越时空永远流传,在新的生命中重生共鸣。这完全得益于思想的力量,它显示出依托于人类经验活动的审美现象,内在地还具有一种超验性。

所以,同经验论所要求的关注个别事实相反,来自审美实践的经验"恰恰要求美学不应当将自个囿于对个体作品的分析"②。因为说到底,美学所要把握的并非(主观的)经验,而是沉淀于经验中的一种(客观的)精神内涵。这是审美对象所特有的内容,它使审美经验区别于一般的私有经验而具有一种"公共性",使个体艺术品不同于一般意义上的个别存在物,而具有一种"共相性"。用阿多诺的话说,也就是:"虽然艺术梦想成为一个完美的单子融入自身,但它不管怎样仍充满一般性。"总之,"一般限制着个体化,此乃艺术的规律"③。这也便是如经验论美学这样的,试图以彻底的非概念方式来同化对象的美学之所以毫无价值的原因所在。因为"经验论并未掌握能变个别的和偶然的事实为普遍的和必然的真理的咒语"④。所以,阿多诺在剖析了理念论美学的弊病,表示"美学不应当像捕野雁一样徒劳无益地探索艺术的本质"后,又精辟地指出,"在其直接性方面,艺术与概念有一种有择亲之势","美学务必继续在一般概念的媒介中运转",强调"美学研究涉及一般与特殊之间的交互关系"。⑤

这么说并不意味着我们有必要为理念论美学恢复名誉。阿多诺说得好:继这些唯心主义体系衰落之后,人为地去复苏作为哲学一个分支的美学便无任何意义。但我们不能不看到,仅仅由于传统美学的失误便迁怒于哲学对于美学的影响,并非一种真正明智的选择。有一个事实耐人寻味:虽然理念论美学的荒谬性如今已不再是什么秘密,但在这方面大有改进的经验

---

① [法]奥古斯特·罗丹:《罗丹艺术论》,傅雷译,北京:人民美术出版社1978年版,第90页。
② [德]西奥多·阿多诺:《美学理论》,王柯平译,成都:四川人民出版社1998年版,第601页。
③ [德]西奥多·阿多诺:《美学理论》,王柯平译,成都:四川人民出版社1998年版,第589—590页。
④ [俄]弗·索洛维约夫:《西方哲学的危机》,李树柏译,杭州:浙江人民出版社2000年版,第119页。
⑤ [德]西奥多·阿多诺:《美学理论》,王柯平译,成都:四川人民出版社1998年版,第588—589页。

论美学的理论魅力，却远不如它来得大。反观康德和黑格尔们的思想，虽然都是其哲学体系的产物，但正如阿多诺所说："该体系的崩溃并不导致其美学的崩溃，即便后者在此过程中遭到严重的损伤或破坏。"①这让我们看到，长时期来一直缠绕着美学研究的，是这么一个两难抉择：美学既不能从形而上（即借助概念），也不能从形而下（即借助纯经验）的角度将其聚为一体。不言而喻，当代美学的突围之路便在于，如何寻找一条介于二者之间的道路。用李凯尔特的话来说，也即："可以把美学的基本问题表述为关于普遍直观的可能性问题。"②众所周知，对于这种可能性，传统西方哲学的主流形态早已显出其无能为力，西方哲学也因此而陷入了一场灾难深重的危机。但事实表明这场危机并非西方哲学的末日，而是其实现转折的一个历史契机。这就网开一面地为我们通过哲学观的更新来开辟美学的未来提供了一种可能。

反顾美学史，的确就像盖格尔在《艺术的意味》里所指出的，美学"一直既是哲学的过继子女又是科学的过继子女"。但有必要予以补充的是：在经历了以科学方法论为支撑的经验论美学的破灭之后，我们有理由不再为美学编织冠冕堂皇的科学之梦；但也不能矫枉过正地就此割断哲学与美学之间的血缘亲情。概而言之，自人们"把哲学界定为'对宇宙的认识'"③之后，推重"知性认识"、实施"概念优先"的唯理论哲学构成了西方哲学的首发阵容；其特点不仅是通过将具体的东西进行分解来予以把握，还在于其最终所把握的，只是一种抽象的概念实体。而不管怎么说，概念本身毕竟还不是真正的现实，它充其量只是对某现实事物的一种抽象设定。但站在唯理论的立场，这种设定不仅以"规律"的方式决定着整个现实，而且它就是现实本身。所以，这种唯理论思想独步天下之日，便是西方哲学出现危机之际，因为事实上"我们在逻辑概念中，一般只能认识存在着的东西的可能性和必要条件，而不能认识真正存在着的东西"④。这使得唯理论虽然能满足我们智力的自由伸展、给人以某种思辨的享受，却无法让我们拥有真实的生活世界，缺少实际的意义。乐此不疲的哲学家们的高谈阔论，渐渐地也就成了思想界里的噪音。正如马克思当年所说的，哲学家们

---

① [德]西奥多·阿多诺：《美学理论》，王柯平译，成都：四川人民出版社1998年版，第593页。
② [德]H.李凯尔特：《文化科学和自然科学》，涂纪亮译，北京：商务印书馆1986年版，第67页。
③ [西]何·奥·加塞尔：《什么是哲学》，商梓书等译，北京：商务印书馆1994年版，第36页。
④ [俄]弗·索洛维约夫：《西方哲学的危机》，李树柏译，杭州：浙江人民出版社2000年版，第97页。

第一讲　美学历程

只是在不断地解释世界，问题在于改造世界，显然也是看到了问题的所在。从这个意义上讲，发生于西方思想史的这场"哲学危机，即从根本上怀疑抽象唯理论哲学的可能性和公正性"①。

但这场危机的深重性还在于，对知性分析的推崇一度是西方哲学的一种共同特色。索洛维约夫曾指出："我不想说，整个西方哲学都局限于知性思维：……但是毫无疑问，知性思维即抽象分析在西方哲学中占优势，其他一切思想流派……本身都有这种片面局限性的特点，都带有与之分离的土壤的明显痕迹。"②这是符合事实的。一个饶有趣味的现象是，以一种取而代之的姿态出现的现代实证论哲学，在其看似对立的关注经验和事实的立场后面，有着与唯理论如出一辙的与真实生活相隔离的弊端。比如根据索洛维耶夫的研究，整个唯理论学说可以被概括为这样三个环节：第一，我们思维着存在物（笛卡尔）；第二，但我们事实上只能思维概念（康德）；第三，因此所谓的存在物其实也就是概念（黑格尔）。同样地，经验论思想也存在着相应的三个界面：第一，真正的存在物可以通过我们的现实经验而被认识（培根）；第二，但通过我们的现实经验而被认识的，只能是意识的各种经验状态（洛克）；第三，因此，意识的各种经验状态便是真正的存在物（穆勒）。③从中我们可以发现，两大流派虽然看似在明修栈道、分庭抗礼（唯理论注重抽象的概念，而经验论注重的是具体的事实），但其实却在情投意合地暗度陈仓；即二者都以认识者主体和被认识者客体的分离为前提，而将关注焦点对准了作为主观的"认识行为"的知性现实，从而同样导致了与现实世界的隔离。

所以，别尔嘉耶夫敏锐地指出："经验主义是唯理论的一种无意识的，因而低级的形式。"④经验之为经验的意义，原本在于通过与具体事实的密切联系而将我们引向真切的生活世界。但在经验论那里，由于它将注意力定格于作为一种概念活动和知性现实的经验自身，无意之中其实已经成了"不自觉的唯理论者，只承认理性经验，否认认识中的一切直接和生动的东西"⑤。经验论哲学也因此而让自己追随着唯理论学说，成了一种知性认识论。这两种思想活动皆唯思维法则是从的特点，使得人们"大体上可以用

---

① ［俄］尼·别尔嘉耶夫：《自由的哲学》，董友译，上海：学林出版社1999年版，第7页。
② ［俄］弗·索洛维约夫：《西方哲学的危机》，李树柏译，杭州：浙江人民出版社2000年版，第82页。
③ ［俄］弗·索洛维约夫：《西方哲学的危机》，李树柏译，杭州：浙江人民出版社2000年版，第116—118页。
④ ［俄］尼·别尔嘉耶夫：《自由的哲学》，董友译，上海：学林出版社1999年版，第39页。
⑤ ［俄］尼·别尔嘉耶夫：《自由的哲学》，董友译，上海：学林出版社1999年版，第101页。

· 33 ·

抽象的形式主义这个概念,来界定这两派共有的局限性"①。以此来讲,认为"哲学终极于思想的无聊"②,这颇有道理：失去同真实的生活世界和真切的生命存在的联系,导致了西方传统哲学主流普遍患有思想贫血症。这场危机的发生动因提醒着我们：哲学固然无法像医院门诊部那样,承担对各种当下的文化病变做出对症处理的责任；但归根到底不能失去起码的现实关怀和对世俗人生的实际指导意义。那些崇高的形而上学问题之所以曾经对人类智力产生极大的吸引力,就在于对这些问题的深入思考,能够为我们现实的生存活动提供宝贵的精神照明。这是人们一直向那些伟大思想家表示由衷敬意的原因。前人朱熹的《观书有感》曾言："问渠那得清如许,为有源头活水来。"哲学之根在于作为万物之本的真实的生命存在。加塞尔说得好："生活是这样具体实在,一切抽象都结束了。宇宙的基本实在就是'我的生活'。"③所以,"整个现代哲学危机的意义,就在于向存在和向生动经验的回复"④。哲学的新生取决于能否以及如何通过对以概念为本位的"知性认识论"的超越,来实现这种回复。

　　海德格尔在其《面向思的事情》里曾经写道,"我们太容易在消极的意义上把某物的终结理解为单纯的中止,理解为没有继续发展,甚或理解为颓败和无能"；而没有看到终极也意味着事情的转换与重新开始。加塞尔也曾表示："我不明白为什么'危机'一词会带有哀伤的意味。事实上,危机只是一个深刻而紧张的转变。"正如他所说,这场危机只是再次提醒我们："今天,哲学的起点却不在于那最重要的实在,而是在于最肯定的、完全无可怀疑的实在。"⑤但深入地来看,一部世界哲学史其实也正是对这个作为真正存在物的"实在"的寻觅史,正是围绕着对实在的不同认识,导致了哲学家们拉帮结派、党同伐异。如今,知性认识论的落败只是意味着哲学需要重新开始其寻觅实在之旅。但有必要挑明的是,倘若我们赞同将以"爱智"为本的哲学看作是一种知识类型,认为"它只是探索诸事诸物的共相"；那也就不难看到,问题的症结其实也就在于：作为"共相"的观念何以能拥有一种"具体"的实在性。因为只有这样,李凯尔特所提出的那种"普遍直观的可能性"才有可能得以实现。所以,当别尔嘉耶夫指出,哲学

---

① [俄]弗·索洛维约夫:《西方哲学的危机》,李树柏译,杭州：浙江人民出版社2000年版,第119页。
② 赵汀阳:《二十二个方案》,沈阳：辽宁大学出版社1998年版,第79页。
③ [西]何·奥·加塞尔:《什么是哲学》,商梓书等译,北京：商务印书馆1994年版,第114页。
④ [俄]尼·别尔嘉耶夫:《自由的哲学》,董友译,上海：学林出版社1999年版,第101页。
⑤ [西]何·奥·加塞尔:《什么是哲学》,商梓书等译,北京：商务印书馆1994年版,第28页,第123页。

史家们对中世纪思想家显得过于非难,他们没有注意到,"即使现在人们也受着中世纪唯名论和实在论问题的折磨"①。这的确是精辟之见。

比如,究竟该如何把握实在?通常的做法是本着"眼见为实"的态度从事实出发。在此意义上,不可见的"共相"无疑难以"存在"。但问题恰恰在于,到底如何来确定"事实"?借助于现代科学的发展我们知道,人类对物质—实体世界的认识总是通过一定的手段和工具进行,因而实验并不是大自然的自我显示,而是大自然在特定干预下的特定回应。它表明,"客观的科学方法建立在一个从未被提问过的、深深地隐藏着的主观基础上"②。这就意味着"所谓物理实在是一种有所依的实在而不是绝对的;它可说是一种虚拟的实在,因为它是有条件的、相对于人的"③。正是在此意义上,康德"物自体"概念的提出,宣告了人类试图将物质事物作为"无可置疑"的实在的幻灭。借用尼采的话说:"人们希望认识物自体,但却只能认识他所认识的这个世界。"④相形之下,笛卡尔通过"我思故我在"所确立的主体世界的真实性,显示出其深刻之处。也即:"即使我试图设想一切都是可疑的,甚至实际上不存在,但以下这一点依然是自明的:我作为一个怀疑者和否定一切者毕竟是存在的。"由此,一种"在主观性中寻求它的最终根据"⑤的哲学新视野便被隆重推出。

如前所述,主张以事实为本的经验论结果只是回归了理念论,因为它所注重的现象充其量只具有知觉的现实性。与此不同,由主体"思的活动"出发我们却发现,诸如经验、思想、情感、意愿等主观意识,总是表现出对某种东西的拥有。也就是说,"我们通过内在经验只能认识现象,这种情况丝毫不会妨碍人们认识这些现象中表现出来的东西"⑥。比如,如果我们将"美感"理解为一种审美的意识,把"美"理解为我们的审美意识所实际意识到的东西;那么也就得承认虽然"美"和"美感"在存在论意义上因其形影难离而可以相提并论,但在本体论范畴里二者仍不能同日而语。对于

---

① [俄]尼·别尔嘉耶夫:《自由的哲学》,董友译,上海:学林出版社1999年版,第16页。
② [德]埃德蒙德·胡塞尔:《欧洲科学危机和超验现象学》,张庆熊译,上海:上海译文出版社1988年版,第120页。
③ [西]何·奥·加塞尔:《什么是哲学》,商梓书等译,北京:商务印书馆1994年版,第31页。
④ [德]F.W.尼采:《哲学与真理》,田立年译,上海:上海社会科学院出版社1993年版,第61页。
⑤ [德]埃德蒙德·胡塞尔:《欧洲科学危机和超验现象学》,张庆熊译,上海:上海译文出版社1988年版,第92、97页。
⑥ [俄]弗·索洛维约夫:《西方哲学的危机》,李树柏译,杭州:浙江人民出版社2000年版,第49页。

美，主体的感觉经验只是它登场亮相让我们一睹其风采的舞台。换言之，美存在于美感之中，但并不就等于美感。事情正是这样："我们自己从对'美'的感受中体验到的感觉与审美经验的客观内容本身有重大区别。……有教养的明晰的审美意识，总是能够把审美经验的内在内容和它所引起的我们自己的主观感觉清楚地区别开来。"①

由此也可看出，所谓从主观出发并不意味着是从唯"物"主义走向唯"心"主义。而是通过对"身"与"心"的合二而一，来消解主观与客观的分离对峙。因为事实上，在我们作为内心活动的主观意识里，存在着客观的现实存在物。这种东西的"现实性"既不在于它作为外在事物的"表象"的存在，也并非是作为单纯的心理过程的"意象"的存在，而是作为自觉自为的主体生命"现象"的存在。挪用一下波普尔的"三个世界"理论予以表达：表象所代表的是作为"世界一"的物质实在，意象所代表的是作为"世界二"的心理过程，现象所指的则是以主体的身（世界一）与心（世界二）的合一为前提的、作为"世界三"的观念实在。这个世界在本质上属于"精神生活"，它虽与"内心活动"一样具有主观性，但性质大相径庭：后者是一种个体私人行为，具有无法为别的主体所分享的隐秘性。而前者却具有一种超越时空的客观性：一个英雄人物的离去并不妨碍其精神品格永世长存，成为激励后人的一种活生生的能量。"它向我们呈现时所具有的经验直接性和客观性并不亚于物质世界现象。我们碰上它，就是碰上某种真实存在着的、独立于我们的实在。"②正是在此意义上，雨果曾经打比方说：世界上最强大的力量并非武装到牙齿的军队，而是那种具有真理的透彻性的思想。

还须进一步明确的，是这种客观的思想内容的自足性来源。显然，它既不来自作为"思"之形式与媒介的心理自身，更无法来自作为"思"之相关物的外在实体，剩下的便只有"华山一条路"：意识的内在性。所以胡塞尔指出，"必须意识到这样一个事实：意识生活是一种进行造就的生活，它（不论正确还是错误）造就了存有的意义"，也即"作为超验的—主观的意义的客观世界之存有意义"。③这样的意义世界无疑是神秘的，但这并非由于其本质的深藏不露，而只是在于作为其存在依据的意义的生成方式：

---

① ［俄］谢苗·弗兰克：《实在与人：人的存在的形而上学》，李昭时译，杭州：浙江人民出版社2000年版，第75页。

② ［俄］谢苗·弗兰克：《实在与人：人的存在的形而上学》，李昭时译，杭州：浙江人民出版社2000年版，第3页。

③ ［德］埃德蒙德·胡塞尔：《欧洲科学危机和超验现象学》，张庆熊译，上海：上海译文出版社1988年版，第108、120页。

内在于我们的身心却又独立于我们的意识，既能为我们所认识又不能被我们所把握。于是我们看到：如同"实证主义最终地毁灭哲学，神秘主义则复兴哲学，还哲学以失去的目的和生活价值，把它归入存在"[①]。归根到底，真正的哲学言说的玄妙性来自于它所面对的这个意义世界的神秘性。在这里，它们不仅三位一体："意义"就是具有"实在"性的"世界"；而且同时具有经验和超验两面性：既是"个别"也是"一般"。生命意识的个别性在于，人类的生命活动总是以"我"的名义进行；它的超验性与一般性则来自其内涵的先验普遍性，也即维特根斯坦所说的"人类内心一种倾向的表现"。对这种倾向我们无法也无须证明，因为它是自明的，因而也是普遍的。比如诗人艾吕雅曾经写道："凭着一个词儿的力量／我重新开始我的生活／我生到世上来就为了认识你／为了呼唤你的名字／自由。"这样的诗句永远会让人感动，无须任何论证与理由。因为它提醒我们，在每一个人类生命的深处，都埋藏着同样的生命意志与追求。

以此来看，哲学对事物共相的揭示并不意味着非得概念化，这里的关键在于，虽然每一个概念同时也属于观念，但并非所有的观念就等于概念。除了作为概念的抽象意识（比如"水果"），毕竟还存在着各种具象意识（比如"苹果"）。后者由于可以被直接落实于某个意象，而被直观地把握；前者则因为缺乏"自己的内容"，而只能在转换成其他具象意识（借助于其内容）后方得以理解。这样，虽然所有的词皆表示着概念，所有的思想都是观念，但正如"水果"与"苹果"两个词的差异所表明的那样，在概念与概念和观念与观念之间，存在着高度抽象与相对具体的区别。其实质在于：具象的观念拥有一种抽象与具体的统一，而抽象的概念拥有一种以牺牲个别为代价方能得到的"一般"，因而，前者具有为后者所匮乏的实在性。这是由于在具体的观念中，在思想与被思想的东西之间，有一种直接的、经验的联系，它赋予了观念以实际的内容。而这种联系的建立，又得益于思想者与被思想者的一致性。也就是说，思想在此所思的不是别的，正是它以自身的参与为基础、以其自觉为标志的生命存在。其结果便意味着作为主体的思与作为客体的被思物，在自觉的生命活动中被连接成一个统一的生活世界。

显然，这是一个不同于事实世界的意义世界，如果说前者是科学的主战场，那么后者则是哲学能够大显身手的舞台。或许正是对此有清醒的认识，始终坚持"哲学不是一种理论，而是一种活动"的石里克曾断言：就

---

[①] ［俄］尼·别尔嘉耶夫：《自由的哲学》，董友译，上海：学林出版社1999年版，第16页。

像"科学应定义为'真理的追求',哲学应定义为'意义的追求'"①。但意识到这一点也就意味着承认哲学对抽象的知性认识论的超越不仅是可能的,也是必然的,哲学之思只有这样才能有效地完成其进行"意义追求"的文化使命。这里的关键在于,在以物质对象为实体的事实世界中,事物的共相总是高度抽象的一般概念;而在由生命活动所构成的意义世界里,事物的共相只是作为一种思想的具体观念。人们之所以常常容易让概念"遮蔽"观念,只是由于缺少实际对象的概念总是以具有其具体内容的观念作为载体。正是这种混杂导致了唯名论与唯实论的争执。事情正如索洛维约夫所说,双方其实都是正确的:唯名论将共相理解为一般概念,并在此前提下正确地论证了其非独立性和存在论意义上的第二性;与此不同,唯实论则将共相理解为具体观念,在此基础上同样有力地论证了其第一性和实在性。

所以,观念的实在性归根到底取决于其同建立在感性经验基础上的生活世界的联系。所谓"美",正是这样一种具有实在性的观念和观念中的实在。因为只有在审美活动中,我们才能对作为意义世界之基础的人类生命共相,拥有最为真切的认识。唯其如此,注定了美学总是要向哲学开放门户,与之结为友好同盟。反之亦然,当最终从全能科学的角色中摆脱出来的现代哲学,试图在意义世界里营造起一方天地,它力所能及的其实也就是凭借直观认识论对知性认识论的超越来同美学重修旧好,因为美乃我们的意义之树上结出的最佳果实。为什么我们能赞同,"从艺术概念的广义上说,艺术的实质就是美",无非是由于真正伟大的艺术从来都是存在意义最为鲜明和集中的体现。这也是为什么在事实世界里寸步难行的"普遍直观",能在审美领域中长驱直入。索洛维约夫说得好:"艺术创造的事实无疑可以证明一般观念直觉的存在。"比如那些杰出的艺术形象,它们既不是具有个别的和偶然的现实性的可观察现象的简单再现,也不是从这种现实性中抽象出来的一般观念,而是"智力直觉或直观所见的整体观念"。②分析起来,其可能性的基础便在于:以我们的生命活动为内容、呈现于实际的生活世界之中的"意义世界",本质上就是由我们的意识生活所造就的观念实体。

显然也正是由于对此具有同样的认识,阿多诺甚至专断地提出:"审美经验务必转入哲学,否则就不是真正的审美经验。"③在这里,"哲学"意味

---

① [德]M.石里克:《哲学的未来》,《哲学译丛》1996年第6期。
② [俄]弗·索洛维约夫:《西方哲学的危机》,李树柏译,杭州:浙江人民出版社2000年版,第224页。
③ [德]西奥多·阿多诺:《美学理论》,王柯平译,成都:四川人民出版社1998年版,第228页。

着生命的自觉、一种根植于个体性之中的生命之"思"。以此来看，对于当代美学的重建，重要的并非同哲学决裂而是对哲学的改造。在某种意义上首先也就是对形而上学实施拯救。这当然并非出于文化的怀旧，而是因为"对形而上学可能性的怀疑"，正如胡塞尔所指出的，"实际上意味着对理性信仰的崩溃"①，是对哲学精神的彻底瓦解。一种可行的方案早已由别尔嘉耶夫提出。在他看来，"黑格尔主义这个伟大骄傲哲学的破灭，同时就是抽象哲学的危机，唯理论的失败"。我们应从中汲取的一大教训便是："没有直接的直觉，哲学就会枯萎，变成寄生虫。"改变这一切的关键是，必须真正信任自己的感受。别氏此番见解的深刻与精辟无须赘言，分析起来，这不仅是因为"'感受'，决不能同认识分开，认识也是在'感受'内部来实现"；更在于这样一个事实：意义世界内在于我们的生命活动，因而，对于以意义寻求为己任的哲学来讲，"感受就是一切，一切就是感受"②。这也就像盖格尔所说："人们必须领会和感受审美价值，而决（绝）不是认识审美价值。"③只能在感受中来认识，这是审美价值与一般价值的区别所在。因为作为我们生命意义的体现的审美价值本身，是通过作为生命活动的感受来实现的。

显然，别氏在此并非只是一般地重申了感受的认识功能（这在鲍姆嘉滕提出的"审美是一种低级认识"里就有），也不仅仅是将它提升为人类的一种基本认识形式（这在阿恩海姆将知觉思维分作"直觉认识"和"推论认识"两大类型中也已出现），更没有极端地认为感受能在认识论领域里包打天下；而是强调了感受作为生命活动的一部分所具有的独一无二的意义：它能让我们通过体验与存在作为"生命现象"的内在一体性，进入"意义世界"的深处。所以，当别尔嘉耶夫满怀激情地问道："为什么不从血液循环、不从活物，不从先于一切理性反思、先于一切理性分离的东西，不从有机思维、作为生命职能的思维，与自身存在根源联系在一起的思维，不从非理性化意识的直接原始材料开始进行抽象议论呢？"一种驻足于我们生命活动自身、以主体感受为核心的认识论也就正式出场了：它并非只是针对我们生命活动的一种认识，而是一种"作为生命行为的认识行为"④。虽然我们可以从中看到来自叔本华—尼采的生命哲学的某些渊源，但显然，

---

① ［德］埃德蒙德·胡塞尔：《欧洲科学危机和超验现象学》，张庆熊译，上海：上海译文出版社1988年版，第13页。
② ［俄］尼·别尔嘉耶夫：《自由的哲学》，董友译，上海：学林出版社1999年版，第85页。
③ ［德］莫里茨·盖格尔：《艺术的意味》，文彦译，北京：华夏出版社1999年版，第245页。
④ ［俄］尼·别尔嘉耶夫：《自由的哲学》，董友译，上海：学林出版社1999年版，第97—100页。

在经过了别氏的创造性阐述与转化之后,这个哲学理路的精神得到了进一步的发扬光大。沿着这条理路我们将抵达这样一种境地:在这里,"哲学活动跟他的其他生命活动错杂在一起,理论活动成了一种生命活动"①。

诚然,美学家们有必要经常提醒自己,"如果把哲学美学与审美经验的实际与对个别艺术作品的评论分割开来,那么,哲学美学就会面临徒劳无益、枯燥无味的危险"②。但更应该看到,哲学并非知性认识论的忠实跟班,而是根植于我们生命深处的一种体验,因而在哲学与诗之间有一种同宗共源性。这不仅仅是指"诗"与"思"的暧昧关系,还在于哲学是神秘的。也即"无论是哲学还是诗,都要形成超越语词直接涵义的形式"③。哲学以此来冲击任何有限性的边界,帮助我们悄悄走近充满神秘的美的世界。

## 4. 作为诗学的美学

在整个思想文化界,或许很少有其他的知识形态像美学这样,至今仍在为其名分的暧昧而遭人诟病。"一个地质学家能在二分钟之内向我们说清楚什么是地质学,但哲学家就不同了,他们对什么是哲学至今争论不休……究竟什么是美学,至今众说纷纭,莫衷一是。……各种理论争奇斗艳,使人眼花缭乱。"④美国学者布洛克在其《艺术哲学》的"导论"里说的这番话并不夸张。诚然,美学家们从未放弃过为"说清楚"而努力,并将这视作各自建功立业的一个契机。从美学史来看,将美学与诗学相提并论的"作为诗学的美学观"一直独树一帜,对它的梳理能够为我们重新认识美学的知识形态,提供一份颇有价值的参照。

一般说来,人们对"诗学"概念的了解,最早来自于亚里士多德的那部同名著作《诗学》。当然并不仅仅是这个缘故,通常认为如同柏拉图是西方美学的鼻祖,其弟子亚里士多德则是西方诗学的实际开创者。这种说法就思想史意义而言不无道理,但从知识论的方位看则颇成问题。因为对于美学,虽然其思想之源主要来自柏拉图,但为其"学科形态"的形成立下了汗马功劳的却是亚里士多德。在古代希腊,"早期的诗人们是原始神学的阐述者"⑤。与此相应,柏拉图的美学观属于一种神学美学体系:当柏拉图提

---

① [西]何·奥·加塞尔:《什么是哲学》,商梓书等译,北京:商务印书馆1994年版,第112页。
② [英]安妮·谢波德:《美学:艺术哲学引论》,艾彦译,沈阳:辽宁教育出版社1998年版,第4页。
③ [英]怀特海:《思想方式》,韩东晖等译,北京:华夏出版社1999年版,第154页。
④ [美]H.G.布洛克:《美学新解》,滕守尧译,沈阳:辽宁人民出版社1987年版,第1页。
⑤ [希腊]亚里士多德:《诗学》,陈中梅译注,北京:商务印书馆1996年版,第276页。

出，"是神，而不是精神恍惚的诗人在向他们诵说精彩的诗行"，当他用以"神赋论"为背景的"灵感说"来解释通过艺术创作而体现出来的人类的审美活动，他在借神学的思想苑地栽培了美学的树苗的同时，也使美学成了一个依附于神学的婢女。与此不同，亚里士多德一方面继承了灵感说的学统，承认"诗是天资聪颖者或感情狂热者的艺术"；另一方面又不愿受神赋论的范围，而是像黑西俄得、阿尔卡伊俄斯、阿里斯托芬和品达等诗人那样，强调作诗技艺的重要性。因而虽然他的《诗学》主要只涉及悲剧艺术，但毕竟以诗学的名义替美学施行了洗礼，使美学通过对人类艺术活动规律的介入而得以从神学思想中赎身。

从这个意义上讲，借助于诗学的地盘来为美学提供一个自立门户的逻辑起点，使之通过形成自己的知识形态而成为人文领域里的一门学科，这是亚里士多德为西方美学所做的贡献。换言之，柏拉图开启了审美之"学"，而亚里士多德则真正落实了审美之"学"。因为自此以降，侧重于研究人类审美活动的美学研究首先把"诗学"正式作为一门独立的知识科目，同诸如伦理学、政治学、修辞学、形而上学等分道扬镳、各自为政。由此而旁视开去，我们不仅能够看到，诸如此类以"诗之思"来为美学开道的情形，具有一种"全球性"，为东西方美学思想历程的共同轨迹。比如古代中国的美学虽然渊源于老子与孔子等思想，但也只是随着诸如《礼记·乐记》和《诗大序》等的出现，方才开始自成一体、渐显格局，使得美学以一种自足的知识形态区别于其他思想类型。而且还可以发现这样一个常常有意无意地为人所忽视的现象：作为一门知识形态的美学，其实一直都是在诗学的地盘里安居乐业、攻城略地，最终建立起自己的王国。从大名鼎鼎的黑格尔在其《美学》里判定，美学"这门科学的正当名称是'艺术哲学'"，或者"说得更精确一点，它的范围就是艺术"，[①]到眼下依然在那里以"诗"（艺术）为中心泛泛而谈的各类美学著述，在根本上其实都未脱离诗学的窠臼。

需要予以明确的是，诗学何以能如此这般地成为美学家们发展美学事业的大本营。概括地来看，这主要涉及作为诗学关注焦点的"艺术"与"美"的关系。众所周知，"诗学"（Poietike）这个希腊词乃Poietieke techne（作诗的技艺）的一种简化形式。概括地来看，将诗人的创作活动及其产品作为研究对象，以把握作诗的神秘技艺为己任，这是一般的"诗学"概念的基本含义。在此，作为艺术"作品"（work）的物质性媒介的"文本"（text），具有举足轻重的意义。它是艺术存在的物质基础，是作者与读者在

---

① ［德］黑格尔：《美学》第1卷，朱光潜译，北京：商务印书馆1979年版，第3—4页。

某种精神层面上，围绕着"诗性"（poem）进行审美对话与交流的平台。在这个意义上，所谓艺术作品，意味着文本与诗性的合一，诗学以作品为中心其实也就是以诗性为本位，艺术活动的意义通过这种诗性的生产与消费而得到实现。但这也意味着，诗学研究虽然最早始于以悲剧作品和荷马史诗等为代表的"文学实践"，但其关注对象从未仅仅范围于通常所谓的"语言艺术"，而包括"审美创造"的内涵。在这里，"诗性"这个语词符号所表示的内涵与"音乐性"是同一的，指的是一种具有自由创造性的精神品格。

故而，如同叔本华曾表示的，"能够成为音乐那样，是一切艺术的目的"；一代浪漫派画家德罗克洛瓦提出，"艺术就是诗，没有诗就没有艺术"。用马利坦的话说，也即，"诗，如同柏拉图所称的音乐那样，是在一种基本的、最普遍的意义上被理解的"作为"有"的存在者，"它超越一切艺术又渗入一切艺术之中"①。所以，不仅自古希腊的西摩尼得斯起，就有所谓"诗画同源说"，而且在小说取诗歌而代之的当代文学界，也一直有"伟大的小说家就是诗人"这样的通识。因为人们看到，就"诗"乃一种超越的精神存在而言，就得承认：绘画，或音乐，或舞蹈，或建筑学也同诗歌一样，都有一个诗性空间。在此意义上，"诗"乃"艺术"的一种雅称，这是一种以生命之"思"为核心的实体。它与一般的观念的差异在于：后者乃对于具体事物的抽象认识，前者是渗透于现象之中的具体把握。用英国著名批评家卡莱尔的话说："我们将称诗歌为音乐性的思想。诗人就是以那种方式思想的人。"②这样一种"存在"同"美"之间究竟是什么关系，对此迄今虽仍充满争议，但大致说来，以肯定与否定为界，形成了古典与现代的转折。

所谓文化的古典时期，也就是坚守"美是和谐"的时代，艺术被认为是美的当然代表和典范。文艺复兴是转折的开始。在16世纪的佛兰德斯风俗画大师勃鲁盖尔的《乡间喜宴》里，画家让我们看到的是芸芸众生在大嚼狂饮的丑态；其后的法国画家卡洛特将其笔墨进一步伸向残疾人、流浪者、无赖之徒等，不仅展示出人间的不幸面，而且将人类的愚蠢行径与卑劣面貌暴露无遗。再后的委拉斯开兹、伦勃朗、戈雅等巨匠纷纷仿而效之，使丑恶的镜头频繁亮相于向来为优美所独步的绘画世界。随着文化中的现

---

① 参见[法]雅克·马利坦：《艺术与诗中的创造性直觉》，刘有元等译，北京：生活·读书·新知三联书店1991年版，第294—296页。
② [英]托马斯·卡莱尔：《十九世纪英国文论选》，盛宁等译，北京：人民文学出版社1986年版，第56页。

代主义革命开始,"美是冲突"的主张渐成气候。当波德莱尔将"情人肚子上的蛆虫"这样的句子写进诗里,当斯摩莱特在小说中对"马桶里陈腐的东西"做出细细描绘,"丑"显然不仅成为视觉艺术领域里的显贵新秀,而且开始主导整个原本作为"审美"的王国,使之成为"审丑"的天地。面对这样的情形,美学家们似乎只能做出让步,承认"事实上艺术并不一定等于美,这一点已无须翻来覆去地强调了";并明确表示,"美并非是艺术存在的一个条件。因为丑艺术尽管很容易为人忽视或遗忘,但却大量地存在着"。①

但这样的说法明显存在着破绽:一部作品中所呈现的"主题"并不等于其所表现的"内涵"。以此来看,上述这些作品的主题虽然丑陋不堪,但其内涵并不缺少美的光泽。这种光泽来自于作者对其所呈现主题的否定,也即通过以丑为丑、以恶为恶的方式,表达了文明对愚昧、进步对倒退、高尚对卑鄙、光明对阴暗等的抵抗与不屈。这也意味着决定着一部作品价值的,并非它直接地表现着什么,而是它通过这种方式间接地表达了什么。小说《金瓶梅》是一个极好的例子。这部作品之所以能突破历代那些道貌岸然之徒的文化围剿,最终跻身于世界文学名著之中,就在于它首先没有为虚伪的道德说教所范围,真实地表现了人世间那些丑陋现象所具有的、犹如鸦片般的诱惑性和所谓堕落的快感。但更为重要的还在于,小说并没有停留于这个层面,而是进一步深入下去,让西门庆和潘金莲这对已成为单纯的欲望机器的主角,其行为的粗鄙和其局限于官能刺激之快感的品质的低劣,得以展示于人世。小说从而以一种"以毒攻毒"的方式让我们看到,人类的一大错误是拒绝承认人的动物本性,另一个更大的错误则是拒绝承认人的天使本性。②因为人类所真正寻求的其实并不是能与动物祖先分享的快乐,而是一种依托于文明成果的幸福。

所以,阿多诺精辟地指出:"艺术中没有原本就是丑的东西。举凡丑的东西,在某一特定的作品里自有其自身的职能。另外,举凡丑的东西,一旦艺术摆脱了烹饪享乐主义的态度,便可扬弃自身丑的品性。"③但由此不仅可以看到在艺术与美的关系上,艺术家的作用举足轻重;而且还能进一步发现,艺术与美之间那种亲密无间的关系的由来,主要在于艺术所不能缺少的真理性品格。用阿多诺的话说:"所有艺术作品都负有实现其真理

---

① [美]C.J.杜卡斯:《艺术哲学新论》,王柯平译,北京:光明日报出版社1983年版,第14页。
② [法]安德烈·莫洛亚:《从普鲁斯特到萨特》,袁树仁译,桂林:漓江出版社1987年版,第105页。
③ [德]西奥多·阿多诺:《美学理论》,王柯平译,成都:四川人民出版社1998年版,第84页。

性内容的承诺……归根到底,要体验艺术就等于承认其真理性内容并非是子虚乌有的东西。"①诚然,这样的见解并不新鲜。从古罗马思想家普洛丁提出"真实就是美,与真实对立的东西就是丑",经过17世纪诗论家布瓦洛的"只有真才美"、19世纪浪漫派诗人济慈的"美就是真",到黑格尔的"美与真是一回事。这就是说,美本身必须是真的"②,这样一种以"真"为"美"的声音,在西方美学史上已经让人耳熟能详。而进入20世纪以来,随着科学文化君临于整个思想界,这样的观念早已成为主流。以至于福楼拜甚至提出:"现在是以自然科学的确定不移的方法和精确性装备艺术的时候了。"③

当然,如此这般将艺术之"真"同科学意义上的"真"一视同仁,是似是而非的。对于现代以来的这种科学主义艺术观,波德莱尔曾明确表示异议:"诗不可同化于科学和伦理学,一经同化便是死亡或衰退。"④事实证明,这乃经验之谈。可以为例的,是那些现实主义艺术的得与失。"现实主义的理论是极为拙劣的美学",身为20世纪批评权威的韦勒克曾经这样说道。在他看来,这样一种主张会让艺术丧失与信息传达和实用劝诫之间的区别。而"在其较低级的范围内,现实主义便退化为新闻报道、论文写作和科学说明,一句话,正在退化为非艺术"⑤。对这些见解加以吹毛求疵并非难事,其偏颇之处也显而易见。但有一点无法否认:无论是巴尔扎克、狄更斯,还是陀思妥耶夫斯基、托尔斯泰,他们的伟大无不在于超越了严格意义上的现实主义美学原则,而拥有一种浪漫主义的精神品格。正如史雷格尔在读了被认为体现了"现实主义的伟大胜利"的莎士比亚作品之后断言:"莎士比亚的作品完全是浪漫性的。"⑥著名批评家朗松也曾写道:"为什么我们的古典作家有些看来有点狭隘而平庸?这是因为这些作家只要求绝对的真实。莎士比亚之所以超过他们,就是因为他在作品中除了简单的、肯定的、可认识的真以外,还放进了点别的东西。"⑦以至于身为作家的王安

---

① [德]西奥多·阿多诺:《美学理论》,王柯平译,成都:四川人民出版社1998年版,第230页。
② [德]黑格尔:《美学》第1卷,朱光潜译,北京:商务印书馆1979年版,第142页。
③ 杨荫隆:《西方文论家手册》,长春:时代文艺出版社1985年版,第306页。
④ 杨荫隆:《西方文论家手册》,长春:时代文艺出版社1985年版,第300页。
⑤ [美]勒内·韦勒克:《批评的诸种概念》,罗钢等译,成都:四川文艺出版社1988年版,第243页。
⑥ 杨周翰:《莎士比亚评论集》下册,北京:中国社会科学出版社1981年版,第320页。
⑦ [法]居斯塔夫·朗松:《方法、批评及文学史》,徐继曾译,中国社会科学出版社1992年版,第118页。

忆，不久前在复旦讲台上干脆挑明了说道：在她看来，"小说世界是在现实世界之外存在的另外一个世界，它具有不真实性"①。

诸如此类的说法之所以在今天仍有必要老话重提，当然并非由于它们皆为名家所言，而在于其不无道理。事情难道不正是这样吗？"有时，相对于我们认为现实就是这个样子而言，我们更加赞扬在各个方面都不真实的作品。"②比如《堂吉诃德》和《巨人传》，比如《呼啸山庄》和《巴黎圣母院》，比如《西游记》和《格列佛游记》，比如《变形记》和《好兵帅克》等。这些让人过目不忘的作品，其夸张与荒诞使得我们绝不会将它们与现实生活相混淆。再进一步我们还能够发现，即使是那些被公认为现实主义经典的作品，如果严格按照"现实主义艺术原则"来衡量，其实也颇成问题。比如巴尔扎克，同为优秀法国小说家的莫洛亚就曾指出："如果您生活在1840年，您也会对巴尔扎克有同样的责难。您会说：'……这些发生在所有家庭中的悲剧，这些无处不在的高利贷者、法庭庶务员，这些围绕一个女财产继承人或一份遗产展开的明争暗斗，它们不反映世界的本来面目。'"③这当然并非否认巴尔扎克这样的作家在"忠实于生活"这一点上，与所谓"浪漫主义作家"存在着明显的区别，而只是意味着巴尔扎克之所以能成为一位伟大作家，在于他的作品里同样也具有"真实"之外的一种东西。以至于我们可以接受勃兰兑斯这样的一种说法："虽然巴尔扎克的才智是现代化的，他却够称上一个浪漫主义者。"④

驻足于这样的批评语境，我们不仅能够对马利坦的这一见解做出认同：象（像）所有真正的艺术那样，它厌恶现实主义，而且也会像著名艺术理论家赫伯特·里德那样，重申许多"艺术哲学家业已作出某种承认的真理，即艺术与浪漫主义的同一性"⑤。问题在于，是否我们因此而可以认为，艺术之美就此可以同"真"的命题分手而自行其是？这样的说法虽然听起来有点可疑，但响应者却大有人在。不仅向来喜欢标新立异的王尔德曾提出，"诗应像一只水晶球，它应使生活显得更加美丽而不真实"，和以疯狂了此一生的尼采说过，"诗人在说谎者身上看到了自己的同乳兄弟"；还有被公

---

① 王安忆：《心灵世界》，上海：复旦大学出版社1997年版，第290页。
② [美]N.沃尔斯托夫：《艺术与宗教》，沈建平译，北京：工人出版社1988年版，第242页。
③ [法]安德烈·莫洛亚：《艺术与生活》，郑冰梅译，上海：上海三联书店1989年版，第190页。
④ [丹麦]格奥尔格·勃兰兑斯：《十九世纪文学主流》第5册，李宗杰译，北京：人民文学出版社1982年版，第234页。
⑤ [英]赫伯特·里德：《现代艺术哲学》，朱伯雄等译，天津：百花文艺出版社1999年版，第105页。

认为是一代现实主义小说大师的托尔斯泰，也曾认为，"真和美毫无共同之处，真大都是跟美相反的，因为真大都揭穿诈伪，这样，真就破坏了美的主要条件：幻想"①。有"后现代小说大师"之誉的纳博科夫也曾告诫他的读者：虽然"小孩子听你读故事的时候往往会问，这故事是真的吗？"但"对一首诗或是一部小说，请不要追究它是否真实"②。

毋庸讳言，艺术家们的此番争执让我们无所适从。虽然美学领域里的诸多交锋大多如此，但关于"诗与真"的此番聚讼已久的讨论，"难度系数"显得更大。因为事实上，尽管我们厌恶那种科学主义的、新闻报道式的"真实作品"，但我们更深恶痛绝那些歌舞升平、虚情假意之作。真实性，既是艺术的起点也是归宿，是一切伟大作品的基础。尽管我们承认如同尼采所说，"人有一种根深蒂固的听任自己受骗的倾向"，但我们不仅更认同左拉的这句经验之谈，"当我读一本小说的时候，如果我觉得作者缺乏真实感，我便否定这作品"，而且我们也赞同克罗齐的这一见解，"诗虽是幻想的阶段，却提供真实的价值"③。这不仅仅是出于我们自身的艺术实践，同样也是由于整部古今中外各种形态的艺术史所提供的证据。比如巴尔扎克虽然曾称小说是一种"庄严的谎话"，但同时也没忘记强调，现代小说"获得全世界闻名不朽的成功的秘密在于真实"。法国评论家达文在评论其成就时也说道："我们特别应该感谢他的是：通过对真实的描写，他使人人感到趣味。"④20世纪法国"新小说"代表罗布-格里耶曾指出："为什么艺术要不断改变？为什么音乐要不断改变？为什么绘画要不断改变？为什么文学要不断改变？这主要是因为真实性的概念在不断改变。"⑤

由此我们可以认为，"真实"，是人类艺术文化里的一面永不褪色的旗帜。爱默生说得好："真是第一位的，也是永恒的。"很难想象，像《红与黑》《红楼梦》《包法利夫人》《安娜·卡列尼娜》等这样一些作品，缺少了真实性这个品质做担保，它们还能拥有如此巨大的艺术生命力。这也正如诺贝尔文学奖获得者略萨所说："一切好小说都说真话，一切坏小说都说假

---

① [俄]列夫·托尔斯泰：《托尔斯泰文集》第14卷，陈燊、尹锡康等译，北京：人民文学出版社1992年版，第191页。
② [美]弗拉基米尔·纳博科夫：《文学讲稿》，申慧辉等译，北京：生活·读书·新知三联书店1991年版，第185页。
③ [意]克罗齐：《美学的历史》，王天清译，北京：中国社会科学出版社1984年版，第65页。
④ 外国文学研究编委会：《欧美作家论现实主义和浪漫主义》，北京：中国社会科学出版社1981年版，第218页。
⑤ 崔道怡等：《"冰山"理论：对话与潜对话》下册，北京：工人出版社1987年版，第527页。

话。"①或许也正是这个缘故导致了一些作家与批评家的"话语矛盾"。比如以坚持文学的自由主义,认为"诗是从理想中分泌出来的"的雨果,曾特意指出:"让我们强调一下,诗人应该只从自然和真实以及既自然又真实的灵感中得到指点。"②又比如著名的印象派批评家朗松,一方面出于艺术与科学在"真"这个问题上的差异而提出,"那种科学的文学观是最能促使文学解体的因子",另一方面又由于看到了真实性对于艺术的价值而不得不承认:"文学和科学有一个共同点,就是憎恶虚假、错误或谎言,它尊重一切科学真理"。③

深入地来看,问题的症结在于"真实"这一概念具有一种暧昧性和复调结构。也就是说,在艺术现象里与在艺术活动之外,人们所谈论的"真"的含义是既有联系又并不同一的两种内容。克罗齐曾经表示:"真正审美的真实既不完全真也不完全假。"④这话可以领悟,却无法解释:这半真半假、亦真亦假的东西究竟是什么?可以理解成是精神或情感上的真实性吗?恐怕不能。情感是个体主观现象,而真实的基本品格是客观性。因而,如何判定一种情感表现的真实性,这仍成问题。但深入地来看,在艺术与非艺术之间关于"真"的把握的要点,在于"可能性"与"现实性"的不同,是"现象"与"事实"的区分。艺术是实际的生活世界的符号化,所以戈雅那幅著名的反战油画,并不能被用来指证任何一次真实的历史事件,因为它不是像照片那样对某一事实的摄入。所以,当加缪表示,"事实上,艺术从来就不是现实主义的",他的意思是指,现实主义的本质是对事实的还原。这当然非作为虚构的小说力所能及,在他看来,"小说世界只是按照人的深刻愿望对现实世界进行的修改"⑤。

无须赘言,加缪只是道出了一个小说创作的通识。"当你写小说的时候,总有一种编造的成分、一种非现实的成分要插入进来。"曾公开承认自己"属于现实主义这个流派或传统"的秘鲁作家略萨如此说过。他将这一切归之于作家的创作动机:"写小说不是为了讲述生活,而是为了改造

---

① [秘鲁]巴尔加斯·略萨:《谎言中的真实》,赵德明译,昆明:云南人民出版社1997年版,第75页。
② [法]维克多·雨果:《雨果论文学》,上海:上海译文出版社1980年版,第59页。
③ [法]居斯塔夫·朗松:《方法、批评及文学史》,徐继曾译,北京:中国社会科学出版社1992年版,第248页。
④ [意]克罗齐:《美学的历史》,王天清译,北京:中国社会科学出版社1984年版,第61页。
⑤ [法]阿尔勃特·加缪:《置身于苦难与阳光之间》,杜小真、顾嘉琛译,上海:上海三联书店1996年版,第163—174页。

生活,给生活补充一些东西。"①换言之,对于艺术家,重要的并非是所谓的"事实真相",而是一种作为"可能性"的理想。可能性的前提是对确定性的取消、脱离必然律的控制,否则就没有可能性的存在之地:可能意味着亦此亦彼。所以,克尔凯郭尔指出:"自由就是可能性。"②可能性的意义,就在于颠覆任何名义的决定论的统治,同各种"既成事实"脱离开来,从而为我们开辟出一个崭新的天地。在这里,那些建立在日常经验基础上的事实维度做出的种种"不可能"现象,得以借助于"可信"的掩护而获得一种生机。这意味着:裁决可能性的,是可信性;而支配可信与否的不是事实依据,而是一种主观认同。它自成一体,取决于某种能够自圆自足的情感逻辑。对于它,所有那些"未知的事物、无法论证的事物、非现实的事物——凡是没有得到证明其为真的保证的事物,都不能确信其为伪"③。显然,较之于经验的"事实世界",那种按部就班的井然有序,超验的"可能世界"显得更加生机盎然、丰富多彩。如果说前者是科学探索的领地,那么后者就是人文艺术的空间。

因而,亚里士多德早就在其《诗学》里指出:"为了获得诗的效果,一桩不可能发生而能成为可信的事,比一桩可能发生而不能成为可信的事,要更为可取。"朗松也跟着说道:"科学在宇宙中发现那些在一定条件下必然发生的事情,而文学所构想的则是可能发生的事情。"④所以,归根到底,可能性的天地是主体性的、理想的天地,其真实性表现为一种超事实的人类"乌托邦存在"。蒂利希指出:"为什么乌托邦是真实的?因为它表现了人的本质、人生存的深层目的,它显示了人本质上所是的那种东西。"换言之,"要成为人,就意味着要有乌托邦,因为乌托邦植根于人的存在本身"⑤。以此为依托构筑起来的可能世界的真实性,首先在于其客观性。也即它虽然表现于个体生命之中,却不同于仅仅属于个人欲求的那种愿望,而代表着人类普遍的生命冲动,表现了一种穿越时空的生命理想。其次也在于其有效性。乌托邦的意义并不在于其能够被我们兑现成事实,恰恰相反只在于其永远超越于事实世界之上。

---

① [秘鲁]巴尔加斯·略萨:《谎言中的真实》,赵德明译,昆明:云南人民出版社1997年版,第72页。
② [俄]列夫·舍斯托夫:《旷野呼告》,方珊等译,北京:华夏出版社1991年版,第200页。
③ [法]居斯塔夫·朗松:《方法、批评及文学史》,徐继曾译,北京:中国社会科学出版社1992年版,第206页。
④ [法]居斯塔夫·朗松:《方法、批评及文学史》,徐继曾译,北京:中国社会科学出版社1992年版,第362页。
⑤ [美]保罗·蒂利希:《政治期望》,徐钧尧译,成都:四川人民出版社1989年版,第214页。

第一讲　美学历程

　　这也就表明，艺术之所以必须借助于虚构的手段、以一种符号的方式存在，乃是由于只有这样它才能够完成其职责：成为表现人类共同的生命理想的最佳舞台。加缪曾指出，在一些宗教人士眼里，"艺术不论它的目的是什么，总是制造一种同上帝进行的有罪的竞争"[①]。这话不无道理：在上帝造就完毕的事实世界之上，艺术家们要想依据人类自身的愿望，构建起一个自由美好的可能世界。所以，当罗丹说，"我的灵魂向往着无边的真理，向往着自由的也许是虚幻的王国"[②]时，我们并不会觉得有什么不妥：在此，"真理"与"虚幻"和平共处于"可能世界"。所以，一方面，正是这种可能性构成了艺术的真理性内容，反之亦然，"我们从来是通过伟大的艺术家才了解真理的"[③]，借助于艺术的力量来认识意义的存在。因而，人们得承认："只要艺术仍然是艺术，它就不得不专注于美。"[④]因为审美现象不是一种物理存在，不属于事实世界。"一切善的和美的东西都建立在幻想上"[⑤]，它是我们生命理想的激发与体现。

　　正是在此意义上，康德在《判断力批判》里提出："自然在它具有艺术的特征时才是美的。"也就是说，只有当人类能够从冷酷无情的大自然里发现自身的生命理想，从而使自然不动声色地转化为我们的生命符号时，自然才真正进入我们的审美视野，成为一种审美对象。我们知道，这同样也是黑格尔在其《美学》里所采取的立场："自然中的美只有显出它像美在精神中的反映一样时才是美的。"但盖格尔说得更明白："自然美只是为了那些了解它的主体而存在。"所谓"了解它的主体"，也就是那些能够将自然"符号化"，因而能够从自然现象中"看"到自身生命的存在的主体。这也就是真正意义上的"诗人""艺术家"，无论他（她）是否曾实际地投身于审美创造实践。所以罗丹一再提出，"艺术家所见到的自然，不同于普通人眼中的自然"；无非对于他们，"说起'自然'，其实他颂扬的是自己的灵

---

[①] ［法］阿尔勃特·加缪：《置身于苦难与阳光之间》，杜小真、顾嘉琛译，上海：上海三联书店1996年版，第157页。
[②] ［法］奥古斯特·罗丹：《罗丹艺术论》，傅雷译，北京：人民美术出版社1978年版，第103页。
[③] ［法］安德烈·莫洛亚：《从普鲁斯特到萨特》，袁树仁译，桂林：漓江出版社1987年版，第9页。
[④] ［法］雅克·马利坦：《艺术与诗中的创造性直觉》，刘有元等译，北京：生活·读书·新知三联书店1991年版，第159页。
[⑤] ［德］F.W.尼采：《哲学与真理》，田立年译，上海：上海社会科学院出版社1993年版，第116页。

· 49 ·

魂"。①

于是，我们能够这样来认识"作为诗学的美学"何以可能：这是因为美的世界在实质上属于一种超验的可能世界，而艺术则是它的大本营。"在真正的艺术表现的顶点，我们发现了一个存在于我们面前的世界；对于我们来说，这个世界根本不是实际存在的世界，但是它却拥有它自己的实在形式。"②这个世界是一个意义的世界，它所拥有的价值普遍性使其成为一种观念的"实在"。虽然一般说来我们应该承认，在"意义"与"真理"之间存在着质的区别；但像实证主义那样，从语言学立场将二者完全对立起来的做法，无疑已矫枉过正。因为"艺术方面的真理与语言方面的真理毫无关系"③。意义的实在性意味着它具有一种真理性品质，艺术因对这种实在做出展现而具有一种能与科学活动相媲美的真理性内涵。正是以此为据，在让阿多诺十分自信地断言"真理性属于艺术作品的本质特性"之际，他也看到了"艺术和美学为了共同的利益在此会聚一起"④。美学必须以真理性为目标，这是其作为一种知识形态的使命所然。

由此看来，当美学家们只是笼而统之地提出，"应该把美学看作是对艺术的专门研究，而绝不应看作是对自然美的专门研究"⑤，这其实颇成问题。因为"美学的诗学化"道路既是其走向繁荣的途径，也是其陷于一种困境的原因：正是美学以往在面对具体的艺术现象时的无所作为，使其作为一种知识形态的身份变得令人怀疑，这种疑虑最终危及美学的存在意义。深入地来看，问题的症结在于：离开对所谓"艺术规律"的探讨，美学是否还有其他可以揽的活？换言之，究竟该怎样把握美学的思想空间？问题的关键在于，美学作为一种"诗之思"，并不意味着简单地成为一门"诗之学"。后者是一种侧重于艺术生产与消费过程的工艺理论，而前者却是一种投入诗性文化之中的精神活动。由此也不难发现，这并不是从"学科"方面全盘否定"美学"与"诗学"的关系，而只是明确一个迄今为止仍被人们忽视的一点："作为诗学的美学"与"作为美学的诗学"，彼此间存在着根本性差异。这种差异性在亚里士多德的书里没有得到足够清晰的呈

---

① [法]奥古斯特·罗丹：《罗丹艺术论》，傅雷译，北京：人民美术出版社1978年版，第93页。
② [德]莫里茨·盖格尔：《艺术的意味》，文彦译，北京：华夏出版社1999年版，第267页。
③ [英]安妮·谢波德：《美学：艺术哲学引论》，艾彦译，沈阳：辽宁教育出版社1998年版，第175页。
④ [德]西奥多·阿多诺：《美学理论》，王柯平译，成都：四川人民出版社1998年版，第573页。
⑤ [法]德尼斯·于斯曼：《美学》，栾栋等译，北京：商务印书馆1995年版，第136页。

现。如果说美学的过去属于"作为诗学的美学",那么美学的未来则应该走向"作为美学的诗学"。这也就是为什么在艺术天地里,诗性创造往往处于"首发"的位置。因为我们的生命追求凭借这番创造而得以显现,我们的美学谈论也围绕着这种创造的存在而存在。但我们的生命活动不仅是人类艺术之"源"(发生),同样也是其"本"(归宿)。作为人类诗性创造的艺术品,其真正灵魂乃是一种精神性的存在。

如同一件作为艺术品的花瓶,其意义并非在于能够插入一把鲜花;艺术之为艺术的根本特点在于它已不只是"物",而成了我们以精神为本位的生命活动的一种显示,其中不仅有我们的喜怒哀乐,还有我们的追求和向往。当然,就"物"这个词通常指任何一种"实际存在的东西"而言,艺术品有其"物"的一面。海德格尔说道:凡艺术作品都显示出物因素,虽然方式各不相同。但使艺术这样的东西同其他一般"物品"区别开来的,却是其中所蕴含着的"人性",也就是在人与大自然和人与人以及人与自己的关系中所显示出来的,"人"的所"是"与所"能"。海德格尔曾以梵高所画的一双农鞋为例,对此做出过一番具有经典意味的阐述。正如他所谈到的,在这双硬邦邦沉甸甸粘着湿润而肥沃的泥土的皮制的破旧农鞋里,聚积着劳动步履的艰辛,回响着大地无声的召唤,浸透了对面包的牢靠性的无怨无艾的焦虑以及那战胜了贫困的无言的喜悦。所有这一切使得这幅画不再是对现实的逼真模仿和如实反映,而成为真正的艺术杰作。"走近这个作品,我们就突然进入了另一个天地,其况味全然不同于我们惯常的存在。"[①]这已清楚地昭示,所谓的"诗的存在"其实也就是"人的存在",作为一种"存在"的诗只是借助于对人性的显现而成其为"诗"。

这也能使我们对中国古代文论经典之说,做出新的阐述和认识,即所谓"诗以言志"与"文以载道"。闻一多与朱自清两位先生都曾指出,就"志"指怀抱而"道"为政教而言,两说同一,都可用来表示一种诗(文)的"工具论"。此论在中国诗性文化里所投下的阴影有目共睹,作为"诗"的艺术一旦成为意识形态的工具,便意味着它已面目全非不再是真正的诗。但两说之所以久拂不去,乃在于它们还可以被理解为一种"手段说",即强调诗不是其自身,而是实现诗性文化、揭示诗性存在的全权代表,在这里"道"和"志"都表示诗和艺术所要表现的一种观念性的存在。也就是说体现于一个文本之中、作为一件作品的"诗",首先是一种深入生命深处的"思"。正是在此意义上,我们可以看到中西文论的一种共鸣:驻足于我们生命本体的一种生命之道,乃是一种超验的存在。在此意义上,克罗齐当

---

① [德]马丁·海德格尔:《林中路》,孙周兴译,北京:商务印书馆1997年版,第20页。

年提出的"艺术即直觉"的见解虽然乍听起来颇觉片面,但今天看来却不失某种深刻。如同艺术作品是对其进行展示和呈现的手段,美学思辨也是一种探索和开采这种存在的工具,二者殊途同归。

所以,就"文化"是人在实践中借助于符号运用而实现文明化的整个活动而言,我们完全可以认为,作为诗学的美学,本质上乃是关于以"艺术"为焦点的、对于人类"美好生活"的一种文化人类学研究,关注的是我们的生命向度和价值空间。因此,其意义其实并不在于作为一种事物的艺术本身,而在于作为其主体的人类存在。这使得作为一种思想言说的美学,并非是着眼于审美工艺方面的"科学谈论",而是一种真正的"人文言说",艺术只是其展开演出的舞台和进行述说的媒介。美学话语与其说是关于作为一种存在物的艺术品的阐述,不如讲是关于其主体的人自身的叙述。这种叙述当然有助于我们在艺术的世界里更好地登堂入室,但主要是就艺术的精神内涵而言:在这里,艺术被视作人类生命的一种象征。美学作为"诗之思",同各种诗化实践(如诗性的教育和交往等)一起,最终形成丰富多彩的"诗性文化"。区别在于,后者构成了诗性世界的感性层面,而前者则构成了其理性的观念内核。努力通过营建一个精神的空间来展示我们的生命追求和价值追问,是它们共同担负的一项使命。

显而易见,面对具体的艺术实践,美学的功能不在于做出理论"解剖",而在于进行文化的"解释"。这要求美学首先得接受来自于艺术的生命启蒙,和艺术家们同舟共济探索我们的生命意识、塑造我们的生命追求。这是一场永无休止之日的观念的"内战"。因为人类归根到底是一种"自朔"的生命,受由自己所创造的文化时空的左右。时至今日,我们所面临的主要危险早已不是单纯的无知,而是自以为是的愚昧。所以舍斯托夫写道:"凡是想要消灭关于世界的谎言的人,都应当同观念,也仅仅是同观念进行斗争。"[①]在这个行列里美学能够寻找到自己的位置。这样,美学家们也就不必再为自己无力替艺术家的创作指点江山而自惭形秽。考核一种美学言说是否真正具有价值,不仅并不在于能否为艺术家的创作提供直接的帮助,而是看其是否有助于我们更好地理解作为一种文化现象的艺术存在,从而替对艺术的接受与批评开辟出一条新的通道,而且还得看其是否提供了关于生命存在的新的思考,以及有否在精神领空里做出新的飞翔。所以,只有最终能贡献出这种人文意义的命题,才是真正的美学命题。诸如"创作怎么样才能好"和"艺术的规律有哪些"这样的话题显然就不在此例。

---

① [俄]列夫·舍斯托夫:《在约伯的天平上》,董友等译,北京:生活·读书·新知三联书店1989年版,第161页。

将以上所述归纳起来，我们不难得出这么一个结论：作为诗学的美学虽然以诗为中心，但并不受制于诗。有朝一日真正作为"诗"的艺术不在了，但作为"美学"的诗学还在，这样的情形并非一定是天方夜谭。因为美学真正关注的，是激扬我们生命理想的可能世界。只要我们的生命中还存在着对这个世界的追求，它的意义就不会消失。但唯其如此，这也就意味着：美学其实并非是一门关于纯粹的审美创造与工艺制作的"诗学"，而是一种面对我们内在的生命困惑与家园意识的"人学"。因而，从传统意义上"作为诗学的美学"，走向面向实际生活世界的"作为美学的诗学"，才是真正属于美学的归宿与未来。

## 5. 走向人学的美学

众所周知，谈到现代美学，其实指的是"哲学美学"，也就是以"艺术是什么"的审美本体论追问为主体的美学研究。但它到底意味着什么？最终又走向哪里？我们对这类问题长期来缺乏必要的认识。毋庸讳言，在当代思想文化领域，美学的无所事事已有些日子了。那些无以计数的关于美的高头讲章和以美的名义展开的长篇大论，迄今越来越空洞乏味。这一现象不仅正吞噬着人们对于美学研究的兴趣，也使作为一种知识形态的美学的学科形象，变得更为形迹可疑。美学究竟是怎么回事？它想做什么又能做些什么？美学如何才能从目前这种失语状态里摆脱出来？显然，对于美学，上述问题已经绕不过去。而如何重新确立一个思想的"阿基米德点"，无疑已成为当务之急。

通常认为，美学的问题，主要表现为其一直受困于"说不可说"这个话语陷阱无法脱身。所谓"天地有大美而不言"，所谓"如果你有意地去寻找美，那美就离你而去；它仅仅是一个你从勤奋的窗户向外看时所看到的一种转瞬即逝的景致"[1]等等，这些经验之谈无不是说，审美对象有一种神秘性做屏障，这使得美学思辨常常无功而返。分析起来，造成这种神秘性的一个重要原因是，在审美活动中"审美对象"其实也就是一种"审美现象"，它同事物的物质实体性无关。这意味着"美"虽然是我们的感受对象，但却又并不在体验之外。故而它不仅不能被我们抽象地谈论，甚至也很难正面地加以描述。英国学者阿·布洛克曾以音乐会为例子：请许多不同的专家一起参加一场演奏莫扎特钢琴协奏曲的音乐会，他们中间有建筑

---

[1] ［美］R.W.爱默生：《自然沉思录》，博凡译，上海：上海市社会科学院出版社1993年版，第15页。

师、音响师、物理学家和心理学者,在听完了演出之后请他们做出尽可能详细的描述。无论他们的工作多么认真而尽责,也还是会将最重要的东西即音乐本身给漏掉。因为"音乐是感觉,而不是声音"①。它不仅看不见,甚至也"听"不到,它只是"借"旋律而存在的一种生命运动。

所以在谈到"美"时,诗人纪伯伦向其读者发出如此呼吁:"请你们仔细地观察地暖春回、晨光熹微,你们必定会观察到美。请你们侧耳倾听鸟儿鸣啭、枝叶淅簌、小溪淙淙,你们一定会听出美。请你们看看孩子的温顺、青年的活泼、壮年的气力、老人的智慧,你们一定会看到美。请歌颂那水仙花般的明眸,玫瑰花似的脸颊,罂粟花样的小嘴,那被歌颂而引以为荣的就是美。请赞扬身段像嫩枝般的柔软,颈项如象牙似的白皙,长发同夜色一样黑,那受赞扬而感到快乐的正是美。"②在这段文字里,伟大的诗人并没有就"美是什么"的问题直接发表意见,而只是通过指点我们"美在哪里"间接地就这个问题表示了自己的看法。这无疑是一个很好的"说不可说"(即既"说"了又"没说")的例子:说诗人"没说"是指其并没有直接针对美进行言说,说诗人其实还是"说"了是指,那番话不仅告诉了我们"美在哪里",而且也使我们迂回地对"美是什么"的问题有了某种认识。

但尽管如此,罗兰·巴特当年的这一见解在此依然适用:"美是无法解释的","它是缄默不语的,它拒绝任何直接的谓语;只有像同语反复(一张完美的椭圆形的脸)或比喻式(美得像拉斐尔画的圣母像,美得像宝石的梦,等)那样的谓语才是可能的"。③所以,特里·伊格尔顿在《美学意识形态》一书的开篇就说:对于美学,"说什么"的问题一直成为问题。进一步来看,一部美学史其实已表明,美学始终是一个矛盾的、自我消解的工程,在提高审美对象的理论价值时,有可能抽空美学所具有的特殊性或不言而喻性。美学的悖论在于:一方面,美学作为关于美的言说,必须化整体的神秘为局部的清晰,否则它就显得徒有其名;但另一方面,美学的此番承诺看来是无法兑现的,因为这种谈论是对美的去魅,故而在这种话语系统中美已不复存在。罗丹曾经说道:美需要神秘就如同人离不开空气,"使我感动的就是这份神秘"。如果我们对此没有异议那就不能不承认,

---

① [法]雅克·马利坦:《艺术与诗中的创造性直觉》,刘有元等译,北京:生活·读书·新知三联书店1991年版,第218页。
② [黎巴嫩]纪伯伦:《纪伯伦散文精选》,伊宏等译,北京:人民日报出版社1996年版,第19页。
③ [法]罗兰·巴特:《罗兰·巴特随笔选》,怀宇译,天津:百花文艺出版社1995年版,第174页。

第一讲　美学历程

生动形象的艺术作品较之于逻辑化的美学话语，更能赢得神秘而高贵的审美女神的青睐。因为归根到底，"被感受为美的那种现象不需要也不可能解释，不能归结为别的东西，因为它不能被它与别的东西的逻辑联系所确定"[①]。而这也就是说，只要美学一如既往地以"探索美的奥秘"为己任，那它就注定得像西绪福斯那样，在人文思想界里继续出演悲剧。

那么，如何才能从这种境地里摆脱出来？英国当代美学家伊格尔顿提交的方案，似乎有点耸人听闻：在他看来，美学从来不是名副其实的"审美"之学，而是以人类解放为主题、以社会乌托邦为参照的诗性政治学。他认为，现代美学发育于启蒙运动时期并非偶然，这意味着美学有其强烈的政治背景。也就是说，"美学著作的现代观念的建构与现代阶级社会的占统治地位的意识形态的各种形式的建构、与适合于那种社会秩序的人类主体性的新形式都是密不可分的。正是由于这个原因，而不是由于男人和女人突然领悟到画或诗的终极价值，美学才能在当代的知识承继中起着如此突出的作用"。总之，美学之所以一度能有重大影响，是由于美学对占统治地位的意识形态提出了强有力的挑战，并提供了新的选择。像这样干净利索地将美学与政治学一视同仁，是否有些矫枉过正可以再做争鸣；但承认美学的意义其实在美之外，在于揭示我们内在的生存困惑与生命追求，这并非无稽之谈。

回过头来看，一部美学史其实也是思想史的相关部分，在许多思想家那儿，他们所提出的审美观常常也就是他们的社会理想，各种美学主题也便是一些社会政治领域的主导思想。比如柏拉图—黑格尔的"理念显现说"、叔本华—弗洛伊德的"欲望解脱说"、席勒—马克思的"自由解放说"，以及尼采—福柯的"权力意志说"和海德格尔的"存在解蔽说"等等。由此来看，如果将鲍姆嘉滕对美学的命名视作对现代美学的正式洗礼，那么我们可以看到事情的确正像伊格尔顿所说："从鲍姆加登（鲍姆嘉滕）开始，美学有如一种最温和的主张，探究的是基于某种抽象的理性之上的生活世界。"[②]不能以为这是美学家们在多管闲事，这只是由于我们的审美存在其实也是蕴含某种真理性的人类社会价值取向的生动体现；无非是由于审美实践与社会实践一样，都源自于人类生命的存在之根，体现着我们的生命理想。

---

[①] ［俄］谢苗·弗兰克：《实在与人：人的存在的形而上学》，李昭时译，杭州：浙江人民出版社2000年版，第73页。

[②] ［英］特里·伊格尔顿：《美学意识形态》，王杰等译，桂林：广西师范大学出版社1997年版，第398页。

沿此思路而进，我们还能发现这样一个令人诧异的现象：美学其实从未真正属于过自己。比如：美学曾是诗学的一种"别称"，以"艺术哲学"的名义当仁不让地进驻过艺术活动的地盘；美学曾经也同科学调过情，一厢情愿地渴望成为其最亲密的同盟军；而在其发生学源头，美学则是神学的一个主要组成部分。无论在西方还是东方，神学都是作为一种思想系统的美学之母，是繁殖、培育现代美学的胎盘。这一历史事实的深刻背景在于，"神学"在本质上乃是"人学"：人类通过编织各种关于神的故事来张扬人性，实现人性的催化与生成；人在通往神的过程中成为人。因为人性并非一个已经设置完毕的东西，而是一种以"不可能"为临界线的"可能性"。所以，即使我们不能对费尔巴哈的"神的本质不是别的，正是人的本质"表示认可；也会赞同荷尔德林的这一说法："人一旦成其为人，也就是神；而他一旦成了神，他就是美的。"这反映了在人类学意义上，人有一种强大的自我超越的内在愿望与能力，这种愿望的不可遏止的终极性不仅具有一种神圣性，而且也拥有一种审美感。

所以，通过对这一人类普遍特性的张扬，宗教文化在为自身奠定了牢固的人类学基础的同时，也在某种意义上与审美文化建立起了一定的联系。因为"宗教是把整个宇宙设想为对于人来说具有意义的尝试"，因而在某种意义上我们可以同意这一说法，"一切真正属于人性的东西，事实上本身就具有宗教性；而且在人的范围内，只具有非宗教性的那些现象，都是以人的动物性为基础的"。[①]而这也就意味着以神学为源的美学，在其诞生伊始便承担着人类自我揭示的使命，其学科意义就在于其内在的"人学"根基。正是这一人学之本，使美学与神学既相合又相离，即美学虽然一方面能够借神学的土壤而降生，另一方面也只有在摆脱了神学的束缚之后才能够顺利地成长壮大。因为宗教毕竟是以一种异化的方式使人走向"人"的意识，宗教文化的神圣性的前提，是将作为人自身力量之投射的产物，外化为一种非人的存在。正是在这个意义上，人们有理由把宗教看作一种"虚假意识"；也同样是这个缘故使我们难以否认，"在传统宗教艺术的氛围里，艺术家总是不得不失去自己的个性，以便使自己完全变成神的自我表现的工具"[②]。在此意义上来讲，美学的自立门户其实也就意味着真正意义上的"人学"的开张。这构成了美学作为一门学科的价值依据。

---

① ［美］彼得·贝格尔：《神圣的帷幕》，高师宁译，上海：上海人民出版社1991年版，第203—204页。
② ［美］斯特伦：《人与神：宗教生活的理解》，金泽等译，上海：上海人民出版社1991年版，第241页。

## 第一讲 美学历程

因此，面对美学的"说不可说"这一悖论，我们能否如此坦然地承认："美学"其实是一种"人学"，也就是"人之为人"的学问。所谓"人学"究竟是什么意思？显然，它不同于"'关于人'之学"。后者如生理学、医学、社会学乃至政治学等，都与人相关，但并非严格意义上的"人学"，并不"致力于证实人的本质如何出现在诗人的创作领域里"。作为"人学"的美学的一大特点是，它所"提出的全部难题都是针对'人是什么？'这个疑问的"[①]。这一困惑集中于人的超物质愿望和更高的生命诉求等，涉及"人的存在之惑"的命题。事实上，这也是一些优秀美学家的一种共识。他们把这个通常以"人生意义"的概念所表述的困惑，用一个暧昧的词来表达：蕴涵着"真理"的"诗意"。对艺术来讲，这种起支配作用的"诗意"是一种客观存在。所谓艺术家，就是对这种东西同时具有敏感性和表达力的人。英国学者霍夫斯达特指出，海德格尔借用荷尔德林的诗句"人诗意地居住"，是想要表达这样的意思："在我们的存在中如果没有诗意的因素，如果没有我们的诗人及其伟大的诗歌，我们将是野蛮的。"[②]这里将"诗意""诗人""诗歌"相提并论，显示了诗意对于艺术活动所具有的本源性。

由此可见，美学家们对美的关注其实只是借花献佛地借助于对美的谈论，来曲径通幽地洞悉人性深处的隐秘奥秘？是取道于对审美现象的穿越，来澄清人类存在的生命困惑，寻找意义的停泊地？或许，在回答这一命题之前，我们首先得面对这么一个问题：美学何以能如此这般地，成为我们全面进入"人的世界"的一条通道。换言之，也即：关于人类的家园意识，我们何以能借助于关于美的言说。现代启蒙思想的成果之一，是对人类妄自尊大的自我中心立场的无情解构。但这并不意味着改变这一事实："除了人之外，没有什么东西能够真正地令我们感兴趣。"[③]而古往今来，人类的这种自我关注最终殊途同归于这么一个主题：人是什么，人生何为？"遍历痛苦之万劫，人渴求知道：他是谁？他从哪里来？他将归依何方？"[④]杰出的俄国人文思想家别尔嘉耶夫的这番话，之所以让我们感到耳熟能详，不仅仅是因为伟大的印象派画家高更曾以此为题创作过一幅举世闻名之作；

---

① [瑞士]埃米尔·施塔格尔:《诗学的基本概念》,胡其鼎译,北京:中国社会科学出版社1992年版,第215页。
② [德]马丁·海德格尔:《诗·语言·思》,彭富春译,北京:文化艺术出版社1990年版,第7页。
③ [美]吉欧·波尔泰:《爱默生集》下册,赵一凡等译,北京:生活·读书·新知三联书店1993年版,第1236页。
④ [俄]尼·别尔嘉耶夫:《人的奴役与自由》,徐黎明译,贵阳:贵州人民出版社1994年版,第3页。

而是因为它源远流长,曾经被铭刻在古希腊阿波罗神庙的圆柱上。不是认识宇宙自然而是"认识你自己",不是征服世界而是通过自我体认来征服自己,这是上帝在创造人的同时赋予人的永恒使命;对这个主题的不尽的困惑,是人类为能享受文明的成果所必须承受的代价。

困惑在很大程度上来自于人类生命本体的建构性:"对动物来说,世界就是它现在的样子;对人来说,这是一个正在被创造的世界,而做人就意味着处在旅途中。"①"人"诞生于试图以一种"可能性"取代这种"必然性"之际。故而对于人类,"安身"之后还需"立命":为我们的精神营造一个可以暂且停泊的港湾。我们无疑得承认安身的重要性,一味地发表貌似高蹈的"人文精神"理论,这肯定是虚伪的说教。无法安身,何言立命,持如此浪漫情怀者有必要读读元稹的名诗《遣悲怀》,体味一下"尚想旧情怜婢仆,也曾因梦送钱财。诚知此恨人人有,贫贱夫妻百事哀"这样一种悲凉之语的言外之意。但倘若将人生就此定格于物质的地平线,以为存在就是为面包而奋斗,这无疑是更大的悲哀。那些杰出的思想家们早已提醒过我们:"富足、无忧无虑的享乐生活,并不足以使我们幸福;因为当我们制服了一个敌人(悲哀和不足)时,另一个敌人,也许更坏的一个(即空虚和无聊)又出现了。"②享乐主义的问题并非是它让人们去寻求欲望的满足,恰恰相反,而在于按照它的主张,我们永远也得不到我们最想要的东西。

为什么我们总是在向往着远方?为什么我们总有一种"生活在别处"的幻想?为什么我们都有一种"流浪情结"?因为人类生命除去"面包"还需要"意义",但"意义"并不是一个可以被占有的具体事物,而是一种自由自在的生存状态和境界。生命在于运动,自由就是漂流,就像诗人里尔克所说:"尝试,可能是人类生存的意义,而远离确定的范围,更是人类的悲哀及光荣。"当他在一封信里写道,"不被允许拥有一个家,也不被允许常住在一个地方。等待流浪,这就是我的命运"③,在某种意义上,这其实也正是人类普遍命运的象征。一代枭雄曹操之所以不同凡响,并非在于他有"老骥伏枥,志在千里;烈士暮年,壮心不已"这种一统天下完成霸业的鲲鹏之志,而在于其除此之外还有"对酒当歌,人生几何?譬如朝露,去日苦多。慨当以慷,忧思难忘。何以解忧,唯有杜康"这样的生命意识。无论是帝王将相、达官贵人,还是布衣大众、草根百姓;无论自觉与不自

---

① [美]A.J.赫舍尔:《人是谁》,隗仁莲等译,贵阳:贵州人民出版社1994年版,第38页。
② [德]鲁道夫·奥伊肯:《生活的意义与价值》,万以译,上海:上海译文出版社1997年版,第34页。
③ [奥地利]里尔克:《里尔克如是说》,林郁选编,北京:中国友谊出版公司1993年版,第90、144页。

第一讲 美学历程

觉、承认与不承认,都难逃"家园意识"的纠缠,在"生命困惑"前人人平等。但如果说,存在着一条能够引导我们走出欲望的迷津的"阿里阿德涅彩线"的话,那么这就是我们与生俱来的审美需求。在我们的日常生活里,审美需求虽然常常被各种"名缰利锁"遮蔽,但其实从未熄灭。

德国著名美学家玛·德索曾经指出:"审美需要强烈得几乎遍及一切人类活动,我们不仅力争在可能的范围内得到审美愉快的最大强度,而且还将审美考虑愈加广泛地运用到实际事务的处理中去。"[1]最能说明问题的,或许便是审美意识对向来被认为是严谨枯燥的当代科学殿堂的成功进驻。美国物理学史家阿·热在回顾现代物理学历程时写道:"对自然的考察越深入她就越显得美,这一深刻的事实深深震撼了自爱因斯坦以来的物理学家。"在他看来,"审美事实上已经成了当代物理学的驱动力"[2]。只要我们重返那段历史,走近那些曾经给世界以巨大影响的人们,就会发现热的这番话并非空穴来风。牛顿的传记作者沙利文在整理了许多物理学史料后也曾指出,"指引科学家的动机从一开始就是美学冲动的显现"。而当代著名天体物理学家彭加莱甚至表示:"科学家不是因为有用才研究自然的。他研究自然是因为他从中得到快乐,他得到快乐是因为它美。若是自然不美,知识就不值得去追求,生活也就不值得去过了。"[3]

诚然,这样的景象在今天已大为改变。正是这种转变让霍根得出了"科学在走向终结"的结论。[4]对于这个结论人们或许还可讨论,但有一点可以肯定:就在人们悲叹当今时代已不再有真正的诗人时,一些怀有真诚的科学情怀的有识之士也在提醒人们,放眼今天的科学界同样也难觅堪称大师的科学人士,取而代之的只是一些眼界狭窄、受世俗功利动机支配的科技武士。逐渐放弃了曾为它带来过无上光荣的人文关怀,这形成了当代科学同经典科学的最大差异。

这并不是指当代科学置人们的需要于不顾,谁都看到它正是凭借一味地开发并满足我们的需要而得到迅猛发展。E.舒尔曼在《科技文明与人类未来》一书中说:"那些看起来是为满足人类需要的工具,结果却制造出无数虚假的需要。技术的每一件精致的作品都包含着一份奸诈的礼品。"这清楚

---

[1] [德]玛克斯·德索:《美学与艺术理论》,兰金仁译,北京:中国社会科学出版社1989年版,第53页。
[2] [美]阿·热:《可怕的对称》,荀坤等译,长沙:湖南科学技术出版社1992年版,第10页。
[3] [美]钱德拉塞卡:《真与美:科学研究中的美学和动机》,朱志方等译,北京 科学出版社1992年版,第73—79页。
[4] [美]约翰·霍根:《科学的终结》,孙雍君等译,呼和浩特:远方出版社1997年版,第356页。

·59·

地表明了科学技术的工具本性。20世纪的科学巨人爱因斯坦早就提醒过我们,当人们为科学所取得的伟大成就而欢呼雀跃时,千万不要忘了它毕竟只是一种工具。"这个工具在人的手里究竟会产生出些什么,那完全取决于人类所向往的目标的性质。只要存在着这些目标,科学方法就提供了实现这些目标的手段。可是它不能提供这些目标本身。"①对于人类,科学技术永远只是一种"他律"而无法成为一种"自律"。正是出于对科学的这一特点的清醒的认识,从科学阵营里也曾传出过这样的呼吁:"美学性的揭示应该出现于同计划和技术制作有某种关系的所有个人和力量之间的和谐发展之中。"②尽管迄今为止,这样的见解仍未得到人们的普遍回应,但的确触及了问题的关键。

著名学者乔姆斯基曾提出过一个观点:"我们对人类生活、对人的个性的认识,可能更多地是来自于小说,而不是科学的心理学。"③事实确是如此,有许多文学经典正是凭借着其对复杂人性的洞幽烛微,而让人流连忘返。所谓"文学是人学"也是在这个意义上的一种比喻:在作家们为写好一个故事而殚心竭虑的活动中,他对人的本性进行了观察和研究。这为我们借助于那些伟大小说家的才华来把握人的欲望提供了某种可能,比如像歌德的《浮士德》。在这部凝聚了作者六十余年生命精粹的小说里,主人公浮士德的经历无疑具有一种普遍的人类意义。这位中世纪的博士前后经历了知识、爱情、政治、家庭、事业五类悲剧,将世俗人生的方方面面一网打尽,而一以贯之的是主人公对快乐人生的追求。这种追求虽然始自于对僵硬的书斋生涯的摆脱,但却既无法停泊于动人的爱情和威严的政治,也不能满足于对天伦之乐的享受和为事业功名的奋斗。这种追求是依据一种生生不息的信念对"意义"的寻找,但这种意义只能在我们的审美体验里"出场"。所以,浮士德的欲望之旅最终随着一声"你真美啊,请停一停"的感叹而宣告结束。

这声千古之叹除了再次提醒我们,如同爱默生所说,"即便是这个最讲求实用的世界上的最讲求实用的人,只要是人们给他提供商品,他就仍然不会感到满足。相反,一俟他看见美,生活就具有了一种非常高的价值";还能使我们对艺术活动所具有的"生命认识论"的功能,有更进一步的认

---

① [美]爱因斯坦:《爱因斯坦文集》第1卷,许良英等译,北京:商务印书馆1994年版,第337页。
② [美]E.舒尔曼:《科技文明与人类未来》,李小兵等译,北京:东方出版社1995年版,第367页。
③ [美]约翰·霍根:《科学的终结》,孙雍君等译,呼和浩特:远方出版社1997年版,第221页。

识。这种功能并非是指对生命构成的解剖学意义上的了解，而是对作为一种实际存在的生命现象之目的与意义、追求与道路等的把握。对于这种认识，艺术作品是最佳途径。经验一再表明："（这种）艺术情感有助于人们发现这些原本就存在于人类深层存在之中的人类存在的结构。"[1]这虽然并非一个可以被科学手段证明的事实，但却能被每一个具有真正的生命意识和精神追求的人，在他们对现实人生的体验中所反复领悟。那些艺术杰作正由于其在各方面所具有的无可匹敌的作用，而受到我们永远的推崇。分析起来，艺术活动之所以能成为美学的关注中心，也正是基于艺术与人的这种特殊关系。真正的艺术活动同日常生活里的游戏行为貌合而神离：一般的游戏仅仅只是娱乐，而在艺术的娱乐里，总是存在着对我们生命价值的一种人文关怀。

曾经，梵高在一封写给弟弟的信里说道："这天清晨，我访问了街道清洁工人倾卸垃圾的地方，天呀，它多美！"这句朴实无华的言语说出了一个深刻的道理：艺术之根，来自于实际的人生；艺术之美，在于生命的回味。就像普鲁斯特所说："在看到夏尔丹的绘画作品之前，我从没意识到在我周围、在我父母的房子里、在未收拾干净的桌子上、在没有铺平的台布的一角上，以及在空牡蛎壳旁的刀子上也有着动人的美存在。"[2]虽然我们承认，如同克莱夫·贝尔所说，伟大艺术的价值不在于能否变成日常存在的一部分，而在于它能把我们从日常存在中解脱出来。但这并不能改变这一事实：人们需要艺术不是为了在现实世界做出自欺欺人的逃避，而是为了更好地拥抱生命，领悟常常被各种偏见所遮蔽的存在意义。所以，当英国作家毛姆在其《随感录》中说"在我愚蠢的青年时代，我曾经把艺术视为人类活动的极致和人类存在的理由，如今这种想法早已被我抛弃"时，这并非表示对艺术活动的轻蔑，而只是他对艺术作为展示人类意义空间的手段的使命，有了清醒的认识。用著名文学史家勃兰兑斯的话来讲，也就是："艺术的美是不朽的，这是真的；然而有一种更加确实不朽的东西，那就是人生。"[3]

当然，艺术依然是表现这种东西的最佳形式，只是必须强调，在其中具有举足轻重的意义的，是我们的生命存在。事实正是这样："如果我们发展了对艺术作出反应的能力，我们就可以使我们作为人所具有的潜能发挥

---

[1] ［德］莫里茨·盖格尔：《艺术的意味》，艾彦译，北京：华夏出版社1999年版，第195页。

[2] ［美］约翰·拉塞尔：《现代艺术的意义》，陈世怀等译，南京：江苏美术出版社1992年版，第4页。

[3] ［丹麦］格奥尔格·勃兰兑斯：《十九世纪文学主流》第5册，李宗杰译，北京：人民文学出版社1982年版，第121页。

出来。"① "诗"以"人"为本,种种诗作正是在这一点上形成伟大与平庸之分和优秀与拙劣之别。就像"喜欢诗歌的人总爱关上自己的房门,取出一部密尔顿的作品,旨在把自己从一个世界带到另一个世界"②。除了现实世界之外还能够拥有一个超越的世界,这才是人类生命的骄傲;以经验的日常世界为框架构筑起一个超验的可能世界,这是艺术的独一无二的品质。所以,美学之所以总是要与艺术为伴,只是由于艺术既是展示我们生命困惑的大舞台,和表现人类家园意识的主渠道;也是培植意义之花、呈现诗性存在的"可能世界"。只有借助于艺术这个媒介,美学才得以从容地深入我们的生命深处。"在艺术的天地中,虽然弥漫着死亡,但是艺术不屑于给死亡以意义的诱惑。"③因为艺术在本质上就是对生命的绝对肯定,艺术以此来为其存在挣得一种名分。唯其如此,美学有权声称,不对具体的艺术实践之成败得失负责,而是与后者一起,共同保卫诗性存在的存在:使其由"隐"而"显"地从我们的生命海洋深处浮出,为我们实现人性的深呼吸营造一处明净的空间。

凡此种种都昭示着,如同一位伟大的艺术家必定也是一位杰出的思想家,而并非一个技巧熟练的工匠或精通文法的码字儿高手;一位称职的美学家更得是一位真正的人文学者,而不能仅仅是一个专业精通的知识分子。因为美学与审美现象的关系,其实也就是借鸡下蛋。作为一种思想话语,美学的可能与所能是借对各种审美实践的谈论来实施人文言说,将人文关怀进行到底。"美之所以为美,是因为它在一定的感觉材料之外还'表现'某些东西,'告诉'我们某些东西。因此它意味着某种特别重要的东西,这种东西在客观现实的日常经验的内容中是没有的。"④这究竟是什么?概而言之,也就是作为一种精神品质的"高贵",这是一个"人"区别于一头"动物"的徽标:自从人类拥有"文明"以来,"人的尊严是否还可能的问题,是与高贵是否还可能的问题同一的"⑤。契诃夫在《一个小公务员之死》里生

---

① [英]安妮·谢泼德:《美学:艺术哲学引论》,艾彦译,沈阳:辽宁教育出版社1998年版,第230页。
② [英]克莱夫·贝尔:《艺术》,周金环等译,北京:中国文艺联合出版公司1984年版,第180页。
③ [美]赫伯特·马尔库塞:《审美之维:马尔库塞美学论著集》,李小兵译,北京:生活·读书·新知三联书店1989年版,第254页。
④ [俄]谢苗·弗兰克:《实在与人:人的存在的形而上学》,李昭时译,杭州:浙江人民出版社2000年版,第71页。
⑤ [德]卡尔·雅斯贝尔斯:《现时代的人》,周晓亮等译,北京:社会科学文献出版社1992年版,第123页。

动地表明了当人们丧失审美兴趣之际，也就意味着他已经失去了作为一个"人"的资格。让人真正成其为人，这也正是审美教育的意义所在。

当然，最能够反映出美学的人学本色的，莫过于这一现象：彼此所拥有的是同一个主题：自由。众所周知，自从席勒在其著名的《美育书简》里明确提出"事物的被我们称之为美的那种特性，与自由在现象上是同一的"，"美"与"自由"的关系便成为现代美学的一个关注焦点。我们看到，无论是别尔嘉耶夫的"美不属于决定化世界，它脱出这个世界而自由地呼吸"[1]，还是海德格尔的"心境越是自由，越能得到美的享受"[2]，以及马尔库塞的"美学的根基在其感性中"，"人类自由就植根于人类的感性之中"[3]，以自由来界定审美体验，基本上已成为美学家们的一种共识。在某种意义上，不仅整个现代美学差不多可以看作是自由论美学的不同版本与注解，而且未来美学仍将就这方面的思索继续下去。因为关于这一命题迄今仍然语焉不详。用一位诗人的话说："自由是令人迷惑的／它首先载入谜语的入门课本。"

但这个困惑无疑也同样是现代人文思考的真正中心。弗洛姆曾指出："我不知道还有哪一个问题比这个自由问题更值得研究，还有哪一个问题比这个自由问题能为奋发有为的天才开辟一个新天地提供更好的机会。"[4]事实正是如此，道理似乎同样很明白：自由与人同在。就像夏多布里昂所说："如果没有自由，世间便一无所有，自由赋予生命以价值。"[5]因而以此来看，当盖格尔提出，对于有关人的存在的知识来说，美学比伦理学、逻辑学或者宗教哲学更为重要。……与美学相比，没有一种哲学学说、也没有一种科学学说更接近于人类存在的本质了。它们都没有更多地揭示人类存在的内在结构，没有更多地揭示人类的人格[6]，这无疑触到了问题的实处。人类在对美的体验中诞生关于自身生命的自觉，通过审美这座桥梁我们走向属于自己的家园。所以，走向人学，通过实施人文关注来拥有一种独特的

---

[1] [俄]尼·别尔嘉耶夫：《人的奴役与自由》，徐黎明译，贵阳：贵州人民出版社1994年版，第214页。
[2] 徐复观：《中国艺术之精神》，长春：春风文艺出版社1987年版，第53页。
[3] [美]赫伯特·马尔库塞：《审美之维：马尔库塞美学论著集》，李小兵译，北京：生活·读书·新知三联书店1989年版，第123、143页。
[4] [美]艾·弗洛姆：《人心》，孙月才等译，北京：商务印书馆1989年版，第112页。
[5] [俄]尼·别尔嘉耶夫：《人的奴役与自由》，徐黎明译，贵阳：贵州人民出版社1994年版，第3页。
[6] 参见[德]莫里茨·盖格尔：《艺术的意味》，艾彦译，北京：华夏出版社1999年版，第194页。

人文意义，这应该是当代美学重新确立自身价值的一条基本途径。借助于对审美现象的生命体悟向我们做永远的启蒙，这是"美学"所真正担负的"人学"的使命。毫无疑问，我们可以要求美学言说尽力做得好些，为这门古老的学科赢得理所当然的荣誉；但我们无法因这类言说中有太多似是而非的信口开河，而断定其将终结。因为没有人能拒绝这样一种永恒的召唤：认识你自己；也因为我们仍然认可这一说法："真理不会使我们发财，却会给我们以自由。"①真理性构成了艺术文化的本质，也同样为美学的存在提供了一份价值担保。

正如阿多诺所说："美学必须以真理性为目标，否则就会被贬得一无是处、一文不值，或者更糟，即被贬为一种烹饪观。"②但承认这一点也就意味着，当代美学必须尽快摆脱各种知识论的诱惑，回归智慧论的营地。因为在"真理"这个金字招牌下，其实存在着两大不同的类型。俄国学者索洛维约夫曾提出："假如有人对'什么是真理？'这个永恒问题作如是回答：真理是三角形三个角之和等于两个直角，或者氢氧化合成为水——这难道不是拙劣的笑话？"③身处索氏的语境，我们无疑会表示认同。因为通常当我们谈到真理，所指的并非只是可信的，而且还有珍贵性。但对于一位科学家而言，结果正好相反。1930年7月14日，20世纪的两位伟人爱因斯坦和泰戈尔相聚会面。对于后者提出的"真和美都不是离开人而独立的东西"这一说法，爱因斯坦不以为然。他坚持这样的立场："真理具有一种超乎人类的客观性"，它是一种"离开我们的存在、我们的经验以及我们的精神而独立的实在"。④显然，在此存在着两种真理观。索洛维约夫所代表的人文主义真理观，指的是对一种我们内在的生命可能性的开拓与呈现；爱因斯坦所代表的科学主义真理观，指的是以事实为本、同事实相符。前者是从"智慧学"方位着眼，后者则是从"知识论"立场出发。

根据法国人文学家马利坦的概括，"知识"主要有三种意义：其一是指一种遵循严格稳定方法的人类意识，在此意义上，知识不仅包括智慧，而且以其为最高领域。其二是指与我们所理解的最高领域相对立的，属于专

---

① [美]威尔·杜兰特：《哲学的故事》，朱安等译，北京：文化艺术出版社1991年版，第3页。
② [德]西奥多·阿多诺：《美学理论》，王柯平译，成都：四川人民出版社1998年版，第583页。
③ [俄]弗·索洛维约夫：《西方哲学的危机》，李树柏译，杭州：浙江人民出版社2000年版，第250页。
④ [美]爱因斯坦：《爱因斯坦文集》第1卷，许良英等译，北京：商务印书馆1994年版，第271页。

门性和具体性的认识。其三是指一种力求了解事物细节的认知方法。①显然，通常语境里的所谓知识，主要属于与智慧相区别的第二与第三类用法。虽然一般说来，将知识与智慧绝对地区分开来是荒谬的。比如，在俄国著名学者弗兰克的"任何人类知识都在回答这样的问题：真正存在着的是什么？实在的内容是什么？"这段话里，知识的含义就意味着以智慧为归宿的人类求知活动。但相对的差异仍存在于我们的认识活动中。就像弗兰克所说："对我们来说最重要的和最关键的知识不是思想知识，不是作为对存在的淡漠的外在观察的结果的知识，而是产生于我们自身、由我们的生命经验的深处孕育的知识。"②这里所说的作为"外在观察"的知识与作为"内在体验"的知识之差异，也就是科学与哲学意义上，对"真理"的两种形态的区分。用西班牙哲学家加塞尔的话说："科学的真理是精确的，却是不充分的；与此相反，哲学的真理尽管不精确，却是充分自足的。"③

而进一步来看，对真理的此番区分，归根到底取决于我们的认识活动在对象上存在着局部与整体、外在与内在的不同。通过柏拉图对观念实体的强调和笛卡尔所做的身与心的分离，人类文明确立起了外在于主体的物质实体世界的存在，和以主体的生命存在为轴心的意义实在的存在。在一般意义上，知识是以一种"化整为零"的方式，对局部的事实世界所做出的把握；与此不同，智慧则是以一种"还零为整"的方式，以作为整体性存在的绝对事物为对象的把握。显然，通常意义上的知识之所以能与科学相提并论并以真理的常驻代表自居，就在于它有事实为凭据，以"判断"为中介而进行，因而是客观的、精确的、可验证的。它以此而超越了主观随意的个人性"意见"，也区别于总是处于一种神秘性之中、借助于"领悟"的渠道而获得的"智慧"。但知识在拥有一种科学性的骄傲之际，也付出了相应的代价：不仅有片面性和时效性，还有局部性。所以尼采指出，"关于整体的绝对知识是不存在的"，因为"一切知识都来源于分离、界定和限制"④。这意味着对于作为我们生命活动的意义之体现的"生活世界"，知识论的把握无所作为。因为这是一个整体性的、一体化的世界，那种局部的分割在此没有意义。

---

① ［法］雅克·马利坦：《科学与智慧》，尹今黎等译，上海：上海市社会科学院出版社1992年版，第8页。
② ［俄］谢苗·弗兰克：《实在与人：人的存在的形而上学》，李昭时译，杭州：浙江人民出版社2000年版，第1、15页。
③ ［西］何·奥·加塞尔：《什么是哲学》，商梓书译，北京：商务印书馆1994年版，第41页。
④ ［德］F.W.尼采：《哲学与真理》，田立年译，上海：上海社会科学院出版社1993年版，第60页。

正是在知识的这种露拙之处，我们能够看到智慧的闪光。因为正如尼采所言，智慧最重要的特性就在于"使人不必受'一时'的支配，它并不具有'新闻价值'"①。智慧具有永恒性，它不仅以此来让自己与同样不具有"可证伪性"的意见相区分，而且还拥有较之于不断地淹没于时间之流的知识更高的价值。因为不管怎么说，"一切有价值的东西，如果不是永恒的，也就失却了自身的价值"②。因为不同于判断对细节材料的依赖和对前提条件的设定，领悟是对对象的一种直观把握，它虽无真与假可言，但却存在着深与浅的差别，能越过各种局部枝蔓对事物实质做出把握。智慧作为这种把握的结晶，具有鲜明的超越时空的概括性和绝对性。故而它不仅能以其宏观把握的能力，通过一种方向感和目标性的调控，来为各种具体的知识活动提供帮助；而且还能够以其整体把握的特点，来对建立在价值基础上的生命活动本身做出某种理性审视。唯其如此，一些哲学家们得出了"知识不是最高的智力产品。理解以及超越理解的智慧具有更高的价值"③这样的结论；也让尼采说出了"不加选择的知识冲动正如不分对象的性冲动，都是下流的"和"知识为人类展开了一条美妙的穷途末路"④这样一些貌似大逆不道的话。

这当然不能理解为是对知识论的彻底否定，而应看作是以智慧的名义，对总是对之进行排斥与挤压的知识崇拜的一种反击。"现代世界已经不是一个智慧的不同形式间保持和谐的世界，而是一个智慧和科学相冲突的世界，而且科学在这个世界上已经取得了对智慧的胜利。"⑤马利坦当年所指出的此番情形，如今无疑更为突出。但这并非智慧的失败，而是由于我们过于信赖事实，没有看到其巨大的欺骗性。爱因斯坦说得好："凡是涉及实在的数学定律都是不确定的，凡是确定的定律都不涉及实在。"⑥任何事实都是依

---

① [德]F.W.尼采:《哲学与真理》，田立年译，上海:上海社会科学院出版社1993年版，第136页。

② [俄]尼·别尔嘉耶夫:《人的奴役与自由》，徐黎明译，贵阳:贵州人民出版社1994年版，第241页。

③ [美]马尔蒂莫·J.阿德勒:《哲学的误区》，汪关盛等译，上海:上海人民出版社1992年版，第85页。

④ [德]F.W.尼采:《哲学与真理》，田立年译，上海:上海社会科学院出版社1993年版，第9、66页。

⑤ [法]雅克·马利坦:《科学与智慧》，尹今黎等译，上海:上海市社会科学院出版社1992年版，第28页。

⑥ [美]F.卡普拉:《物理学之道:近代物理学与东方神秘主义》，朱润生译，北京:北京出版社1999年版，第27页。

托于一定时空条件的设定，而并非"实在"自身。所以，以此为出发点的科学知识总是相对的，有待于不断的修订。虽然必须承认，尽管如此，知识论对于认识身外的物质世界仍具有不可替代的作用；但我们应该看到，对于被知识论所遗忘的人类生命追求和生活世界，智慧性的把握具有不可缺少的价值。因为唯有它才能有效地逼近处于神秘性包围之中的生命本身的运动。岁月荏苒，往事不再，但那些闪光的思想依然闪亮，它们超越了事实的羁绊、摆脱了逻辑的纠缠，为我们的现实人生提供照明。所以，那些体现着智慧的格言警句，在它们被视作"思想的黄金"之际，也拥有了"真理之中的真理"的荣誉。

所以，人类文明的建设不能仅仅依靠知识，还得依赖智慧，这不应该成为问题。只是很久以来，这一直被认为是哲学的分内事，人们认可了哲学的"求智"目标，认可了"科学给予我们知识，然而只有哲学才给予我们智慧"①的说法。但现在，我们无可置疑地有必要给予美学以同样的礼遇。因为正如美学意味着"诗之思"（或对"诗"的"思"），哲学其实也就是"思之诗"（或"诗意"地"思"）；如同美学可以被看作一种诞生于哲学的思想活动，反之亦然，哲学也能够被看成为来自于美学的观念运作，就像弗·施勒格尔所说："诗和实践在哪里互相彻底渗透，融为一体，哲学就在那里产生。"②或许正由于这个缘故，正如哲学离开美学而沦为概念体系的僵尸，就会失去意义；美学离开哲学而成为科学知识的代销店，则同样会没有价值。因为审美存在不属于知识论的把握范围。曾经，在参观了著名的布卢瓦大教堂后，现代雕塑之父罗丹感到，"有一个更可贵的神秘值得深入了解，这便是艺术的神秘、美的神秘"③。艺术的神秘来自于其所表现的那种美，而美的神秘则来自于我们的生命。因为它不仅是一个有机的整体，而且也是一个充满矛盾性、具有悖论色彩的张力结构。所谓的"神秘"，也就是指这种对象超出了以条分缕析的知性方法为主导的科学把握能力后而产生的一种心理感觉。这里的"非理性"其实也就是"非逻辑性"。

所以，维特根斯坦指出："即使一切可能的科学问题都能解答，我们的生命还是没能触及。"④因为生命渗透于天地万物之中，超越主客之分、没有边界之隔；所谓"峰峦山巅沉默不语／整个世界辉煌壮丽／每朵鲜花都吐

---

① ［美］威尔·杜兰特：《哲学的故事》，朱安等译，北京：文化艺术出版社1991年版，第4页。
② ［德］弗·施勒格尔：《雅典娜神殿断片集》，李伯杰译，北京：生活·读书·新知三联书店1996年版，第109页。
③ ［法］奥古斯特·罗丹：《法国大教堂》，啸声译，上海：上海人民美术出版社1993年版，第233页。
④ ［奥］维特根斯坦：《逻辑哲学导论》，郭英译，北京：商务印书馆1985年版，第96页。

露爱的芬芳"。但对于这种生命现象,艺术可以凭借其形象化手法来具体地呈现之,美学也能够借助于智慧的抽象概括性,来借助于对艺术的把握而本质性地逼近它。它再次让我们感受到,已为批评所一再提及的这个结论:"正是通过美的、甚至审美的这种超然性,所有伟大的诗作才以种种方式在我们心中唤起神秘的同一之感而把我们引向存在之源。"[①]美学所面对的,正是这种植根于我们生命存在的神秘,美学所能采取的,便是以一种充满佯谬与悖论的"不说之说"的方式,来揭示这份神秘。因而,不是知识的天地而是智慧的时空,才是美学展示其英雄本色之处。努力让自身成为一种智慧形态,是当代美学的追求目标;通过追寻生命的奥秘来实现一份人文关怀,这便确立了美学之于人类文明的基本价值。

---

[①] [法]雅克·马利坦:《艺术与诗中的创造性直觉》,刘有元等译,北京:生活·读书·新知三联书店1991年版,第139页。

# 第二讲 美是什么

## 6. 虚实之辨：实在论美学批判

在当代美学界，本质主义的没落并不影响本体论美学这个基本命题的意义：美是什么？"究竟事物是因其给人以快感才美，还是因其美才给人以快感？"对这个问题的两种截然对立的回答，形成了美学史上主、客观两大阵营长达两千多年的分庭抗礼。从西方美学历程来看，自古希腊时期起，客观论美学便一直独领风骚直到19世纪。虽然这个阵营内部又可区分出主张美在观念的"理念说"和坚持美在事物的"和谐说"，但真正占主导的还是属于毕达哥拉斯派的观点。奥古斯丁的态度很能说明问题。作为基督教美学的创始人，他依托柏拉图的理念说将神秘主义美学发扬光大；但这并不妨碍他同时又持一种和谐说的立场，表示："观察大地与天空，可以发现快感仅生于美；而美取决于形状；形状取决于比例，比例又取决于数。"①而这种数则存在于事物之中。所以，人们通常所说的客观论美学，主要也就是指"实在论"美学，其意思是指美是事物自身所拥有的一种属性。因为"实在是不依赖于我们的思维而存在的"②，具有一种"自在性"。

众所周知，虽然在此之前，普罗提诺在其著名的《九章书》里有过明确的异议：美在"心"不在"物"，认为"归根到底，心灵是这样一种东西，它使得我们称之为美的物体成为美"。但直到休谟在其美学名篇《论趣味的标准》里郑重提出，"美不是事物的属性，它仅仅存在于静观的心灵之中，每个心灵都在感受着不同的美"，这种实在论美学才开始面临真正的挑战。而其不再在美学领域内一统江山，则已是20世纪的事。在出版于1907

---

① ［波］沃拉德斯拉维·塔塔科维兹：《中世纪美学》，褚朔维等译，北京：中国社会科学出版社1991年版，第75页。
② ［美］马尔蒂莫·J.阿德勒：《哲学的误区》，汪关盛等译，上海：人民出版社1992年版，第71页。

年的《抽象与移情》里，沃林格开门见山地指出："当代美学迈出了从审美客观论到审美主观论的决定性的一步，这就是说，当代美学不再从审美对象的形式出发，而是从观照主体的行为出发。"半个世纪后，英国学者奥斯本在其《美的理论》一书里指出："美的主观论在今天的思想家、艺术家和批评家那里被广泛地信仰，这种信仰经常伴随着人们自己的审美偏爱的倾向，成了目前最流行、最时髦的观点。"与此同时，美国学者托马斯·门罗也在其《走向科学的美学》中，以一种盖棺定论的口吻写道：客观主义的主要弱点在于它只是依赖一种形而上学的学说，而这种学说的基础早已被休谟永久地削弱了，在科学领域特别是在人文学科里，它已逐渐被抛弃。但曾经，就在人们以为新格局已经尘埃落定之际，却发现实在论美学其实从来就不曾退出过历史舞台。尤其在我国当代美学界，其追随者比比皆是。

比如已故美学家宗白华先生，就曾以一朵梅花之美为例表示："你的心不是'在'自己的心的过程里，感觉、情绪、思维里找到美，而只是'通过'感觉、情绪、思维找到美，发现梅花里的美。"在他看来，"美对于你的心，你的'美感'是客观的对象和存在"[1]。另一位已故美学家蒋孔阳先生也曾说过："我没有到过罗浮宫，我就感受不到罗浮宫的美，因此，罗浮宫的美虽然是客观存在，对于我来说却是不存在。但这不存在的，只是对于罗浮宫的美感，而不是罗浮宫（自身）的美。"[2]二位前辈所言虽不尽相同，所论却基本一致：都认为美是实际存在的那些作为审美对象的事物所具有的一种品质，人的心灵与意识只是为其能顺利地出场亮相提供某种方便。不言而喻，出现这种结局的一个重要背景，是一直觊觎实在论在美学界的主导位置的主观论美学自身，太经不起推敲。其主旨可被形象地称为"情人眼里出西施"说，将审美经验的产生归于主体心态与能力。"认为审美态度是造成审美经验的决定性的先行条件，其荒唐不亚于一个人相信他只要持一种享乐态度他就会从一块发霉的面包中尝到烤龙虾的味道。"[3]这样的表达虽有些尖刻但也的确击中了主观论美学的要害。但这样的情形也确实令人沮丧，它的鲜明的历史轮回性甚至让一些美学史家们说出了类似"美学自柏拉图之后就未有实质性的长进"这样的偏激之言。

但此说能历久而不衰这一事实本身，已足以耐人寻味。仅仅以主观论美学的不足并不能解释何以迄今为止人们对于美，事实上自觉或不自觉地仍驻足于实在论的立场。分析起来，日常生活经验无疑有着举足轻重的影

---

[1] 宗白华：《艺境》，北京：北京大学出版社1987年版，第219页。
[2] 蒋孔阳：《美学新解》，北京：人民文学出版社1993年版，第252页。
[3] 赵汀阳：《美学和未来的美学》，北京：中国社会科学出版社，1990年版，第83页。

响。怀特海说得好:"在人们的日常生活中,常识性观念依旧占据着至高无上的地位,它统治着市场、运动场所、法庭——事实上就是人们整个社会学意义上的交往活动。它在文学中是至高的,所有人文学科也以它为前提。"[①]就像雨果的《巴黎圣母院》里的敲钟人卡西莫多只是在目睹了艾丝梅拉达的美貌之后,才情不自禁地发出了"美、美、美"的赞叹;就像一代才子苏东坡曾置身于西湖景色之中,才写出了"水光潋滟晴方好,山色空蒙雨亦奇。欲把西湖比西子,淡妆浓抹总相宜"这首名诗。无论如何人们都很难摆脱这样一种印象的纠缠:对于我们具体的美感体验来说,不仅总有一个相应对象的存在,而且它们各自的特点似乎还直接制约着我们的审美享受:比如我们在欣赏了以奇拔峻险、名冠天下的华山风光之后,还想再去攀登以奇峰怪石与云海苍松闻名于世的黄山;比如我们在领略了西湖之美后并不会善罢甘休,还会设法去游历漓江山水和长江风景。凡此种种似乎无不是由于"此美"不同于"彼美"。于是我们也就很容易将"美"归之于为我们提供了这些美好享受的"美的事物",正如现象学美学家杜夫海纳所言:"当人们谈到审美对象时,言下之意不就是认为那些对象美吗?人们之所以全神贯注于享有悠久传统的优秀艺术作品,难道丝毫不是因为知道这些作品美吗?"[②]

必须承认,这样的想法并非毫无道理,以"世界三"理论著称于世的波普尔就为此而坚定地表示:"据我看来,唯心主义是荒谬的,因为它包含这样一些东西:是我的心灵创造了美好的世界。但是我知道我不是世界的创造者。……我知道伦勃朗自画像的美并不是由于我的眼睛,巴赫圣曲的美也不是由于我的耳朵。正相反,通过开、闭我的双眼和两耳,我可以作出使自己满意的证明,即我的眼和耳不足以包容那全部的美。"[③]除此之外,我们日常的语言习惯,也为上述实在论美学观提供了一种强有力的支持。著名语言学家萨丕尔曾经指出过,"'现实世界'在很大程度上是建立在团体的语言习惯上的",在现实生活里,是各种"语言习惯预先给了我们解释世界的一些选择"。事情确是如此。比如在我们的日常词汇里,存在着许多诸如"美景""美人""美文""美貌""美酒""美味""美名"等直接表示某种具体事物和现象的词组。正如门罗所说:"自从'美'这个词产生以来,它一直主要是一种广义的和模糊的词,用来表示人们对某些诉诸视

---

① [英]怀特海:《思想方式》,韩东晖等译,北京:华夏出版社1999年版,第118页。
② [法]米盖尔·杜夫海纳:《审美经验现象学》,韩树站译,北京:文化艺术出版社1992年版,第17页。
③ [英]卡尔·波普尔:《客观知识:一个进化论的研究》,舒炜光等译,上海:上海译文出版社1987年版,第44页。

觉或其他感觉的客体的赞赏。"①除此之外,"美"与"美感"这两个词能共存于我们的言语活动中,似乎也已默认了二者之间存在着一种作为对象的被反映物与对之做出相应反映的观念意识的关系。而审美判断同认知判断在语言表述形式上的一致性,也使人很难不将审美判断一视同仁地看作是对客观事物自身性质的某种揭示。

用丹麦语言学家叶斯柏森的话说,名词和形容词都可以用来揭示事物的内在特性,不同在于形容词表示和突出一种特性,一种显著的特征;而名词对于懂得它的人来说,则暗示着许多显著的特征。比如:"A,这是一朵花。B,这是一朵红花。C,这是一朵美丽的花。"在这三个句子里,A与B通常总是被视作同类,即都是对以"花"这个符号命名的某种事物特性的揭示。而通过B句的中介作用("红"与"美"都是形容词),C句似乎也就理所当然地加入进去,使"美"最终成了"美的事物"的一种特性。总之,由于审美活动中通常总是存在着被称为"审美对象"的客体事物与现象,因而美似乎也就名正言顺地成了这些客体的所有物。美国学者杰索普的这番话颇具代表性:"当我们把美归因于客观对象时,这种赞美是对象迫使我们作出的……我不能随意把什么东西强加于它,抑制它或改变它。……在一个有思考力的人看来,他之所以作出美的判断,就因为对象本身存在着美。"②这话听上去似乎不无道理。

可以注意到,上述观点之所以能给人一种"不言而喻"之感,无非是由于其深深地根植于我们的常识之中,以至于甚至显得雄辩起来。但问题正在于常识常常是靠不住的。领袖人物恩格斯有一句广为人知的名言:常识在它自己的日常活动范围内虽然是极可尊敬的东西,但它一跨入广阔的研究,就会遇到最惊人的变故。这样的例子不胜枚举:一根筷子插到盛满水的透明的杯子里,你会看到在筷子与水面相交处呈现出一种曲折状;坐在一列正处运行中的火车内观看窗外景象,你会觉得似乎不是火车在前进,而是外面的景物在倒退,如此等等。而实际情形并非如此。对于已长期陷入思辨困境的当代美学,首先需要从上述种种常识的包围里做出突围。由语言习惯构筑起来的观念樊篱可以作为一个突破口。审美判断和认知判断在表述形式方面的一致性,并不意味着二者在语义指向上也同舟共济。一般说来,认知判断作为事实判断指向对象客体,而审美判断作为价值判断则指向需求主体。

---

① [美]托马斯·门罗:《走向科学的美学》,石天曙等译,北京:中国文艺联合出版公司,第445页。

② 朱狄:《当代西方艺术哲学》,北京:人民出版社1994年版,第428页。

第二讲　美是什么

罗素有一个观点："当我们断言这个或那个具有'价值'时，我们是在表达我们自己的感情，而不是在表达一个即使我们个人的感情各不相同但却仍然是可靠的事实。"[1]这句话虽不无可吹毛求疵之处，但倘若从事实判断服从于知性的调度来看，价值判断则受制于情感的反应，仍不无道理。具体落实到"美"这个词来说，则更能给我们以启示。对此已有不少学者予以指出。比如杜威就曾提出：按照美这个词的原文来说，它是一种情感的术语，虽然它指的是一种特殊的情感。就像当我们面对使我们深为感动的一片风景、一首诗或一幅画时，我们就会因受感动而喃喃自语，甚至喊出声来："多美呵！"维特根斯坦也持同样的观点："要你问问自己，一个小孩是如何学会说'美的''好的'等等，你就会发现，他只是简单地把它们当作感叹来学的。"[2]还有门罗："'美的'、'丑的''崇高的'、'漂亮的'、'古怪的'、'骇人听闻的'、'诱人的'、'可爱的'和'振奋人心的'这样一些词，只不过是人类使用的语言中用来表达这种感情的少数几个形容词而已。"[3]显然，如同在名词里有显象词（如"山冈""树"等）和抽象词（如"自由""正义"等）的区分，在形容词中也存在着把握对象的描述词与抒发体验的感叹词的差异。前者如"彤红""高大""粗壮"等，它们由于是对具有物质形态的客体对象的描述，具有相对确定的内涵，因而已十分接近名词的功能。与此不同，诸如"妙""好""美"这样一些词，表达的主要是主体对对象的一种评价，比较起来其内涵也相应显得不确定。比如，当人们向我们描述一个陌生人"很高大"时，我们很容易在意识中形成一个大致成形的概念。但无论人们怎么称赞一首曲子"真妙"，我们还是无从下手去构造一个意向情形。因而虽然前一类的形容词可以为我们提供进入对象事物的线索，但后者却无能为力，因为它充其量只是对我们自身内心体验的一种表达。

从日常语言习惯来看，"美"似乎便属于这样性质的词，就其本意而言这个词是被用来揭示主体的一种感受，因而其意思其实也就是"美感"。以此来看，在人们进行诸如"美是什么"这样的提问中，无意中便已埋伏了一个逻辑陷阱：虽然此句的原意，是对属性不明的审美反应活动进行思索（"美"究竟是不是一种物质性的存在，这正是有待于澄清的一个问题），但由于"美"这个词在一开始便已被置于一个主语位置，其作为"存在者"

---

[1]　[英]伯特兰·罗素:《宗教与科学》,徐奕春等译,北京:商务印书馆1982年版,第123页。
[2]　刘小枫:《人类困境中的审美精神:哲人、诗人论美文集》,北京:知识出版社1994年版,第524页。
[3]　[美]托马斯·门罗:《走向科学的美学》,石天曙等译,北京:中国文联出版公司1984年版,第419—420页。

的身份也就不动声色地被"提前"确认了,因而处于句子表层结构的追究,也就随之而受到来自深层语义系统的暗中阻截、被转移方向,成了对藏匿在虚设的"美的事物"中的"审美性质"的发掘。在这里,存在着一个感叹词——形容词——名词的逻辑运作轨迹。用杜夫海纳的话说,即:"美这个词,在日常用语中是作为形容词来使用的,在哲学或美学的科学用语中,则变成了名词。"①如前所述,在形容词与名词之间总是存在着一种双向迁移的现象。但由于名词通常是对实际事物的一种命名,连带着使"美"也成了一种真实地存在于某些物质客体中的东西。"虚构"也就这样成了"真实"。

但深入一步来看,构成上述思想之基础的,乃是一种曾具有广泛影响的哲学观——反映论。"'反映论'断定什么?用一个最一般化的方式可以把它表述为:对'外部'世界的认识,是意识中的反射。我们具有的认识是对独立于主体而存在的'客体现实'的写照。"瑞典学者伊斯雷尔这番言简意赅的概括清楚地告诉我们:反映论不仅假设现实独立于主体并在主体之外存在,而且还假设现实和对现实的认识的平行论。显而易见,依据认识论在当今时代的发展,对这样的假设做出理论的解构,已经没有什么意义。伊斯雷尔曾风趣地表示,如果我们对物理现实所能具有的认识仅仅是反映的话,那么如何解释从牛顿物理学到爱因斯坦理论的飞跃呢?回答只能将这种变化解释为,是物理界自身变化的结果,这当然是十分荒唐的。之所以还有必要再做分析,是因为现代认识论所取得的成果,迄今仍未能被我们充分地予以运用。作为一种哲学观的反映论,其症结所在是对主体意识的"创造性"并不真正地予以承认,而只是以所谓"能动性"来做出某种肯定。二者之间的差别是显而易见的:后者只是在效果方面起到更好地反映对象的作用,而前者则是一种"无中生有"的能力。

所以,"能动反映"的结果依然是以被反映对象为"模型",在内涵上并没有增添真正具有实质意义的东西。与此不同,"创造反应"的结果产生了在反应对象那里所没有的事物。按照"反映论"原理,认识只是对世界的发现而不是发明,如同哥伦布发现美洲,即便这位欧洲人没有踏上那块土地,美洲也依然不为人所知地存在着。毫无疑问,这是一种完全可以理解的"人之常情"。正如李凯尔特曾经指出的:"谁都可以说,他希望借助于认识来达到的不外是事物的映象,如同科学必须如实地'描述'世界。但是毕竟可以提出一个问题:这样的愿望是否可能实现。"在他看来,答案

---

① [法]米盖尔·杜夫海纳:《美学与哲学》,孙非译,北京:中国社会科学出版社1985年版,第9页。

第二讲　美是什么

只能是否定的，因为"认识不是反映，而是改造；不仅如此，我们还可以补充一句：与现实本身相比，认识总是一种简化"[①]。语义学家莫顿森则从语言分析的角度给予补充："关于事物是什么的问题，必须由事物的描述来回答。关于事物描述的证实，必须借助其它（他）描述来进行。所以，事物的描述不是事物'性质'的语词'反映'，它是人对事物的判定。"[②]

对认识活动的创造性机制做出进一步揭示的，是瑞士学者皮亚杰。在他看来，人的认识活动的展开，通常以一个本身处于一种构成过程中的反应结构作为前提，认识的结果则是这个结构对外在刺激信息以"同化—顺应"的方式做出的反应。这里的关键在于，"认识一个对象并不意味着反映一个对象，而意味着对一个对象发生行动"。因此，被皮亚杰命名为"发生认识论"的这种新认识观，是对所有的"发现认识论"的一次决裂。它既反对经验论，同样也不赞同先验论。因为从经验论的观点来看，一个"发现"对它的发现者来说虽是新的，但是被发现的东西本已存在于外界现实之中，因此并没有构造什么新东西。而先验论认为，知识的形式是主体内部预先决定了的，因而严格说来同样也不可能有真正的新东西。相反，发生认识者认为：知识产生于不断的构造，因为在每一个理解活动中都含有某种程度的发明；在发展中，一个阶段向另一阶段的过渡，其特征总在于形成一些在外部世界或主体内心中原先并不存在的新结构。

不难发现，在皮亚杰的学说里，作为认识主体的"操作行为"处于一个核心位置，就像在马克思的理论中"实践活动"这一概念具有重要意义。并且在这两个概念之间显然也存在着某种相关性。伊斯雷尔认为："作为认识论范畴的'实践'和'操作行为'之间的联系可以这样建立起来：'实践'在产生认识过程的一般分析水平上使用，'操作行为'则在产生认识过程的个别分析水平上使用。"这不无道理。对于这一范畴的作用，皮亚杰曾以一个孩子发现某个数字的可替代性的经历为例子来予以说明。众所周知，对事物的可替代性的发现是我们进入数学世界的一个通道。这个现象虽然同事物自身特性并非毫无关系（比如一桶水就无法像一堆卵石那样被分行排列），但它并不反映事物的属性。因为由替代性给予我们的总数概念，主要是借助于秩序关系被我们所发现。这个秩序关系并不存在于卵石本身之中，而是出现于那位将卵石排成行又围成圈的孩子的行为中。这也就是说，

---

① [德]H.李凯尔特：《文化科学和自然科学》，涂纪亮译，北京：商务印书馆1991年版，第30页。
② [瑞典]约奇姆·伊斯雷尔：《辩证法的语言和语言的辩证法》，王路等译，北京：商务印书馆1990年版，第245页。

"这位未来数学家当日所发现的这种知识不是从卵石的物理属性中抽取出来的,而是从他对卵石所采取的那些行动中抽取出来的"①。

由此可见,数学的世界并非是数学家们对某种客观存在对象的发现,而是一种发明。因为它是人类观念活动的构造物,因而"如果人们愿意说它存在着,那也只能称它为'观念的'存在"。虽然数学的抽象性使这个例子有一定的限制性,但它毕竟突破了反映论的范围,让我们看到:"无论如何,即使就超验的真理概念来说,逻辑学一开始就不能把认识看作是反映,而只能看作是通过概念对直接所与材料进行改造。"②认识活动的中介环节包括结构材料与方式,这不仅意味着"人类的知识本质上是主动的",而且还进一步意味着主体的认识活动总是具有某种"创造性",能够从物质之"无"里创造出精神之"有"来。事情正是这样:"如果精神的一切内容和品质均为外物的反映,那实际上也就无所谓精神了。"③现代科学早已证明,"明亮"并非是外在的光亮直接反射进了大脑,"响声"也不是实际的声波敲响了皮质。它们都是主体对外界刺激做出相应反应的结果,从而形成了主体精神世界的丰富多彩。尤其对于以"现象界"为对象的审美活动,精神的这种创造性表现得更为鲜明。

怀特海说得好:"诗人们都把事情看错了。他们的抒情诗应当不对着自然写,而要对着自己写。他们应当把这些诗变成对人类超绝的心灵的歌颂。自然界是枯燥无味的,既没有声音,也没有香气,也没有颜色,只有质料在毫无意义地和永远不停地互相碰击着。"④这并非否认精神世界的"派生"性,也即精神作为"第二性存在"总是必须依赖于某种物质性存在;也并不意味着拒不承认"物质决定精神"这一已被人们普遍认可的认识论原理。但派生并不等于反映,它只是指物质世界制约着意识活动能否存在,而并不能决定后者怎样存在。如同一位母亲在受孕之后有权力根据其意愿,决定是否真的生下自己肚里的孩子;但无法在这个孩子出生后,继续主宰其命运,而必须给这个新生命留下属于其自身的发展空间。

事实正是这样:"反映论若作字面理解,在逻辑上和心理上是站不住脚的。"⑤它在我国当代美学界之所以能独尊一时,除了认识论学说自身发展

---

① [瑞士]J.皮亚杰:《发生认识论》,范祖珠译,北京:商务印书馆1990年版,第12页。
② [德]H.李凯尔特:《文化科学和自然科学》,涂纪亮译,北京:商务印书馆1991年版,第29—33页。
③ 维之:《精神本质新论》,北京:生活·读书·新知三联书店1993年版,第221页。
④ [英]怀特海:《科学与近代世界》,何钦译,北京:商务印书馆1959年版,第53页。
⑤ [瑞典]约奇姆·伊斯雷尔:《辩证法的语言和语言的辩证法》,王路等译,北京:商务印书馆1990年版,第243页。

第二讲　美是什么

的原因外，很大程度上是由于人们在相当长的一段时期里，一直将它与马克思主义相提并论，总以为它同马克思的学说有些沾亲带故。因而，出于对伟人马克思的敬仰以及对他的学说的尊重，在美学讨论中人们也就常常爱屋及乌地向反映论美学观俯首称臣。现在看来这无疑是一场历史的误会。因为事实上，不仅马克思本人曾明确地批评过上述这种否定意识的创造性的认识论，指出："从前的一切唯物主义——包括费尔巴哈的唯物主义——的主要缺点是：对事物、现实、感性，只是从客体或直观的形式去理解，把它们当作人的感性活动，当作实践去理解，不是从主观方面去理解。"①而且他的后继者列宁都曾在其所著的《哲学笔记》里特意强调过："人的意识不仅反映客观世界，而且也创造客观世界。"所以，对反映论的理论缺陷做出必要的学术清理，不仅无须看马克思的脸色，在某种意义上，也是还常常被曲解的马克思思想以本来面目。对此虽已无须赘言，但对于已经进入21世纪的中国美学，进一步予以明确仍不无裨益。

　　毫无疑问，"经验论思想"与"反映论哲学"是实在论美学用以构筑其理论城堡的两块重要基石，因而上述对两说的不足的辨析，就意味着对实在论美学观的一种解构。但我们的这场讨论却无法就此结束，因为在其庞大的思想阵营内，还存在着一种更加强有力的理论支撑，这就是"因果论"。熟悉鲁迅小说的人恐怕都不会忘记"祥林嫂"呆滞的目光和她的不幸的命运。在小说中，她将其伤心的故事归咎于自己不知道"春天也会有狼"，否则儿子阿毛就不至于命丧狼腹，而她自己的日子也就不会因遭此变故而落到如此这般的下场。这就像理查德·泰勒所说："实际上，我们对周围世界的全部认识，正是由这类关于因果关系的认识所组成。"②对于坚持"美"是作为"审美对象"的那些客体事物的内在属性的实在论美学观，因果论便是其最后也最为坚固的一道理论防线。它的主要精神，我们可以从英国学者乔德的这番话里来把握："如果美可以等同于美的鉴赏，那么我们就只好说，当我赞美一个日落景色时，我的赞美仅仅是由于我自己的赞美，我们根本无法接近或静观一个日落景色。而事实上，我们之所以会产生一种赞美的情感，就因为在我们的头脑之外，发生着日落这一事实。"③

　　显然，如何理解"日落"这一现象同我们内心对日落景色的欣赏的关系，这是问题的关键所在。因果论美学的理论色彩在于，强调了美感发生

---

① ［德］马克思：《1844年经济学—哲学手稿》，刘丕坤译，北京：人民出版社1979年版，第120页。
② ［美］理查德·泰勒：《形而上学》，晓杉译，上海：上海译文出版社1984年版，第122页。
③ 朱狄：《当代西方艺术哲学》，北京：人民出版社1994年版，第425页。

时的反应性和对象化。众所周知，正是对这些环节的忽视，才导致了"审美态度说"的全军覆没，尽管其曾因反映论美学对审美主体的能动性的忽略，而做出过自己的贡献。比如确实存在着这样的情形：当一个人在注视一块波斯地毯时，如果总想着"这值多少钱"和"它是怎么造出来的"，或者"假若归我所有，它就能提高我的身份"等这样一些念头，是不可能得到真正的审美享受的。只有当他不为上述杂念所纠缠，而专心致志于这块毯子本身的视觉形象与色彩图案时，他才有可能拥有美感体验。美学家王朝闻先生曾这样描述其审美经历："拥有所谓永恒魅力的作品如《蒙娜丽莎》，不是在任何条件下对我都有同样的魅力。当我在实际生活中碰上很不愉快的事件时，我完全不想从她那永恒的微笑中找到安慰。"他以此提出："审美主体变化着的心理状态，不能不影响审美感受和具体判断的变化。"[①]这当然没有疑义。但这个案例只是表明，审美对象要以审美的方式去予以观赏才能具有意义，而并不意味着审美对象本身的存在毫无价值。问题正在于，究竟该如何来评估审美对象的这种意义？

　　承认日落景色通常能让我们产生一种赏心悦目的美感，但这就意味着这种美感来自于日落这个景象吗？因果论美学观是这么认为的，但它这样做首先犯了一个错误：将导致因果现象的原因归之于某些对象，而不是一种状态的变化。事实上，即便在诸如"一块砖瓦砸碎了一扇窗子"这样的似乎一清二楚的现象中，使这扇窗子破碎的原因也并非砖瓦本身，而是这块砖瓦对窗子玻璃做出的撞击这一事件。以此来看，因果论美学将外在的日落景象作为我们在面对其时获得一种美感的原因，便缺乏说服力。倘若硬要在这当中寻找原因，似乎反倒只能认为是日落景象对于我们的实际作用，也即表现为一次"内心事件"的我们对这个景象的"欣赏"。没有这个具体的事件，外在的日落这一事实便只是一种自生自灭的自然现象而已；就像如果没有出现"撞击"，那块砖瓦对于这扇窗子也就没什么关系。以此来看，主体内在对于审美体验的需要，对于审美活动的发生倒具有一种举足轻重的作用：这种"审美需要"不仅在"一般"意义上，使相应的对象拥有某种特殊的意义；而且也在特定的情形里，直接制约着主体欣赏活动的展开。

　　马克思的这句话早已让人耳熟能详：忧心忡忡的穷人甚至对最美丽的风景都无动于衷。因此，如果说我们能从中发现一种因果关系的话，那么似乎也就是杜夫海纳所说的："美的客体在这里可以说只是产生愉快的机

---

[①] 王朝闻：《审美谈》，北京：人民出版社1984年版，第39页。

会；愉快的原因存在于我们自身……"①因为就直接导致审美体验的发生而言，审美对象只是影响到主体的这种体验能否产生的前提条件，而并非决定其具体性质与内容的因素。制约着审美体验的性质与实际内容的，只能是存在于审美主体的"审美需要"。所以尼采在其《悲剧的诞生》里断言："人相信世界本身充斥着美，他忘了自己才是美的原因。"正是在这个意义上，怀特海提出："唯一可理解的因果关系的原理，乃是建立于'内在'的原理之上的。"所谓"内在原理"，也就是事物之间的互相作用，因为只有彼此间发生这种"关系"时，事物各自的内在性质才会显示出来（比如对于一块钢板，一块普通砖瓦的撞击就不会导致其碎裂）。

但这也就意味着，"没有一件事会是另一件事的全部的或唯一的原因"②。事实上，这也正是因果关系的真正含义。因为因果论并非"必要条件论"，而是"充分条件论"。前者是指"如果A不存在，B也不可能发生"，后者是指"只要A存在，B就不可能不存在"。显然，在我们对日落景色的欣赏活动中，主体外在作为自然现象的"日落"这一景象，只是让我们产生相关审美体验的"必要条件"，这也正是审美活动的"对象性"的表现。这一"事件"的"充分条件"则至少包括两个"必要条件"，即自然界出现的"日落景色"与主体在此时此地对其怀有的相应的"欣赏心境"。正如尽管我们必须承认，对于不懂音乐的耳朵，再美的音乐都没有意义；但反过来也不能不看到巧妇难为无米之炊，缺少了真正的音乐，再好的懂音乐的耳朵也同样会没有意义。由此可见，因果论不仅对于坚持美在"物"不在"心"的实在论美学不具有效用，而且它对于美学研究本身也没有什么意义。

事情正像维特根斯坦所说：给出一个原因并不能消除当一个人被问到什么使得一个东西成为美的时候所感到的困惑。因而当他提出，"在美学研究中，我们所不关心的事情就是因果联系"③时，这确是中肯之言。因为美学所要解决的，并不是人何以有审美需要。对此爱默生早已有过明智的断言："世界就是这样相对于人的灵魂而存在，为的是满足人对美的爱好。……为什么灵魂要寻求美？这是不可问也不可答的。"④美学的最大困惑

---

① [法] 米盖尔·杜夫海纳：《美学与哲学》，孙非译，北京：中国社会科学出版社1985年版，第14页。
② [美] M.怀特：《分析的时代》，杜任之主译，北京：商务印书馆1984年版，第92页。
③ 转引自刘小枫：《人类困境中的审美精神：哲人、诗人论美文集》，北京：知识出版社1994年版，第528页。
④ [美] R.W.爱默生：《自然沉思录》，博凡译，上海：上海社会科学院出版社1993年版，第19页。

与问题毫无疑问在于美的实际存在。对此,因果论无能为力,它充其量只是再次提醒我们不能忘记尼采的忠告:"'自在之美'纯粹是一句空话,从来不是一个概念。……人相信世界本身充斥着美,——他忘了自己是美的原因。"①因为所谓"审美对象"并不就是自身已拥有美的事物,更不等于那些作为审美载体的物质的客体。不妨也以艺术品为例,杜夫海纳曾精辟地指出:当博物馆的最后一位参观者走出大门后,那些作品虽然还存"在"于原处,但事实上,"那时它再也不作为审美对象而存在,只作为东西而存在。如果人们愿意的话,也可以说它作为作品、就是说仅仅作为可能的审美对象而存在"②。只要我们承认这个事实,那就意味着"实在论美学"的破产。

## 7. 有无之境:价值论美学质疑

同昔日那种学派兴旺、新见迭出的盛况相比,今天的美学界早已是门可罗雀,各种旧论新说纷纷偃旗息鼓。但尽管如此,将"美"归之于一种独特的审美价值的"价值论美学"观,不仅成了以"美是什么"为首要问题的本体论美学领域的最后一道风景,而且在某种意义上多少还为日趋衰退的现代美学,赢得了一份迟到的尊严。所以,不但哈佛前教授桑塔耶纳在其名著《美感》一书里曾开门见山地提出,"美的哲学是一种价值学说";而且比如开了现象学美学之先河的德国学者盖格尔,也同样将他的理论构架定位于价值论的基础上,郑重表示:"美学是一门价值科学,是一门关于审美价值的形式和法则的科学。因此,它认为审美价值是它的注意焦点。"③

凡事自有其因果。"'价值'这个普遍概念是从人们对待满足他们需要的外界物的关系中产生的。"④由马克思所做出的这一关于价值的经典表述,准确揭示了价值现象的基本特点:凡存在着主体需求之处,也就必然有"价值"的踪迹可寻。而对于人类活跃的审美需求,人们早就有认识。古人所谓:食必常饱,然后求美;衣必常暖,然后求丽。"第三思潮"的代表人物马斯洛根据其多年的临床实践,不仅得出了"在人那里比在其他动物那

---

① [德]弗·尼采:《悲剧的诞生》,周国平译,北京:生活·读书·新知三联书店1986年版,第322页。
② [法]米盖尔·杜夫海纳:《美学与哲学》,孙非译,北京:中国社会科学出版社1985年版,第55页。
③ [德]莫里茨·盖格尔:《艺术的意味》,艾彦译,北京:华夏出版社1999年版,第78页。
④ [德]马克思、恩格斯:《马克思恩格斯全集》第20卷,马克思恩格斯著作编译局译,北京:人民出版社1974年版,第516、517页。

里更强烈的需要,是对信息、对理解、对美的需要"这样的结论;而且他还进一步认为,所有这些原因在于"价值生命是人的生物学的一个方面,它与'低级'的动物生命是处在同一个连续统一体上","有明显的遗传上的遍及全人种的定性。""所谓精神的(或超越的、价值论的)生命明显地植根于人种的生物本性中。"①不管怎么说,人类繁荣的艺术活动昭示着我们审美需求的旺盛。马克思早就有话,"一个歌唱家为我提供的服务,满足了我的审美需要","音乐家给我一种美的享受"。②审美需要在人类生活中的这种普遍性,无疑为人困马乏的美学界从价值论的方位切入美学思辨,提供了一个现成的契机。

但价值论美学的主要价值还在于它对客观论美学的挽救。"西方文化的巨大成就正是客观主义的功劳。"③鲍亨斯基的这番话同样适用于包括中国文化在内的东方文化。因为作为文化基本构架的语言总是社会性的,并不存在个人语言这样的东西,掌握一种语言也就意味着加入一个社会约定俗成的游戏规则里去。语言的力量就在于其所拥有的公共性,所以,只要我们承认语言是人类文化的底座,而主观性又常常被表述为一种个人私有性,那就意味着必须正视这一事实:人类文化中真正有意义的现象无不具有客观性的品质。作为人类文化一个重要组成部分的审美活动自然也不例外。虽然从古典客观论向现代主观论的转折,被认为是美学发展的一个里程碑,而且主张美有"自在性"的实在论美学的覆灭也是必然,但这并不意味着美学就此得以在主观论美学的地盘上安营扎寨。事实表明,迄今为止依然拥有生命力的美学思想,仍然是那些为审美客观性留下了一席之地的学说,比如康德美学。正像阿多诺所指出的,《判断力批判》之所以迄今仍能赢得美学界人士的尊敬,便在于其与那些审美态度论者和鉴赏趣味主义美学观不同,"康德想把审美客观性建立在主体基础上,而不是以主体来取代客观性"。④

何谓"客观性"?按照黑格尔在其《小逻辑》中所做的归纳,"客观性一词实具三个意义。第一为外在事物的意义,以示有别于只是主观的、意

---

① [美]A.H.马斯洛等:《人的潜能和价值》,林方主编,北京:华夏出版社1987年版,第223—224页。
② [德]马克思、恩格斯:《马克思恩格斯全集》第47卷,马克思恩格斯著作编译局译,北京:人民出版社1974年版,第152页。
③ [瑞士]J.M.鲍亨斯基:《当代思维方法》,童世骏译,上海:上海人民出版社1987年版,第21页。
④ [德]西奥多·阿多诺:《美学理论》,王柯平译,成都:四川人民出版社1998年版,第284页。

谓的或梦想的东西。第二为康德所确认的意义，指普遍性与必然性，以示有别于属于我们感觉的偶然、特殊和主观的东西。第三为刚才所提出的意义，客观性是指思想所把握的事物自身，以示有别于只是我们的思想"。以此来看，审美活动中的客观性主要指第二与第三义。比如说，审美活动总是一种对象性的活动：在艺术欣赏里这个对象体现为某种物质形态的艺术品，在欣赏自然美的过程中则是一种表现为某种意象的意向客体。总之我们不能否认，"审美愉快是给予我们的，它确实是对象所唤起的"[①]。"真正的审美感受是以客体为导向的；它是对客体的感受，并非观赏者的某种主观反射。"[②]除此之外，审美经验也体现出一种普遍性。尽管桑塔耶纳曾经提出，"在审美中是找不到多少一致性的"，但事实并非如此。审美趣味与一般生活口味的差异就在于：在日常生活中，我们不会指望别人与自己拥有同样的饮食习惯与喜爱口味；但在审美经验里，我们总是期待着能与别人分享自己的审美发现，交流各自的欣赏所得。

　　这并非否认审美活动常常表现出一种文化上的相对性。比如"在日本禅寺里或观看歌舞伎表演时，一个西方人可能毫不动情，但那些日本人却能带着愉悦的表情全神贯注地观赏数小时。一个欧洲人可能无法从非洲雕刻中找到任何的愉悦美，或者，一个非洲人也可能无法在欧洲人的抽象画中看出愉悦美来"[③]，如此等等。但这只是说明，审美体验的普遍性并非一种既成事实而是一种可能性：也即在一定的条件下，这种因文化差异所致的障碍，完全有可能通过一种"跨文化沟通"而得以超越。而不像那些日常生活口味方面的差异，无须做类似的超越。就如同阿德勒所说：即使全世界最优秀的酒类专家一致同意，法国波尔多出产的一种红葡萄酒是这类酒中的佼佼者，"这也并不是说，某个更喜欢白酒而不喜欢红酒或更喜欢白兰地酒而不喜欢葡萄酒，或更喜欢威士忌酒而不喜欢别的酒的人，他也必须去喝专家们评定为第一的酒并从而感受到愉悦"[④]。这无非在于，日常生活口味纯属个人私有空间，而审美活动有其公共性。这是那些伟大艺术家尽管一生备受冷落仍不愿放弃寻觅知音的原因所在，也是许多曾生不逢时的优

---

[①] ［法］米盖尔·杜夫海纳：《美学与哲学》，孙非译，北京：中国社会科学出版社1985年版，第15页。

[②] ［德］西奥多·阿多诺：《美学理论》，王柯平译，成都：四川人民出版社1998年版，第284页。

[③] ［美］摩狄曼·J.阿德勒：《六大观念：真、善、美、自由、平等、正义》，陈珠泉等译，北京：团结出版社1989年版，第126页。

[④] ［美］摩狄曼·J.阿德勒：《六大观念：真、善、美、自由、平等、正义》，陈珠泉等译，北京：团结出版社1989年版，第130页。

秀之作终究能获取后人迟到的赞颂的缘故。那种永远只能为作者自己孤芳自赏的艺术杰作，是一种形迹可疑的说法。

所以这样的说法仍值得重视："有关美的相对性的知识并不能消除美的客观性。"[1]价值论美学所具有的理论魅力也就在于，其凭借依托于人类需求的相对稳定性而形成的价值的客观性，替审美客观性奠定了一个牢固的基础。这也并非无视人类价值活动的表现形式的主观性，正是这种主观性导致了所谓的"趣味无可争论"，并使得人们在把握价值现象时不能回避这样一个事实：任何一个主体的需要始终可能是与另一个人不同的。价值的客观性在于其存在基础的先验设定。对此，阿德勒的理论发现能给我们以启示：在我们通常的需求活动里其实存在着两种既有联系又不相同的欲求，它们分别是代表我们先验自然欲求的"需要"（needs）和代表我们后天获得的欲求的"想要"（wants）。因而，"所有的人都有同样的人类特定需要，但他们想要的事物却因人而异"[2]。落实到我们的讨论里可以认为，价值现象的主观性在于所有先天的"需要"都只能以后天的"想要"为舞台来得到展示；而价值现象的客观性则在于需要作为人类的自然欲求，是一种普遍的先验设定。

毋庸讳言，出于对本质主义抽象人性的否定，长期以来不少学者对人类是否存在着一种相类同的本性设定持怀疑态度，但现在看来这已有些矫枉过正。因为人主要是一种自我创造物，具有独特的发展潜能。人的本质规定性也就表现为一种潜力，也即"可能性"，而并非某种既成事实的东西。因此，由后天的文化背景与生存环境所致的具体社会群体之间的种种行为差异，并不意味着这种可能性的消亡，大量的实际事例表明，透过这种种差异我们常常能够感受到一种共同的生命追求，人类也因此才能走到一起。事实正是这样："如果道德哲学要拥有一个可靠的事实基础，那么这个基础就是人性，而不可能是其他什么。"[3]马斯洛也曾表示："文化相对论夸大了民族与民族之间的差异，实际情况并非如此。就像印第安人首先是人，个体，人类，然后才是黑足印第安人。虽然区别的存在无可置疑，但与共同点相比，差异是表面的。"在他看来，"人的欲望或基本需要至少在某种可以察觉的程度上是先天给定的"[4]。

---

[1] [德]莫里茨·盖格尔：《艺术的意味》，艾彦译，北京：华夏出版社1999年版，第85页。
[2] [美]摩狄曼·J.阿德勒：《六大观念：真、善、美、自由、平等、正义》，陈珠泉等译，北京：团结出版社1989年版，第79页。
[3] [美]马尔蒂莫·J.阿德勒：《哲学的误区》，汪关盛等译，上海：上海人民出版社1992年版，第125—126页。
[4] [美]A.H.马斯洛：《动机与人格》，许金声译，北京：华夏出版社1987年版，第92—109页。

诚然，这样的见解仍然属于波普尔所说的关于真理的一种猜想。其意义仅在于至少迄今为止，我们对此仍无法轻易地予以否定。爱默生说得好：大自然满足了人类的一个崇高需求，即爱美之心。无论在荒蛮的远古时期还是在已经人心不古的当今时代，"一片树叶、一束阳光、一幅风景、一片海洋，它们在人们的心目中留下的印象几乎是类似的，所有这些东西的共同之处就是美"。以至于我们会不由自主地认为：世界是为了人的灵魂而存在的，其目的是满足他对于美的欲望。①凡此种种无不意味着，虽然美只是为拥有审美需要的主体而存在，但它不属于私人的情感世界，而属于一个普遍的人性世界。美因此而具有一种永远不可被动摇的客观性，对于这种客观性，"审美价值"无疑向我们提供了一个十分有力的依据。

问题是，承认审美判断属于一种价值判断，以及在审美活动中存在着一种可以被我们称为"审美价值"的东西，这是否便能就此澄清关于美的种种困惑，使我们对美的本体论思索就此打住？看来难以做到。首先一点是，在价值论美学的背后，常常徘徊着实在论美学的幽灵。事实上在许多美学家那儿人们都可以发现，他们标举"美是一种价值"的用意，自觉不自觉地都是为了让迄今已失去逻辑依据的实在论美学能够收复失地。苏联美学家卡冈的这番话颇具代表性，他认为："审美现象作为价值被理解，也就是作为仅仅为主体而存在的客体的属性被理解。"②只要我们环视一下美学史，就能发现诸如此类的观点相当的普遍。盖格尔曾予以概括："虽然各种理论形式有所不同，但是基本思想却一直没有什么变化：价值是一种我们在客观对象中发现的，存在于我们面前的特性。"③在某种意义上，这样一种见解是如此的"自然"，以至于人们似乎无法对它说"不"。因为在通常的语境里，我们的价值评价总是指向某个实际事物。比如"好"与"坏"这两个词，虽然在一个孩子的世界里用它来表示"好人"与"坏人"的二元对立，说起来似乎显得幼稚，但事实上这样的用法即使在"大人们"的世界里，也早已习以为常。唯其如此，在我们的日常生活里，"价值"一词总是与"对象"联系在一起，构成"价值对象"这样的词组。其言外之意是将价值作为评价对象的客体。正如阿德勒所指出的那样："我们可以肯定，一个人作价值判断时，其中有些判断把善的属性归于某对象是基于这样的事实：他对该对象有所欲求。我们也可以肯定，其中有的判断把善看作是

---

① ［美］吉欧·波尔泰：《爱默生集》上册，赵一凡等译，北京：生活·读书·新知三联书店1993年版，第20页。
② ［苏］M.C.卡冈：《卡冈美学教程》，凌继尧等译，北京：北京大学出版社1990年版，第71页。
③ ［德］莫里茨·盖格尔：《艺术的意味》，艾彦译，北京：华夏出版社1999年版，第86页。

对象本身具有的属性,而这种属性使该对象成为应该被欲求的东西。"①

诸如此类的现象作为一种"自然经验"有其强烈的心理方面的依据。德国心理学家韦太默在20世纪初所做的运动幻觉试验颇能给人以启示:在一个暗室里让两个处于不同位置的光点,在一段极短的时间内相继放光。尔后观察者报告说,自己不是看到了两个互相分离的光点的间歇性出现,而是同一个光点从一个位置向另一个位置做出了移动。与此同时,在观察主体身上还能感受到一种"力"的存在。这里的情形正如阿恩海姆所指出的:虽然这些力实际上是发生在大脑皮质中的属于观察主体的一种生理现象,"但它在心理上却仍然被体验为是被观察事物本身的性质"②。在桑塔耶纳看来,美作为一种价值的特点也就在于其能够被人们如此这般地予以客观化。用他的话说:"美是一种价值,不能想象它是作用于我们感官后我们才感知它的独立存在。它只存在于知觉中,不能存在于其他地方。或者,用不大专门的话来说,美是被当作事物之属性的快感。"③换言之,美的客体化只是一种心理错觉,并非真正的事实。诚然,"价值"的特殊性似乎在于,同一般的知觉经验相比它有着显著的"及物"性,因为我们的需求总是针对着某种具有一定实在性的事物。但需要认真斟酌的正是,究竟何谓"事物的属性"?马克思曾经指出:一物的属性不是由该物同他物的关系产生,而只是在这种关系中表现出来。这说得很精辟。"产生"与"表现"作为"物与物之关系"的结果都不是"自在之物",但二者却存在着本质性的差别:前者由于是双向的因而不具有"自足性",而后者却是单向的,因而具有某种自足性。不妨以事物的色彩与质态等为例。根据现象学的"映射与被映射之物不属同类"的原则,诸如事物的色彩与质态等作为事物的感觉材料,已并非事物自身的因素,而是事物的"自然因素"相对于映射主体所具有的一种"表现方式"。所以胡塞尔写道:"事物性的颜色、事物性的声音、事物性的气味与滋味等等,无论它们如何'真实'地附在事物上,就好像它们是事物所具有的那样,但它们本身并不像它们所显现的那样是现实的,而仅仅是某些第一性的质的符号。"④众所周知,正是对这一点缺乏认识导致了反映论的搁浅。

--------

① [美]摩狄曼·J.阿德勒:《六大观念:真、善、美、自由、平等、正义》,陈珠泉等译,北京:团结出版社1989年版,第70页。
② [美]鲁道夫·阿恩海姆:《艺术与视知觉》,滕守尧译,北京:中国社会科学出版社1984年版,第11页。
③ [美]乔治·桑塔耶纳:《美感》,缪灵珠译,北京:中国社会科学出版社1982年版,第30页。
④ [德]埃德蒙德·胡塞尔:《胡塞尔选集》上册,倪梁康译,上海:上海三联书店1997年版,第401页。

但进一步来看，颜色等现象作为事物的质的符号毕竟是对事物自身的某种因素的"指示"，因为其所依托的"感觉材料"虽已进入"观念世界"，但毕竟同实在事物有着密切联系。因而人们有可能以它为媒介，通过提炼出诸如"色素"这样的物质，来开辟出一条通往该事物的认识通道。这也就出现了阿恩海姆曾指出过的情形，即："虽然色彩事实上是神经系统对具有特殊波长的光线所做出的反应，但它仍然被归结为外部事物本身的性质。"[1]因为在某种意义上，色彩成了事物某种属性通过其与我们的视觉神经发生"关系"而被我们所把握的媒介。不难发现，将价值与色彩相提并论的想法，在于将一事物所具有的价值同其所具有的效用混为一谈，进而又将事物的效用归于其自然因素与特点。在许多涉及价值问题的论述中，我们常常可以看到这样一条逻辑轨迹：事物属性——效用——使用价值——价值。的确，马克思曾经有言：如果去掉使葡萄成为葡萄的那些属性，那么它作为葡萄对于人的使用价值就消失了。问题在于，如果假设有一天医学证明食用葡萄会诱发胃病，那么它目前作为水果的使用价值就会不复存在，尽管其自然属性依旧。

这就表明，对于事物的价值（无论是使用价值还是交换价值），事物自身的属性充其量只是一种前提条件，而并非决定性的。这进而也意味着依托于事物属性的"效用不可能是价值的来源"[2]。分析起来，问题的关键在于：效用依托于物的自然性，但价值却是由人"赋予"物的。对此马克思也早有认识，他曾表示："人们实际上首先占有外界物质作为满足自己需要的资料……他们在实际地利用这些产品，这些产品对他们有用；他们赋予物以有用的性质，好像这种有用性是物本身所固有的，虽然羊未必想得到，它的'有用'性之一，是可作人的食物。"[3]"价值"与"效用"的分离有许多表现方式：其一，同一样东西对于不同的人会有不同的价值。比如一件脏衣服对于一位富有的人来说可能是无价值的，但对于许多衣不遮体的穷人却很有价值。其二，同一样东西对于同样的人在不同的时间里也会有不同的价值。比如一件毛衣，其在冬天和夏天两个不同的季节里，会表现出不同的价值。其三，在某些情形里，同样的事物其价值随着其数量的增大而递减，所谓"物以稀为贵"。其四，事物在效用方面的程度同其价值之间，常常呈现出一种反比例关系。比如就实际用途而言，铁比金子要有用，

---

[1] ［美］鲁道夫·阿恩海姆：《艺术与视知觉》，滕守尧译，北京：中国社会科学出版社1984年版，第11页。

[2] ［奥］弗·冯·维塞尔：《自然价值》，陈国庆译，北京：商务印书馆1991年版，第51页。

[3] ［德］马克思、恩格斯：《马克思恩格斯全集》第19卷，马克思恩格斯等著作编译局译，北京：人民出版社1974年版，第406页。

## 第二讲 美是什么

但在价值方面正相反。

概言之，虽然价值无法脱离效用而独立存在（凡有价值之物必有效用，无效用就无价值），但并非具有效用之物就必有其价值。因为价值并非就是效用，而是对于效用的需要。这也就是说，只有在一个具有某种效用的客体能够满足我们的需要时，我们才认为它是"有价值"的东西。所以，价值不仅不像色彩那样，只是单向性地指向实际事物自身，而是双向地涉及需求主体和被需求客体；而且在主体需求与客体对象之间，存在着一种手段与目的关系。所谓"价值客体"，也即"相对于主体一定的目的是有用的事物"。在这里，只有作为目的之主体某种明确的需求，才处于支配性的位置。用马克思的话说，也即："使用价值表示物和人之间的自然关系，实际上是表示物为人而存在。"[①]对于这作为价值关系的主宰的主体需要来说，作为手段的事物自身的自然特征常常并无意义。比如在人们的信仰生活中，那些被作为神圣的偶像来对待的事物，其所拥有的价值同其自身作为物质的实在性因素并无关系。即使一面国旗只是由一块普通的布粗糙地做成，一座亲人的塑像也只是由一块普通木材所雕刻成，在一位具有强烈认同感的战士和亲属那里，它们都拥有不可取代的价值。显而易见，决定这些事物的价值的，只是它们作为文化现象在主体那里具有什么样的精神意义，而并非它们各自所拥有的自然品质。这表明，如果说色彩是事物的某些内在因素在同主体视觉发生关系时的一种"表现"，那么价值却是主客体需求关系的"产物"，它只有在这种关系得以真正建立之际才存在。价值并非为事物所有的一种属性，所谓"价值客体"是一个十分暧昧的概念。在眼下不少论述里，这个概念常常被理解成本身已拥有某种价值在内的"价值载体"；而实际上它所表示的，只是作为能够为主体某种需要提供满足的"价值媒体"。对于那些具体事物，并不存在所谓"天然的价值属性"。

比如石灰，同诸如金子这样的事物相比，似乎看上去缺少一份审美的自然品质。但其实并非如此。明代诗人于谦曾对它做过这样一番吟咏："千锤万击出深山，烈火焚烧若等闲。粉骨碎身全不顾，只留清白在人间。"通过这首著名的《石灰吟》我们可以清楚地确认，在这个特定语境里存在着的审美价值，并不属于石灰本身，它只是借石灰这个对象为媒介而存在。因为这里的石灰已不再是一个自然物，它是在被诗人做了拟人化处理后才成为一个审美对象。对于后者，自然意义上的石灰仅仅只是一种道具。审美价值只是"通过"它而"出场"，但并非就"存在"于它身上。所以说，

---

① ［德］马克思、恩格斯：《马克思恩格斯全集》第26卷，马克思恩格斯等著作编译局译，北京：人民出版社1974年版，第326页。

"没有什么自身足备的价值,只有与有待实现的功能和需要相关,价值才会存在"①。以此来看,那种试图通过将某种"审美价值"赋予某个客体对象,来为实在论美学的东山再起寻找逻辑依据的愿望,是难以实现的。这不仅是因为任何价值都并不单方面地属于作为"价值媒体"的被需求对象,还在于"审美价值"的特殊性:它常常超越事物的所有效用,仅仅属于作为现象被给定的范围。事实正是这样:无论在舞台上扮演角色的演员的实际年龄多少、相貌是否丑陋,只要由服装式样、化妆术以及舞台灯光等这些因素所产生的综合效果到位,都能让他们显得具有朝气与魅力。总之,"在这里重要的是外表,而不是实在"。审美活动这种"就现象舍实在"的特点,在于其属于一种由感觉所激发的精神享受,其乐趣往往随着想象力自由自在地展开而提升。

唯其如此,人们在审美活动中不仅可以置对象的实在特点于不顾,而且必须这么做。也就是说,"审美价值是以排斥属于这个作为实在的'世界'的一切事物为代价,来争得它对人类存在所作出的结论"②。因为只有在排斥了实在事物的前提下,我们才有可能为人类的想象活动开辟出一个广阔无垠的空间。比如一再被人引用的李白名句:"瑶台雪花数千点,片片吹落春风香。"雪花本无气味,何言花香?但这乃是诗人感觉里的真实,不仅可以不作计较,而且正因为写出了主体感觉世界里的这种存在,此诗才具有一种独特的情趣。又如宋祁《玉楼春》的名句"红杏枝头春意闹"。连身为大文人的李渔都曾表示"此语殊难著解",正如其所言,"争斗有声之谓'闹'",红杏只是一植物,怎能发声?这里的关键仍在于审美对象与实在事物的"间离":后者属于真实的实际世界,而前者则属于主体感觉世界。

凡此种种再次表明了,"美的价值的一个最显著的特征,就在于它是在和感觉的联系中获得的"③。由它所代表的审美对象同样地既由我们的审美知觉所构成,也只存在于我们的审美体验活动中。因此,对"审美价值"的承认并不意味着我们相应地可以将美再重新归于实在世界,赋予其一种"自在性",相反倒是进一步确认了审美活动的人类学依据。用盖格尔的话说,也即:"我们确实在我们面前发现了审美价值、发现了美——但是,这种我们所发现的、在我们面前的美,只存在于它与体验它的人类的关系之

---

① [美]鲁道夫·阿恩海姆:《艺术心理学新论》,郭小平等译,北京:生活·读书·新知三联书店1996年版,第440页。
② [德]莫里茨·盖格尔:《艺术的意味》,艾彦译,北京:华夏出版社1999年版,第195页。
③ [日]牧口常三郎:《价值哲学》,马俊峰等译,北京:中国人民大学出版社1989年版,第96页。

第二讲　美是什么

中。"①而分析起来，价值论美学的真正魅力，也正在于其以作为"审美关系"的产物的"审美价值"，来最终承担起"审美的主客观统一"这一历史命题。诚然，价值就意味着主客体之间的一种需求关系，因而"审美价值"也就代表着一种"审美关系"。这些都没有疑义，需要进一步落实的是：诸如"美是一种价值"这样的表达究竟意味着什么。毫无疑问，对审美价值的强调并不只是一般地重申"美在（主客体）关系中"，这样做早已失去了意义。波兰美学家塔塔科维兹早就指出过，"作为一种关系的美的观念是始于基督教美学的，亦即始于希腊教父，特别是巴赛尔"。因为在他明确地提出"……光的比例并不存在于它的各部分之间，而是和视觉有关，光由于这种关系才令人感到愉快"②这样的见解里，我们确实已可以看到他对审美体验同主客体的关系，有了一种虽然初步但已十分到位的认识。

但问题也正在于，仅仅指出"美在关系"虽然正确但并未能澄清关于美的困惑，人们真正想知道的是"美"究竟是怎样地存在于"关系"之中，向我们奉献出美的现象的关系到底是怎么回事。对此，"关系论"似乎无法解答，无论是以苏联美学家卡冈为代表的"燃烧说"，还是由美国学者门罗提出的"营养说"，都语焉不详。比如卡冈在其代表性著作《美学教程》里写道："燃烧是物质和氧结合的产物，在它们双方没有相遇、没有形成直接接触之前，就不会有效果——燃烧。'审美'也是自然和人、物质和精神、客体和主体相互作用所产生的效果，这种效果既不归结为物质世界的纯客观性质，又不能归结为人的纯主观感觉。"而在《走向科学的美学》一书中门罗则提出："食品所固有的任何性质并不等于营养，营养存在于食品的这类性质和某些肌体生长的需要之间的关系之中。同理，离开了有意识的机体的审美需要，可知觉的客体的任何特征和类型就都不会被感觉为是美的。"显然，两说虽然采用的比喻不同，但殊途同归，都只是强调了审美现象产生于一个适当的客体与一个适当的主体适当的"相遇"时。因此，正如有的著述所指出的那样，面对关系论美学，"人们有理由问：当某一客体与某一主体相遇时，美究竟是从什么地方产生出来的呢？回答只可能是：美产生于某个不知道的地方"③。

以此来看，价值论美学的本意所在只有一条，也就是向我们隆重推出作为审美关系之结晶的"审美价值"本身：所谓"美"就是一种被我们以

---

① ［德］莫里茨·盖格尔：《艺术的意味》，艾彦译，北京：华夏出版社1999年版，第213页。
② ［波］沃拉德斯拉维·塔塔科维兹：《中世纪美学》，褚朔维等译，北京：中国社会科学出版社1991年版，第30页。
③ 朱狄：《当代西方美学》，北京：人民出版社1984年版，第224页。

审美予以界定的"价值"。但问题依然存在：该如何对这种"审美价值"做出把握？如前所述，不能将其归于客体对象，因为价值并非是物的属性。但我们是否又能转而将它仅仅归于需求主体的需要呢？看来这也很难：从现象学的意向理论来看，需要总是面向着某种具体客体对象。这不仅因为"需要永远是对于某种东西的需要"，而且也是因为"只是由于对象被发现，需要才获得自己的对象性"。①在这个意义上，虽然主体需求在价值关系中处于一种支配性位置，但人们对于这种关系的把握却必须借助于具体的需求客体，因为只有在它们那里，主体真切的需求内容才得以显山露水地明确起来。这正是"价值"作为"关系"的含义之所在："价值表现的既非人的存在，也非世界的存在，而是人与世界之间不可分割的纽带。"②不言而喻，关于价值把握的思辨活动至此陷入了一个逻辑的循环圈。要走出这个循环我们只能像盖格尔曾提醒的那样："通过阐明审美价值的存在方式来开始对审美领域的研究。"③如此来看，虽然价值作为需求关系的产物，只能存在于这种关系之中；但它却并非作为一个既成的"事实"，而仅仅是作为一种"可能性"存在于这种"关系"中。这里的关键在于，将"需求东西"同"需求客体"做出区分。后者总是指向某个实际存在的事物，而前者指的是为主体真正所需求的内容，它并非是作为需求客体的某个实际事物本身，而是由这个事物向主体提供的服务。这就意味着我们的需求总是同未来相关联，指向一个有待于实现的状态，因为它总是某种"缺乏"的显示。因而虽然需求的意向性总是朝着某个客体事物，但其真正的对象并非是该事物自身，而是它所能为我们提供的一种满足。正如维塞尔所说：我们对于财物的欲望并不是为了财物本身，而是为了它们所给予的满足，我们只是为了那种满足才认为它们有价值。

所以，李凯尔特曾指出："价值决（绝）不是现实，既不是物理的现实，也不是心理的现实。价值的实质在于它的有效性，而不在于它的实际的事实性。"④如果说"存在"意味着具有一种现实性的状态，那么作为一种有待于实现的东西，价值就只能被归属于"非存在"而不是存在。正是在这个意义上，黑格尔以其所特有的辩证法表示："应当有的东西既有，同

---

① ［苏］阿·尼·列昂捷夫：《活动·意识·个性》，李沂等译，上海：上海译文出版社1980年版，第139页。
② ［法］米盖尔·杜夫海纳：《美学与哲学》，孙非译，北京：中国社会科学出版社1985年版，第33页。
③ ［德］莫里茨·盖格尔：《艺术的意味》，艾彦译，北京：华夏出版社1999年版，第79页。
④ ［德］H.李凯尔特：《文化科学和自然科学》，涂纪亮译，北京：商务印书馆1991年版，第78页。

时也没有。"①价值作为"应当"是一种"有",指的是它作为"可能性"属于"潜在的现实",它拥有一种向现实转化的因素和依据,这使它与"不可能"相区别。但价值同时又是一种"无",是由于它从事实维度讲,是一种"缺席"和"不在场"。所以李凯尔特还表示:关于价值我们不能说它们实际上存在着或不存在,而只能说它们是有意义的还是无意义的。因为"没有绝对的、像存在一样存在着并且能够公开的价值"②。从以上所述来看,"审美价值"的实际所指,也就是受主体"审美需要"所制约的"审美关系"。这种关系作为一种"可能性"是客观存在着的"有",因为事实正是这样:"不管我们自己是否意识到,也不管我们实际上是否欲求我们所需要的东西,需要总是存在着。"③但也唯其如此,诸如"美就是一种价值"这样的表达就显得似是而非了。因为价值不"在",而美这种现象却是真切地存在着。正如诗人们所说,只要你的眼睛善于去发现,你便能看到:"哪里大雪纷飞,长河奔流,百鸟飞翔,哪里的昼夜在暮色中相逢,哪里的蓝天上浮动着白云,或者缀满了星斗,哪里的形体玲珑剔透,哪里有进天宇之路,哪里有危险、有敬畏、有爱情,哪里就有美。美像雨水一样充足地为你洒落,哪怕你走遍世界,你也找不到一个没有美而让你憋闷晦气的地方。"④

不难发现,"美"之所以是一种存在,是因为它属于一种心理事实,它作为一种"现象"而存在于我们的精神世界。在这个意义上,它也属于一种观念形态的存在。因此我们可以说,美是审美价值的实现,但不能认为美就是一种可以被称为"审美价值"的东西。美学的目标便在于通过对这种具体实现方式与特点的把握,来揭示审美活动的奥秘,而不是费尽心机地去琢磨某个处于一种"审美关系"中的神秘的东西。否则的话,我们便会重新落入思辨的陷阱。桑塔耶纳的经历在此仍可以作为一个例子:他在结束其《美感》时写道:"美就我们感觉它来说,是难以形容的东西;它是什么或表示什么,是说不清的。"⑤从这番对"美是难的"这一古典名句的回声里我们不难总结出,那种试图通过将美归于一种价值来终结关于美的本体性把握的思路,是行不通的。

---

① [德]黑格尔:《逻辑学》上册,杨一之译,北京:商务印书馆1982年版,第129页。
② [苏]列·斯托洛维奇:《审美价值的本质》,凌继尧译,北京:中国社会科学出版社1984年版,第33页。
③ [美]马尔蒂莫·J.阿德勒:《哲学的误区》,汪关盛等译,上海:上海人民出版社1992年版,第101页。
④ 参见[美]R.W.爱默生:《自然沉思录》,博凡译,上海:上海社会科学院出版社1993年版,第197页。
⑤ [美]乔治·桑塔耶纳:《美感》,缪灵珠译,北京:中国社会科学出版社1982年版,第33页。

## 8. 动静之间：对称论美学反思

在美学的知识构成中，渊源于毕达哥拉斯"数学宇宙论"的"对称/和谐美学观"不仅历史最为悠久，而且其影响迄今犹在。众所周知，从"音乐是对立因素的和谐的统一，把杂多导致统一，把不谐调导致协调"这一发现里，毕达哥拉斯得出了"数是事物的本性"这样一个普遍性命题。用俄国学者阿斯木斯的话来说："音乐和谐的概念原只是对一种艺术领域研究的结果，毕达哥拉斯学派把它推广到全体宇宙中去。因此，连天文学即宇宙学在这派看来，也具有美学性质。"①但在史家们看来，最终仍是"由于柏拉图，毕达哥拉斯学派关于音乐的概念才在整个希腊艺术理论中留下了自己的印迹"②。

比如柏拉图在其《蒂迈欧篇》里所指出的，"神创造并赐予我们视觉，是为了使我们能观察智力在天国的各种运行"。而通过学会认识这些运作，"我们就可以熟练地模仿神的完美无误的变化，并促使我们把自身错乱的运动纳入秩序之中"。在这样的前提下，柏拉图进一步提出了声音和听觉"也是神基于同样的目的和意图而赋予我们的"这一见解，强调"全部音乐的作用也是为了和谐……（缪斯们）不是为了无目的的快感，而是为了帮助我们把心灵的不协调的运动纳入有秩序的轨道，使心灵自身和谐起来。为了同样的目的，缪斯们把节奏作为一种支援也赋予了我们"③。换言之，正是将作为"对称"的"和谐"与我们的生命运动相联系，柏拉图把原本只是一种宇宙论的和谐说，改造成了一种名副其实的美学理论。所以人们似乎有理由认为，"美是和谐这一概念，主要来自柏拉图和亚里士多德的原理"④。

概括地说来，这一美学观强调世界在神的终极关怀下所体现出来的统一性，因为从词源学上看，"和谐"的概念与"协调"与"统一"含义相同，意味着一种"秩序"关系（Kosmos），这种关系以对立面的最终握手言和为前提。这一思想在圣·奥古斯丁那里重新得到弘扬。在他看来，数所

---

① 转引自朱光潜：《西方美学史》上卷，北京：人民文学出版社1963年版，第33页。
② ［波］沃拉德斯拉维·塔塔科维兹：《古代美学》，杨力等译，北京：中国社会科学出版社1990年版，第111页。
③ ［美］凯·埃·吉尔伯特等：《美学史》，夏乾丰译，上海：上海译文出版社1989年版，第70页。
④ ［美］凯·埃·吉尔伯特等：《美学史》，夏乾丰译，上海：上海译文出版社1989年版，第171页。

具有的这种本体论作用正体现了上帝作为绝对者的意义："数始于一。数以其相等和相似而为美，数为秩序之组合。"数也就是精神上的至善，即拉丁文"Monas"（整一、统一性）。因而"在转到观察地球和天空的时候理性注意到：在世界上美是悦目的，在美中形象是悦目的，在形象中量度是悦目的，在量度中数是悦目的"。而数的这种悦目归根到底又表现为形式方面的对称："建筑物细部上的任何不必要的不对称都会令人厌恶。比如，有一座房子，一扇门在边上，另一扇门在中央，却又不是在正中，我们一定会不满意。"总之，对称"其所以取悦于人是因为它是美的，而其所以美是因为它各部分是相等的，而且以一定的方式产生一种独特的和谐"①。可见在奥古斯丁这里，伴随着数学作为一种审美尺度的确立，事物的作为"和谐"的美被明确为一种形式关系上的比例的"对称"。就像但丁在其《神曲》里所说："无论什么事物相互间／皆遵循着一种秩序；这种秩序就是／使宇宙和上帝相似的形式。"所以著名波兰美学史家塔塔科维兹在其《古代美学》一书里做出总结时写道：如同"模仿的概念体现了古人对艺术的理解，而净化的概念则代表了他们关于美与艺术的作用的思想"，正是"对称的概念体现了古人对美的理解"。②所以一言以蔽之：所谓"和谐美学"也就是"对称美学"。唯其如此，当其他关于美的旧学新说纷纷偃旗息鼓，这种以对称说为轴心的和谐论美学却由于得到诸多科学大师们的强有力支持，而迄今仍拥有一份活力。

许多科学史家在回望20世纪的科学景观时都曾指出，以美感作为自己研究活动中的基本指导原则，是现代科学的一大特点。这方面的材料不胜枚举。比如我们不仅得知，著名科学家薛定谔一直热衷于从数学方面入手，来"试图找到一种描述原子事件的美的理论"；而且也知道其研究伙伴狄拉克曾明确表示过："对数学美的鉴赏支配了我们的全部工作。这种鉴赏对于我们是一种来自如下信念的举动：描述自然的基本规律的方程必须包含伟大的数学美，它对于我们就像宗教，它可以被看做（作）我们大部分成功的基础。"③卢瑟福甚至"坚决主张，不妨把科学发现的过程看作是艺术活动的一种形式"。著名学者库恩也曾指出，在天文学领域引发出一场革命的"哥白尼的论证，不是诉诸从事实际观测的天文学家的功利方面的判断力，

---

① ［美］凯·埃·吉尔伯特等：《美学史》，夏乾丰译，上海：上海译文出版社1989年版，第176页。

② ［波］沃拉德斯拉维·塔塔科维兹：《古代美学》，杨力等译，北京：中国社会科学出版社1990年版，第438页。

③ ［英］J.W.麦卡里斯特：《美与科学革命》，李为译，长春：吉林人民出版社2000年版，第232—233页。

而是诉诸他的审美判断力并且仅仅诉诸他的审美判断力"①。当然，最为人们所称道且最具权威性的，莫过于爱因斯坦与其相对论。"爱因斯坦的理论有最高程度的审美价值，每一个爱美的人都必定希望它是真的"，物理学家洛仑兹的此番看法同狄拉克的如下见解可谓如出一辙："我认为，正是这一理论的本质上的美是人们相信这一理论的真正的原因。"②这位伟大物理学家的儿子汉斯·A.爱因斯坦甚至表示，他父亲与其说是一位物理学家，不如说更像是一位艺术家。因为他"对于一个好的理论或者一项好的工作的最高赞赏不是它是正确的，或者它是精确的而是它是美的"③。比如有史料证明，爱因斯坦和普朗克之所以对以海森堡为代表的量子理论不以为然，一个重要原因是其所依赖的"矩阵力学"显得"令人生厌与丑陋"。但事实上即使是海森堡在其工作中同样也受到美感的诱惑。他不仅解释过，让他对自己所发现的量子理论抱有信心的一个重要原因，是"量子力学具有数学上的一致性和协调性"；而且他在与爱因斯坦交换看法时也曾毫不含糊地表示："当自然把我们引向具有极大的简洁性和美的数学形式时，我们不禁要想到它们是'真的'。"④

所以20世纪70年代以来，美与现代科学的关系开始备受关注，对"科学研究中的美学动机"的研究逐渐成为一门显学。虽说不同的意见也一直不绝于耳，但有一点无可置疑：在科学大师们的语境里，"美"的概念主要是指以对称性为核心的"和谐"。比如作为"19世纪最伟大的物理学家"的麦克斯韦曾明确表示："我总是把数学看成是获得事物的最佳形态和维度的方法；这不仅是指最实用的和最经济的，更主要是指和谐的和最美的。"科学史家们早已公认，麦克斯韦的电磁理论之所以优美，"在很大程度上要归功于该理论的数学描述中所显示出来的平衡和对称"⑤。爱因斯坦虽然以其相对论推翻了牛顿的绝对和不变的时空观，但仍然承认："……但是最后的结论尚未达到。愿牛顿方法的精神给我们力量去恢复物理实在和牛顿教导的

---

① [英]J.W.麦卡里斯特：《美与科学革命》，李为译，长春：吉林人民出版社2000年版，第213页。
② [英]J.W.麦卡里斯特：《美与科学革命》，李为译，长春：林人民出版社2000年版，第13页。
③ [英]J.W.麦卡里斯特：《美与科学革命》，李为译，长春：吉林人民出版社2000年版，第116页。
④ [美]钱德拉塞卡：《真与美：科学研究中的美学和动机》，朱志方等译，北京：科学出版社1992年版，第65—77页。
⑤ [英]保罗·戴维斯：《上帝与新物理学》，徐培译，长沙：湖南科学技术出版社1992年版，第169页。

第二讲　美是什么

最深刻的特性——严格因果性之间的和谐。"[①] 根据爱因斯坦的相对论，质量与能量等价，时间与空间联姻。科学史家们也由于"爱因斯坦的理论的理性基础是对对称性的威力的深刻理解"而认为："是爱因斯坦使对称性得以成为现代物理的明星。"[②]

除此之外我们还知道，彭加莱在提出"若是自然不美，知识就不值得去追求"这一著名主张后，曾毫不含糊地表示："我指的是根源于自然各部分的和谐秩序、纯理智能够把握的内在美。"[③] 显然，美、和谐、对称这三大概念在此呈现出一种"语义回环"：所谓"美"也就是"和谐"，和谐也就是"对称"。所以，生于中国的美国加州大学教授阿·热曾在其所著的《可怕的对称》里总结说："当观察者是物理学家时，美意味着对称。"[④] 正如他所指出的：自然在她的定律中向物理学家展示的美主要是一种设计美。因强调对称，这种美在一定程度上使我们想到了古典建筑。而古希腊人之所以认为一个圆比一个正方形和一个矩形更美，无非也是由于圆具有更高的对称性。

由此来看我们也就不会奇怪，为何对于20世纪的科学伟人之一的海森堡来说，"美（就）是各部分之间以及各部分与整体之间恰到好处的协调一致性"[⑤]。但重要的是看到，对于上述这些科学巨匠而言，"对称"美的原因其实并不在于其本身，而在于其有利于我们对事物的实际存在从整体上做出把握。普罗提诺在其《九章书》里写道："真正打动人的美是揭示完善比例的东西，而非完善的比例本身。"因为"心灵是这样一种东西，它使得我们称之为美的物体成为美"（见第6卷第7章和第1卷第6章）。用休谟的话来说也即：事物的美存在于思考它们的心灵中。比如彭加莱曾经问道："我们认为具有美和雅的特征的，能够在我们心中产生一种审美情感的数学实体是什么？"他的回答十分明确："那些东西，它们的组成要素得到和谐的排布，以至于我们的心智能够毫不费力地在无须忽略细节的情况下领会整体。同时这种和谐是对我们的审美需要的一种满足，是对我们的心智的一种援

---

[①]　[英]J.W.麦卡里斯特：《美与科学革命》，李为译，长春：吉林人民出版社2000年版，第240页。
[②]　[美]阿·热：《可怕的对称》，荀坤等译，长沙：湖南科学技术出版社1992年版，第59—60页。
[③]　[美]钱德拉塞卡：《真与美：科学研究中的美学和动机》，朱志方等译，北京：科学出版社1992年版，第73页。
[④]　[美]阿·热：《可怕的对称》，荀坤等译，长沙：湖南科学技术出版社1992年版，第19页。
[⑤]　[美]钱德拉塞卡：《真与美：科学研究中的美学和动机》，朱志方等译，北京：科学出版社1992年版，第84页。

助，因为它支持和引导我们的心智。"①

但这显然不仅意味着，在事物中所表现出来的这种对称性只是激发我们产生审美反应的一种特定性质，所谓的"美"也就是作为这种反应的产物的一种观念现象；而且也表明和谐之美在根本上来自于主体因思路畅通而得到的求知欲的满足，因为这种满足能让我们产生一种精神的快感。比如建立了关于电子交换聚合物理论的哈罗德·加西代曾这样谈到他的发现："当时我正在听一首钢琴协奏曲，一种想法突然产生：制备电子交换聚合物应该是可能的。我立刻认定这是可行的，并且我觉察到了这种想法的恰当性，因为它是对已经著名的质子交换聚合物的补充……当清楚地意识到了这种关系的对称性时，我随之体验到了巨大的愉悦和兴奋。"② 显然，这昭示着作为和谐论美学的核心的对称论美学首先是一种审美认识论。因为"在对称形态中，首先明显地形成了理性主义"③。对称性实质上意味着一种表现为简单性的有序化，它为我们总是试图通过化繁为简的抽象化过程来实现对事物的认识活动提供了极大的方便。由这种认识通道的畅通而产生的那种快感，正体现出人作为一种"符号动物"的独特性。这种快感无疑属于美感的范畴，因为在某种意义上我们不能否认，"对美的想象意味着思考上的省力，意味着以最小的努力，展开最丰富的想象"④。对此，以阿因海姆等为代表的审美心理学家们已做出充分的研究。正如他所指出的，"艺术的作用之一就是在我们这个似乎是非理性的经验世界中发现秩序、规律和必然性"⑤。这一特点之所以率先为科学家们所强调，只是由于相比较而言科学活动在这方面显得更为突出。

美国学者阿·热说得好："物理学之所以成为物理学是因为能从各种复杂现象中找出简单本质。"⑥ 同样地，"科学之所以能成为科学，只是因为我们生活于其中的宇宙是一个井然有序的宇宙，这宇宙符合质朴的数学定律。

---

① ［英］J.W.麦卡里斯特：《美与科学革命》，李为译，长春：吉林人民出版社2000年版，第23页。
② ［英］J.W.麦卡里斯特：《美与科学革命》，李为译，长春：吉林人民出版社2000年版，第49页。
③ ［德］G.齐美尔：《桥与门：齐美尔随笔集》，涯鸿等译，上海：上海三联书店1991年版，第217页。
④ ［德］G.齐美尔：《桥与门：齐美尔随笔集》，涯鸿等译，上海：上海三联书店1991年版，第223页。
⑤ ［美］鲁道夫·阿恩海姆：《走向艺术心理学》，丁宁译，郑州：黄河文艺出版社1990年版，第176页。
⑥ ［美］阿·热：《可怕的对称》，荀坤等译，长沙：湖南科学技术出版社1992年版，第20页。

第二讲　美是什么

科学家的工作就是研究、讲述大自然的井然有序，并将其有序分门别类，而不是对大自然的秩序的起源提出疑问"①。所以人们看到，在很长的时期里科学一直是以一种还原论立场，通过将复杂系统分解成较为简单的部分来揭示大自然的这种秩序。支配着这些的一大动力，无疑是科学家在历经挫折终于发现秘密时的那种快乐。即使一度被指责为缺乏美感的海森堡同样也不例外。他曾自述当他终于明白了到底该用什么来完成其量子论时，他感到自己已"透过原子现象的表面看到了奇美无比的内景，想到我现在就要探察自然如此慷慨地展现在我面前的数学结构之财富，我几乎觉得飘飘欲仙了"②。但事实上这同时也表明了，仅仅强调这点并未触及和谐美学的真正实质。因为认识上的发现固然常伴随着某种类似于艺术行为的审美体验，但不足以将所有的审美愉悦都一网打尽。否则则会彻底取消科学与艺术两大文化的分别，使审美活动徒有其名。

　　这表明，对于对称论美学的把握人们还须另辟蹊径。塔塔科维兹曾提醒我们，除了事物自身所具有的对称性，在事物与作为主体的人之间同样也存在一种以"合适"为尺度的对称关系。这使我们看到，"事实上存在着两种和谐，两种恰当的比例。而其中只有一种美包含合适与合目的性"③。虽然明确主张"尺寸和比例是美和德行"（《斐利布斯篇》）的柏拉图在这方面的观点显得有些游移，"在有些情况下，'尺寸'被理解为数，而在另一些情况下，它被理解为适度和合适"④。但总体地来看，与毕达哥拉斯学派所主张的"本体和谐论"不同，由柏拉图所倡导的"和谐美学"的实质，是一种以"合目的性"来包容"合规律性"的"主体和谐论"。就像其在《斐德罗篇》中所说："灵魂对美感到震惊不已，因为它感到灵魂中被唤起的某种东西不是由感觉从外部输入的，而是一直在那儿，处在无意识领域。"似乎与此相呼应，发现了行星运动规律的开普勒也曾在其所著的《世界的和谐》里写道："一切纯理念或和谐的原型是那些能够理解它们的人所固有的。但它们不是通过概念过程被接纳进心灵中的，而是一种本能直觉的产物。"这也就是说，事物的那种对称性之所以能让我们产生审美反应，是由于我们

---

① ［英］保罗·戴维斯：《上帝与新物理学》，徐培译，长沙：湖南科学技术出版社1992年版，第157页。
② ［美］钱德拉塞卡：《真与美：科学研究中的美学和动机》，朱志方等译，北京：科学出版社1992年版，第77页。
③ ［波］沃拉德斯拉维·塔塔科维兹：《古代美学》，杨力等译，北京：中国社会科学出版社1990年版，第138页。
④ ［波］沃拉德斯拉维·塔塔科维兹：《古代美学》，杨力等译，北京：中国社会科学出版社1990年版，第155页。

自身内在地拥有同样的对称结构:"发现新知识时感到的快乐来自这种先前存在的意念与外部物体运动的协调一致。"①

虽然"对称"在此仍是审美发生的关键所在,但事物之美最终取决于事物与主体间因这种对称所产生的一种愉悦。这使艺术最终得以与科学相区分,如同心理学家艾伦·温诺女士所指出的那样:"观看简单样式的动机是'消遣',也就是寻求愉悦;观看和寻求更复杂样式的冲动是'认知',也就是寻求知识。"②因此,对合目的性的此番强调并不意味着排斥合规律性,因为合目的性本身也就已意味着合规律性。不言而喻,认定对称性体现了宇宙世界的终极设计,这正是科学家能够在其研究活动中以由对称意识为主导的美感来统摄事实的逻辑依据,也使得像狄拉克这样的物理学家能够直言不讳地表示:"让方程体现美比让这些方程符合实验更为重要。"③就像英国理论物理学家保罗·戴维斯曾描述过的那样:"物理学界一旦最终意识到了亚原子粒子的对称性,于是便勇往直前了。"④所以,在肯定"对称"作为古代美学的基本概念的基础上,一些学者又进一步指出了"从古典时代以来,适当性一直处于美的概念的中心:包括柏拉图在内的希腊艺术理论家都把美看成prepon,像维特鲁威乌斯这样的罗马著作家则把美看成decor,这两个词都是合适、合比例的意思"⑤。

以推崇"蛇形美"著称的英国学者荷加斯的学说,同样以此为背景。他曾指出:"可以假定,美的基本原因是对象的各个部分的对称。但我确信,这种流行的看法很快就会失去任何根据。"但荷加斯所反对的只是毕达哥拉斯意义上的客观对称,在他看来,诸如"整齐、统一或对称,只有能形成合乎目的性的观念时,才能使人喜欢"⑥。唯其如此,人们有理由认为,作为古代本体论美学思想之代表的和谐美学就其本质而言属于一种神学美学。因为尽管我们能够以事物与主体相对称而形成的合适,来对美的发生

---

① [美]钱德拉塞卡:《真与美:科学研究中的美学和动机》,朱志方等译,北京:科学出版社1992年版,第80页。
② [美]艾伦·温诺:《创造的世界:艺术心理学》,丁宁等译,郑州:黄河文艺出版社1988年版,第69页。
③ [英]J.W.麦卡里斯特:《美与科学革命》,李为译,长春:吉林人民出版社2000年版,第13页。
④ [英]保罗·戴维斯:《上帝与新物理学》,徐培译,长沙:湖南科学技术出版社1992年版,第164页。
⑤ [英]J.W.麦卡里斯特:《美与科学革命》,李为译,长春:吉林人民出版社2000年版,第42页。
⑥ [英]威廉·荷加斯:《美的分析》,杨成寅译,北京人民美术出版社1984年版,第30页。

第二讲 美是什么

做出解释；我们似乎永远也无法搞清这种合适性的由来：为什么合目的能如此这般地与合规律相一致？事实正是这样："把上帝推出来对未曾解释过的东西进行一番总括性的解释，这只能引来弄虚作假，并使上帝与无知为伍。假如我们想找到上帝，那肯定只能通过我们在这世界上发现的东西来找，而不能通过我们没能发现的东西来找。"[1]在这个世界上，再也找不到比作为审美发生机制的普遍对称的存在更为"不可说"的现象。美学也因此而构成对神学的一种独特辩护，和谐论美学则是其最佳实践。由此我们也就不难理解，为何在《法律篇》里"柏拉图坚持认为，美感同秩序感、尺寸感、比例感与和谐感相似，是人'和神的关系'的一种表现"[2]。

这不禁让我们想起维特根斯坦的这句话：神秘的不是世界是怎样的，而是它是这样的。但即使我们无法彻底回答世界为何是这样一种存在，至少可以去尽力弄清楚：世界是否真是如此这般地呈现为一种对称的格局。换言之，我们是否能够无可置疑地认定，对称性就是上帝为我们这个世界所做的"终极设计"。疑惑同样首先来自于我们的审美体验。诚然，对称在组织自然界的过程里扮演着很重要的一个角色，这是无须赘言的事实；对称现象常常具有一种审美价值，对此人们也不会有什么异议。比如雪花和其他结晶体作为大自然的馈赠不仅都呈现出一种严格的规则性，而且具有一种赏心悦目的美感。问题在于这种美感不仅是局部的，而且有极大的局限性。关于艺术的人类学研究早已提醒过我们，"如果匀称和对称是美的标准，那么绝大部分非洲艺术就不'美'"[3]。同样地，与罗丹和马约尔并称为现代雕刻三大家之一的布德尔也曾惊奇地发现，与通常所认为的审美观不同，"在意大利艺术的伟大之中蕴含着一种粗蛮的野性……缺乏一种稳定的均衡感"[4]。

显然，正是对事情有同样的认识促使荷加斯注意到，"避免单调是绘画构图的一个不变的规则"。为此他强调要打破单纯的对称，提出不是以简单化为内涵的对称性，恰恰相反而是以多样性为依托的复杂性，才是真正的美的形状。因为"这个过程给予意识的满足使这种形式堪称（为）美"。因

---

[1] ［英］保罗·戴维斯：《上帝与新物理学》，徐培译，长沙：湖南科学技术出版社1992年版，第229页。

[2] ［波］沃拉德斯拉维·塔塔科维兹：《古代美学》，杨力等译，北京：中国社会科学出版社1990年版，第155页。

[3] ［挪威］让－罗尔·布约克沃尔德：《本能的缪斯：激活潜在的艺术灵性》，王毅译，上海：上海人民出版社1997年版，第83页。

[4] ［法］爱米尔－安托瓦尼·布德尔：《艺术家眼中的世界》，孔凡平译，沈阳：辽宁美术出版社1990年版，第54页。

此，就像"诗人不止一次地描写过随风摇摆的任性的卷发"，在荷加斯看来，"蛇形线赋予美以最大的魅力"，因为"蛇形线，灵活生动，同时朝着不同的方向旋绕，能使眼睛得到满足，引导眼睛追逐其无限的多样性"①。虽然荷加斯的此番高见是否成立还有待商榷，但对以对称性来一统整个审美世界的传统观点进行质疑，其所拥有的巨大意义应得到充分的肯定。对此，同样是来自现代科学的新进展给予了最为有力的支持。首先是物理学家们告诉我们，虽然"对称是美的，而美是愉悦人的。但如果设计完美而对称，那么就会只有唯一的一种相互作用。基本粒子就会完全相同，从而也就会是彼此不可分辨的。这样一个世界是可能的，但它又会非常单调和乏味：就会没有原子、没有星星、没有行星、没有花朵，也没有物理学家"。值得庆幸的是我们被告知，"由基本相互作用和粒子呈现出的多样性似乎表明，完美的对称在大自然的设计中是没有地位的"②。这个科学发现对于美学意义重大。

通常认为，这场思想变革发端于由两位美籍华人提出的"宇称不守恒"学说。在当时的物理学界，这个学说让人为之感到的震惊，"就好象（像）一个讲礼节的上流社会的贵妇人犯了一个难言的过失一样"③。这个理论的科学价值只是将"时间之矢"也即宇宙中存在着的过去—将来的不对称性，给予了一个逻辑论证；但它意味着以作为"和谐说"之哲学基础的"决定论"来一统天下的时代的终结：只有人为的过程是决定论的和可逆的，而自然界则充满了随机性与不可逆性。用李政道教授的话说："对称的世界是美妙的，而世界的丰富多彩又常在于它不那么对称。有时，对称性的某种破坏，哪怕是微小的破坏，也会带来某种美妙的结果。"他以汉代竹简上将"左右"写为"左式"为例赋诗一句："左右两字不对称，宇称守恒也不准。"总之，"完全对称的画面，呆板而缺少生气，与充满活力的自然景观毫无共同之处，根本无美可言"④。这个思想在建立于热力学第二定律基础上的"耗散结构"理论中，得到了强有力的呼应与进一步的发扬光大，并终于使以牛顿学说为基础并以爱因斯坦理论为楷模的经典科学面临严峻挑战。因为这是一幢以决定论为基础建构起来的思想大厦，长期以来，它被命名为"经典科学"而享受众人的膜拜。

诺贝尔化学奖得主普里戈金指出："经典科学是在人和上帝的同盟所统

---

① ［英］威廉·荷加斯：《美的分析》，杨成寅译，北京：人民美术出版社1984年版，第35—45页。
② ［美］阿·热：《可怕的对称》，荀坤等译，长沙：湖南科学技术出版社1992年版，第221页。
③ ［美］阿·热：《可怕的对称》，荀坤等译，长沙：湖南科学技术出版社1992年版，第40页。
④ ［美］李政道：《艺术和科学》，《文艺研究》1998年第2期，第89页。

治的文化中诞生的，人居于神明的秩序和自然的秩序之间。"这个科学由此创立了一个以机器为其标志性形象的"文化和谐"："这个和谐曾使哲学家和神学家有资格去从事科学活动，使科学家有资格去解释和表达有关神明在创世工作中的智慧和能力的观点。"[1]根据"耗散结构"理论，当宇宙的某些部分可以像一架机器那样运转时，这些部分就是"封闭系统"，而封闭系统至多只能组成物质宇宙的一个很小部分。与此不同的绝大多数现象，则是能与自身周围的环境交换着能量和物质的"开放系统"，比如像生物系统与社会系统。正由于此，作为一名化学家的普里戈金提醒我们注意这样一个事实：现实世界的绝大部分不是有序的、稳定的和平衡的，而是充满变化、无序和沸腾的过程。它表明，人类事实上是"处在一个可逆性和决定论只适用于有限的简单情况，而不可逆性和随机性却占统治地位的世界之中"[2]。由于此，思想家们必须向在决定论独步天下的世界里一直毫无作为的偶然性，表示出真正的尊重。这份敬意首先来自达尔文。众所周知，达尔文"进化论"的主要论点就是强调偶然性：突变是由纯粹的偶然造成的，由于生物特性中发生的这些完全随机的变化，大自然就有了广阔的选择范围，可以根据适应性以及优越性来进行选择。科学史已经裁决，不管达尔文此说的完备性如何，物质系统可以自发地组织起来并形成一种错综的复杂性，这无可置疑。它让我们看到并非如爱因斯坦所信奉的"上帝不掷骰子"，而是上帝偶尔也像一位顽童那样喜欢小赌一把。

因而只要我们还承认，世界的丰富多彩以及生命现象在整个宇宙进化中处于一种相对高级的位置，我们就得给由偶然性所提供的无序与变化留出位置，并得对那种由来已久的试图将"对称"奉为宇宙的终极设计的方案给予否决。因为以精确数学为基础的对称性在本质上排斥任何真正的变化，这使得真实的生命难以存在。所以阿·热用"可怕的对称"来形容这种曾一再受到人们赞赏的"数学之美"。正如他所说："完美的对称引起平静、稳重甚至死亡。"[3]生命现象的魅力所在就是创造性，这只有在"不对称"的天地里才有可能，它常常通过"机遇"的方式表现出来。音乐之美之所以在审美文化中占据突出位置，便在于它是这种生命运动的最佳体现。正如美国著名音乐理论家迈尔所说：在音乐家的创造性工作中，"一个乐段紧跟另一个乐段，不是因为内在需要的不可逃避，而仅仅是由于机遇使

---

[1] ［比］普里戈金等：《从混沌到有序》，曾庆宏等译，上海：上海译文出版社1987年版，第89页。
[2] ［比］普里戈金等：《从混沌到有序》，曾庆宏等译，上海：上海译文出版社1987年版，第40页。
[3] ［美］阿·热：《可怕的对称》，荀坤等译，长沙：湖南科学技术出版社1992年版，第222页。

然"①。在著名小说家托马斯·曼的代表作《魔山》里，我们同样看到作家也曾借书中人物汉斯·卡斯托普之口，通过对雪花的描写而做过相类似的分析："这是它们的共同特点，不可思议、反有机、否定生命，它们每一个在形式上都绝对是对称的，是如冰一般有规则的。它们太有规则了，适合于生命的物质从没有规则到这种程度。生命原则看到这种完美的精确就会颤栗，它发现这是致命的，正是死亡的精华。"总之，正如时间与空间其实是我们借以把握自然的一种方式，对称现象在很大程度上只是满足了我们认识活动的需要，而并非世界的"本来面貌"。

或许是由于意识到了这一点，我们能够注意到在崇尚客观性的科学活动中，科学家们其实从未给予为"对称意识"所接管的美感以彻底的信任，除非它能够最终得到事实的支持。比如爱因斯坦不仅曾认为艾丁顿的场论是"美丽的但在物理上是无意义的"，而且也曾表示他自己所尝试的对引力理论和电磁理论的统一是"非常美丽的但却是可怀疑的"，一再强调在科学研究中，"理论必须不与经验事实相矛盾"。一部科学史事实上经常在验证着赫胥黎的这一格言："科学的伟大悲剧——一个美丽的假说被一个丑陋的事实杀害——如此经常不断地在哲学家的眼皮底下上演。"②只是一些学者出于自己的先验立论，常常对此视而不见。然而这里的问题并非是"美"与"真"的分庭抗礼，恰恰相反倒正好体现了彼此的一致。库恩曾经指出："像哈夫纳和我这样的人，都曾发现科学与艺术的相似性，都曾强调科学家像艺术家一样遵循着美学考虑，并为已确立的感觉方式所支配。这种类比还有待进一步阐明和发展。我们只是开始发现善于看到科学与艺术的共同点的好处。然而过分强调这种类似却掩盖了它们的区别。"在他看来，"考虑对称性以及以符号表示的简单性和精巧性，考虑数学美学的其他各种形式，这在艺术与科学中都很重要。不过在艺术中，美学本身就是创作的目的，……而在科学中，美学很少是目的本身，而且从来不是首要的"③。

这话听上去似乎并无什么不妥，它的问题在于将对称性当作审美价值的当然代表，再以此来辨识科学与艺术的差异。而事实上，如同对称并非上帝的"终极设计"，它的此番"失真"同样也意味着在美学上的"失色"。经验表明，人们虽然常常从雪花的对称性结构上对大自然的造化感到惊奇，

---

① ［美］伦纳德·迈尔:《音乐的情感与意义》,何乾三译,北京:北京大学出版社1991年版,第226页。

② ［英］J.W.麦卡里斯特:《美与科学革命》,李为译,长春:吉林人民出版社2000年版,第82—117页。

③ ［美］托马斯·库恩:《必要的张力》,纪树立等译,福州:福建人民出版社1981年版,第336—337页。

但真正赞赏的仍是当雪花在天空中飘舞时所营造的景观；那种严格的对称性不仅难以从审美上吸引我们，恰恰相反倒会让我们产生一种审美排斥。个中原因首先在于其同我们内在的生命自律相抵触。现代生命学研究表明，任何生物系统都既受到遵循偶然性作用的无序的威胁，同时又受到它的滋养。生物秩序中的变化与革新只能被设想为是起丰富作用的无序的产物，因为正是这种无序形成了复杂性的根源。这种情形在作为智人后代的人类生命中表现得尤为突出。根据现代人类学的研究成果，智人远比其前辈倾向于走极端，"智人的世界是把无序大量引入的世界"，因为正是由智人发明了幻觉，使想象的事物和对现实的知觉交织在一起，形成一种异乎寻常的关系。而这也正表明"与人们接受的信仰相反，自然界中的无序少于人类社会。自然界的秩序有力得多地被内稳态、调节机制、程序性控制着，而人类秩序则在无序的标志下展开"。唯其如此，看来我们难以对当代法国人类学家埃德加·莫兰的这一见解提出异议："人类是狂人加智者。人类的真理包含着谬误，人类的秩序包含着无序。"[1]凡此种种我们甚至可以从自身给出某种检验：就像那些刻板的行为很难给人以好感，将我们的生活步骤严格实行程序化运行会让人难以忍受。事情正如美国学者曼德尔曾指出的那样："当你在生物学中达到平衡，你就死了。如果我问你的大脑是不是一个平衡系统，我必须做的唯一事情就是请你几分钟之内不要胡思乱想，你自己就知道它不是个平衡系统。"[2]从中我们能够清楚地看到生命与机器的本质性差异：前者是蕴含着各种可能性的有序与无序的对抗，而后者则只有体现着必然性的规律。所以对称所引起的充其量是一种对精致的赞赏，这与当我们面对充斥于天地之间的那种"大美"时所产生的心荡神摇的喜悦显然相去甚远。

这也使我们想起当年黑格尔的阐述："整齐一律和平衡对称，这些形式作为来自知解力的纯然无生命的统一，绝不能把艺术的性质包括无余，纵使只就艺术的外在方面来说也是如此，它们只在本身无生命的东西上才有地位，例如时间和空间排列之类。在这种无生命的东西里它们表现为一种标志，标明了即使在最外在的东西里也有理智的控制。"唯其如此他认为，"理想的艺术作品纵然在外在方面也必须提高到能超出单纯的平衡对称"[3]。因而，尽管以对称为核心的和谐论美学迄今仍拥有不可低估的影响，但现

---

[1] [法]埃德加·莫兰：《迷失的范式：人性研究》，陈一壮译，北京：北京大学出版社1999年版，第97页。

[2] [美]詹姆斯·格莱克：《混沌：开创新科学》，张淑誉译，上海：上海译文出版社1990年版，第309页。

[3] [德]黑格尔：《美学》第1卷，朱光潜译，北京：人民文学出版社1979年版，第316页。

在看来已到了让其终结的时候。因为无论如何,"美"并非是一个"自在之物",而只是我们生命意识的一种自觉;事实正是这样:"美感就是对各种形式的动态生命力的敏感性,而这种生命力只有靠我们自身中的一种相应的动态过程才可能把握。"① 这正是和谐论美学的问题所在:"我们的生命是一个畸形的天地／其中的万象并不和谐一致。"拜伦当年在其长诗《查尔德·哈罗尔德》中的这句诗,恰好道出了我们的生命真相。

诗人的认识得到了哲人的认同。怀特海称生命中存在着一种"审美破坏"因素,他认为:这种"审美破坏是主体形式中的一种明确成分,它和完善是不协调的",由此形成的主体经验是"一种'不协和感觉'"。但它不仅是人类生命的基本特征,更重要的,是它是生命力得以不断激发的一种机制。所以他提出:"宇宙之间之所以存在着不协和,是因为'美'的样态是多种多样的,且不一定必然是和谐一致的。"一般而言,以对称性为特征的和谐美是局部的和相对低层次的,以不对称为主导的冲突美则显得更为生动与壮观。正如"在艺术作品中,相对性成为作品结构的和谐性,而绝对性则是对诸构成因素分别的个体性所提的要求"②。不言而喻,怀特海的这一立足于生命与美的关系对传统和谐论美学的批评是中肯的,但除此之外,我们也还看到,和谐美学的症结不仅在于同我们内在的生命结构相抵触,更重要的是也同以此为前提的我们的精神需求相龃龉。

概括地来说,对称所表现的和谐在本质上是对通过整体性对个体性的取消而实现某种统一性的强调。所有对抗与冲突最终都已殊途同归地走向和解与一致,这就是"对称"与"对峙"的根本区别。由此而呈现的"统一"意味着矛盾消解后的安稳与静止。所以,荷加斯向艺术家们进言:"当我们需要表现静止和运动的稳定时,统一就在某种程度上是必要的了。"③ 显而易见,如同决定论是对偶然性的排斥,由这种"统一"而做出的对所谓"整体性"的强调则意味着对个性的漠视。因而,在其自然—物理层面上表现为一种静态结构的"对称",其所具有的社会—文化意味也就是威权。对这一点,著名的德国社会学家齐美尔曾做过十分精辟的分析。他在《社会美学》一文里提出:社会问题从来都不仅是一个政治伦理学问题,同样也因此而成为一个美学问题:当社会事务中的许多现象转变成"带有建筑学倾向的审美性"时,通常总是拥有一种"对称的魅力"。问题在于,"根据

---

① [美]恩斯特·卡西尔:《人论》,甘阳译,上海:上海译文出版社1985年版,第192页。
② [英]怀特海:《观念的冒险》,周邦宪译,贵阳:贵州人民出版社2000年版,第301—312页。
③ [英]威廉·荷加斯:《美的分析》,杨成寅译,北京:人民美术出版社1984年版,第30页。

通行的原则对各要素做相同安排，这种对称的倾向为一切威权的社会形式所独有"。比如，"人们有理由把埃及的金字塔当作东方的大暴君们所建立的政治结构的象征——完全对称的结构"。因为"对称的魅力，连同对称的内部均衡性、外部完美性和各部分与一个统一的中心的协调关系一起，势必会产生美学吸引力的效果，对众多的思想实行控制，要它们绝对服从一个权力意志。因此，自由的国家形式相反的是倾向于不对称的"。因为"美学中的对称意味着某个要素与它跟所有其它（他）要素交互作用的制约关系，同时也意味着以这种制约关系为特征的范围的局限性。而不对称的形态由于每个要素都有独特的权利，则允许有更大的自由范围和广泛的相互关系"①。

毋庸讳言，齐美尔的观点不尽完善。但他所指出的在社会活动中，一切"乌托邦总是按照对称的原则对它的理想城或理想国进行详细的设计"这无疑是事实；他由此而进一步提出在对称的审美形式中蕴含着威权文化的思想内涵，这更是极富创造力的精辟之见。一个生动而经典的个案是柏拉图。众所周知，这位古希腊思想家不仅是和谐论美学的实际开创者，同样也是西方文明史上形形色色的"理想国"的最先缔造者。而在这二者之间，明显存在着一种思想文化的对称性。对此，有"我们这个时代最伟大的科学理论家"之誉的波普尔，在其《开放社会及其敌人》一书里已做过十分到位的阐述。正如他所指出的，柏拉图坚持这样一种立场：部分为了整体而存在，但整体并不为部分而存在。他认为，一切当中最为重要的原则是，任何个体都"应当告诫自己，经过长时间的习惯从来不能妄想独立行动，这样大家的生活将在整个共同体中度过"。为了实现这一目标，人们"从孩提时代开始就应当加以强化统治别人及被别人统治的习惯。无政府主义的一点踪迹都应当彻底地从所有人的生活当中除去，甚至包括那些受人类支配的牲畜"。正如波普尔所说：这些言辞铿锵有力，充分地显示出"他对个人及个人自由的憎恨正如他对不断变化的特别经历、对变动不居的可感知事物的世界的多样性的仇恨。在政治学领域，个体在柏拉图看来就是魔鬼本身"。因此他认为："我们可以这么说，柏拉图在《理想国》及以后的著作中所倡导的，是有意识地企图战胜他那个时代的平等主义、个人主义及保护主义思想倾向，并通过形成一种威权主义的道德理论来重申部落

---

① ［德］G.齐美尔:《桥与门:齐美尔随笔集》，涯鸿等译，上海:上海三联书店1991年版，第223—224页。

制度。"①

波普尔的此番评语听起来显得有些严厉，似乎是在借题发挥地抒发当时正经历"纳粹"暴行的他自己对于威权主义的痛恨。但不可否认，柏拉图对权威主义与国家主义的热衷，清楚地表明了他对威权文化的推崇。这种推崇之所以能与他对和谐美学的构建并行不悖，无非在于二者都是决定论思想的产物。这种"文化共生性"在二者间形成了一种"相互注解"关系：如同对称性能够为威权主义的结构体制提供解释，威权文化同样也将对称所具有的审美品质体现得淋漓尽致。其最高典范无疑就是所谓的"法西斯之美"。本杰明曾经指出过，在现代社会，"一切制造政治美学的努力竟成为一件事：战争"。这其实也是权威主义在美学上的突出体现，因为由绝对的服从所形成的整体性乃是一切战争行为取得胜利的基本前提。对称在这里同样起着举足轻重的作用，一个颇具特色的例子是由伯尔特利于1933年在威尼斯美展上推出的墨索里尼头像。在这件作品中，作者一反常规地塑造了一个双面一体的头像，通过一种严格的对称性以突出这位意大利纳粹首脑的威风。但更能说明问题的，是由"纳粹之花"瑞芬舒丹所拍摄的，反映国社党1934年纽伦堡阅兵式的纪录片《意志的胜利》。在这部影片中，瑞芬舒丹通过由100多人组成的摄制组和36架以上的摄影机的同时工作，将在战争美学中向来占据着核心位置的大阅兵的魅力表现得无以复加，创造出了一种"迷人的法西斯"的艺术效果。但分析起来，作者的成功之道其实也就是将由一列列阅兵方阵所构成的"对称的魅力"，通过现代科技的处理做出了最佳的展示与最充分的表现。在很大程度上，它那由简洁明快的手法所进一步强化了的整体性威力已体现了现代主义艺术的普遍特色。

罗伯特·休斯在其《新艺术的震撼》一书中写道："从法西斯的观点来看，现代艺术令人满意的东西就是它的现代性。"但耐人寻味的是，人们发现，让现代主义艺术成功崛起的法宝恰恰是最古老的东西：对称。比如被人们俗称为"纸板箱"与"文件柜"的那些标志性现代建筑物，其实无非是将几何原则推进到了极致。它们高耸入云地遍布全球，形象化地显示出对称性在"机器复制时代"，至少已在视觉艺术领域取得了全面的胜利。所以在某种意义上，事情正像《现代主义绘画》一文的作者格林伯格所说："现代主义从来都不意味、现在也不意味着一种与过去的决裂，现代主义艺术并无裂口断裂地继续着过去。"②诚然，现代主义的此番盛况转眼间已成明

---

① ［英］卡尔·波普尔：《开放社会及其敌人》，郑一明译，北京：中国社会科学出版社1999年版，第205—227页。
② ［美］克莱门特·格林伯格：《现代主义绘画》，周宪译，《世界美术》1992年第3期。

日黄花。但当我们对之进行盘点时，有必要梳理的似乎不仅仅是它与后现代主义的关系，以及如何看待"法西斯之美"的问题；除此之外还要在进一步认识对称的文化品性的基础上，对和谐论美学的实质做出把握。在这里，准确地在"魅力"与"美感"之间进行某种区分似乎是一个关键。瑞芬舒丹在晚年曾承认自己之所以会铸下一生的大错，是由于"我那时确实非常崇拜希特勒"。她谈到，虽然"他在任何角度都不好看，不是那种会让女人喜欢的男人；但是，他很有魅力"①。这不啻是经验之谈。

审美体验中无疑有一种吸引力，但这并不等于说任何魅力都具有真正意义上的审美品格；在很多情形中它只是一种"拟审美"反应，或者至多是审美反应的"初级阶段"。对称的魅力大致就属于这样的现象。虽然对称对无序所产生的无所适从感的克服给予我们的愉悦，使我们似乎不得不为其在审美活动中留下一个位置，但也仅此而已。因为如上所述，事实表明只有那些"较低级的审美欲望表现于用对称图来表达对象的系统结构"②。因为说到底，人们从数学关系中提取出来的对称性，蕴含着一种鲜明的反人文品性。贝塔朗菲说得好："凡是没有选择的地方就只有必然而无价值。……只在既有选择又有更可取的场合，才出现价值判断。"③选择意味着给某种不确定性一个位置，但在对称中却只有规范没有变化，只有控制没有自由，只有必然律没有可能性。所以从审美体验上讲，对称—和谐结构不可能让我们产生真正充实饱满的审美反应。事实正是这样：对于人类文明，"个人不仅是一个整体的一分子，而且其本身就是一个整体。而作为整体，也就不再会适应威权主义所需要的那种对称结构，正是这一点是富有美学魅力的"④。

人们在对称现象上所产生的这种审美排斥，最为清楚地表明了美与生命本质的联系。因为生命的组织原则也就是复杂性的原则，正是这个原则"给予生物系统以机器所没有的灵活性和自由度"⑤。在雕刻家布德尔的眼中，"逝去的人和新出生的人如同出发和归来一样，交织在一起，使人类保

---

① 毛尖：《非常罪和非常美》，沈阳：辽宁教育出版社2000年版，第92页。
② [德]G.齐美尔：《桥与门：齐美尔随笔集》，涯鸿等译，上海：上海三联书店1991年版，第218页。
③ [奥]冯·贝塔朗菲：《人的系统观》，张志伟译，北京：华夏出版社1989年版，第20—21页。
④ [德]G.齐美尔：《桥与门：齐美尔随笔集》，涯鸿等译，上海：上海三联书店1991年版，第224页。
⑤ [法]埃德加·莫兰：《迷失的范式：人性研究》，陈一壮译，北京：北京大学出版社1999年版，第99页。

持着匀称和平衡，而在这种匀称和平衡中都隐潜着不幸的悲剧"①。从某种意义上讲，人类的命运就是跟随西西弗斯的足迹，同这种必然性做永远的抗争。这种抗争构成了艺术的审美本质，以悲剧美的形式体现出美所蕴含的人类学意义。正如雅斯贝尔斯所说："悲剧呈露在人类追求真理的绝对意志里。它代表人类存在的终极不和谐。"②比如曾有这样的见解：在19世纪末至20世纪上半期，"只有一件人道的政治的艺术作品获得了真正的名声"，那就是毕加索于1937年创作的表现西班牙内战的《格尔尼卡》。无论此番评价是否妥当，这幅作品作为现代经典已是事实，而它的一个基本特色则是对绘画传统里的对称性原则的蔑视。它所体现出来的是一种"反和谐"意味，用齐美尔的话说，"同类的诱惑与不调和的对立的这种联系，表明了美感的独特原因"③，而它所具有的文化内涵，也就是以个体性为基础的生命的自由原则。

所以哲学家怀特海强调说，"对不协和感觉的经验就是进步的基础，自由的社会价值就在于它产生不协和"，其意义是提醒我们：一切完善的实现都是有限的，完善之外还有完善。在此意义上，"不协和对美的贡献就是那种正面的感觉"，因为它让我们的精神拥有真正开放的空间。正如他所指出的："思考一下古希腊文明便可看出不协和的价值。……我们可以想象，倘若没有蛮族的入侵，……地中海文明的命运将会是什么样子——希腊的诸艺术形式会毫无生气地重复两千年。"④由此来看，对称论美学是一种似是而非的学说，它的问题在于总是想用统一性来消解以对立面的存在为前提的多样性。而实际的情形似乎正如热所说，是"终极设计者既要统一又要多样性，既要绝对完美又要喧闹的生机，既要对称又要缺乏对称。他好象（像）在对自己提出一个不可能实现的要求"⑤。这种不可能也正是审美活动的神秘性之所在。因而倘若我们需要给美的奥秘某种说法，那就只能承认：不是作为对立面的统一的"对称论"，而是作为这种对立的存在的"张力说"，才能对构成审美反应的发生机制做出相对合理的解释。这一思想滥觞于古希腊哲人赫拉克利特。根据塔塔科维兹的研究，"从希腊美学的初期起，就产生了两种互补的学说。一个是（源于毕达哥拉斯的）美在于统一，

---

① [英]爱米尔－安托瓦尼·布德尔：《艺术家眼中的世界》，孔凡平译，沈阳：辽宁美术出版社1990年版，第101页。
② [德]卡尔·雅斯贝尔斯：《悲剧的超越》，亦春译，北京：工人出版社1988年版，第30页。
③ [德]G.齐美尔：《桥与门：齐美尔随笔集》，涯鸿等译，上海：上海三联书店1991年版，第225页。
④ [英]怀特海：《观念的冒险》，周邦宪译，贵阳：贵州人民出版社2000年版，第302页。
⑤ [美]阿·热：《可怕的对称》，荀坤等译，长沙：湖南科学技术出版社1992年版，第222页。

一个是赫拉克利特所提出的美来自于对立的要素"。比如他说"那些对立的事物是协调的，不同的事物产生最美的和谐"；比如他强调"和谐包含对立的力量，就像琴弓与竖琴的和谐一样"。以及他认为"或许自然实际上偏爱对立，或许自然是从对立的事物中而不是从一些相同的事物中创造和谐"[1]，如此等等。

不难发现，在赫拉克利特的言辞里虽然仍保留着"和谐"的概念，但却已显得面目全非，不再是那一回事。诚然，如同封闭与开放是一种对立，在开放系统中动与静之间也构成一种对峙。所以，不是以对称性为特征的作为对立因素的消解的和谐，而是蕴含着内在冲突与个性力量的张力，才真正构成世界和生命的存在。我们只有从这里入手，才有可能领悟到美的秘密。如果说事物最终的和平共处在某种意义上仍意味着一种"和谐"，那么这已不再是那种意味着死亡的无冲突的融合，而是如法国作曲家弗朗索瓦贝尔所说的，"是敌对力量你争我夺的和谐，正是这种和谐最终为艺术所承认"，它让人们面对它时"既赞叹不已，又惶恐不安还充满勇气"[2]。

## 9. 阴阳之道：爱欲论美学辨析

在文学史上的很长一段时期里，英国作家劳伦斯的名字总带有一种离经叛道的色彩。这不仅仅是由于他的那部名噪一时的小说《查泰莱夫人的情人》，曾在欧美文坛引起过一场文学骚动；也是由于他在自己的作品里将其所持的"性与美是不可分的，正如同生命与意识"和"性的吸引就是美的吸引"[3]等美学观付诸实行，从而为"爱欲论美学"的隆重登场立下了汗马功劳。自此以降，"性"与"美"的关系重新受到现代美学界的关注，试图从性爱方面入手把握审美奥秘的新学旧说纷纷开张，它的思想文化背景则在于文艺复兴以来，人类对自身肉体的文化意义的重新肯定。18世纪的一位德国学者厄恩斯特·普拉特尼尔曾在其所著的《新人美学》中，尝试从人类的性欲快感中引出审美快感。与其同时的另一位作家威廉·海因斯则从"一切美都源于生活"的立场出发，提出了"绘画和雕刻首先要为性

---

[1] ［波］沃拉德斯拉维·塔塔科维兹：《古代美学》，杨力等译，北京：中国社会科学出版社1990年版，第116、436页。

[2] ［法］R.舍普：《技术帝国》，刘莉译，北京：生活·读书·新知 三联书店1999年版，第119页。

[3] ［英］D.H.劳伦斯：《劳伦斯随笔集》，黑马译，深圳：海天出版社1993年版，第34页。

欲服务"的主张。①进化论者达尔文也曾提出："当我们看到，雄鸟在雌鸟面前竭力炫耀自己的羽毛及其华丽的色彩时，我们绝不会去怀疑，雌鸟会赞美自己雄性伙伴的美。"②他从中得出结论：美的现象是大自然性选择的需要，人类和动物界一起分享这一秘密。而尼采则明确表示："对艺术和美的渴望是对性欲颠狂的间接渴望……通过'爱'而变得完美的世界。"③

爱欲论美学将审美归之于人类性爱本能的实现，这是对由来已久的认识论美学的一种挑战。后者的实质可以用普洛丁的"美是在可凭理性去认识的东西里"这句话来予以概括，而其历史渊源则是亚里士多德的审美满足人类求知欲的"模仿说"，和从中演绎出来的"美不关欲念"的"审美无利害"说。与此说相伴的是将审美活动限制于视、听两觉的"审美静观论"。在西方美学史上，从柏拉图在《大希匹阿斯篇》里率先提出"美就是由视觉和听觉产生的快感"，经托马斯·阿奎那在其《神学大全》里做进一步的张扬，"我们只说景象美或声音美，却不把美这个形容词加在其它（他）感官（例如味觉和嗅觉）的对象上去"④，再到黑格尔的"艺术的感性事物只涉及视听两个认识性的感觉"，和叔本华的"当我们称一件东西为美，我们意谓它是我们审美静观的对象"，这种将审美活动看作人类取道于艺术的途径，来认识宇宙奥秘的"审美认识论"，长期处于主流位置。分析起来，这种学说的思想背景就是心/身（灵/肉）二元论。根据著名人类学家弗雷泽的研究，这种认为人类精神（心灵）能够与作为其物质基础的肉体相分离的观念，是一种如同人类本身一样古老的思想。根据这种思想，人的肉体欲望是动物性的，人的真正本质体现于对这种低级冲动的超越。这反映出人类自古以来对以性需求为重心的自身肉体欲望的一种深度恐惧。就像奥古斯丁在《忏悔录》中一方面承认，"我们赖以生存的此世的生命由于它另有一种美，也有它的吸引力"；另一方面又认为它"不过是受肉体的驱使"，是引人"走向深渊的低级的美"，并自责道，"你为何脱离了正路而跟随你的肉体？你应改变方向，使肉体跟随你"。⑤

---

① ［美］凯·埃·吉尔伯特等：《美学史》，夏乾丰译，上海：上海译文出版社1989年版，第413页。
② ［美］凯·埃·吉尔伯特等：《美学史》，夏乾丰译，上海：上海译文出版社1989年版，第710页。
③ ［德］弗·尼采：《悲剧的诞生》，周国平译，北京：生活·读书·新知 三联书店1986年版，第354页。
④ 北京大学哲学系美学教研室：《西方美学家论美和美感》，多人译，北京：生活·读书·新知 三联书店1980年版，第67页。
⑤ ［古罗马］奥古斯丁：《忏悔录》，周士良译，北京：商务印书馆1963年版，第62页。

在这个意义上，弗洛伊德的学说其实也依然如故。"正统精神分析学所做的一切就是用它自己的一套新术语重新引入了心身（灵肉）二元论。"①由于被他作为出发点的"自我首先就是肉体的自我"，因而整个文明就成了通过自我对本我的征服所做出的"心"（灵）对"身"（肉）的"压抑"的产物；因为"自我代表我们称之为理性和理智的那些东西，它与充满激情（情欲）的本我形成了对照"。②所以，弗洛伊德将美理解为主体通过"里比多"转移而实现的"升华"，其实与其说是对性与美的关系的肯定，不如讲是一种否定。这样，审美活动的实质在于："性本能一旦受制于文化，没有能力求得全盘的满足，它那不得满足的成分乃大量升华，缔造文明中最庄严最美妙的成就。"所以，从精神分析学说出发对艺术活动的阐述，只是揭示人类审美创造性动机的形成。它认为那些杰作对性的表现尽管是显而易见的，却也是隐喻性的替代性满足，赤裸裸的性冲动无美可言。这里的差异在于，传统形而上学二元论强调灵对肉的超越，而弗洛伊德则肯定肉体是人类生命的归属："伴随文明而来的种种不满，实乃性本能在文化压力下畸形发展的必然结果。"③他认为：文明提出的一个基本任务"是改变本能的目标，本能的升华借助于这一改变。正如艺术家在创作中，在实现他的幻想中得到的快乐一样，或者像科学家在解决问题或发现真理时一样"。但同时他也不仅表示，"对我们来说，只能把这样的满足形容为'高尚的和美好的'，但是这种满足的强度与来自野蛮的原始的本能冲动的满足的强度相比是温和的，它并不震动我们的肉体"，并且他还指出，这种方式不能普遍适用于人，因为"它以人的特殊的气质和天赋为其先决条件，而这种气质的天赋在实践中是远不够普遍的。甚至对占有它们的少数人来说，这个方式也不能用来彻底防止痛苦"④。

因而，虽然精神分析美学从生命本能方面入手，将审美活动落实为一种体验行为，这已意味着对认识论美学的一种突破。但爱欲论美学所持的性与美的统一观，不仅认为性驱力是人类审美冲动的原因，而且承认"美引起生理的追求"（休谟），坚持性表现本身就是美的极致。就像席勒在其著名的《美育书简》里所说："在强烈的情欲得不到满足的地方，美的幼芽

---

① ［美］诺尔曼·布朗：《生与死的对抗》，冯川等译，贵阳：贵州人民出版社1994年版，第171页。
② ［美］诺尔曼·布朗：《生与死的对抗》，冯川等译，贵阳：贵州人民出版社1994年版，第171页。
③ ［奥］弗洛伊德：《爱情心理学》，林克明译，北京：作家出版社1986年版，第143页。
④ ［奥］弗洛伊德：《弗洛伊德论美文选》，张唤民等译，北京：知识出版社1987年版，第171页。

都不会萌发。"①在尼采的《悲剧的诞生》中我们能够发现同样的见解：美在什么地方？在我必须以全心全意地去意欲的地方。在我愿意爱和死、使意象不再是意象的地方。英国作家毛姆也曾表示："美起源于要求表现的本能……它与性的本能密切相关。"②诸如此类的言论可谓举不胜举，它们之所以迫使我们予以认真对待，是由于有大量的实践经验作为依据。英国戏剧理论家艾思琳曾坦承："否认任何戏剧感受中有一种强烈的性爱成分，是愚蠢的伪善。……例如我们欣赏莎士比亚的《罗密欧与朱丽叶》这个剧本的诗，并不仅仅是因为它是绝妙的诗篇，而且还因为那些诗是由一个能使我们动情的漂亮的年轻女人或男人体现出来的。"③法国作家萨德的"随着风流韵事在法国展现为新的面貌，小说日趋完美"这一名句虽然说得有些低俗，但显然不无道理。它让我们想到契诃夫关于小说创作的一条格言：一部中篇小说如果没有女人，就如机器缺少润滑油似的难以运转。

　　当然，最能说明问题的是在视觉与造型艺术里，裸体作品一直所处的显赫位置。事实正是这样："伟大的艺术家们在处理形态构成的问题时，从未放弃过将裸体树为典范的努力，即便在今天，裸体仍然是表明绝对的美的存在信念时所使用的手段。"④这些艺术伟人中最具代表性的人物，是被认为"我们这个世纪渴望探索人类的性极限的一位战士与抒情诗人"的毕加索。"毕加索的部分成就在于创造所有现代艺术中最生动的性的享乐的形象"⑤，美国作家哈芬顿在她撰写的《毕加索传》里所做的这番评价耐人寻味。显而易见，只要我们承认爱情故事在叙事艺术中具有不可替代的重要性，以及裸体表现在再现艺术里的永恒魅力，那也就得承认人类的性行为本身有其无可替代的审美价值。就像法籍华人熊秉明教授所说：归根到底，当我们"赞美裸体，能不同时赞美肉体的最基本的诱惑吗？"⑥唯其如此，在审美世界里不仅总是会有所谓"色情艺术"的一块领地，而且只要我们能够超越世俗的道德教条，那就不难看到，在实践中要想在色情与审美之间划出一条明确的分水岭有多么艰难。因为事实上只要具有真正的色情魅力，往往也多少会拥有一些审美的价值；就如同在那些最具有审美冲击力

---

① ［德］席勒：《美育书简》，徐恒醇译，北京：中国文联出版公司1984年版，第132页。
② ［英］W.S.毛姆：《毛姆随想录》，俞亢咏译，北京：中国文联出版公司1984年版，第63页。
③ ［英］马丁·艾思琳：《戏剧剖析》，罗婉华译，北京：中国戏剧出版社1981年版，第28页。
④ ［英］肯尼思·克拉克：《人体艺术论》，彭小剑等译，成都：四川美术出版社1990年版，第25页。
⑤ ［澳］罗伯特·休斯：《新艺术的震撼》，刘萍君等译，上海：上海人民美术出版社1989年版，第125页。
⑥ 熊秉明：《关于罗丹》，北京：生活·读书·新知 三联书店1993年版，第97页。

第二讲　美是什么

与激情的作品里，也总是会有对性的诗意表现。换言之，"一方面，美发挥着色情方面的魅力；另一方面，色情的魅力也能够使人们非常容易地看出存在于另一个形体之上的美所具有的那些心理生理成分"①。这样的现象早已毋庸讳言。

有些学者在研究中提出："为什么花香会使我们激动，那是因为花有健全而有活力的性生活：花的香味向全世界宣告了它是能生育的，正期待着受孕，令人向往，它的性器官渗出了花蜜，其气味提醒了我们生产力、精神、生命力、所有的乐观、期待，和怒放青春的痕迹。"②而英国著名人类学家马林诺夫斯基对不列颠新几内亚的特罗布里恩德岛土著人性生活的多年研究表明，即使是在人类文明的初级阶段，人类生活也已是一种脱离了动物性的自然层面的文化现象，它使得"性"这种最具本能性的行为也已同最富有文化品位的"美"密切相关。比如土著们出于性动机的交往活动不仅总是选择风景优美之地进行，而且显得丰富多彩。"所有这些情趣——在旷野里欣赏风光、色香、远景、大自然的天涯海角——都属于他们的调情行为中的基本成分。情人们连续几个小时，有时几天，一同到外面采食水果、浆果，在美丽的景色中同欢共乐。"③但从中我们能看到，这不只表明人类的审美活动有其生物学方面的前提，而且同时也意味着不能因此而将审美归于纯粹的生物反应。

让我们通过具体案例，对问题做进一步的展开。任何一位成熟的喜爱文学读者在读过《金瓶梅》后都能够清楚地意识到，这部小说虽然与《查泰莱夫人的情人》一样以一种直面人生的态度表现了男女性事，但在审美体验上，前者之不堪忍受与后者之赏心悦目可谓大相径庭。在《金瓶梅》里充斥着赤裸裸的性刺激，但无直接来自于此的审美享受。而这部小说的意义也正在于通过对这种不美之性的大胆披露，揭示了往日中国的人世之丑。正如康正果所指出的："在中国文学史上，《金瓶梅》可谓初次突破了传统文学单调的美人程式，它让我们睁眼看见了浮世的缺陷，使文人型的仙趣和艳趣受到了挑战，进而以其放肆的笔墨揭出了男欢女怨的事件与金钱、权势、贪欲的纠葛。"④正是这种鲜明的社会批判特色，使这部小说不同于所谓的"淫秽之作"而跻身于伟大小说之列。两部小说里的"性景象"的差异，显示出了以灵与肉的融合为基础的爱欲与有欲无爱的性冲动的区

---

① ［德］莫里茨·盖格尔：《艺术的意味》，艾彦译，北京：华夏出版社1999年版，第188页。
② 艾黛：《感觉之美：感受生命的浪漫质地》，北京：民族出版社1999年版，第130页。
③ ［英］马林诺夫斯基：《野蛮人的性生活》，刘文远等译，北京：团结出版社1989年版，第233页。
④ 康正果：《重审风月鉴》，沈阳：辽宁教育出版社1998年版，第225页。

分。《金瓶梅》里的性表现之所以缺乏美感，也就在于书中所表现的是一种无情之欲。荷兰汉学家高罗佩曾指出：西门庆的文化程度几乎只够应付处理账务往来，无人帮助就不能阅读公文。他和他的朋友们对艺术、文学或其他风雅之事都毫无兴趣。"他们的女人也是这样。故作者在描写他们的性关系时，只能限于描写一种令人难以启齿的肉欲之爱。……但深厚感情，特别是伴以精神之爱的感情，在该书中却根本找不到。"这样，这部看似在做纯粹的性展览的小说实际上是对这种有欲无情的性冲动的解构，艺术地昭示这种以人的名义行使的动物般的肉体刺激，由于其毫无审美魅力可言而难以让人产生真正的"性趣"。作品的成功在于其所持的一种客观态度和写实手法，用高罗佩的话说，也即："在《金瓶梅》中没有当时淫秽小说里特有的那种对淫秽描写的津津乐道，即使是在大肆渲染的段落里，也是用一种平心静气的语气来描写。"①

这清楚地表明，性之美归根到底取决于作为精神（心灵）之情的垂帘听政。因为毕竟，"人借以安身立命的不是物质，而是精神"②。只有作为文化现象的精神才是人类生命的徽标，是马克思所说的人的"类本质"。曾任英国美术协会主席的克拉克教授，在对波提切利的"可以称之为肉体美之唤起"的《春》之三美神做过精辟分析："她们是具有单个灵魂的存在，正因为如此，她们那美丽的肉体才带有一种更为动人的魅力。"③但思想倘若仅仅停泊于此仍将无功而返，因为诸如此类的认识早已是老生常谈。从上述《查》与《金》两部作品的审美差异上我们有必要注意的，并非是通常的灵与肉之"分"，而是二者的分而"不离"。毛姆说得好："不管人们怎样嫌恶这事实，怎样愤怒地矢口否认，爱情总是少不了一种性腺的分泌，这当是无可置疑的。"④用著名西班牙哲学家乌纳穆诺的话说，也即："凡是精神必有属于它的实质的肉体成份（分）。"⑤虽然我们欣赏的是具有精神的肉体，其实反之亦然：能真正打动我们的，是具有肉体的精神。所谓灵与肉的区别，归根到底其实仍是两种不同的肉体欲望的差异。爱欲作为有"情"之"欲"，仍然是一种根植于肉体之中的欲望，古人张潮有言："多情者必

---

① ［荷］高罗佩：《中国古代房内考》，李零等译，上海：上海人民出版社1990年版，第382—385页。
② ［美］R.W.爱默生：《自然沉思录》，上海：上海社会科学院出版社1993年版，第59页。
③ ［英］肯尼思·克拉克：《人体艺术论》，彭小剑等译，成都：四川美术出版社1990年版，第96页。
④ ［英］W.S.毛姆：《毛姆随想录》，俞亢咏译，北京：中国文联出版公司1984年版，第69页。
⑤ ［西班牙］米格尔·德·乌纳穆诺：《生命的悲剧意识》，王仪平译，哈尔滨：北方文艺出版社1987年版，第85页。

好色，而好色者未必尽属多情。"①而弗洛伊德学说的最大意义也就在于提醒我们：人类实际是肉体凡胎，就像"压抑其实是肉体的压抑，完美只会是在'绝对肉体'领域中的完美，永恒也只是无压抑的肉体的永恒"②。这话不易理解，但不无道理。

伟大艺术固然常常能够包容色情，但拒绝单纯的好色。熊秉明对此也曾一言以蔽之："维纳斯是属于理性的又是享世的，她是纯美的又是有诱惑性的，这诱惑性并不排斥她的神性。"正如他所说，在真正的艺术杰作中无疑存在着某种"净化"作用，"但'净化'之后生命并不变成无生命，情欲并不变成无欲"③。同样说明问题的，是印度文化里所崇拜的女神首先是性感对象，"10世纪印度的寺院雕刻便是肉体欲望的直截了当的昂奋表现"④。所以，不同于汉文化中根深蒂固地将肉体欲望同精神彻底地隔绝，作为西方文化源头之一的希腊传统对世界文明的一大贡献，也就在于通过肯定精神与肉体的统一性而表现出一种对肉体的信赖与崇拜。"精神和肉体同属一类。没有任何感情比这种感情更让希腊人感到亲切。"⑤正是这种信赖，为马克思试图在感性层面上最终解决灵与肉的分离，通过让肉体欲望对动物性占有感的摆脱来实现能"全面地拥有他的存在"的真正人性，确立了一个逻辑起点，也为马尔库塞强调以"爱欲"解放来推动人的解放的"批判理论"，提供了重要的思想背景。而具体地来看，能够激发人们审美体验的肉体欲望，首先是自然维度上常常通过健康与强壮表现出来，能真正体现旺盛的生命力的欲望。

马林诺夫斯基在其报告中曾谈到他的这样一个发现：与人们通常所持的不能以现代人立场来理解原始文明人类的见解不同，"以西方的风流韵事为背景来描述一个典型的特罗布里恩德恋爱事件，是会有帮助的"。比如像"精力旺盛、充满活力、有力、身段匀称、光滑而颜色适宜但不过分黑的皮肤，是土著人眼中的肉体美的基本标准"。这样的对象既是美的对象也是性的对象，最具个人魅力的条件"全都是精力充沛、体格健壮的标志"。与此

---

① 林语堂：《生活的艺术》，北京：中国戏剧出版社1991年版，第95页。
② [美]诺尔曼·布朗：《生与死的对抗》，冯川等译，贵阳：贵州人民出版社1994年版，第101页。
③ 熊秉明：《关于罗丹》，北京：生活·读书·新知 三联书店1993年版，第71页。
④ [英]肯尼思·克拉克：《人体艺术论》，彭小剑等译，成都：四川美术出版社1990年版，第6页。
⑤ [英]肯尼思·克拉克：《人体艺术论》，彭小剑等译，成都：四川美术出版社1990年版，第22页。

相对的是,"年龄老化构成对风流韵事的最大障碍"[①]。这与一位现代人关于肉体的审美评判几乎无甚区别,但从中我们不仅能够看到人类精神所具有的发生学根基,还可以发现性与美的联系归根到底是美与生命力的联系,所谓"爱欲论美学"实质上也就是"生命力美学",因为在某种意义上,所谓"爱与美相关,也就是说爱其实并不真的与此人相关,而是与此人自己持续的生命相关"[②]。性在审美活动中的重要意义,其实质在于"人生命的张力又系于性,性的动力即生命的动力"[③]。众所周知,自从古希腊先哲们提出人类生存的最大问题主要在于如何更好地"认识自己",努力揭示人类生活的核心支配力量就一直是人文思考的基本课题。在古代社会,人们将这种力量归于以"神"的名义命名的超自然现象;近代以来随着主体论思想的崛起被归于具有能动性的自我意识;而在现代理性视野内则被理解为由人自身的社会实践活动所构成的某种存在物。

马克思主义赋予了其社会劳动与经济生产的内涵,生命哲学则从人归根到底仍是一种自然存在体这个基本事实出发,将之视为一种内在于人的生存活动之中的"生命力"。保罗·蒂利希以他的焦虑与勇气是个体存在的两大基本生命反应这个设定为基础,提出了"凡是显示这种平衡并与此同时显示存在之力的生命过程,用生物学的话说就叫作生命力"[④]这样的界定;罗洛·梅则以柏拉图和歌德两位大师的相关论述为依据,认为"原始生命力是一切生命肯定自身、确证自身、持存自身和发展自身的内在动力"[⑤],具有创造/毁灭的两重性。无论理论家们如何见智见仁,有一点是一致的:在我们的生命活动里,存在着一种一直在通过强烈的求生欲望表现出来的生命机制。这个见解虽然迄今仍只是一个逻辑设定,但早已为我们的经验活动所验收。身处胡塞尔意义上的"生活世界"的我们赞同宗白华的这一推断:"大自然中有一种不可思议的活力,推动无生界以入于有机界,从有机界以至于最高的生命、理性、情绪、感觉。这个活力是一切生命的源泉,也是一切'美'的源泉。"[⑥]同样地,我们能够接受毛姆的类似判断:"生命

---

① [英]马林诺夫斯基:《野蛮人的性生活》,刘文远等译,北京:团结出版社1989年版,第212页。
② 刘小枫:《人类困境中的审美精神:哲人、诗人论美文集》,北京:知识出版社1994年版,第271页。
③ [俄]尼·别尔嘉耶夫:《人的奴役与自由》,徐黎明译,贵阳:贵州人民出版社1994年版,第204页。
④ [美]P.蒂利希:《存在的勇气》,成穷等译,贵阳:贵州人民出版社1998年版,第61页。
⑤ [美]罗洛·梅:《爱与意志》,冯川译,北京:国际文化出版公司1987年版,第126页。
⑥ 宗白华:《艺境》,北京:北京大学出版社1987年版,第23—24页。

力是非常活跃的。生命力带来的欢愉可以抵消人们面临的一切艰难困苦。它使生活值得过，因为它在人的内部起作用，用它本身的辉煌火焰向每个人的处境放射光明。"[1]承认这一点也就意味着，性欲的重要性在于它是构成我们生命力的基础。

弗洛伊德曾指出："一个人越从事于梦的解答他就越愿意承认，大多数成人的梦都涉及性题材，也表达了色情的愿望。"这个事实无疑具有相当的普遍性。弗洛伊德将其归咎于社会的文化压抑，是由于"没有任何冲动象（像）性冲动一样，必须从小就遭遇到这么多的约束"[2]。但这同时也表明，性作为一种生殖力是我们生命力的最基本的构成要素，所以它较之于其他欲望才具有更难以被遏制的能量。从此意义上讲，弗洛伊德并非是鼓吹将所有生命需要仅仅归之于性欲，由性本能取代人的一切生命活动；而只是强调性在人类生存活动里具有一种无可匹敌的重要意义。就像美国学者杰里米·泰勒所说："弗洛伊德对这个星球上人类生命成功延续的最大贡献也许是，他坚定不移地证明：无论我们还会是什么，我们首先是性的动物。"[3]人的社会活动受制于生命需求，而在人的整个生命需求系统里，性欲又占据着一个具有起始意义的位置。只要我们正视人类首先是一种生命现象，那就无法否决这样一种逻辑构想。它能够向我们解释，性表现在审美活动中能具有如此巨大的魅力，无非说明了审美活动本质上是人类自身生命力的终结性体现。如同克拉克所说：裸体艺术长盛不衰的秘密就在于，"裸体像却变成了被解放的生命力的象征"[4]。美感的奥秘在于对我们自身生命力的激发，而并非形而上学本质主义美学所认为的那样，仅仅是对宇宙奥秘的认识。唯其如此，审美体验不仅总是一种人生享受，而且是难以形容的巅峰体验，就像诗人拜伦在其《恰尔德·哈罗尔德游记》里所说："'美'使人眼花缭乱，如痴如狂／'美'终于使我心潮激荡、东摇西晃。"

如果要对生命力与美的这种构成关系再做进一步的追问，那我们将发现答案其实也就是：自由。虽然思想家们对于自由的社会价值的强调迄今似乎已成陈词滥调，但人们对于自由作为我们生存活动之基础的人类学意义的认识，其实并不那么清楚。相比较而言，我们一直更多的是将自由看作上帝给予人类的一份特殊礼物，而很少注意到这首先是由于本能已不再

---

[1] ［英］W.S.毛姆：《毛姆随想录》，俞亢咏译，天津：百花文艺出版社1992年版，第49页。
[2] ［美］莫达尔：《爱与文学》，郑秋水译，长沙：湖南文艺出版社1987年版，第149页。
[3] ［美］理查德·戴明：《梦境与潜意识》，刘建荣等译，上海：复旦大学出版社1991年版，第93页。
[4] ［英］肯尼思·克拉克：《人体艺术论》，彭小剑等译，成都：四川美术出版社1990年版，第202页。

像主宰其他动物那样决定人类的命运的结果。"生命有其自己的内在动力，生命有生长及表现自己的倾向"①，事实正是这样。不同的只是除人之外，一般动物受制于其本能设置。但对于人，自由就是其命运：当我们发自生命深处地意识到，自由是我们所向往的人生归宿；同时也可以明白，自由也就是我们的生命发生的根据地，它通过生命力而对我们的生存活动产生作用。所以，正如真正意义上的所谓"社会动物"只存在于动物界，人类只是以社会的形式存在着的个体生命，等级制不属于人类文明。因为"人"的生命内在地拥有渴望自由的生命基因，它与人的生命同在。自由既意味着对打着冠冕堂皇的"集体主义"招牌的强权行为的放逐，也是对机械决定论哲学的取消，它是对个体选择的可能性的一种肯定。对于人类而言，"他的生命力就存在于这自由之中。自由就是他的生命力的源泉"②。人的生命既以自由为前提，也通过对自由的追求与局部实现而拥有其意义。就像夏多布里昂所说：如果没有自由，世间便一无所有，自由赋予（人的）生命以价值。

由此可见，性的审美奥秘归根到底是经由生命力的激发而实现的一种自由境地，爱欲论美学的实质也就是自由论美学。真实本色的人类性驱力之所以最具审美能量，就在于它是作为人的"类本质"的自由生命的最高强度的体现。弗洛伊德学说的不足在于将这种人类学范畴里的性驱力放回到了动物层面，将其理解为"决定论"意义上的本能反应。就像弗洛姆所说的，在弗洛伊德的理论构架里，"人成为一架机器，不断地受到被称之为'力比多'的性欲的驱使"③。而问题的症结则在于他以灵肉分离的二元论来对待人，并将人的性行为视为动物的水平。用他的话说："人体从头到脚皆已顺着美的方向发展，唯独性器本身例外，它仍保持着其兽性的形象；所以不论在今日或往昔，爱欲的本质一向总是兽性的。"这导致了他对人类文明的发展前景持一种悲观主义立场："也许我们只有硬起心肠来宣称：想使性本能和文化的要求妥协，根本是痴人梦话，文化发展的结果，人类永难逃脱某一程度的苦难、乖离，以及在遥远未来的灭种威胁。"④但弗洛伊德似乎忘记了，他的这一来自于其临床经验的结论并不可靠。因为他的这些大多来自中产阶层的病人已不再是真正意义上的"自然人"，他们身上所表现出来的这种"准动物性"的本能反应，事实上并非人的所谓自然本性所然，

---

① ［美］埃里希·弗洛姆：《逃避自由》，上海：上海文学杂志社1986年版，第99页。
② ［美］P. 蒂利希：《存在的勇气》，成穷等译，贵阳：贵州人民出版社1998年版，第63页。
③ ［美］埃里希·弗洛姆：《在幻想锁链的彼岸》，张燕译，长沙：湖南人民出版社1986年版，第33页。
④ ［奥］弗洛伊德：《爱情心理学》，林克明译，北京：作家出版社1986年版，第143页。

## 第二讲 美是什么

而是英国维多利亚时代虚伪异化的社会文化现象的病理症状。根据人类学家们的研究，人虽不具有某种直接决定其生活实践的先验的生命结构，但却不仅拥有一种能够影响其生命倾向的潜在的可能性空间，而且这种生命倾向内在地存在着一种文明化的趋势。

在此，马林诺夫斯基的报告仍能给我们以很好的启示。根据他的研究，特罗布里恩德岛的生活由于仍处于人类文明的早期，社会准则并不赞成现代人意义上的浪漫爱情。他们的性生活带有明显的商品特点，性占有是唯一目的。"夫妻之间的个人好处在于，妻子为丈夫提供持久的性交方便，丈夫则以给予子女们的爱抚、关心和物品作为报答。"但尽管如此，研究者仍"可以找到我们所认为的爱情：想象和企图通过想象而非感官上的直接要求来追求爱情"。更耐人寻味的是，马林诺夫斯基发现，这些土著人"他们的主要情欲兴趣集中在人的头和脸部，这是一个显著的事实"。因为他们显然已经懂得"眼睛是通向情欲的窗口，它们本身也是性感的中心"。这意味着即使是并未脱离蒙昧原始阶段的人类，他们作为人类家族一员的性欲也已具有超越单纯的生物层面的"人性"意味，属于"爱欲"而非动物性欲。所以马林诺夫斯基据此得出结论：如同"真正的爱情导致我们有文化的男人和女人逐渐把感官因素和总的精神魅力结合起来，而不是性欲的直接满足"；对于"一位迷上了一位少女的美拉尼西亚小伙子，血亲禁忌、社会地位或个人魅力程度的差异方面，都没有构成他们之间的障碍。初次印象产生了一种审美和感官上的反应，从而使之成为某种值得追求、值得付出不懈努力的珍贵的东西。然而，那种神秘感，那种在一定距离内加以崇拜的渴求或者只求一见的心理，在这里并不存在"[①]。概而言之，马林诺夫斯基的实地考察一方面表明了人类文明的历史发展性，另一方面也清楚地昭示了内在的延续性。因而，如果我们将内在于生命需要的因素称为"自律"，将外在于这种生命需要的现象称为"他律"，那么显然可以将文明看作人类的一种"自律"而非"他律"。

以此来看，当柏拉图在其著名的《会饮篇》中，特地强调"爱欲是一种原始生命力"，这无疑是意味深长的。根据一些学者对古文献的研究，拉丁文里很少提到"性"(sexus)，这正表明他们关注的是"爱"(amor)。因为从希腊文和拉丁文的字源上看，性乃是动物学的术语，可以一视同仁地被用于动物和人类身上。而爱则独属于人类生命，它虽然在现代人身上表现得更为突出，但却由来已久，是人类文明的内在动力。按照圣·奥古斯丁

---

[①] ［英］马林诺夫斯基：《野蛮人的性生活》，刘文远等译，北京：团结出版社1989年版，第212—222页。

的看法，它也正是使人类最终走向神的内在动力。而罗洛·梅则断言："希腊人之所以能够达到其难以企及的文明高度，最根本的原因之一就是他们勇于公开地面对原始生命力。他们赞美激情、赞美爱欲、赞美原始生命力。"① 对于理论家们的这些说法这里暂且不评头论足，但有一点可以肯定：对于人类的生命活动而言，它的"自由"境地其实也就是一种"自然"状态。只不过这种自然并非是指先天固有的本能，而同样是文化的产物；但文化的意义在此只是让根植于人类生命的内在可能性得以成为现实，而并非人为地将某种本不属于人的东西移植或改造到人身上。因为人之为人，从来都是特定文化环境的产物。那种动物性的肉体欲望虽然常常在一些现实里的人身上反映出来，但并非人的"本来面貌"，而是非人性文化条件的异化所致。重要的不仅在于承认，人性具有一种文化可塑性；还在于看到，人性的文明化是其潜在的一种"本色"。爱欲也就是在此意义上被柏拉图视为人类生命的"原欲"，而它的审美品质则在于其所拥有的自由性，"任何爱一旦失去自由，便不复存在"②。爱欲的这种"自由性"主要表现在它为主体所控制的特点，具有一种"自然而然"的自发性。在爱欲中，生命通过对自身生物性压力的解脱而走向解放，从而让人真正成为其生命的主宰。

与此不同，无爱之欲其实是对原本以自由为出发点的人类性冲动朝着动物维度的一次扭转，使主体生命沦为一架生物机器。《金瓶梅》里的性表现就是这种典型，西门庆不仅将所有那些与他性交的女人视作"里比多"驱使的性机器，是供他倾泄生物液体的工具；而且同样也让自己成为这类身不由己、欲罢而不能的受性欲压迫的奴隶与生物符号。这样的结果只能是走向自我摧毁的地狱而不是自我实现的天堂，这样的性表现自然也就毫无审美价值可言。根本原因就在于，这个场景中已不再有真正意义上的"人"，而只有徒具人形的"物"。它形象地表明了这个道理："如果说，性亢奋是我们的造物主为了自己取乐而用的一种装置，那么爱就是唯独属于我们自己的东西，能使我们摆脱造物主。爱情是我们的自由，爱情处于'非如此不可'的规则之外。"③ 爱欲的人类学意义就在于，其功能主要并不在于种群繁殖，不是为达到传宗接代的目的。如果说后者是性欲的基本价值所在，爱欲则在于让具有自恋本性的个体生命，从冷漠狭隘的利己主义屏障中实现突围。因为爱欲有一种与被爱对方融为一体的强烈需要，从而

---

① [美]罗洛·梅：《爱与意志》，冯川译，北京国际文化出版公司1987年版，第157页。
② [俄]尼·别尔嘉耶夫：《人的奴役与自由》，徐黎明译，贵阳：贵州人民出版社1994年版，第201页。
③ [捷]米兰·昆德拉：《生命中不能承受之轻》，韩少功译，北京：作家出版社1989年版，第253页。

第二讲 美是什么

营造出一种人性的温暖。这样，以肉体欲望为基础的爱欲的诞生不仅向我们澄清了这样一个事实："虚假的精神是肉体的否定，真正的精神则是肉体的再生、拯救"①，而且还让我们意识到这样的道理：人类只有在通往"神"的途径中才能真正成为一个"人"，因为神性并非是对人性的否定，而只是通过爱欲的觉醒来实现对动物性的超越。正是通过这种超越，生命最终得以穿透"自我"的内核，领悟生命自身的最大秘密：存在的终极意义。由此可见，"性欲与人类最深刻的宗教和哲学问题及关注点之间存在着一种深深的原型联系"②。

所以，在色情与美感之间我们最终仍然能够发现某种区别。事实上，"所谓色情影片、大胆的戏剧和现代脱衣舞往往只受到那些没有重大性成就的人的赏识"③；经验表明，"露骨地表现色情的影片中的性内容无论如何也难以找到与之相应的审美价值"。但这并非由于其性表现，而在于其缺乏艺术性，如同美国当代电影人阿特金斯所说："色情电影一向以想像（象）力贫乏为特点。"④这是由于纯粹陷入色情之中的人就像西门庆这样，已不再是"自由人"，他们缺乏想象力意味着其生命已被欲望所剥夺，这是对人性的最大的不道德。所以，对人类性欲的这种形而上特点缺乏认识，是精神分析学说的最大缺陷。正如弗洛姆所指出的，弗洛伊德的最大问题"并不是因为他过份（分）强调性问题，而是他未能更深刻地理解性问题"⑤。事实是，爱欲不仅让灵与肉真正得以握手言和，而且也成功地在欲望的此岸构筑起精神彼岸的风景。索洛维约夫说得好，"真正的爱是不可分割的上升的爱和下降的爱融为一体"⑥，是精神爱神阿佛罗狄忒—色情爱神乌剌尼亚的双重结构。正如对女色最有研究的西班牙人"唐璜"所说："本来爱和欲混合在血

---

① ［俄］弗·索洛维约夫：《爱的意义》，董友等译，北京：生活·读书·新知三联书店1996年版，第78页。
② ［美］理查德·戴明：《梦境与潜意识：来自美国的最新研究报告》，刘建荣等译，上海：复旦大学出版社1991年版，第93页。
③ ［法］莫拉利·达尼诺：《性关系社会学》，赵继祯译，北京：商务印书馆1996年版，第133页。
④ ［美］托马斯·R.阿特金斯：《西方电影中的性问题》，郝一匡等译，北京：中国电影出版社1999年版，第95、128页。
⑤ ［美］埃里希·弗洛姆：《为自己的人》，孙依依译，北京：生活·读书·新知三联书店1988年版，第260页。
⑥ ［俄］弗·索洛维约夫：《爱的意义》，董友等译，北京：生活·读书·新知三联书店1996年版，第86页。

肉之躯里，实在也难以分家。"①显然，这也就是爱欲与人类审美体验的最终奥秘："公开的爱欲想象包含了直接体验精神实在的要求，包含了直接理解生活表层背后真实事件的要求，包含了直接与神交往的要求。"②

从此意义上来看，柏拉图当年从爱欲中发现作为一种更高"存在"的美，在《会饮》篇里强调一个人只有通过"学习爱情的深密教义"而达到"对爱情的学问登峰造极"时，他就会"突然看见一种奇妙无比的美"，这绝非偶然。因为正是在这种充满激情和神圣之感的爱欲里，人类生命最真切地体验到一种神秘的东西。它虽属于感性的生命活动，但同时又超出了这种瞬间的感性欲求；它既是纯粹的个体交往又超出了这种个体之间的关系，进入一种天长地久的永恒之中。它意味着审美意识实质上是一种在纯粹的肉体意识里诞生的，对作为一种"存在"的生命的自觉与体验。因而美感作为一种"生命意识"既是一种肉体意识，同时也是在此基础上对单纯的肉体感觉的超越。唯其如此，真正的爱情才显得如此之美丽，吸引着诗人与艺术家不停地为之献身。因为在爱欲中隐藏着人性的全部秘密，美就在其中藏匿。

## 10. 超越之维：发生论美学考量

美学家们对"美是什么"之问的无功而返，让这个问题变得越来越复杂。"让我们着手从更加广阔的范围来考察给'美'下定义时遇到的语言问题，换言之，把它和人们对某种感性刺激物的审美反应过程联系起来。"③在经历了美学史上客观论与主观论两大美学派系的长期较量之后，托马斯·门罗的此番呼吁，表明了一代美学人士渴望从审美体验的具体发生入手，来开辟一条美学新路的迫切意愿。两千多年的美学论争不仅让人们在这个问题上逐渐达成共识：我们关于"美"的讨论不能离开那些具体生动的审美存在，所谓的"审美对象"也就是感性的"审美现象"；而且也早已认识到，作为一种真实存在的"美"，只能存在于审美主体与审美现象的"相遇"之际。对此，朱光潜先生当年曾以苏东坡的一首诗，形象化地予以描述："若言琴上有琴声／放在匣中何不鸣／若言声在指头上／何不于君指

---

① ［英］乔治·戈登·拜伦：《唐璜》第9章第77节，查良铮译，北京：人民文学出版社1980年版，第650页。

② ［美］理查德·戴明：《梦境与潜意识：来自美国的最新研究报告》，刘建荣等译，上海：复旦大学出版社1991年版，第92页。

③ ［美］托马斯·门罗：《走向科学的美学》，石天曙等译，北京：中国文艺联合出版公司1984年版，第415页。

上听。"德国学者沃林格则在其美学名著《抽象与移情》里一言以蔽之：如果我们能够把美学的客观精神与主观精神融为一体，那么我们就能建立一个包罗万象的美学体系。但问题显然正在于：这种融合究竟如何进行。强调审美活动以人的机体与客观对象的相互作用为前提的"审美关系说"最终还是走向了没落，这表明，美学言说不能仅仅停留于这种"相遇"，还得进一步揭示其具体的生成机制，否则我们对于美的把握仍然会一头雾水。

如同我们已指出的，在"意向性"与"直观化"基础上强调与世界的"体验性交往"的现象学，能够为当代美学的此番突围提供某种方便。因为体验并非只是通常的"关于"某物的意识，而且还具有某种"构建性"。它并不是对一个"事先存在着的"外在的客体世界和主观的心灵世界的观察，而是对一个只有在体验活动中存在、由"现象"本身所意味着的意义世界的直观。因而，现象学作为一种认识论新视野，为我们从容地解决了审美活动的主观与客观的相融性：作为一种本体性存在的"现象"既是主观的（它在存在方式上依赖于生命主体的主观体验活动），也是客观的（它的内容有别于体验的个体心理意识，而是一种作为活生生的"生命现象"的客观存在）。它以此也使自己区别于以概念为手段的抽象唯理论。但正如舍勒所指出的："在一个本质要点上，在现象学哲学与所谓'先验'认识论的不同学派之间存在着深刻的相似。"[①]因为虽然现象学所主张的"还原"要求主体摆脱对事物的任何既成观念，但并不认同经验论将主体心理视为空白的"白板说"。所以梅洛-庞蒂曾指出：还原的最大教训就是，完全的还原是不可能的。因为事实上，"所有建立在直接自身直观基础上的东西，即所有'自身'在体验和直观中在此的东西，它们对于所有可能的观察以及对于所有源于观察的可能归纳来说都是先天的"[②]。

从这个意义上讲，伊格尔顿当年的这一批评也不无道理："现象学试图通过退缩到一个思辨的领域——永久的肯定性已经在那里等待——来驱除现代历史的恶（噩）梦，其结果，在孤独隔绝的沉思中，它成了自己所希望克服的危机本身的一种症状。"[③]也许这是现象学为了摆脱经验论而必须付出的一种代价，问题是如此一来，美学的现象学方法也就让自己面临一个自我消解的理论困境：如果归根到底，那个类似于柏拉图"理念世界"的审美存在是一种先验存在，那么主体同世界的体验性交往也就并不具有

---

① ［德］马克思·舍勒:《舍勒选集》上卷,罗悌伦译,上海:上海三联书店1999年版,第67页。
② ［德］马克思·舍勒:《舍勒选集》上卷,罗悌伦译,上海:上海三联书店1999年版,第53页。
③ ［英］特里·伊格尔顿:《文学原理引论》,刘峰等译,北京:文化艺术出版社1987年版,第76页。

实质意义。正是现象学方法的此番不足,为由皮亚杰所创始的"发生论学说"的介入提供了一个契机。在通常的经验论观点看来,主体意识里的内容虽然对于个体意识而言是一种"发现",其实却是早已存在于外界事物与现实世界之中。反之,从"先验论"立场出发,由于知识形式是主体内部预先存在着的,认识内容作为这种认知形式的产物因而同样不具有真正的新意。这两类观点虽然针锋相对,但在否定主体认识活动的主动性,将认识内容看作被决定的和"预制"的这一点上,两说其实并无不同。而根据由皮亚杰所倡导的发生论学说,认识的结果既非对外界事物的照单验收,也不是由内在先天条件所预先构制,而是一种在实际构成活动中的生成构造,其实质在于形成一些在外部世界与主体内心中原先并不存在的新结构。

这里的关键在于,根据发生论认识观,人类对于世界的认识关系并非如传统所认为的被动的刺激—反应模式,而是一种主动地把作为对象的实在纳入一个转变系统中去的活动。用皮亚杰的话说:"认识一个对象并不意味着反映一个对象,而意味着对一个对象发生行动。知识不是从对象那里抽象出来的,而是从动作那里、从动作的配合协调中抽象出来的。"①因而,"认识既不是起因于一个有自我意识的主体,也不是起因于业已形成的、会把自己烙印在主体之上的客体;认识起因于主客体之间的相互作用,这种作用发生在主体和客体之间的中途"②。虽然发生论仍然承认,"主体所完成的一切建构都以先前已有的内部条件为前提",但首先它并不将这些条件当成已定型了的结构本身,而只是视为形成结构的一种功能性前提,其次它坚持这些功能性条件只有在后天的认识"活动"中才能拥有意义,是一种处于不断"建构"中的结构。所以,意识的内容是伴随着新结构的诞生而同步地诞生的,在此,真正重要的是把主体的意识成果看作是"一种继续不断的建构"(皮亚杰)。这意味着要想真实有效地对一种意识内容做出把握,就得具体地来考察其发生过程。于是,关于美的言说首先也就被还原为类似这样的问题:当我们面对那些具体的审美现象时,我们究竟有些怎样的心理反应?

许多年前,俄国学者车尔尼雪夫斯基对此曾有过一比:"是类似我们当着亲爱的人面时洋溢于我们心中的那种愉悦",也就是说,在此"包含着一种可爱的、为我们的心所宝贵的东西"。在他看来,这个东西只能是人们对生活的挚爱与渴望。"因为活着到底比不活好:但凡活的东西在本性上就恐

---

① [瑞士]J.皮亚杰:《发生认识论》,范祖珠译,北京:商务印书馆1990年版,第11页。
② [瑞士]J.皮亚杰:《发生认识论原理》,王宪钿译,北京:商务印书馆1981年版,第21页。

## 第二讲 美是什么

惧死亡,惧怕不活,而爱活。"[1]众所周知,车尔尼雪夫斯基由此得出了"美是生活"这个著名定义。虽然车氏本人所做的语焉不详的解释,使得这一美学思想在它被提出伊始就因其内涵的模糊含混而受到批评,如今更已被各种看上去更为新颖和更有创意的美学理论所排斥;但这并不意味着此说已毫无价值。概括地讲,车氏此说的价值在于,将我们关于美的思辨引向对于作为我们的存在之根的生命本身的思考。因为透过对"美是生活"的强调我们可以看到,车氏真正所表达的意思,是"美是生命"。比如他认为,诸如这样的一些经验是根本不用证明的:"动物界的美都表现着人类关于清新刚健的生活的概念。"此外,"民歌中关于美人的描写,没有一个美的特征不是表现着旺盛的健康和均衡的体格"。同样地,"太阳和日光之所以美得可爱,也就是因为它们是自然界一切生命的源泉,同时也因为日光直接有益于人的生命机能,增进他体内器官的活动,因而也有益于我们的精神状态"[2]。凡此种种归于一点也即:"美"就是主体生命意识的一种自觉,是主体在同世界的存在直面相对之际真切地体验到自身的存在时,所产生的一种"生之喜悦"。

毫无疑问,持同样审美观的并非只有车尔尼雪夫斯基。在他之前,中世纪的希腊教父亚历山大里亚的克莱门特就曾说过:"美是一朵生发于健康的高贵的鲜花……健康存在于体内而美显露于体外,以好看的颜色表现自己。"[3]可谓形成了这种"生命美学"之滥觞。而在他之后的尼采,则通过大力标举肉体为人类所有文化之根基,而成了世所公认的现代生命美学的掌门人。以此来看,缺少特色的"美是生活说"最终从人们的美学视野里淡出,这并不令人感到奇怪。需要重申的是,此说所归属的生命美学思想却不能因此被我们轻易地遗忘。因为它可以为我们超越美学史上主客观对峙,给空洞的"关系论美学"注入生命活力,提供一条切实可行的途径。中国民间有"十八无丑女"之说,人们习惯于用"花季"一词来形容正处于青春活力期的那些姑娘,这些其实都已是对审美发生与主体生命感得以激发之间的密切关系的一种不自觉的把握。沿着这一路线往前推进我们终究可以发现,所谓"美",也就是主体内在生命力得到激发后的一种对象化实现,是其生命之火被点燃后所产生的对生命之为生命的领悟,以及由此

---

[1] [俄]车尔尼雪夫斯基:《艺术与现实的审美关系》,周扬译,北京:人民文学出版社1979年版,第6页。

[2] [俄]车尔尼雪夫斯基:《艺术与现实的审美关系》,周扬译,北京:人民文学出版社1979年版,第7—11页。

[3] [波]沃拉德斯拉维·塔塔科维兹:《中世纪美学》,褚朔维等译,北京:中国社会科学出版社1991年版,第32页。

而来的对存在的感恩和喜悦。事实表明，这是能够引导我们走近美的世界的一条阿里阿德涅彩线。因为这个"生命力"是主体性的，并非客体自在之物。

人们通常之所以认为，最美的对象是那些最富有生命朝气的事物，只是在于这样一些事物通常最能够激发我们的生命力。对这一点，已被人们多次举例的托尔斯泰的《战争与和平》里，安德烈公爵两次见到同一棵老橡树的情节，的确很能说明问题。虽然其间隔只有短短的六个星期，但一丑陋一美丽，感觉大相径庭。变化的自然不是树，而是看树的人：六星期前的安德烈刚从闻名史册的奥斯特里茨战场上归来，经历了残酷的场面、目睹了生与死的转换的这位青年人失去了对生活的热情。但在以后的这一个多月里，安德烈意外地与青春少女娜塔莎建立起了恋爱关系。这不仅重新激发起他的生命意识、给了他继续生活下去的勇气，而且同时也让他回归人性世界，使他重新拥有审美的能力。这个经典案例向我们表明的，是这样一个道理：生命力作为生命主体的存在之本是"内在"的，它只能被激发而无法（由外界）移入。人类的审美体验便发生于我们的这种最宝贵的生命力得到激发之际，其内涵也即是生命主体在对生气勃勃的生命活动本身的关注中，获得一种由衷的喜悦。所谓的"美"，也就是作为这种生命刺激与反应事件之结果的情感现象。从这个意义上讲，美只能是一种观念世界里的客观存在。因为就其最终"显现"来说，美只能"在"心而不属于被当作审美客体的事物的物质属性。唯其如此我们才可以解释，何以即使是一些本身已失去真实生命的现象同样也能成为我们的审美对象，具有某种独特的审美价值。如元代作家马致远的《秋思》里的名句："枯藤老树昏鸦，小桥流水人家，古道西风瘦马。夕阳西下，断肠人在天涯。"这里的词句所指对象，大都具有一种阴暗、衰颓的气象，与那种充满生机的意象形成一种鲜明的对比。但这并不妨碍其带给我们一种生命体验，这里的关键在于，作为审美对象的那些现象能否让审美主体自身的内在生命力得到很好的激发。

在审美活动中普遍存在着的一种由"否定"而达"肯定"的现象，最能说明这个道理。这种现象的表现形式之一是所谓"病态美"。俄国诗人茹科夫斯基曾经以诗的形式予以表现："可爱的是鲜艳的容颜，青春的标志；但是苍白的面色、忧郁的征状，却更为可爱。"这句诗所表现的趣味有些偏狭是显而易见的，但因此而将其斥责为低劣却更有失偏颇。不妨回顾一下《红楼梦》里对林黛玉的这番描写："两弯似蹙非蹙笼烟眉，一双似喜非喜含情目。态生两靥之愁，娇袭一身之病。泪光点点，娇喘微微。娴静似娇花照水，行动如弱柳扶风。心较比干多一窍，病如西子胜三分。"你不能不

第二讲　美是什么

承认从这里的字里行间浮现出来的林小姐形象，带有鲜明的病态性；在某种意义上，也正是她的这一病态注定了其悲剧性的命运。但你同样也无须不好意思承认，林黛玉的这一病弱之态确实也能给人一种独特的美感，否则"宝黛故事"也就不会像现在这样打动数代读者的心。但所谓的"病态美"并非是对衰败的生命现象的欣赏，分析起来，其实是对象的病弱之态突出了一种"柔"性。这种形态不仅自身就是生命的一种存在形式，而且它还拥有一种内在的"力"度。对柔的这一特点把握得最为深刻的，莫过于老子的"弱之胜强，柔之胜刚"（《道德经》第78章）。如果说病状是生命溃败的昭示，那么柔态却是生命的一种存在形式。

显然，从审美视域来看，在此存在着一个从"病态"经"柔性"至"生命"的感觉转换。"病态美"也就是通过这番转换后，在主体审美意识中产生的一种生命感的产物。"否定—肯定"的另一种表现方式，是所谓"废墟美"。一个多世纪以前，德国城市海德堡附近建起了一座叫作"罗马水堡"的主题公园。与一般意义上的公园不同的是，里面没有旖旎的风景区和艳丽芬芳的花圃。取而代之的是杂草丛生、朽木横倒的草地与残垣破壁。用美国学者海雷斯的话来说："设计这些公园的目的是（为了）使人想起人的缺陷，想起人在时间面前的软弱无能。"[1]这样的景象之所以能够成为人们的审美对象，自然在于其同样能够激发起我们的生命力。因为我们的生命力既能在面对那些正面形象时，因受其感染而得到推动；也能够在面对种种否定力量的挑战时被激活。不难发现，能够承受各种危机与压力，这正是人的生命的真正骄傲。所以黑格尔曾指出："凡是始终都只是肯定的东西，就会始终都没有生命。生命是向否定以及否定的痛苦前进的。"[2]"否定"也由此而具有某种"肯定"意义，它的再一种表现方式是所谓"恐怖美"。同上述两类形式一样，一方面恐怖之为恐怖是因为其对我们的生命力的直接威胁，在身处恐怖情形时，我们对于自身生命的自主权明显地被侵犯；唯其如此，我们在日常生活中所做的，便是尽力避免让自己真正陷入那些令人恐惧的情形之中。但另一方面，在各种形式的艺术中，我们却总是宁愿付出被惊吓的代价而热衷于去寻找这样的恐怖场景。

从主体的接受机制上来讲，这同对"废墟美"的欣赏是一致的，都是对主体生命承受力的一种考验和挑战。因此对那些生命力旺盛并因而不缺乏坚韧的胆魄与勇气的主体而言，这样的作品便具有一种颇具特色的审美

---

[1] ［美］卡斯顿·海雷斯：《现代艺术的美学奥蕴》，李田新译，长沙：湖南美术出版社1988年版，第31页。

[2] ［德］黑格尔：《美学》第1卷，朱光潜译，北京：人民文学出版社1958年版，第120页。

价值。就像桑塔耶纳所说："恐怖的提示使我们退而自守，于是，随着迸发的安全感或不动心，精神为之抖擞，我们便获得超尘脱俗和自我解放的感想。"①而沿着同一轨迹前进，我们还能够进入一种"暴力美"的场景。这样的镜头在许多好莱坞枪击片和警匪片里随处可见，在汉语文化圈里的武侠小说中也占据着主导位置。在这些文本里，处于社会价值系统反面的那些角色，常常在故事的大多数时间里都处于一种主导地位。在他们的横行霸道、胡作非为的变态行为中所体现出来的那种生命力，对每一个具有自然价值体验的主体生命力都构成了极大抑制。诸如此类的文本之所以能进入人们的审美视野，仅仅在于在故事收场时我们能够借上帝之手将这些负面人物一一予以收拾。他们最终未得正果的下场，为我们内在生命力得以重新释放提供了一个契机。"美"也因此一起降临，使这些已处于我们审美欣赏边缘的现象仍然居留于丰富多彩的审美疆域里。

概而言之，无论是病弱之态、废墟之景，还是恐怖之状和暴力场面，这些事物本身对于我们的生命活动都有一种否定性和消极因素。仅仅由于它们在同主体的关系中，其否定性能够通过对主体内在生命力的激活作用而被转化成一种肯定因素，这些现象同那些看上去能够让我们分享其生命运作的景象一样，成为我们的审美对象。在这里，对审美活动的发生具有决定性意义的，是审美主体自身的生命存在。这再次向我们表明："美如同真理一样在主体性中，不在客体性中。……客体的美正是美感的幻象。"②审美活动发生于主体自身生命力为回应外界刺激而得到激活时，审美体验是主体对这种刺激所做的一次生命反应的产物，它是作为审美者的主体通过自身的生命自审，而对作为"存在"的整个生命现象界的体验与回味。这样，就审美活动的具体表现情形而言，柏拉图当年在《斐德罗》篇章中所做的描述，无疑是合适的："灵魂对美感感到震惊不已，因为它感到灵魂中被唤起的某种东西不是由感觉从外部输入的，而是一直在那儿，处在深处的无意识领域。"因为美就是我们自身生命力被激活后的一种生命喜悦，这种喜悦以我们的生命意识为舞台，存在于我们对宇宙万物的生命体验中。

通过以上所述不难发现，借助于发生论视野我们不仅看到，世界的"美"有其自身的发生历程，而且还能够进一步发现，美的奥秘存在于生命与美的一种神秘关系之中，这种关系首先表现为一种"生存意识"，也即生

---

① ［美］乔治·桑塔耶纳：《美感》，缪灵珠译，北京：中国社会科学出版社1982年版，第163页。
② ［俄］尼·别尔嘉耶夫：《人的奴役与自由》，徐黎明译，贵阳：贵州人民出版社1994年版，第214页。

命主体对于自身生命存在的自觉。因为尽管真实的生命并非只是缺乏自主意识的行尸走肉，但毕竟以肉体的存在为前提。所以，生存意识是生命意识的一个基础性部件，它表现为对于生命存"在"的一种单纯的留恋。康德曾提出，这是人类"最为强烈的自然冲动……它们就是对生命的爱和对异性的爱"[①]。大自然通过这种方式来确保物种的代代延续，它最突出的表现形式，就是让我们在一种无以名状的美感体验中，产生出最强烈的生存意愿。德国学者弗兰克在纳粹集中营里度过的一段骇人听闻的经历，颇能说明问题。他告诉我们：一个人即使身在集中营里，也可能叫身旁正在劳动的难友抬头观赏落日余晖中曾被表现于丢勒名画里的巴伐利亚森林的风景；并对着绚丽至极的夕阳和生动夺目的晚霞，发出一声"这世界怎么会这么美"的慨叹。他的体验不仅是"在美感的影响下，有时连自身的可怕遭遇都会忘得一干二净"，而且还有由此而激发起来的求生欲望能够释放出难以评估的力量，使人实现常理所无法想象的目标。同他在一起的许多比他健壮的难友最后都未能重返家园，最重要的一个原因是他们在身体死亡之前已先放弃了生存之念。

从其自身经历出发，弗兰克博士将其超人的生存欲望归功于美感体验，他的经历昭示审美活动发生于主体"生存意识"被唤醒之际，是对作为个体的"我"之"在"（世）的一次体认。由此而来的审美体验也反过来进一步强化了这种生存意识。生命存在是对死亡的抗拒，所以，生命与美的关系也体现于人们的健康意识。人的健康既可以表现在体态上，同样也能够反映在体质上。雨果名著《巴黎圣母院》里的女主角艾丝梅拉达，在其轻盈欢乐的舞姿里展示出来的优美的体态，表现出了她所拥有的一种高品质的健康。列夫·托尔斯泰的《战争与和平》中的单纯少女娜塔莎，则凭借其青春岁月而体现出了一种天然的健康。在以上两部小说中，这种健康带给了她俩同一样东西：无与伦比的美感。在雨果那里，作者借助于外貌丑陋但心地善良的卡西莫多一连串"美、美、美"的呼喊，使我们对这位吉卜赛姑娘的完美形象留下了深刻的印象；而在托尔斯泰笔下，作者则以娜塔莎对小说里两位"俄罗斯之子"（安德烈公爵与彼埃尔伯爵）的绝对征服，表现出了这位少女不同凡响的魅力。不同的只是，如果说对于艾丝梅拉达，健康只是在她原本具有的美貌上更增添了一份神韵，那么对于娜塔莎，健康则意味着她的美的全部。正如英国批评家卢伯克所指出的，故事里的这位少女除了青春别无其他，诸如漂亮、妩媚、性感、高贵等一般被用来形容美丽女人的词语都与她无关。但娜塔莎拥有一种真正意义上的青

---

① [德]康德：《实用人类学》，邓晓芒译，重庆：重庆出版社1987年版，第181页。

春：从肉体到心灵都同样的纯洁无瑕与充满生机。正是凭着这一点我们不仅看到，"娜塔莎是她那个时代的和一切时代的讨人喜欢的少女"，而且也最终认同了"当她在比她本身重大得多的一个戏剧性故事中获得她的位置时，她的美则更无以复加"①。

健康的生命无疑也是拥有力量的生命，可以引以为例的，是海明威的《老人与海》中的那位古巴老渔夫桑提亚哥。在他的身上，顽强的生命力最终转化为了"人可以从肉体上被消灭，不能从精神上被摧毁"这样一条伦理原则。通过创造出这样的生命力，故事里的这位老人获得了一种不可替代的审美价值，作者海明威则就此登上了其小说艺术的最高峰。当然，最能体现健康生命所蕴含的这种力量的，莫过于体育运动。审美与现代体育也因此而缔结了同盟之约。"今天比过去任何时候都更直观地使体育运动展现出来的，却是审美因素。"②德国学者舒里安的这番话道出了现代体育的本质精神之所在。源起于古罗马角斗场你死我活的肉搏、原本为培养保家卫国的战士与武人的现代体育，之所以在今天成为文明世界的一大盛事，就在于其通过对人类生命力的最佳展示，对于我们的审美体验具有一种无可媲美的激发作用。这是人们如此热爱NBA之子乔丹和他统领的公牛队的原因，也是我们曾几次三番地为饮恨绿茵场的巴西足球深感遗憾的道理。同样地，以《掷铁饼者》《荷矛的人》《克尼多斯岛的维纳斯》等为代表的古希腊雕刻艺术，之所以迄今仍魅力无穷，也在于它们充分利用了雕刻这一媒介特点将人类生命力做出了淋漓尽致的展示。象征主义戏剧大师梅特林克有一个观点："雕塑必须把生命中极稀有的、绝对的而毫无瑕疵的美的时刻固定下来。"③虽然这并不意味着对雕塑艺术的整个表现空间的一网打尽，但同其他艺术形式相比，雕塑这一艺术体裁在直观地表现人类的生命活力这一方面占据着一个制高点，这没有什么疑义。因而通过观赏这样一些艺术杰作，我们至少可以对美与我们生命意识的关系，拥有一个清晰的体认。这就像尼采所说过的："久远以来提示着、联系着有用事物和有用状态的种种刺激给我们以美感，即力量增长的感觉。"④

从这个意义上讲，在"美"与"美感"之间无疑具有一种"共生性"：美即我们对生命现象自身所做的自审中所体验到的一种赏心悦目的感受，美仅仅存在于这种感受活动里；因为其实质也就是通过对存在于自我之中

---

① ［英］卢伯克等：《小说美学经典三种》，方土人等译，上海：上海文艺出版社1990年版，第41—42页。
② ［德］W.舒里安：《日常生活中的艺术》，罗悌伦译，桂林：漓江出版社1993年版，第107页。
③ 熊秉明：《关于罗丹》，北京：生活·读书·新知三联书店1993年版，第150—151页。
④ 周国平：《尼采：在世纪的转折点上》，上海：上海人民出版社1986年版，第146—147页。

## 第二讲　美是什么

的生命活力的自觉，领悟到"生"之为生的含义，并由此而进入对难以名状的"存在"的神秘体验之中。被我们赋予了"审美价值"的那些对象的意义，也就在于为主体生命力的此番"发动"提供一个契机。因此，"艺术作品所具有的价值却取决于价值的实现，而不取决于这些价值"①。只要我们自身的生命意识未能被唤起、我们内在的生命力没有得到激活，"美"这种现象也就不存在，作为"审美对象"的事物也就失去了其本应具有的价值。也只是在这个意义上，我们认可这样的说法："艺术品并非存在（being），而是生成（becoming）。"②因为美并非既成的物质事实，而是一种观念存在，它有待于审美主体的生命意识随着其内在生命力的高涨而活跃起来。美便是当主体处于这样一种特定的生命状态时，存在于其生命视域里的一种对象化现象，脱离美感的美毫无意义。

但进一步来看，美与美感虽然"共生"，但并不"同一"。因为我们的意识活动在本质上有一种意向性，也即胡塞尔所说的："每个现实的我思的本质在于，它是关于某物的意识。"因此，根据现象学方法，在一个具体的"我思"行为里，可以分解出这样一些组成部分：一、作为行为主体的意识流；二、主体视野所关注的实在事物；三、被主体精神目光所拥有的意向客体。胡塞尔曾提醒我们，"一个意识的意向客体绝不意味着被把握的客体"。因为意向客体虽然依托我们关注视野中的那个具体事物而存在，但它已并非其本身，而是由我们的意识活动所表现的对象。正是在此意义上，"意识和它的客体构成了一个个体的纯粹产生于体验中的统一"③。显然，作为这种统一之"物"的意向客体，本质上是一种观念之"有"，也即它只能通过具体的体验活动而存在。但尽管如此，它并不"在"这种体验之内，而是以这种体验的"意向关联物"的身份，显现于体验之外。正是依据这一现象学原理，杜夫海纳提出了"审美对象只有在欣赏者的意识中才能自我完成"和"审美对象……既是在我之外又是通过我而存在的"这样一些观点。④因为审美对象也就是审美意识主体在体验活动中所把握到的一种以生动自由的现象呈现的意向客体。在审美活动中，其所凭借的物质实在客体通常作为主体生命力的激发媒介而起作用。由于此，当主体的审美体验

---

① ［德］莫里茨·盖格尔：《艺术的意味》，艾彦译，北京：华夏出版社1999年版，第208页。
② ［德］西奥多·阿多诺：《美学理论》，王柯平译，成都：四川人民出版社1998年版，第304页。
③ ［德］埃德蒙德·胡塞尔：《胡塞尔选集》上册，倪梁康等译，上海：上海三联书店1997年版，第393—397页。
④ ［法］米盖尔·杜夫海纳：《审美经验现象学》，韩树站译，北京：文化艺术出版社1992年版，第241页。

随着自身内在生命力的激活而形成,它也就随之因被认同为这种美好体验的来源而被当成了"美"(的对象),虽然实际上这是主体将发生于意识内部的同一审美体验所做的一次不同分配。美和美感虽然都离不开审美体验活动,但彼此的区别仍十分显著:"美"被用来指通过这种体验而存在的、作为一种观念之有的审美存在,而"美感"则被用来表示让这种存在由于能给我们一种由衷之喜悦而具有审美意义的体验本身。

显而易见,以往那种主观论美学的失误并不在于其对审美主体性立场的坚持,而在于它们对这一立场做了相对片面的理解。首先,审美主体性并不意味着审美欣赏仅仅取决于主体如何"看",而在于其怎样"在"。南宋诗人杨万里曾道:"准拟今春乐事浓,依然枉却一东风。年年不带看花眼,不是愁中即病中。"正如听音乐得有"音乐耳",赏花也得有"看花眼",这并无什么不妥。问题在于怎么把握这种"耳"与"眼",它绝不仅仅指感觉,更不能理解为只是一种审视方式与欣赏态度,它是一种具有本体性意义的生命存在。这使我们想起古人孟子所言:充实之谓美。何谓"充实"?是审美主体自身由生理条件和社会实践两者共生的生命存在的饱满。审美体验是这种生命状态的结果,其内涵也就是对这种饱满的生命现象的自审以及由此而推及开去,实现对整个宇宙世界里的天地万物的拥抱与认同。所以,虽然相隔了无数个世纪,英国诗人布莱克在一首诗里对孟子当年的这一洞见做出了这样的回应:"充实即是美……水池满盈/泉水涌溢。"①美是具有充实的生命内涵的主体,通过对自身生命力的成功激活而体验到的一种本体性存在。因此,它虽然并不就是体验本身,但却是只能在这种体验活动中"出场"和"显现"的一种情感现象。

主观论美学的再一个失误,是对作为审美激发媒介的客体对象的作用过于漠视。杜夫海纳曾经指出,在审美活动中,"对象失去原有的面貌不等于放弃任何意指作用"。虽然他将这个作用理解为对客体存在物本身的指向这或许并不妥当,但只要我们将之视为作为激发媒介的客体作用于主体的一种生命刺激,这还是合适的。审美体验中的意向客体与一般观念行为里的意向客体不同,后者是认知对象,而前者却是感性现象。这种对象虽不同于"物自体",但却是"粘连"于事物的物质材料。事情正是这样,"艺术对物质材料和感性不作任何区分,因为物质材料只不过是感性的深度罢

---

① [美]诺尔曼·布朗:《生与死的对抗》,冯川等译,贵阳:贵州人民出版社1994年版,第51页。

了"①。所以，当我们对马利坦所指出的"音乐是感觉，不是声音"的见解深表赞同时，必须清楚这个作为音乐的感觉必须以非音乐的声音为其存在基础。就像杜夫海纳所说："尽管贝多芬的《第七交响曲》是非现实之物，但我仍然需要身在音乐厅，耳朵听到声音，这个非现实之物才能呈现于我。"②唯其如此，审美活动归根到底总是"对象性"的。我们所要注意的，只是将审美对象同审美现象加以区分。虽然前者作为意向客体的物质基础同后者有统一性，但它毕竟只是激活我们的生命意识的审美媒介，而并非是一种审美存在。这种作为活的"现象"的审美存在并非自在之物，它仅仅"在"于我们的生命体验里，是我们神秘的生命力高涨的一种表现。所以，热爱以我们的个体性为前提的生命存在，珍惜不可逆的人生过程，这就是美所给予我们的最大启示。因为美正与我们真实而宝贵的生命活动相依为命，审美实践是生命的自我审视：只有在审美意识里，我们的关注才真正落实在自身的生命存在这一基本事实上。

---

① ［法］米盖尔·杜夫海纳：《审美经验现象学》，韩树站译，北京：文化艺术出版社1992年版，第116页。
② ［法］米盖尔·杜夫海纳：《审美经验现象学》，韩树站译，北京：文化艺术出版社1992年版，第237页。

# 第三讲　美的呈现

## 11. 艺术让人成为人

众所周知，孔子一生的事业是以"君子"为目标的人文教育。无论是他"不学诗，无以言"的主张，还是"兴于诗，立于礼，成于乐"的见解，以及"志于道，据于德，游与艺"的陈述，都指向了"艺术让人成为人"（the Art of being human）的命题。不仅如此，更重要的是在《论语·阳货》里，孔子还以四个关键词对这个命题做出了最精辟的概括，即"诗可以兴，可以观，可以群，可以怨"。清代学者王夫之曾在其《薑斋诗话》里评价道："'诗可以兴，可以观，可以群，可以怨。'尽矣。辨汉、魏、唐、宋之雅俗得失以此，读《三百篇》者必此也。可以云者，随所以而皆可也。于所兴而可观，其兴也深；于所观而可兴，其观也审。以其群者而怨，怨愈不忘；以其怨者而群，群乃益挚。"[①]他认为孔子这段话的四个关键词已经把诗的实质一网打尽了。这个评价十分中肯，但解释仍显不够，进一步来讲，还能从"诗"所产生的四大作用来理解艺术之所以能"让人成为人"的意义。

先来说"兴"。以往的理解中，"兴"多被看作一种与"赋"与"比"相对的艺术手法。中国诗学中有"三体三用"与"六义"说，即"风、雅、颂、赋、比、兴"，前三者为体裁，后三者为手法。朱自清的《诗言志辨》提出："兴"有两个意义，一是发端，一是譬喻，这两个意义合到一块儿才是"兴"。当代学者施蛰存更是将"比"与"兴"看作一回事，认为"比"是直接的比喻，"兴"是间接的比喻。文学史上的这些解释都有道理，但在今天看来，孔子的用法应该更具有一种"艺术本体论"方面的意义。还是王夫之说得好，他在《俟解》里强调："能兴者谓之豪杰。"换句话说："兴"是一种意气风发、激情昂扬的生命状态，故往往为那些英雄好汉们所

---

① 　王夫之：《薑斋诗话》，贵之校点本，人民文学出版社1961年版，第21页。

拥有。当代学人叶嘉莹教授也持同样的见解,她提出:"什么叫'诗可以兴'?兴就是兴发感动,使你的心活泼起来。"①这符合孔子的本意。

《论语·子罕》中记述:孔子一行"在陈绝粮,从者病,莫能兴"这样处于饥寒交迫、大病缠身的地步,是很难再一如既往地展现"兴"这种生命力的。理解这句话的一种方式是俄国作家契诃夫的著名短篇小说《一个小公务员之死》。小说的主人公伊凡是旧俄时代的一名小公务员,他有一次在剧院看戏时不留神打了个喷嚏,将一些唾沫溅到了前面一名将军身上。这让他惶惶不安起来。在一次次地道歉又一次次地陷入更大的不安之后,不仅这场戏他已完全看不进去,最后居然一病不起为此送了命。这样一个故事对沙皇政治下的奴性人格进行了深刻的批判,同时反过来也昭示我们,"诗与兴"的关系的实质即"诗与人"的关系。"诗与兴"的命题里蕴含着"诗与勇"的关系。在人的生成中,"勇"这种品质十分重要。文明社会不同于蚂蚁世界,让人类生命与一般动物最终相区分的东西,是独立之思想、自由之精神。人文理念的两大关键词是:"自由人格"和"生命尊严",它们体现了人之为人最为基础的精神品质。用孔子的话说也即"君子不器"。他曾对此有过这么几点具体概括:第一,志士仁人,无以求生以害仁,有杀身以成仁;第二,具有"刚、毅、木、讷"的人格特征;第三,不得中行而与之,必也狂狷乎;第四,具有"三军可夺帅,匹夫不可夺志"的大无畏气质。

显然,构成君子人格内涵的基础品质是一种"勇"之气,它体现了儒家视野里"天道"与"人道"的合一,所谓"天行健,君子以自强不息"(《象传·乾卦》)。艺术虽然无法让一个习惯于被奴役的小公务员挺直身躯,却能让普天下所有不甘心做奴隶的人站起来。古往今来,当读者们为那些优秀的艺术经典所深深打动时,他们之所以热泪盈眶是因为心怀感激。虽然那些优秀艺术作品风格各异,但殊途同归于一个目标:让人成为"人"。以一曲《我的太阳》为世人铭记的意大利歌唱家帕瓦罗蒂,之所以能够享誉全球并非仅仅因为他是"高音C之王",而是由于在他那浑厚饱满的激情中,蕴含着人类的力量与尊严。这就是为什么古往今来我们一直尊重民间艺人们的辛勤劳动、欣赏他们的才华,但我们过去曾经,今后也仍会将最热烈的掌声和最真挚的感激,给予那些以他们所创造的伟大作品影响了我们一生的艺术家。如果说坏艺术是人生的麻醉药,那么优秀艺术则属于尼采所说的"生命的兴奋剂"。它能帮助我们渡过人生的难关,承受生命的考验。从贝多芬的《英雄交响曲》到德沃夏克的《致新大陆》、从莎士比亚的

---

① 叶嘉莹:《叶嘉莹说汉魏六朝诗》,北京:中华书局2007年版,第376页。

《哈姆雷特》到契诃夫的《万尼亚舅舅》、从马蒂斯的《生命之舞》到夏加尔的《散步》、从普希金的《致大海》和艾略特的《荒原》到保罗·艾吕雅的《自由》、从托尔斯泰的《战争与和平》到曹雪芹的《红楼梦》和金庸的《笑傲江湖》,进入伟大的艺术长廊去重温曾经拥有的体验,让我们明白了人何以是人。

再来说"观"。通常意义上,观即看。有一句诗曾广为流行:你站在桥上看风景,看风景的人在楼上看你。算不上有多么的杰出,但它的流行表明了一个事实:"观看"是人与世界最基本的关系。喜欢观看的人除了孩子和老人,就是诗人。李白在《独坐敬亭山》中写道:"众鸟高飞尽,孤云独去闲。相看两不厌,只有敬亭山。"诗之所以流传,也就是因为其道出了"诗人即观者"。俄国学者什克洛夫斯基曾以"用另外的眼睛来看世界"[①]这句话来界定艺术家。英国作家康拉德也认为:"艺术最主要的目标就是要使你看见。"[②]经验同样告诉我们,只要在美术博物馆待上几个小时后再走出来,"会发现眼前的世界不同于原先看到的世界。我们看到了过去没有看到的东西,而且开始以一种新的眼光观看。"[③]尽管"观"这种行为在我们的日常生活中并不自觉,但其实很重要。那么,艺术家究竟想让我们看到什么?在艺术中我们究竟"看"到了什么呢?许多年前,法国画家戴奥多尔·卢梭在某处专注地画着一棵橡树,一位法国农夫看到后大惑不解地问道:"为什么您要画那棵树,它不是已经在那儿了吗?"艺术的问题就在于,为什么我们有了能吃的苹果还不够,还需要塞尚和梵高们乐此不疲地去画它?

回答当然很简单:户外田野上一棵真实的树对于人类首先具有十分实用的作用,比如提供让人纳凉的树荫与取火的木柴等。而一幅画中的树只有一个用处,那就是被人"观看"。画布上的树不具有"实际存在"的特性。但正如一位美学家所说,问题的关键在于:"这棵树没有因为它的非实在性而枯萎。"[④]那么"画中之树"的生命力何在?透过艺术家所展现的这棵"虚幻"的树,我们看到了一些并不虚幻的东西,那是什么?"一棵树并不

---

① [俄]维·什克洛夫斯基:《散文理论》,刘宗次译,南昌:百花洲文艺出版社1994年版,第326页。
② [美]霍华德·奈莫洛夫:《诗人谈诗》,陈祖文译,北京:生活·读书·新知三联书店1989年版,第17页。
③ [美]拉尔夫·史密斯:《艺术感觉与美育》,滕守尧译,成都:四川人民出版社2000年版,第60页。
④ [德]汉斯·昆·伯尔等:《神学与当代文艺思想》,徐菲等译,上海:上海三联书店1995年版,第37页。

是为美而生。它首先是有用的,提供树荫、木柴等。相反,一幅画,只有一个目的,就是美。"①美不是"认识"而是"欣赏"。作为"观者"的诗人乃是"被这个世界深深迷住的人"②。用什克洛夫斯基的话说:艺术教我们看和理解世界,而世界如此经常地被欺骗和血迹斑斑。③生活中存在着许多不同的观看方式:观察与揣摩、研究与思索、欣赏与体会,等等。无可置疑地,它首先具有一种"认知"的特性,是我们认识世界的主要方式。意大利学者维柯说过:探求真理是人的第一特性。④但杜威却表示,人类在根本上不是为了真理而存在,而是为感觉和情感的愉快而活着。孔子也早有"知之者不如好之者,好之者不如乐之者"的说法。二者其实并不矛盾。在孔子的视野里,作为人生楷模的君子是一个快乐的人。所谓"君子坦荡荡,小人长戚戚"。所谓"人而不仁,如乐何","不仁者不可以久处约,不可以长处乐"(《论语》)。但这样的人当然不是不辨是非的浑浑噩噩之徒,而是有"知"之士。

毕生倡导"发愤忘食,乐以忘忧"(《论语·述而》)的孔子,明确提出了一个伟大的命题:"知者乐"(《论语·雍也》)。为了成为"乐者"必须成为一个真正的"智者"。真正的"有德之人"首先是"有识之士"。对知识论的批判并不是简单地摒弃知识,而在于重新反思"什么是知"和"知什么"。与所谓"世界是什么"的问题相比,"人该往何处去"的问题显然更为迫切和重要。所以当孔子的一个学生向他请教"什么是知"的问题时,孔子明确回答"知人"。正是这种思想将我们引向艺术的意义。艺术让我们拥有一种逃离那些"观念的牢笼"的可能性。因为"美学的根基在其感性中",而"审美的天地是一个生活世界"。⑤艺术实践与生活世界之间所具有的这种"直观性",使艺术成了我们获取智慧的一条重要途径。比起天文地理的知识,这种事关价值选择的智慧更为重要。世界上存在着两种形态的认识活动,一种是工具理性视野中关于外在物质世界规律的科学认识,另

---

① [法]多米尼克·费尔南代:《美丑》,朱存明译,上海:上海文化出版社2000年版,第77页。
② [美]R.W.爱默生:《自然沉思录》,博凡译,上海:上海社会科学院出版社1993年版,第108页。
③ [俄]维·什克洛夫斯基:《散文理论》,刘宗次译,南昌:百花洲文艺出版社1994年版,第372页。
④ [意]维柯:《维柯论人文教育:大学开学典礼演讲集》,张小勇译,桂林:广西师范大学出版社2005年版,第15页。
⑤ [美]赫伯特·马尔库塞:《审美之维:马尔库塞美学论著集》,李小兵译,北京:生活·读书·新知三联书店1989年版,第123、113页。

一种是价值理性视野里关于人类命运和存在意义的真知灼见。就像真话并非日常语境里如实道来的"实话",艺术提供的这种"真知"不是通常意义上的聪明才智,而是洞察世事人情的智慧。不同于知识总是凭借逻辑与概念来把握客体事物,智慧是根据生命本身来说明生命,指向存在的真谛。这取决于艺术给予我们一种不同的看世界的方式。

艺术之看的独特性有两点:以感受为基础的"直观"和通过直观而面对的"生活"。因为"生活的直观性质,是审美经验的第一要素"[1],也是以审美为宗旨的艺术的根本特征。所以有美学家指出,当亚里士多德急于从真实性方面,为艺术在与历史的竞争中提供一份辩词时,他其实犯了个错误:艺术的长处不是在知识论方面与科学进行PK,而是在知识论的维度之外开辟出新的天地。艺术的重点并不在于通常意义上的"认识世界",而在于"体验人生"。因此虽然说"历史可以把人们过去的事迹告诉我们,但是,只有诗人或其他艺术家,才能使我们重新生活在他们的经验的种种价值之中"[2]。在这个意义上,历史只是文献档案的保存者,而艺术才是我们最根本的"生活价值"的保存者。如果要将"艺术观看"的实质一言以蔽之,那就是从观念世界回到生活世界。"艺术召唤我们触摸、品味、聆听、审视这个世界,使我们摆脱了被布莱克称之为数字形式的世界,摆脱了种种抽象的东西和只具有理性的事物。"[3]法国小说家杜拉斯说得好:好好看看雨和生命。看看暴风雨、寒冷、虚空、失去的猫、这朵花和你。正是这些司空见惯的不起眼的琐碎平常的东西,构成了我们真实人生的方方面面。这就像温克尔曼所说:"如果任何一个幸福的人浑浑噩噩地不为自己的存在而感到高兴,试问所有这些阳光、行星、月色、星辰、天河、卫星、星云,完成了和正在完成着的大千世界的丰足、多彩,又是为何而存在?"[4]

作为人类,意味着始终处于观念之中,所谓生活,在很大程度上也就是永远面临不会终结的观念之战。哈耶克说得好:"要使大多数人失去独立思考是不难的",因为虽说我们是自己命运的创造者,但实际上"我们就是

---

[1] [美]拉尔夫·史密斯:《艺术感觉与美育》,腾守尧译,成都:四川人民出版社2000年版,第288页。
[2] [美]H.帕克:《美学原理》,张今译,桂林:广西师范大学出版社2001年版,第40页。
[3] [美]阿诺德·伯林特:《环境与艺术:环境美学的多维视角》,刘悦笛等译,重庆:重庆出版社2007年版,第170页。
[4] [德]J.J.温克尔曼:《论古代艺术》,邵大箴译,北京:中国人民大学出版社1989年版,第261页。

我们所创造的观念的俘虏"①。有人说过：谎言重复一千遍就成了真理。并不是谎言有这么大的诱惑，而是因为就像法国学者莫兰所说：从人类的黎明时期开始，我们观念的魔鬼就开始拖着我们，淹没了我们的意识，使我们产生超级意识的幻觉，以此来使我们变得无意识。在现实世界里"人们不是选择最正确的观念，而是选择最惊人的观念"②。比如二战时的德国，有一户与犹太人做邻居的日耳曼居民，在主人眼里，那位犹太人斯特恩先生是一个诚实亲切的好人。但在受到狂轰滥炸般的排犹宣传后，日耳曼先生开始觉得那个犹太人的表现不过是伪装，更显得险恶。③这些不胜枚举的例子能让我们充分意识到，以意识形态为中心的观念体系对人的控制力和对人类文明事业的破坏力。小说家米兰·昆德拉曾经指出：愚昧并不为科学技术、现代性、进步等让路，恰恰相反，它正随着进步一道成长。我们面临的不是无知，而是麻木无感觉。那些纯理性的观念被大众传媒增值，从而造成的巨大力量将碾碎一切感性，进而取消人类文明的特质。④以赛亚·伯林也写道："迫害并不是来自神经错乱，而产生于把骇人听闻的谬误深信为真理，进而导致罄竹难书的恶果。"⑤

这就是那些高智商的专家们，能够在貌似"科学"的面具下，以一种无动于衷的态度来面对骇人听闻的犯罪活动的原因。他们比普通民众更容易受到观念的侵蚀，是因为他们实质上是"观念人"。在《消费文化与后现代主义》里，著名学者费瑟斯通指出：知识分子的"知识中心主义"（intellectual centrism）有碍于他们把自己的实践当作实践来思考。通常所谓的"知识分子"，也就是指那些"只对观念感兴趣的人"⑥，是热衷于培育头脑的人，它在生活本身之外培育生活的意义。所以，对"观念人"的危害给予坚决的批判，这是现代有良知的知识分子的共同抉择。别尔嘉耶夫在《人的奴役与自由》里指出：人受观念的支配是人受奴役的一桩重要事实。

---

① ［英］弗里德里希·奥古斯特·冯·哈耶克：《通往奴役之路》，王明毅等译，北京：中国社会科学出版社1997年版，第152、11页。
② ［法］埃德加·莫兰：《方法：思想观念》，秦海鹰译，北京：北京大学出版社2002年版，第273页。
③ ［斯洛文尼亚］斯·齐泽克：《意识形态的崇高客体》，季广茂译，北京：中央编译出版社2002年版，第69页。
④ 李琛：《阿拉伯现代文学与神秘主义》，北京：社会科学文献出版社2000年版，第9页。
⑤ ［伊朗］拉明·贾汉贝格鲁：《伯林谈话录》，杨祯钦译，南京：译林出版社2002年版，第34—35页。
⑥ ［伊朗］拉明·贾汉贝格鲁：《伯林谈话录》，杨祯钦译，南京：译林出版社2002年版，第166页。

舍斯托夫也说过:"凡是想要消灭关于世界的谎言的人,都应当同观念,也仅仅是同观念进行斗争。"①埃德加·莫兰同样强调:"我们必须与观念进行一场决定性的斗争。""当然,我们已经说过,而且要再说一遍:消灭神话,让我们的观念单纯而简单地变成工具。"②正是面临这样的困境,才有了这样的疑问:"难道我不能得到一块坚实的立足之地,不能从怀疑和听天由命中解放出来吗?"③我们需要一个可以信赖的价值"根基"(primal mound),这个根基不属于任何观念体系,只能属于我们赖以立足的生活世界。现代哲学提出"回到事物本身"的呼吁,意思就是"回到先于知识的这个世界",也就意味着从"建构之物"回到实际经验,从外在世界回到"我们自己"。哲学家保罗·利科说:我生活的世界是我的所有行为的基础,是我的所有态度的根基,是先于文化多样性的根源。这个东西就是太阳升起和落下,或动物在泉水边漫步的世界。意大利后现代小说家艾柯同样认为:我们日常经验中会发生的事情是现时态的生活,没有多少本体论式的论断,我们叫它"真实世界"(actual world)。④

诚然,白雪皑皑的天地并不意味着人世的纯洁,美丽多姿的雨后彩虹并不是供我们行走的天桥。但正如一位思想家所强调的,我们不能不意识到这个事实:倘若日常经验尽是无法信任的骗人陷阱,假如连天空和无边无际的田野也无法令人信服,那么我们将一无所有。⑤所以必须铭记,"在这感官感受中的理解是我们立足于世的最根本的尺度"⑥。这与孔子所说诗可以"多识于鸟兽草木之名"相通。所谓"鸟兽草木",也就是"大自然的景观"⑦。这句话的意思当然不是指艺术作品可以成为科普读物或知识教材,而是指我们通过艺术现象来欣赏(直观)由那些鸟兽草木所组成的具体而生机勃勃的生命天地,可以通过艺术的视野意识到,在真实的生活世界里真

---

① [俄]列夫·舍斯托夫:《在约伯的天平上》,董友等译,北京:生活·读书·新知三联书店1989年版,第161页。
② [法]埃德加·莫兰:《方法:思想观念》,秦海鹰译,北京:北京大学出版社2002年版,第271—275页。
③ [德]汉斯·昆、伯尔等:《神学与当代文艺思想》,徐菲等译,上海:上海三联书店1995年版,第47页。
④ [意]安贝托·艾柯:《悠游小说林》,俞冰夏译,北京:生活·读书·新知三联书店2005年版,第81页。
⑤ [俄]列夫·舍斯托夫:《无根据颂》,张冰译,北京:华夏出版社1999年版,第84页。
⑥ [英]保罗·克罗塞:《批判美学与后现代主义》,钟国仕等译,桂林:广西师范大学出版社2005年版,第135页。
⑦ 叶嘉莹:《叶嘉莹说汉魏六朝诗》,北京:中华书局2007年版,第377页。

第三讲 美的呈现

正重要的只有一样东西：生命自身的"存在"。丰子恺说过："艺术的绘画中的两只苹果，不是我们这世间的苹果，不是甜的苹果，不是几个铜板一只的苹果，而是苹果自己的苹果。"什么叫"苹果自己的苹果"？也即不是供食用而是被欣赏的苹果。在欣赏的视野里，世界呈现出不同于人伦日用的特点："美秀的稻麦招展在阳光下，分明自有其生的使命，何尝是供人充饥的？玲珑而洁白的山羊、白兔点缀在青草地上，分明是好生好美的神的手迹，何尝是供人杀食的？草屋的烟囱里的青烟，自己在表现他自己的轻妙的姿态，何尝是烧饭的偶然的结果？"①它表明，艺术的"观看"就是让人懂得"欣赏"，所谓欣赏不是认识世界本质，而是去领悟生命本身。

　　就像塞尚曾提醒我们的："人们认为糖罐没有表情，没有灵魂。但它们每一天都在改变。先生们，要懂得把这些东西挖掘出来，应该明白，这些杯子碟子它们在交谈，说不尽的悄悄话。"那些水果就更是如此，它们喜欢让别人画。"它们来到您面前，散发着所有的香气，向您讲述生养它们的土地、滋润它们的雨水和它们期盼的黎明。"他这样谈到自己创作的静物画："当我用轻柔的笔触描绘一只美丽的桃子，或者表现一个散发着凄凉感的干瘪苹果时，我依稀看见，在反光中，它们正在交流对暗夜的共同畏惧、对于阳光的共同爱恋、对露水的共同记忆……"②比如杜牧《山行》的名句："停车坐爱枫林晚，霜叶红于二月花。"通过这种观的方式，人们能打开自我的心灵之窗。用清人况周颐《蕙风词话》中的话说："吾观风雨，吾览江山，常觉风雨江山之外，别有不得已者在。"艺术中的"观看"不属于"看图识字"的认识论，而是激励生命意识的价值论。欣赏的实质是以生命意识为中介的对美的体验，即便是面对抽象绘画中的空间构图和纯粹音乐里的音符旋律，"艺术体验的结果都能够激励自我的、旺盛的生命力"③。这有益于我们避免沦为一个情感麻木、感官迟滞的"智能人"。尼采说，艺术提供给我们的是一个"看不见的，却又生动激荡的精神世界"④。当代德国人文学者汉斯·昆说："每一位伟大的画家都以他的方式超越了可见的东西，使

---

① 丰子恺：《艺术趣味》，长沙：湖南文艺出版社2002年版，第20页。
② [法]约阿基姆·加斯凯：《画室：塞尚与加斯凯的对话》，章晓明等译，杭州：浙江文艺出版社2007年版，第157页。
③ [美]阿诺德·伯林特：《环境与艺术：环境美学的多维视角》，刘悦笛等译，重庆：重庆出版社2007年版，第32页。
④ [德]弗·尼采：《悲剧的诞生》，周国平译，北京：生活·读书·新知三联书店1986年版，第70页。

·141·

不可见的成为可见的。"①所谓"看不见的世界"和"不可见的可见",并不是神秘主义的玄奥之物,说到底它就是存在的意义。

就像20世纪小提琴大师梅纽因所说:那些伟大的"音乐之所以生存并呼吸,就是为了昭示我们:我们是谁?我们面对的是什么?"②优秀的艺术之所以优秀,就在于它能让我们在知道"身之所属"之外,意识到"心之所归"。正是这种"诗与知"的关系所具有的人类学价值,体现了"诗之观"的一个重要意义。从古代中国哲人孟子"充实谓美"的命题,到现代俄国美学家什克洛夫斯基的"艺术充实生活"③的阐释,无不是对艺术意义的这种认识论的诠释。但除此之外,艺术的意义也体现于它的"善"与"常"等伦理。雅斯贝尔斯说:同情让人成为人。朱熹也说过:"言君子所以为君子也,以其仁也。"④善良之心是成为一个"人"的核心,而平常之心同样也是这样的人所不能缺少的基本品质。人类尤其需要"不仅从一个个体、一个民族,而且从整个人类的角度来关心我们自己"⑤。这两者与诗有什么关系?其实诗之"观"不仅具有"益知"的功能,同时也有"孕善"效应。孔子常说"知者乐水,仁者乐山",就像水与山往往无法分离,真知的获取总是拥有扬善的作用。其在"诗"中具体落实于一个"群"字上。诗之"群"也即诗之"善"的一个维度。这同样可以从对艺术的欣赏方面理解。艺术欣赏以"共鸣"的方式发生,这种心理状态让我们在一种超越了男女老少以及古与今、本土与异国的差异中走到一起,体现出一种"人同此心,心同此情"的全人类性。这在于艺术作品的内容上具有一种普世精神。

诗人聂鲁达在其回忆录中写道:使诗人难以忘怀并感动得柔肠寸断的,乃是体现许多人的愿望的事情,哪怕只短短的一瞬间。这的确是经验之谈。"艺术也使人们意识到他们在起源与命运上的相互联合。"⑥正如一些学者所指出的,理解艺术的意义,必须将它"放在理解过去300(多万)或者400

---

① [德]汉斯·昆、伯尔等:《神学与当代文艺思想》,徐菲等译,上海:上海三联书店1995年版,第26页。
② [美]耶胡迪·梅纽因:《人类的音乐》,冷杉译,北京:人民音乐出版社2003年版,第136页。
③ [俄]维·什克洛夫斯基:《散文理论》,刘宗次译,南昌:百花洲文艺出版社1994年版,第378页。
④ 朱熹:《四书章句集注》,北京:中华书局1983年版,第70页。
⑤ [美]弗兰克·梯利:《伦理学导论》,何意译,桂林:广西师范大学出版社2002年版,第182页。
⑥ [美]约翰·杜威:《艺术即经验》,高建平译,北京:商务印书馆2005年版,第301页。

多万年以来由自然选择进化出来的人性这个框架之中"①。这让我们想起《告子章句上》中所言:"口之于味也有同嗜焉,耳之于听也有同听焉,目之于色也有同美焉,至于心,独无所同然乎?心之所同然者何也?"这真不愧为大师之问。味觉、听觉、视觉都属于生理层面,它们对于人类的共同性一目了然。那么在此基础上的人心难道就没有共同的需求吗?孟子的观点很明确:当然有,即"理也,义也"。中国传统中将这些东西以"天道"命名,实际上是指"人道",只不过借"天"的名义来强调其先验绝对性和权威性。

欣赏优秀艺术能让我们走出文化自恋。这体现了艺术的超越意义。小说家史铁生说:理想从不是为实现用的,而是为了引着人们向前走,走出一个美好的过程。人之为人的过程是一个从"阶级人"到"民族人"再到"人类的人"和"自然的人"的蜕变历程。这个旅途尽管艰难但并非不可行,这种希望虽然很小却是存在的。因为人的生命不仅仅是一种"社会"存在物,同时也是"自然"现象;因为文明不仅有历史性,还有超历史性。作为社会存在的人总是体现着党派团伙的情感恩怨与利益集团的冲突争斗。但作为自然生命的人却向世界展示出一种无可置疑的共相性,所谓生离死别与迎来送往,所谓病痛老苦与伤春悲秋。所以作为现代个体的我们,既会一如既往地对一代枭雄曹操的"对酒当歌,人生几何?譬如朝露,去日苦多"的感叹产生共鸣,也会对落难皇帝李煜的"林花谢了春红,太匆匆!无奈朝来寒雨晚来风"的吟咏,和"问君能有许多愁?恰似一江春水向东流"的抒发感到回味无穷。

这些帝王将相的作品,同样体现了一种穿越历史时空和观念障碍的人类普遍需求。当形形色色的"山头主义"将人们推向你死我活、势不两立的格局,那些优秀的艺术作品让全世界良知未灭的人们作为地球人而聚集到一起。这体现了艺术文化对于人类文明的"大善"。正是那些艺术杰作让我们意识到,人不仅仅归结为历史,还有一种根植于自然中的机制。这是所有真正懂得艺术并因此而热爱艺术的人们,为艺术着迷的共同原因。真正的艺术杰作让我们明白,人类的"家园"不是一个金碧辉煌的居所,而是由亲情、爱情、友情等构筑起来的温馨安全的天地。这个天地不是自利的城堡,而是向所有生命开放的普济苍生的空间。在伦理范畴里,这种普济天下的大善就是爱。这是个让人耳熟能详的辞藻,也是个仍需去蔽的概念。卡夫卡曾在同他的朋友雅努施的谈话中说,爱的解释其实很简单:凡是提高、充实、丰富我们生活的东西就是爱,通向一切高度和深度的东西

---

① [美]埃伦·迪萨纳亚克:《审美的人》,卢晓辉译,北京:商务印书馆2004年版,第16页。

就是爱。这个解释启示我们，爱这种感情不是一种通过血缘关系维持的私情，而是超越了这种私情的一种人世亲情。它能够成为人世间泯灭恩仇、消除猜疑的伦理纽带。即便我们对于"所有的艺术，不管是音乐、书法、舞蹈、诗歌、绘画，还是建筑，它们都深深地植根于人类普遍反应的共同基础之中"[1]这样的话心存疑惑；但那些优秀艺术给予我们的体验也使我们不能不承认，"人性实际上在人类的共同体中发挥着作用"，并赞同这样的说法，"艺术愿意……为人服务，愿意反抗今天所有丧失人性的东西"。[2]艺术的这种社会效应落实于诗之"群"上。

诗之"群"的特点是一种所有生命个体从封闭的自我堡垒的突围。所以它真正体现了一种"善"的力量，这种力量来源于艺术实践中生命意识的觉醒。缺乏对生命最起码的怜悯之意，让许多人成为没心没肺、冷酷无情的行尸走肉。这种同情心的产生需要两种因素，一是人类生命中先天具有的对生命的亲近感，二是通过适当的文化形态对这种基因的激励。哈佛大学著名生物学家爱德华·威尔逊曾以"亲生命性"的概念来命名人类先天的一种心灵能力，他认为热爱生命是人类的天性，"即天生具有关注生命或是其他类似的生命形式的倾向，在一些场合下，和那些生命形式之间进行情感上的交流"[3]。但这种人类能力需要以人的方式得到相应开发，而艺术无疑是其最佳途径。一位生态学家曾经提出："如果没有花的话，我们可能就不存在。"[4]这绝非耸人听闻之言。如果不首先理解花朵，就不可能开始理解美的吸引力。不同于果实的价值在于满足我们的物质需求，作为一种进化的策略而出现的花朵的吸引力，向这个为人类所主宰的世界展示了美的观念。

从这个意义上说，在人类的社会欲望与花木的自然历史间，隐蔽地呈现出这样一种互动关系：不仅是花借人而生存，同样人也借花而存在。不同于占有的自利性，欣赏中体现着一种友好和善意。花呈现着生命的短暂，使我们懂得珍惜。人类通过欣赏而懂得生命间的体贴与互助，领悟生命的实质不是无限地占有身外之物，而是真正珍惜自己有限的身内之事。人类

---

[1] ［英］恩斯特·贡布里希：《理想与偶像》，范景中等译，上海：上海人民出版社1989年版，第262页。

[2] ［德］汉斯·昆、伯尔等：《神学与当代文艺思想》，徐菲等译，上海：上海译文出版社1995年版，第36页。

[3] ［美］爱德华·威尔逊：《生命的未来》，陈家宽等译，上海：上海人民出版社2005年版，第161页。

[4] ［美］迈克尔·波伦：《植物的欲望》，王毅译，上海：上海世纪出版集团2003年版，第121页。

这种以生命意识为基础的欣赏能力，正是通过诗之"观"而被强化。因为只有在艺术中，我们得以与作为生命象征和根据地的大自然，进行最紧密的亲近。辛弃疾的《鹧鸪天》写道："一松一竹真朋友，山鸟山花好弟兄。"李清照的《怨王孙》里也说："湖上风来波浩渺，秋已暮，红稀香少。水光山色与人亲，说不尽、无穷好。"归根到底，是自然本身奠定了人性的基础，是人类在与自然的亲近中所唤醒的生命意识，让我们具有了悲天悯人之心，懂得了人际的关怀。正是在这个意义上，我们赞同"艺术的奥秘是爱"①的见解。因为诗之"群"的特点能给予人格培育以最为关键的"善"的核心。由此我们也意识到，"艺术赋予了我们哲学无法用语言直接表达的东西：全人类的整体性……"②

最后，诗之"怨"并不能简单理解为怨曲痛苦的心理内容，而是指体现日常生活中辛苦与不易的生命体验，是需要借诗以宣泄与慰藉的人之常情。南朝文论家钟嵘的《诗品》提出："嘉会寄诗以亲，离群托诗以怨。"不论是"亲"还是"怨"，总之都是人世种种感荡心灵的东西，是诗所要展示的"义"和所要抒发的"情"。宋代诗人黄庭坚赋诗说："与世浮沉唯酒可，随人忧乐以诗鸣。"这里所说的"忧乐"同样也就是"怨"，是日常生活中因人生的操劳而起的人之常情。所以钟嵘表示，使贫贱易安，幽居靡闷，莫尚于诗矣。当代学人钱锺书在《诗可以怨》这篇专论中提出：一个人潦倒愁穷，全靠"诗可以怨"获得了排遣、慰藉或补偿。这也说得通。关键在于，不能把"怨"简单理解成"抱怨"与"怨愤"之类的心理，因为这种心态是对生活世界的排斥。但显然我们还可以从与此不同的维度做出解释，即将它看作对存在的苦难的一种"正常"的生命意识的反应。这种"怨"所代表的人之常情不仅具有存在论意义上的普遍性，也因此而具有一种"正面"的积极意义，即它能帮助我们真切地品味人生、领悟生命的真谛。这是对孔子"诗可以怨"的深刻内涵的更贴近的解释，它强调了艺术具有培养人的平常心的功能，使我们能更好地体会"好日子坏日子都是日子"的道理，从而也懂得在羡慕别人的幸运时，能够珍惜自己所拥有的生命的馈赠。

---

① ［法］爱米尔-安托瓦尼·布德尔：《艺术家眼中的世界》，孔凡平译，沈阳：辽宁美术出版社1990年版，第155页。
② ［美］阿诺德·伯林特：《环境与艺术：环境美学的多维视角》，刘悦笛等译，重庆：重庆出版社2007年版，第185页。

## 12. 赋到沧桑句便工

从柏拉图起，西方美学史是漫长的"为诗辩护"的历程，其中的一大焦点乃是关于艺术杰作的奥妙的面面观。反观华夏文明，以"诗言志"为"开山纲领"的中国诗史，重心所在同样是关于艺术魅力的殚精竭虑。清人吴雷发的所谓"真中有幻，动中有静，寂处有音，冷处有神，句中有句，味外有味：诗之绝类离群者也"①，不过是这条美学轨迹的一个缩影。但"艺术怎样才能好？艺术家的生命之旅如何走向成功？"理论家们围绕这个话题的意见从来莫衷一是，而时代与社会的选择则往往不尽如人意。

"古往今来，一切傲然屹立在时代峰巅的至高无尚（上）的艺术，从未得到过最多的赞美和最公正的评价。是的，总是二流的艺术得到了时代所能给予的全部殊荣和人们至诚至忠的喝彩。"②曾经，与罗丹和马约尔三足鼎立于欧洲现代雕塑界的法国艺术家布德尔如此说道。西班牙画家塔比亚斯也指出："可以肯定的是，成功一词在今天只意味着喝彩叫好；成为明星和得到商业荣誉。这一切很难归于审美的范畴。"③而更早些时候，著名艺术史家格罗塞就早已说过，与世界上总有一种献媚公众的艺术受到时代的追捧形成鲜明反差的是："差不多每一种伟大艺术的创作，都不是要投合而是要反抗流行的时尚。差不多每一个伟大的艺术家，都不被公众所推选而反被他们所摈弃。"④诚然，吹毛求疵起来，艺术家们的此番言说未必没有破绽，前有毕加索和罗丹等伟大艺术家生前的名利双收为证，近有赵无极这样的杰出画家的艺术成功与社会赞美的同步而至。但这些个案不足以否认布德尔的见解的深刻性。不仅仅有那位闻名遐迩的独一无二的梵高的故事，更有眼前我们中国社会比比皆是的事实。尽管当下大大小小的"张艺谋们"只不过是借艺术的幌子捞取政治资本和经济暴利，这早已不是什么国家机密；但这丝毫不妨碍这些形形色色的艺术赝品得意地占据中国文化舞台，受到媒体的捧场和大众的瞩目。

这种情形说明了审美批评的失职，但问题的症结恰恰在于，就像普鲁斯特所说，艺术是一种本能，在审美实践中深思熟虑几乎等同于软弱无能。如同一位妇女生孩子无须懂得医学，一个男人恋爱不必熟谙爱情心理学，

---

① 轻言：《历代诗话小品》，武汉：湖北辞书出版社1994年版，第406页。
② [法]爱米尔-安托瓦尼·布德尔：《艺术家眼中的世界》，孔凡平译，沈阳：辽宁美术出版社1990年版，第120页。
③ [西]安·塔比亚斯：《艺术实践》，河清译，杭州：浙江摄影出版社1988年版，第87页。
④ [德]恩斯特·格罗塞：《艺术的起源》，蔡慕晖译，北京：商务印书馆1984年版，第13页。

第三讲　美的呈现

艺术家的"创作的行为并非来自对创作法则的认识，而是来自一种不可思议、不知其然的力量"[1]。无须赘言，这些来自伟大艺术家们的实践经验的总结，使任何寻找艺术杰作的神奇配方的企图总是无功而返。但这不能成为美学就此终结关于艺术奥妙的探索的理由。事情可以从两个方面来看，首先从主观上讲，"艺术向来都是要投入整个身心的事情"[2]，好艺术总是艺术家呕心沥血的结晶。但艺术家阵营历来由形形色色的人组成，清人方贞观分出三种：即诗人之诗、学人之诗、才人之诗。他认为唯有前者才是《风》《雅》之正传。[3]但再进一步来看，即便"诗人之诗"也存在创作态度上的差异。不能不承认，"严格说来，从来就没有单一的艺术冲动，正如没有单一的艺术活动一样"[4]。

事实上，一方面存在着许多凭兴趣和性情为文的作家，另一方面也有像别尔嘉耶夫那样总是想"用全部生命去写作"[5]的哲人，和如同弗施莱格尔那样坚持"艺术家如果不奉献出整个的自己就是一个无用的奴才"[6]立场的诗人，以及认为"要写出一句诗，必须穷尽生命"[7]的艺术家。所以，艺术从来不是只有一种样本的东西。如果说善用头脑能创作出基本合格的作品，那么在艺术价值的谱系上，由低向高可分出三大类：用情之作、用心之作、用命之作。以中国文学史为例，投入情感能产生艺术的上品，许多脍炙人口的唐诗宋词可以为例；用心之作能产生艺术的精品，诸如《西游记》《水浒传》《三国演义》能够为代表；而以生命为依托创作的东西则是艺术中的极品，这样的作品少之又少，《红楼梦》是最好的例子。比如作家王蒙在《我爱读〈红楼梦〉》一文里写道：

《红楼梦》是经验的结晶。人生经验，社会经验，感情经验，政治经验，无所不有。《红楼梦》是一部想象的书。它留下了太多的玄想、奇想、遐想、谜语、神话、信念。《红楼梦》是一部解脱的书。万事都经历了，便只有大怜大悯大淡漠大悲痛大欢喜大虚空。《红楼梦》是一部执着的书。它

---

[1] [法]马塞尔·普鲁斯特：《普鲁斯特随笔集》，张小鲁译，深圳：海天出版社1993年版，第177、134页。
[2] [捷]古斯塔夫·雅努施：《卡夫卡对我说》，赵登荣译，长春：时代文艺出版社1991年版，第44页。
[3] 轻言：《历代诗话小品》，武汉：湖北辞书出版社1994年版，第450页。
[4] [德]恩斯特·格罗塞：《艺术的起源》，蔡慕晖译，北京：商务印书馆1984年版，第236页。
[5] [俄]尼·别尔嘉耶夫：《自我认识：思想自传》，雷永生译，上海：上海三联书店1997年版，第216页。
[6] [德]弗·施勒格尔：《浪漫派风格》，李伯杰译，北京：华夏出版社2005年版，第118页。
[7] [法]莫里斯·布朗肖：《文学空间》，顾嘉琛译，北京：商务印书馆2003年版，第75页。

使你觉得世界上本来还是有一些让人值得为之生为之死为之哭为之笑的事情。它使你觉得,活一遭还是值得的。《红楼梦》令你叹息。《红楼梦》令你惆怅。《红楼梦》令你聪明。《红楼梦》令你迷惑。《红楼梦》令你心碎。《红楼梦》令你觉得汉语汉字真是无与伦比。《红楼梦》使你觉得神秘,觉得冥冥中有一种不可思议的伟大。①

无可置疑,这番评论道出了许多有识之士的共见。而这部小说之所以能在中国文学史上独占鳌头,无非是因为再没有哪一部小说像它那样以命相托。但艺术世界是一片任想象自由翱翔的天地,艺术之宫是一座人人都可以在那里得到教义的殿堂。"在艺术中不存在让人顶礼膜拜的偶像,也没有任何一个权威的理论可以放之四海而皆准。"②所以"何为艺术杰作"这个问题永远没有一个定论,艺术家们能够八仙过海、各显神通。但有一点不可背离:表现生命体验的质量。清代著名诗人赵翼的《题元遗山集》写道:"行殿幽兰悲夜火,故都乔木泣秋风。国家不幸诗家幸,赋到沧桑句便工。"国难未必会成全诗人,中国文学中五四以降关于"革命文学"的讨论足以说明问题。但末句却是至理名言。

艺术何为?小说家亨利·詹姆斯认为:"一部小说之所以存在,其唯一的理由就是它确实试图表现生活。"③无须讳言,这话听上去毫无新意,一点也不够后现代。但这话适用于作为一种文化现象的整个艺术实践,在普鲁斯特看来,一位艺术家给我们带来的乐趣就是让我们多了解一个天地,作品针对的是我们的生活,它要触及的是我们的生活。④而用诺贝尔文学奖得主福克纳的话说:"艺术家的宗旨,无非是要用艺术的手段把活动——也即是生活——抓住。"⑤那么,离开了所谓的世态炎凉和人生沧桑,"生活"又是什么?因而,关于"什么是真正的好作品"的争执最终似乎可以在这个概括上握手言和:关注现实的生活世界。所谓"世事洞明皆学问,人情练达皆文章"。关于如何才能博得缪斯女神的青睐的奥秘,曹雪芹在《红楼梦》里早已一语道破。以此而言,当代美学最为根本的命题仍可以一言以蔽之为"艺术与生活的关系",而这又可以从时间与空间两个维度来展开。

---

① 王蒙:《我爱读〈红楼梦〉》,见王蒙《逍遥集》,长沙:群众出版社1993年版,第70页。
② [法]爱米尔-安托瓦尼·布德尔:《艺术家眼中的世界》,孔凡平译,沈阳:辽宁美术出版社1990年版,第24页。
③ [美]亨利·詹姆斯:《小说的艺术》,朱雯等译,上海:上海译文出版社2001年版,第5页。
④ [法]马塞尔·普鲁斯特:《普鲁斯特随笔集》,张小鲁译,深圳:海天出版社1993年版,第133页。
⑤ 参见崔道怡等:《"冰山"理论:对话与潜对话》上册,北京:工人出版社1987年版,第107页。

第三讲　美的呈现

康德提出，时间与空间是人类认识世界的基本方式。这同样也是艺术家把握存在的基本途径。与冷漠寂静的无生命的空间相比，由具体而活生生的生命构成的生活世界，总是处于一个时间的维度之中。所以"艺术与生活"的关系首先也就是"艺术与时间"的关系。从美学角度看，"写作，就是投身到时间不在场的诱惑中去"[1]。但这不是指时间的消失，而是指时间的定格。普鲁斯特提出的"小说是时间心理学"[2]的说法无疑具有普遍性。

有一种主张曾在诗界盛行：愤怒出诗人。用中国古人的话说，也即"发愤之所为"（司马迁《报任少卿书》）和"大凡物不得其平则鸣"（韩愈《送孟东野序》）。这在广义的写作学上说得通，如果指艺术创作则似是而非。这是将艺术表达等同于个人的情绪宣泄，将审美实践混同于医学治疗。事实上，真正的艺术经验发生于生活体验的沉淀。一位美国诗人在介绍自己的艺术创作经验时曾经表示：一首诗成熟而诞生，常在引起写诗的事件发生了一段时间后，通常在半年之后。[3]或许如此确切的量化标准未必准确，但这里所涉及的"艺术与回忆"的命题值得注意。美学家马尔库塞曾经提出，"艺术，在其最基本的层次上，就是回忆：它欲求达到一种前概念的经验和理解"[4]。此话虽说带有文论家高深莫测的通病，但仍是有价值的见解。类似的心得我们可以从许多优秀艺术家那里得到回应。比如中国小说家汪曾祺就曾明确提出"小说就是回忆"的论点。在他看来，作家创作时"必须把热腾腾的生活熟悉得像童年往事"，让感情经过反复沉淀，这样才有可能创作出真正优秀的作品。还比如俄国作家契诃夫，他在回复一位编辑的约稿的信里写道："……您在一封信里表明一种愿望，要我就地取材，写一篇外国生活的小说寄给您。这样的小说我只能在回到俄罗斯以后凭回忆才写得出来。我只会凭回忆写东西，从来也没有直接从外界取材而写出东西来。我得让我的记忆把题材滤出来，让我的记忆里像滤器里那样只留下重要的或者典型的东西。"[5]在这样的经验论里，蕴含着诱人的创作奥秘。

需要进一步讨论的是两种回忆：自觉的回忆和不自觉的回忆。开创

---

[1]　[法]莫里斯·布朗肖：《文学空间》，顾嘉琛译，北京：商务印书馆2003年版，第12页。
[2]　[法]马塞尔·普鲁斯特：《普鲁斯特随笔集》，张小鲁译，深圳：海天出版社1993年，第239页。
[3]　[美]霍华德·奈莫洛夫：《诗人谈诗》，陈祖文译，北京：生活·读书·新知三联书店1989年版，第46页。
[4]　[美]赫伯特·马尔库塞：《审美之维：马尔库塞美学论著集》，李小兵译，北京：生活·读书·新知三联书店1989年版，第171页。
[5]　[俄]安东·契诃夫：《契诃夫论文学》，汝龙译，合肥：安徽文艺出版社1997年版，第225页。

了"回忆诗学"的普鲁斯特对此有过清晰的阐述,他将其作品的特点概括为"主要表现了不自觉的回忆与自觉的回忆之间的差异"。在他看来,自觉的回忆主要是一种理智和眼睛的回忆,它只能向我们呈现过去不真实的一些表面;然而在完全不同的环境中再次体验到一种嗅觉、一种味觉,会在我们身上不由分说地唤醒过去。这种被唤醒的过去,与由通过我们自己掌控的自觉的回忆的过去截然不同。①不难发现,被普鲁斯特确认为真正属于艺术家的这种"不自觉回忆",构成了我们怀念的基础。而怀念在艺术实践中具有举足轻重的意义。小说家略萨说过:"对作家来说,怀念是个很重要的东西。"②与受理智支配的自觉回忆不同,怀念属于"情感记忆",是储存主体生命意识的密室。不同于自觉记忆所扮演的档案化功能,它体现了一种价值筛选。别尔嘉耶夫认为:"回忆进行了选择,回忆不是消极地参观过去。"过去的美好事物不是实际经验的过去了的美好事物,而是属于现在的、经过了改造的过去的、超越现在的美好事物。③这里所说的回忆,事实上已不同于通常的理智性自觉回忆,而是以无意识的情感记忆为基础的怀念。它将我们的人生经历进行了沉淀和过滤,保留并放大了最值得珍惜的东西。所以当代法国学者布朗肖这样写道:"回忆把我从以别种方式将我召回去的东西中解放出来,它赋予我自由地召唤它并按我现在的意愿拥有它的那种手段,从而使我获得解放。回忆是对过去的自由。"④尽管这段文字带着标准的法国式的含混晦涩,但主要意思其实还是强调,存在着一种不同于接受案件审判时那种被动的回忆的心理活动,那就是自由自愿而情不自禁的怀念。

所以,让我们对命题做些修正:愤怒出"写手",怀念出"诗人"。真正优秀的艺术并不是供人宣泄的手段,而是人类和解的途径。让我们从具体的现象中来进一步认识这点,首先来读读德国"诗意现实主义小说"代表特奥多尔·施笃姆(1817—1888)的《茵梦湖》。这部中篇小说是这样开头的:"晚秋的一天午后,从城外倾斜的大道上漫步走下来一位衣冠楚楚的老人,看样子是散完了步准备回家去;在他穿的那双眼下不再时兴的带银扣的鞋上,已经扑满了尘土。"尔后写了老人回家后的情景,当他在一把古

---

① [法]马塞尔·普鲁斯特:《普鲁斯特随笔集》,张小鲁译,深圳:海天出版社1993年版,第241页。
② [秘鲁]巴尔加斯·略萨:《谎言中的真实》,赵德明译,昆明:云南人民出版社1997年版,第55页。
③ [俄]尼·别尔嘉耶夫:《自我认识:思想自传》,雷永生译,上海:上海三联书店1997年版,第274—275页。
④ [法]莫里斯·布朗肖:《文学空间》,顾嘉琛译,北京:商务印书馆2003年版,第12页。

实笨重的扶手椅上坐下来时,透过玻璃窗射进屋来的月光缓缓移动着,落在了墙头"一幅嵌在很朴素的黑色框子里的小画像"上。于是,"'伊丽莎白!'老人温柔地轻轻唤了一声,唤声刚出口,他所处的时代就变了,他又回到了自己的少年时代"。经过对其儿时岁月的回忆,故事展现了老人的如烟往事。而在小说的结尾时又回到了同样的场景,只是"月光不再照进玻璃窗,屋里暗起来了;可老人依旧坐在扶手椅中,手握着手,呆呆地凝视着前方"。包围着他的周边的黑暗如同一个宽阔幽深的大湖,将他的目光带到遥远的水波上,"在一些很大很宽的叶子中间,孤零零地飘浮着一朵洁白的睡莲"。老人就这样坐着,直到一位男仆进来,将他唤回到当下的生活世界。随后他把椅子移到桌前,拿起一本摊开的书,"专心一意地研究起他年轻时就已下过功夫的学问来"①。

以今天的眼光看,这样的叙述手法实在过于呆板。但这不妨碍这部小说读来仍能给我们带来一种独特的感染力,这来自于叙述者对往事的深深怀念。这种感情构成了这部作品的主要内涵,它生动地诠释了怀念对于艺术的重要性。更能说明问题的,是根据林海音的同名小说改编,由吴贻弓导演于1982年拍摄的电影《城南旧事》。该片曾在1983年获第三届中国电影金鸡奖最佳导演奖、最佳女配角奖、最佳音乐奖,以及1984年获第十四届贝尔格莱德国际儿童电影节最佳影片思想奖。影片的故事发生于20世纪20年代末,透过一个小女孩的纯真的眼光,展示了20世纪20年代旧北京那笼罩着愁云惨雾的生活。让我们通过文字的概括来重现电影镜头:

六岁的小姑娘林英子住在北京城南的一条小胡同里。一位总是痴痴地呆立在胡同口寻找女儿的疯女人秀贞,是英子结交的第一个朋友。秀贞曾与一个大学生暗中相爱,后大学生被警察抓走,秀贞生下的女儿小桂子又被家人扔到城根下,生死不明。英子对她非常同情。英子得知小伙伴妞儿的身世很像小桂子,又发现她脖颈后的青记,急忙带她去找秀贞。秀贞与离散六年的女儿相认后,立刻带妞儿去找寻爸爸,结果母女俩惨死在火车轮下。后来英子一家迁居新帘子胡同。

英子又在附近的荒园中认识了一个厚嘴唇的年轻人。他为了供弟弟上学,不得不去偷东西。英子觉得他很善良,但又分不清他是好人还是坏人。不久,英子在荒草地上捡到一个小铜佛,被警察局暗探发现,带巡警来抓走了这个年轻人,这件事使英子非常难过。在英子九岁那年,她的奶妈宋妈的丈夫冯大明来到林家。英子得知宋妈的儿子两年前掉进河里淹死,女

---

① [德]特·施笃姆:《施笃姆诗意小说选》,杨武能译,南京:江苏人民出版社1984年版,第1—36页。

儿也被丈夫卖给别人，心里十分难过，不明白宋妈为什么撇下自己的孩子不管，来伺候别人。后来，英子的爸爸因肺病去世。宋妈也被她丈夫用小毛驴接走。英子随家人乘上远行的马车，带着种种疑惑告别了童年。

显然，影片的故事简单得近乎无故事，没有通常故事片所具有的主要情节线索。而始终以"淡淡的哀愁，浓浓的相思"为基调，采用一种"串珠式"的结构和蒙太奇的手法，将三段并无因果关系的事件组合成了一个艺术整体。但这些恰恰也是这部影片的成功之处。它以一种辅之以舒缓节奏的散文化的表现形态，创造出了一种近乎中国水墨画般的宁静、淡泊、简约的意境，有效地形成了一种以心理情绪为主体的视觉文本。但除此之外，影片所采取的穿越岁月荏苒的时光隧道，进入"反顾与回忆"的童年视野，显然也对这部电影的成功起着举足轻重的作用。

将这种视野所拥有的审美效应发挥得最为淋漓尽致的，莫过于由意大利导演吉赛贝·托纳多雷创作的影片《天堂电影院》（1988），这部曾夺得戛纳影展评审团特别大奖、金球奖最佳外语片、奥斯卡最佳外语片等多项大奖的影片是一个最佳话题。故事发生在20世纪50年代中期的意大利西西里岛詹卡多村庄中的一家电影院里，描述一名叫多多的小孩子与"天堂电影院"的放映师阿尔弗莱德发展出的一段横跨数十年忘年之交的感情。那是一个单纯保守的时代，对于贫瘠落后的小镇人来说全镇唯一的乐趣就是挤在一个破破烂烂的叫作天堂电影院的地方看电影：

平凡小镇的纯朴居民，在这里度过无数美好的时光与令人怀念的岁月，曾经热闹过的电影院就像一位忠实的朋友，静静地陪伴着小镇居民走过数十年的沧海桑田与悲欢离合。放电影的是个粗鲁但是热心的男人，叫阿尔弗莱德。聪明伶俐的小男孩多多经常逃学跑到电影院的小放映屋里找他玩，看他怎么摆弄那些胶片。银幕上的每一段激情拥吻和每一场男欢女爱都被当作洪水猛兽，而且根据愚昧而且保守的政府官员的规定必须被删除，但却让少年多多充满了好奇。

于是，阿尔弗莱德不得不把那些黑白老电影中的爱情场面加以剪切，而小多多偷偷地将它们从放映师那里偷来保存。每当电影院里人头攒动，大家正在兴致勃勃地观看电影中男女主人公们的全情投入，电影就瞬间跳到下一个镜头，而下面已经是嘘声一片。小男孩多多喜欢这个光与影的魔力世界，他成了阿尔弗莱德的好帮手。然而不幸的事发生了，在一次火灾中阿尔弗莱德的眼睛被烧瞎了，从此小多多真正担当起了放映电影的任务。

阿尔弗莱德爱抚地摸着小多多的脸，拿开手时，那张写满童趣的脸已经换成了一张俊秀的青年人的脸。多多长大了，他为小镇上的人继续放着那些剪过的电影，他还爱上了美丽的女孩艾莉娜；后来他不得不离开艾莉

第三讲　美的呈现

娜去服兵役；他在回到小镇之后约艾莉娜来天堂电影院见面，可是艾莉娜没有来。阿尔弗莱德对痛苦中的多多说：你走吧，去看看外面的世界，离开这个让你伤心的地方，好好干一番事业，永远都不要回来！于是多多告别了母亲和妹妹，踏上了离乡的路。

长大成人的多多离乡背井多年，事业有成，但感情仍旧十分漂泊，而且与家乡的人、事、物渐行渐远。忽然一天，许久不曾再重返家乡的多多接到家乡的来信，要他回去一趟，因为阿尔弗莱德过世了，但留给他一样东西，于是多多再度回到阔别已久的故乡。乡音无改，但人事已非，连新天堂戏院也拆除了。葬礼结束后，已经成为著名电影导演的多多在小镇人的簇拥中和老朋友们寒暄着，然而他的神情却总是有些落寞和孤寂。他终于看见了当年的恋人艾莉娜，她已有了一个幸福的家，与丈夫和两个孩子美满地过着日子。

都已经苍老的多多和艾莉娜在海边重逢。他对她说：你没变，还是那么美丽。艾莉娜提起了过去，多多激动地问："当年你为什么没有来？这么多年来我无时无刻不在想着你。只有你，才会给我那种和小时候父亲给我的一样的心碎感觉。"这些话让艾莉娜的眼泪流了下来，她说那天她去赴了约会，但只遇到了阿尔弗莱德。阿尔弗莱德告诉她说多多已经决定放弃他们的爱情，要远走高飞。两个人在这一刻才明白了一切，他们微笑着互相看着，在动情的拥抱中了结了这段情感纠葛。多多要离开小镇回罗马了，临行前他来到天堂电影院所在的广场，老的天堂电影院将被拆掉，所有的小镇人都聚在一起，看着曾经给他们带来欢乐和笑声并且铭记了一个时代变迁的影院在眼前消失。

广场上那个30年前的疯子依然说着30年前的疯话：这个广场是我的。多多带着阿尔弗莱德留给他的纪念物——满满一卷胶片回到了罗马，坐在自己舒适的放映厅里，他开始看那卷胶片。刹那间他被眼前的这部影片惊呆了，原来那是当年所有被阿尔弗莱德剪掉的老电影中的爱情镜头！正是他当时千方百计想要留下的热恋中的男女主角的每一个吻！他们被拼在了一卷胶片中，那么真切、真实、甜蜜、热烈。在丧礼上不曾掉过眼泪的多多，独自一人哭了起来。[①]

这是一部可以作为典范的怀念之作，影片的半自传性强化了这个特色。在几年前的世界电影人活动中，这部影片被评为20世纪最佳电影之首。因为虽然这几乎只是一老一少两个人间的故事，但它却提供了我们太多关于

---

[①] 参见姜静楠：《意大利电影经典》，北京：对外经济贸易大学出版社2004年版，第211—213页。

人生的思考。比如，在这个故事里无疑是阿尔弗莱德改变了多多的一生，他把多多带进了电影院，在教会了多多放映电影的同时也让多多明白，真正热爱电影便不能仅仅是会播放电影。为此他甚至阻拦了多多与艾莉娜的爱情，促成了多多远离家乡去创造自己的事业，并告诉多多：永远不要回来。阿尔弗莱德的教诲和鼓励让多多最终成为影坛名人，也断送了多多宝贵的初恋。在某种意义上，是阿尔弗莱德同时给予了多多幸福与悲伤。所以当影片结束时，有一个问题被留给了观众：多多是如何去理解阿尔弗莱德当时"骗"他的那个决定的？

当然，这其实是个没有答案也不需要回答的问题。因为生活不是科学竞赛，它无法进行对与错的选择，而是要你体验亦此亦彼的两难。就像卡夫卡所说的那样："人们为了获得生活，就得抛弃生活。……人们不得不走向远方，去寻找已经离开的故乡。"① 正是通过深深的怀念，我们领悟到生命的存在。怀念是我们今生今世唯一能拥有的东西，它是我们以毕生的体验为代价换得的对生命的大彻大悟，它让我们理解人生、亲近存在，获得情感的释然。能够表达出这种体验的作品必定是真正的杰作。比如丹麦女作家凯伦·布里克森的名著《走出非洲》。在这部以散文体方式写成的具有纪实性的叙述文学里，同样有着以奇特壮观的大非洲景象为背景的远途打猎狮子、坐飞机在高空翱翔、参加土著居民的歌舞表演等传奇生活场景。所有这些异域风情都充满诗情画意，但作者的女性立场使她的叙述重点着眼于以农场生活为中心的个人体验。作者让我们在她的回顾里走近索马里的妇女和老人，草原上的蜥蜴与萤火虫、猴子与鹦鹉，以及吉库尤大酋长和来来往往的各路客人，还有在家里帮工与她一起度过了非洲生涯的当地厨师、小随从等。通过这些，作者不仅真切地写出了非洲，让我们感受到了那变幻的云朵下面的乞力马扎罗山周边绵延起伏的黛色峰峦，而且也表达出了她对土地、自然、人类的热爱，对友谊与爱情、事业与工作等的理解，以及对生命的深思。

这本书能加深我们对加缪这个见解的理解：小说是一种为怀念的情感服务的智力实践。② 如同作者在书中所说：身处非洲草原你会觉得"草是我，空气和隐约的远山是我，疲惫的牛群也是我"③。布里克森的文学实践不仅仅

---

① ［捷］古斯塔夫·雅努施：《卡夫卡对我说》，赵登荣译，长春：时代文艺出版社1991年版，第214页。
② ［法］阿尔勃特·加缪：《置身于苦难与阳光之间》，杜小真、顾嘉琛译，上海：上海三联书店1996年版，第166页。
③ ［丹麦］凯伦·布里克森：《走出非洲》，晨星译，北京：当代世界出版社2000年版，第222页。

是告诉我们,对人类命运与存在意义的思考既可以像托尔斯泰那样借助于重大的战争时空展开,同样也能够依托于平常的和平环境进行;更重要的是向我们证明了这个道理:艺术的质量不取决于场面的宏大刺激与情节的曲折复杂,而在于对人世体验的深度。

回忆给了我们生命中最好的沉淀。即使这些东西并不如意,在回忆中也增添了一份怀念。比如与印裔英籍作家奈保尔和拉什迪并称英国文坛非英裔作家三剑客的日裔英籍作家石黑一雄的,曾获1989年英国小说大奖——布克奖的《长日留痕》。这部以倒叙形式展开的小说,同样充满了一种怀念的气息。故事以现实主义的手法刻画了一战后英格兰的一位尽善尽美的男管家的典型——主人公史蒂文斯。对男管家而言,听命于主人,克制自己,尽心尽力地服侍主人是其全部的生活重心。史蒂文斯的父亲也曾是一位男管家,他把英国贵族传统生活中的男管家的行为准则视为其存在的最高尊严,这一点也影响了主人公史蒂文斯,他做得甚至胜过了父亲,他沉湎于自控自制,完全没有自我,几乎丧失了情感和良知。

他为之服务了三十余年的达林顿勋爵无意中被纳粹德国所利用,勋爵一度把希特勒的外交部部长里宾特洛甫引为知己,这些都影响了英国对德政策的制定,助长了对纳粹的纵容。史蒂文斯本可提醒主人注意德国人的用心,但他却谨守男管家的本分,不做任何努力,只要是主人的决定他都乐得从命。这种男管家式的盲目忠诚和无限度的自控,也让他在个人感情上变得迷失。他一次次虚伪地躲避女管家肯顿小姐对他的情义,一再挫伤她的感情,直到她说出有个人想娶她,而她并不十分愿意时,史蒂文斯还要掩藏自己的真实情感,违心地祝她幸福,肯顿小姐在一再表白无果后悄然离开。自控让史蒂文斯失去了心里爱着的女人,因为他相信一个顶级的男管家不应在工作中掺杂个人感情。

这种非人性的自控甚至让史蒂文斯对待其父的态度也不近情理。年老的父亲做了一辈子的男管家,最后有些力不从心了,他无奈地来到儿子身边。史蒂文斯给他安排了一份并不轻松的工作,以此来证明自己并无偏心。看出了问题的肯顿小姐数次向史蒂文斯提出,他的父亲已年老体衰该休息了。但史蒂文斯固执地坚持己见,没有听取忠告。终于,在勋爵府举行一次重要会议的夜晚,史蒂文斯的父亲病重不起,已是弥留之际。史蒂文斯为坚守职业的忠诚,在仆人一次次报警后,仍然坚守岗位,没有到父亲居住的狭小阁楼上去探望。会议结束时,父亲已经咽气了。在完成所有工作之后史蒂文斯才来看父亲最后一眼,男管家的职业操守又一次让他大大地违背了人之常情。

这个职业让史蒂文斯不知不觉间失去了人之常情,成了一架随时待命的机器。在达林顿勋爵去世后,史蒂文斯继续为来自美国的新主人法拉戴先生服务,为了表彰他的敬业,新主人恩准他驾车周游英格兰西部地区。一路上史蒂文斯对自己的职业生涯做了回顾,旅途中的见闻让他认识到,自己从不曾选择过属于自己的生活道路,他丧失了自我。在旅途中他发现了一个完全不同的世界,这里包罗万象,无拘无束,他甚至想去会见多年不见的肯顿小姐。他期望自己能把陷入他想象中的婚姻不幸的肯顿小姐解救出来,共同工作,再续情缘。会面进行得平静而略带伤感,肯顿小姐已经通过婚姻生活逐渐爱上了自己选择的人,史蒂文斯只能满怀惆怅地离开,再回到他那男管家的框子里。

  这部小说受到世界各地读者的好评,美国《出版家周刊》及多家杂志都曾以"一部精心杰作"这样的赞语给了它高度评价。根据小说改编的由哥伦比亚电影公司拍摄的影片,分别由演技卓越的安东尼·霍普金斯和埃玛·汤普森担纲男女主角,同样成为一部不可多得的杰作。但构成这部小说和电影艺术文本的核心的东西,无疑仍在于怀念之情。这种感情浓缩了故事中两位主角的生命历程,也让漫漫人生中最为珍贵的东西水落石出。往事如烟,是因为一切都已十分遥远;往事也因此并不远,因为它被永远定格在了记忆的那个瞬间。生命因此而拥有了一种伤感,这让所有能够进入我们回忆视野的生活世界,都被赋予了一种诗情画意。不妨再来看另一部作品《美国往事》。这部影片在结构上由两个时间段构成:1933年和1968年,不断的回溯与继续增强了"往事"的历史感,也强化了故事中人物的沧桑体验。尤其是头与尾的对接,更是凸现了这部作品的时间距离,让影片弥散着浓郁的怀旧情调。先让我们跟随影片的情节一起进入故事:

  1933年的纽约,伴随着《上帝保佑美国》的歌声,妓女伊芙走进房间,随后被匪徒枪杀。酒吧老板莫夫在匪徒的折磨下说出了黑社会人物"面条"的去处。鸦片馆,"面条"正在吸食鸦片,他拿起一张报纸,报纸上刊登着"警员袭击非法贩酒者,击毙三人"的新闻,并配有照片。这三人是"面条"生死与共的兄弟朋友。匪徒来到鸦片馆找"面条",在伙计的帮助下,"面条"逃走了。"面条"回到酒吧,杀死了守在那里的匪徒,救出了莫夫。"面条"拿了钥匙打开火车站行李寄存处的一个寄存柜,惊异地发现皮箱里只有几张旧报纸。他内疚而又迷惑地离开了纽约。

  1968年,年老的"面条"回到纽约。他来到了莫夫的酒吧,告诉莫夫他收到了一封信:"您的朋友的坟墓已迁往新址,敬请返里顾看。"莫夫不知所以。酒吧库房里,莫夫美丽动人的妹妹黛波拉在跳舞,年少的"面条"躲在厕所里通过一个小孔偷看。大街上,"面条"和他的三个小兄弟在混混波西的指使下焚烧了一个报摊。不久,"面条"结识了迈克斯。正值美国禁

第三讲 美的呈现

酒时期，五个人合伙干起了贩运私酒的非法活动，合计将钱存在火车站的寄存柜里，钥匙由莫夫保管，只有五人到齐时才能打开柜子。在街上，他们遇到了波西，波西开枪打死了最小的兄弟，"面条"为报仇杀死了波西，因此而入狱12年。

1968年，"面条"来到一座豪华高大的墓室里，那里安放着他的三个兄弟。他惊奇地发现了一把钥匙。他打开火车站原来的那个寄存柜，发现皮箱里满是钱，还留有一张纸条："下次行动的预付款。"1933年的监狱外，迈克斯来接出狱的"面条"。"面条"随后与兄弟们又干了罪恶的勾当，聚敛了一些钱财。1968年，"面条"在莫夫家看电视，晚间新闻报道贝利部长的第二个证人被枪杀了。记者采访了工会主席奥唐纳。1933年，"面条"和兄弟们救起遭到折磨的奥唐纳。此时的黛波拉已成为舞蹈演员，她拒绝了"面条"的爱情，去了好莱坞。不久，美国政府宣布取消禁酒令，断了"面条"他们的财路。迈克斯决定去抢联邦储备银行，"面条"认为这是自杀行为，坚决反对，但迈克斯一意孤行。在迈克斯情妇卡洛的提醒和请求下，"面条"决定向警察告密，让自己、迈克斯和另两个朋友以私贩禁酒的轻罪进监狱待上一段时间从而来救兄弟们，但不想却让他们送了命。

1968年，"面条"找到卡洛，卡洛告诉"面条"，迈克斯骗了他们。随后，"面条"找到了黛波拉。黛波拉已经是大明星。"面条"从黛波拉处得知贝利部长就是迈克斯，她嫁给了迈克斯，并生了一个儿子。"面条"应邀来到贝利部长的宅邸，迈克斯请求"面条"杀了他，因为是他设计害死了其他两个兄弟，使"面条"35年来生活在愧疚和自责之中，他还拿走了"面条"的一切：钱和女人。迈克斯正接受调查委员会的调查，自知难逃一死，他想死在"面条"手上以求得心灵的慰藉。"面条"拒绝了迈克斯，而且始终不肯认贝利就是迈克斯。他走到街上，一辆垃圾车从他身后不远处开过来，迈克斯跳进了垃圾车。1933年的鸦片馆里，年轻的"面条"躺在炕上吸食鸦片，他看着镜头，笑了起来。①

这部由好莱坞著名影星罗伯特·德尼罗领衔主演的影片，如今早已成为世界电影史上的一部经典。但显然从上面的梗概来看故事其实并不复杂，甚至多少还有点落入陈规俗套。分析起来，影片的魅力除了角色塑造的成功和演员表现的出色外，手法上对"往事"的反复强调不能不说也是重要因素。这些往事如同那些留有生命痕迹的"老照片"，几乎让人觉得因为岁月荏苒，就已经拥有了一种审美的属性。就像什克洛夫斯基所说的："种种

---

① 陈旭光、苏涛等：《美国电影经典》，北京：对外经济贸易大学出版社2005年版，第232—234页。

回忆不请自来，坐到我身旁。它们要来，不由我做主。"①为什么会这样？因为回忆中有我们生命的沉淀。所以回忆在某种意义上似乎就是怀念的同义词，它也因此而具有了一种审美的优势，让热衷于表达往日情怀的艺术家们屡试不爽。

艺术与生活的关系的另一个维度是空间。空间是现实世界的表现形态，也是艺术天地的存在方式。但由于对诸如"艺术是人类理想境地的表现"和"文学是对平庸生活的超越"这类说法的片面理解，许多时候，我们已有意无意地习惯于让艺术家将我们带往异国他乡，沉湎于种种奇闻异事之中。以至于"一般说来，诗歌可以多多少少分解成奇异而又各行其是的成分"②。但这种伪浪漫主义不仅败坏了我们的艺术口味，也损害了艺术文化的名声。当然，我们总是会被艺术家高超的审美想象力所吸引，在诸如《星球大战》和《哈利波特》这些来自遥远太空的传奇故事和关于科幻世界的神秘传说中，艺术的乌托邦展示出了它那永远的魅力。这种审美乌托邦性决定了艺术实践在空间建构上的"远方"与"彼岸"性。但问题是，不能不看到艺术还拥有另一个同样伟大的维度。这就是与超远距离的空间相反的，与我们日常生活世界的贴近。真正的艺术杰作不仅在实质上体现出对现实的洞察力，常常也需要在表现方式上拉近与生活世界的距离。

袁枚的《随园诗话》里曾记载，当年的九华寺里有一副对联："非名山不留仙住，是真佛只说家常。"这是一句十分深刻的名言。假和尚往往需要讲究外在的包装，是因为他除了徒有其形，别无东西。真佛之所以"只说家常"，乃因为他懂得世界原本就是由日常生活所构成。这对于艺术而言同样重要。在一篇文章里，英国小说家毛姆曾借另一位作家司各特之笔，对女作家奥斯汀的小说艺术做了如此赞赏：奥斯汀小姐描写的是人们日常生活里的内心感情以及许多错综复杂的琐事，并没发生什么了不起的事，然而当你读到一页末尾时，为了知道接下来发生的事，你就急不可耐地翻过去；同样没发生什么大事，而你又迫不及待地掀动书页。使你这么干的能力是一位小说家所能具有的最大的才能，我常常纳闷，是什么创造了它。为什么即使你把这本小说读了一遍又一遍，而你的兴趣仍不减当年？凡是能领略奥斯汀的《傲慢与偏见》和《理智与情感》等小说魅力的读者想必都会承认，毛姆不愧为一代文学巨匠，他对奥斯汀作品所做的此番分析实

---

① [俄]维·什克洛夫斯基：《散文理论》，刘宗次译，南昌：百花洲文艺出版社1994年版，第304页。

② [法]马塞尔·普鲁斯特：《普鲁斯特随笔集》，张小鲁译，深圳：海天出版社1993年版，第175页。

在准确。事情诚如毛姆所说:"一部作品之所以成为经典,并不是由于评论家的交口称誉、教授们的分析阐释或是在大学课堂里进行研究,而是一代一代的读者在阅读中获得乐趣和精神食粮。"[1]对于艺术作品的价值而言,再没有什么能比让几个世纪的读者的喜爱更能说明问题的。所以,当我们为种种光怪陆离的传奇故事所吸引时,不能忽略了恰如其分地表现日常生活的意味的能力,这对于艺术有十分重要。

不妨再以根据刘恒的中篇小说《贫嘴张大民的幸福生活》拍摄的同名电视剧为例。这是一部关于大杂院里磕磕碰碰的故事的电视剧。在1999年乍暖还寒的初春日子里,活在社会底层的"张大民"和他挤挤挨挨的一家人,成了让广大北京观众最牵肠挂肚的人。据说《贫嘴张大民的幸福生活》播完的那个晚上,心急的人们快要打爆了电视台的总机,问的都是同样的话:"就这么完了吗?我们再看不见张大民了吗?"这种恋恋不舍之情曾经遍布于全中国的观众之中。故事描述了平民张大民带着两个弟弟、两个妹妹,还有一个老母亲过着平凡而艰辛的"幸福生活"。难以预测的生老病死、生活里的偶然意外、亲人之间的相互伤害,就是这家人的日常生活。但日子虽然困难,可也有天上掉馅饼的事。大民一直喜欢的邻家姑娘云芳,由于男友出国被甩,在家闹绝食,危难之际是大民凭着三寸不烂之舌,让云芳走出了失恋的痛苦投入了他的怀抱。接下来就是三民结婚,大民的儿子小树的诞生,妹妹二民小两口不和等让大民应接不暇的家庭琐事。

在这部没什么大起大落的戏剧冲突、也没什么另类不俗的风云人物的剧中,究竟有什么东西如此让人感动?故事只是写了当今中国社会那些最普通、也最弱势的人,怎么在被时代日益边缘化的情形下努力地活下来,熬过那些坎坷、辛酸、无奈而苦中寻乐。如果说《贫》剧最打动人心之处,是"在荧屏上塑造了一种鲜活的原生状态",这种说法只是习惯于制造概念的评论家们似是而非的高谈阔论。但作家一改通常的虚构手法对生活世界的"变形"处理,最大限度地呈现日常生活里人们的喜怒哀乐,这是事实。这种真实琐碎的生活细节和渺小的人生困境,让我们联想到自己。正是这种再普通不过的"人情味",让张大民和他的家人们的泪和笑带给我们一种深深的感动。

再来读读苏青的小说。这位曾与一代才女张爱玲齐名的小说家,其作品尽管在历史上一度被埋没,但迄今已在20世纪中国小说史上牢牢地占据了一个属于她的位置。苏青小说的成功表明,源于浪漫精神的诗性创造并

---

[1] [英]W.S.毛姆:《巨匠与杰作》,王晓明等译,上海:华东师范大学出版社1987年版,第86页。

不是男欢女爱的同义词，其骨子里乃是对世态炎凉的一份理解和对平凡人生的一种体贴。比如她的代表作《结婚十年》。小说的故事普通得不能再普通：出身乡绅大户人家的女大学生怀青，16岁时遵循父母之命订了婚，后便辍学同门当户对的崇贤成婚。但这场婚姻一开始就没有根基。谁都没有成心拆散这场婚事，谁也都不是太过分的人，仅仅只是因为双方当事人的年轻与个性，以及男人不可避免的自我中心和女人多多少少的小姐脾气，这对夫妻情谊耗尽，缘分终结。借叙述者"我"之口我们看到，使这段婚姻失败的祸首尽是些小小的怄气与摩擦，构成叙述焦点的也尽是些不起眼的小事。

比如女人头一回赚了稿费，幻想着得到丈夫的夸奖，而"事实到后来则是他吃了我的叉烧与酒，脸上冷冰冰地，把那本杂志往别处一丢看也不看"。比如女人想过一种富有生气的日子，但"吃过了早点，公公便看报，婆婆吩咐佣人买小菜。小菜买来后，婆婆便在厨房内吩咐指挥，鲜肉该切丝或剁酱，鱼该清炖抑或红烧，什么都要她的主意"。比如女人想尽力改变一点自己让丈夫满意，结果却让自己没了热情，使事情前功尽弃；而当男人试图与女人亲近时，女人"木头似的没有感觉，只想起件毫无趣味而无关紧要的事，对他说道：'我看厨房里的一块抹布已经坏了，最好把房里用的一块较好的抹布拿下去，把你的洗脚毛巾移作房间抹布用，再把我的手巾给你做洗脚布，我自己……'话未说完，他已经打个呵欠转身朝里卧，大家弄得兴趣都索然了。"苏青津津有味地向我们叙述着一切。虽偶有一点小小的讽刺但并没有控诉，有的只是对人世的理解与体谅。

比如故事里的公公婆婆虽受重男轻女的旧观念影响，对连生了几个女孩的媳妇不够关心，但叙述者仍写出了这对老人在被偷被抢家产渐空后，从乡镇来到大都市儿子家的种种尴尬；比如怀青夫妇让朋友们来请二老吃饭时，他们"对婆婆却有些过分客套，礼貌装得太繁多了，这不是尊敬简直有些近乎戏弄，她局促地吃不下几样菜"。幸好还有小孙女薇薇在座，"她是如何高兴而且好奇地询问婆婆这样那样的，使婆婆还能够因她而找到与别人敷衍几句的材料"。比如见到儿子终于也失了业而媳妇又将生产，他们感到实在难以再住下去，公公叹着气表示："……我们不好再在上海带累你们。杏英是个嫁出的女儿，我们仍旧把她送回夫家去；薇薇也跟着我们惯了，这次还是一齐回N城去吧，但愿明年养个小子，我就是挺着老命也要出来看，只要见他一面，便死也瞑目了。"话虽依然愚昧，但仍让人产生一种真切的同情。

张爱玲说得好："苏青最好的时候能够做到一种'天涯若比邻'的广大亲切，唤醒了往古来今无所不在的妻性母性的回忆，个个人都熟悉，而容易忽略的，实在是伟大的。"有人批评苏青的技巧不够，但张爱玲指出，苏青的技巧正在那不知不觉中，"喜欢花哨的稚气些的作者读者是不能领略的"。在苏青的这种平实无华的叙述中，有着一种"结实的真实"和"生之烂漫"，一种能让人"亲近人生"的东西。所以张爱玲认为：苏青属于"眼低手高"的作家，其实"她的俗，常常有一种无意的隽逸"[1]。这其中或许不乏某种趣味相投的偏爱，但并非廉价的捧场之言。苏青以她自身强烈的生命力，通过"没有一点做作"的文笔，写出了看似最平庸乏味的"现实生活的活力与热意"。在苏青的小说里，贯穿着这样一个差不多是陈词滥调的声音：珍惜生命、热爱生活。所以在《续结婚十年》的最后，叙述者也让"我"说道："虽然我自己从来没有得到真正的爱情过，但是我相信我的儿女们一定会有的，也肯给予人，不像我一般自私自利。我要为他们祝福着！我宽恕一切对不起我的人，也希望我所对不起的人们能够宽恕我；人生是如此……如此有意味呀！"体贴人生，这就是苏青叙事的诗性魅力与人文意义。

将苏青"结婚二部曲"的魅力进行总结，就是对真情实意的爱情生活的缺席的无奈与不甘。"名声不佳"的小市民女人"怀青"的期望，仅仅是想要一个家，一个由夫妻双方的真诚相待所支撑起的家。这是一个多么普通的主题，但也是一个多么艰难的问题。它涉及的不过是人之常情，以至于她的老乡王安忆认为，"《结婚十年》几乎是纪实小说，一点没有夸张的，如实记叙"。它凭借的是"不讲艺术的真实"[2]。但正是这些，成就了苏青小说艺术的永恒魅力。这让我们想起尼采的一段话："朴实无华的风景是为大画家存在的，而奇特罕见的风景是为小画家存在的。"[3]清乾隆时代进士张问陶，有两首论诗绝句对此概括得更好，一首是"跃跃诗情在眼前，聚如风雨散如烟。敢为常语谈何易，百炼工纯始自然"。另一首是"名心退尽道心生，如梦如仙句偶成。天籁自鸣天趣足，好诗不过近人情"[4]。这两首绝句不仅能够准确地概括苏青的《结婚十年》和《贫嘴张大民的幸福生活》这类作品，更重要的是其事实上还揭示了优秀艺术的成功奥秘。比如唐代著名诗人崔颢《长干行》之一："君家何处住？妾住在横塘。停船暂借问，或恐是同乡。"借一位旅途中妇女之口，道最为平常的问候，含多少人生况味于

---

[1] 张爱玲：《我看苏青》，见《苏青文集》下册，上海：上海书店出版社1994年版，第459—472页。

[2] 王安忆：《重建象牙塔》，上海：上海远东出版社1997年版，第49页。

[3] [德]弗·尼采：《悲剧的诞生》，周国平译，北京：生活·读书·新知三联书店1986年版，第224页。

[4] 羊春秋：《历代论诗绝句选》，长沙：湖南人民出版社1981年版，第316页。

其中。这首诗之所以能广为流传备受称道，就在于它是"以常语"而"近人情"的典范。

## 13. 一树梨花压海棠

从艺术实践来看，美学中的"艺术与道德"的命题，实质上是"艺术与色情"的关系。事实表明，在审美世界里不仅总是会有所谓"色情艺术"的一块领地，而且只要我们能够超越世俗的道德教条那就不难看到，在实践中要想在色情与审美之间划出一条明确的分水岭并非易事。

以西方造型艺术史为例，著名英国艺术史家克拉克指出：任何一种裸体像，无论它是抽象的还是幽幻朦胧的，都应该无一例外地煽动起观赏者那种性欲的感情，否则才应称之为邪恶的艺术和谬误的道德。但尽管如此，艺术作品兼容并蓄色情内容的能量依然非常之大。比如"10世纪印度的寺院雕刻便是肉体欲望的直截了当的昂奋表现，但那种色情欲念与表现雕刻意图的哲学整体密切相关，所以仍然是伟大的艺术作品"[1]。所以在艺术实践中，重要的从来不在于"能否表现"，而在于"如何表现"。但进一步来看则不难发现，对艺术与色情之关系的美学考量，其实不仅需要关注"如何表现"的方面，更需要澄清何以会"如此关注"的问题。在以往的美学中，一个基本的解释是为了强化我们的审美体验。这当然有一定道理。存在就是行动，生命就是体验，艺术就是对以"行动"为中心的"体验"的审美表现。精神并不是思想的同义词，艺术活动最基本的意义在于恢复并强化我们的感受，让我们通过学会更多地看和听去体验世界。所以，艺术文化必然蕴含思想元素并不意味着艺术得同化于思想，艺术需要诠释并不等于艺术作品有赖于诠释。经验表明，优秀艺术的一大共同特征是使我们从阐释的欲望中全然摆脱出来。"当人们看一幅画、听一曲音乐或读一首诗，并不是非得对这些作品作一番分析不可。观赏者接收到作品在他精神中激起的震动和反响，哪怕是模糊的，就已经足够了。"[2]

唯其如此，桑塔格的这个提议是深刻的："为取代艺术诠释学，我们需要一门艺术色情学"[3]。从"人是理性动物"到"人是政治动物"，无论人

---

[1] ［英］肯尼斯·克拉克：《人体艺术论》，彭小剑等译，成都：四川美术出版社1990年版，第6页。

[2] ［西］安·塔比亚斯：《艺术实践》，河清译，杭州：浙江摄影出版社1989年版，第23页。

[3] ［美］苏珊·桑塔格：《反对阐释》，程巍译，上海：上海译文出版社2003年版，第17页。

第三讲 美的呈现

类如何为自己进行界定，都不能否认人首先是一种性的动物。作为我们生命之源的性，也是我们生命力的基础。因此，艺术体验若要充满活力，就不能无视性的能量。从精神分析学来看，无可否认"情欲高潮是审美体验的一种肉体原型"[1]，艺术实践对于色情表现的青睐首先在于性生活的体验与审美体验的这种相关性。这无疑能够对许多优秀艺术对色情题材的关注给予某种解释，但却不足以说明艺术与色情之关系的全部奥秘。因为事实上，在艺术世界里既有雄浑博大的伟大作品，也有清澈单纯的天真儿歌。艺术的审美性并不单纯地取决于情欲的高涨。只要我们承认，以安徒生、王尔德、圣埃克苏佩里等为代表的童话写作，在艺术苑地里永远占据着一个重要位置；那就不难看到艺术的审美体验存在着两重性：即它既能随情欲的高涨而饱满，同样也会随情欲的去除而浓郁。这表明：当代美学对于艺术与色情的关系的考量，不能仅仅从审美效应的维度进行；同样还得另辟蹊径，从艺术对于生命的认识职能入手。人类一直面对两大问题：世界是什么？我向何处去？艺术无须澄清第一个问题，但却不能回避第二个困惑。虽然艺术有别于以世界为对象的科学认识论，但毕竟仍拥有以自我为对象的生命认识的功能。因而，除了强化审美体验的需要，艺术实践中对色情主题的兴趣，很大部分也在于人类自我探究的需要。

比如，按照以弗洛伊德的名字命名的现代精神分析学的立场，人类的无意识心理与色情冲动几乎就是同义词。这种观念迄今来看未免有些绝对。人是性的动物并不意味着人的生命需要除了性欲别无所求，心理学的研究表明，除了蕴含着种种非理性的甚至是犯罪的冲动，无意识同样也是培养人性中那些高尚情操的土壤。诸如良心、自我牺牲、道德感和爱，其实都是无意识情感。但无可置疑，色情冲动在无意识心理中通常占据着重要位置。比如法国小说家左拉的《娜娜》，描写了一位以性感闻名巴黎社会的娼妓。虽然娜娜以卖淫为生，但由于她"生就"了一个极为肉感的躯壳，没有沦为下等妓女，而是在十八岁左右当了演员。小说中有一段关于她饰演《金发的爱神》第三幕中的"爱神"再次出场时的场面的描述：

一种愉悦的震颤，马上颤遍了整个剧场。娜娜是裸体的。她凭着十分的大胆，赤裸裸地出现在舞台上。她对于自己能够主宰一切的肉之魔力，有十分的把握。她披着一块细纱，然而，她的圆肩，她那耸着玫瑰色的乳尖的健壮的双乳，她那诱惑地摆来摆去的宽大双臀，和她整个的肉体，事实上，在她所披着的薄薄一层织品之下，那白得像水沫似的整个皮肤任何

---

[1] ［德］西奥多·阿多诺：《美学理论》，王柯平译，成都：四川人民出版社1998年版，第304页。

一部分都可以揣想得出，不，都可以看得见。这是爱神刚刚从水中出来，除了发网以外头上没有任何遮面布。娜娜举起两只胳臂，她腋下金黄色的腋毛，在脚灯的照耀下，台下也都能看得见。……她没有一处不暗示人兴起急渴的念头，她把人带到性的妄想，她把欲的不可知之世界的大门，给人们打开了。

显然，这出以艺术的名义上演的戏剧，实质上是一次以女性裸体为焦点的脱衣舞表演。小说家刻画这个场面的用意，也正在于表现台下正在"观看"的形形色色的芸芸众生的色情欲望。所以在小说中接下去的一段对观众表情的描绘中，作者借故事里一位叫浮式瑞的记者的眼睛，将人们的好色心理做了淋漓尽致的呈现：

浮式瑞看看身边的那个逃学的学生乔治，已经被热情冲动得身子离开座位，站起了一半来。于是好奇心支使着他去看汪德夫尔伯爵，伯爵的脸色极端灰白，两唇闭得很紧——又去看看肥胖的史坦那，他的脸涨得发紫，将近中风昏倒的程度了——再去看看拉包尔代特，他正在那里带着十分惊讶的神色往台上斜睨，像一个马贩子在赞赏一匹形状完美的母马——然后再看看达戈奈，他的两耳通红，而且快活得直在那里抽动。于是，一个忽然的念头使他回头往后望，莫法夫妇包厢里的情状，使他惊讶。伯爵夫人和往常一样，脸色依然那么洁白而严肃；伯爵在她的身后坐得笔直，张着嘴，脸上斑斑点点的涨着红色；而紧挨着他的旁边，坐在黑影子里的那位舒阿尔侯爵那一对滴溜溜的眼睛，变得像猫一样，闪着磷光，散发着金火花。

在世界文学史上，左拉的写作以"自然主义"著称，但作者自己却强调是"实验小说"，声称要像外科医生解剖尸体一样，来探索肉体欲望在人类生活中的重要性。为此，通过详尽的细节展示以达到一种类似科学的客观性，是左拉写作的美学特征。借助小说家的眼睛我们看到，尽管许多人都是事先知道今天上演的节目，但当娜娜的肉体真的出现在大庭广众之下时，在场的男人和女人们超越了地位的差异和身份的不同，不约而同地出现了内心失控的忘我状态，陷入一种情迷意散的欲望冲动之中，被娜娜的身体所散发的"性欲的光波"所"降服"：

全场都屏住了呼吸，个个觉得自己出着汗的头上，连自己的头发都有点沉重。这三个小时以来，大家的呼吸，把剧场里的空气炙暖，并且填满了拥塞的人的味道。瓦斯灯摇曳的光辉之下，半空中飞腾着灰尘的迷雾。这迷雾因为停在大水晶吊灯下，一动也不动，于是不断地越来越加浓厚了。全场在疲倦与兴奋交错之中，满心都是热情的心底在夜半所撩起的欲望，于是个个都左右摇晃，个个都陷入于眩晕的境界。娜娜，在这个困倦

第三讲　美的呈现

的观众面前,在这戏将结尾时疲惫与神经紧张交袭下挤在一起而要闷死的一千五百个同类面前,依然用她那大理石一样洁白的肉,得到了胜利;她那天生的性感的特质,强烈得足以把崇拜她的这一群人整个毁灭,可是,毁灭了还见不到一点伤痕。

美国著名儿童动画艺术明星巴特·辛普森曾经说过:人类的眼睛什么都想看!而大量的经验则表明对肉体的"性趣"无疑尤为强烈。在左拉的这部小说里我们看到,"人们带着各式各样的性压抑、性郁积、性兴趣、性无知、性变态观看演出"。这宣告了欲望对于当代生活的统治。已经成为现代时尚文化一大中心的时装发布,其流行在于"明为看衣,实为看身"早已是公开的奥秘。

尽管左拉的《娜娜》对人的性行为特征和性欲勃发时的种种怪状进行了毫不掩饰的客观描写,并因此引来了诸多指责;但同上面引述的劳伦斯的描绘相比,我们也许可以"抱怨"左拉,他所执迷的科学主义立场其实对于读者毫无诱惑力。但有一点无可置疑,作家的形象化手法恰如其分地向我们揭示出这番道理:不管我们有何种宗教,多么有道德,色情幻想是人人都有的。① 中国古人一直习惯于以"风月无边"和"云雨无度"来形容。在很大程度上,这构成了我们的生命之惑。唯其如此,通过关注人类普遍存在的色情心理来探究我们的生命奥秘,这是许多优秀色情艺术的基本特征。

让我们从几部最具典范性的优秀色情艺术作品来说明问题。首先是小说《洛丽塔》。在某种意义上,这是一部始终引人注目,迄今仍难以为大众所理解的作品。小说于1953年一经问世便饱受非议,更在许多国家遭到封禁。1997年美国导演亚德里安·林恩将这本书再次搬上屏幕,由以《法国中尉的女人》和《卡夫卡》等影片驰名国际影坛的美国著名影星杰里米·艾恩斯饰演男主角亨伯特。影片的中文译名《一树梨花压海棠》来自苏东坡的一首调侃诗:"十八新娘八十郎,苍苍白发对红妆。鸳鸯被里成双夜,一树梨花压海棠。"这个老夫少妻的委婉说法,生动地突出了这个故事的主题所在。

"他们怎么能将《洛丽塔》搬上银幕?"1962年版的《洛丽塔》公映时的这段宣传语,从一个侧面昭示了这个特点。男主角亨伯特是瑞士上流社会的一个40岁的单身汉。多年后他前往美国开始写作生涯,在新汉普郡的一个私家花园里,他无意中看见了12岁的女孩多罗莱斯·黑兹(洛丽塔),

---

① 参见[美]阿尔伯特·莫德尔:《文学中的色情动机》,刘文荣译,上海:文汇出版社2006年版,第11页。

立即疯狂地被她吸引。为了接近她，他不惜与洛丽塔的母亲夏洛蒂成婚。在亨伯特与洛丽塔外出游玩时，洛丽塔引诱了亨伯特，夏洛蒂死后，亨伯特带着洛丽塔四处漫游。其间，洛丽塔逃走。几年后，当亨伯特发现洛丽塔已为人妇并怀有身孕，他终于步入不能自拔的境地，成了一个为欲望杀人的罪犯。"在早晨她就是洛，普普通通的洛，穿一只袜子，身高四尺十寸。穿上宽松裤时，她是洛拉。在学校里她是多丽。正式签名时她是多洛雷斯。可在我的怀里，她永远是洛丽塔。洛丽塔，我的生命之光，我的欲念之火。我的罪恶，我的灵魂。"在这篇以第一人称展开的叙述中，纳博科夫以他最擅长的心理描写表现了一段惊世骇俗的畸恋；借主人公临死前亲笔写下的"自白"书和日记本的形式，将一个羞怯、自闭、神经质男人的内心世界展示得淋漓尽致。

作者表面上以一个"老男人勾引小女孩"的故事设下一个艺术骗局，在深层次上反过来刻画了一位早熟的少女对成年男人的、包含于纯真之中的挑逗。故事里的女主角洛丽塔被称为一个"神秘的宁芙"，这个词（Nymph）在希腊罗马神话中指居住于山水间的仙女，而根据这个词根派生的英文Nymphomania则是指女色情狂。所以"宁芙"的意思特指可爱而放荡的年轻女性，而这就将故事的视线超越了由年龄的差异造成的对社会道德的挑衅，聚焦到了跨越生命时空的人类性欲的诱惑与沉沦之上。

其次来看看由意大利著名导演朱塞佩·托纳托雷执导的《西西里的美丽传说》。这部影片反映二战期间西西里的某城镇上围绕一位美丽女人玛莲娜发生的故事。她是众多男人的幻想。少年维里图就是其中一个，为她夜间遗精遭到父母痛打。这里虽然不是战场，但在人们心里却展开了一场战斗。影片是以少年维里图的视角展开的，通过青春期的骚动展示成人世界里的卑鄙欲望。美丽的玛莲娜是他的老师，他的性意识萌动从她开始。他和伙伴们每天放学就要奔跑到路边，等待着风姿绰约的玛莲娜从身前走过。他所能做的只是幻想，而周围那些成年男人却用直勾勾的眼神注视着她。虽然她是独居，但是丈夫在战场上，一般的男人只有眼馋的份。随着战争的进行，她丈夫阵亡的消息传来，同时玛莲娜在周围的人的嫉妒和欲望下丧失了工作，不得不以卖淫为生。这让那些男人暗暗窃喜，而让女人无比嫉妒。维里图眼前出现幻觉，见到玛莲娜与德国人疯狂做爱。由于难以忍受这种场面，维里图晕了过去。他的父亲把这看作性压抑，于是领他到妓院解决问题。维里图挑选了一个长相与玛莲娜相似的女人，如愿以偿地成了一个男人。战后，玛莲娜被嫉妒的女人殴打出小镇，男人们保持了沉默。当她残废的丈夫回来时，所有人只是嘲笑，只有维里图在深夜偷偷丢给他一张纸条，告诉了他玛莲娜的去向。而一年后，失去了美丽的玛莲娜和丈

第三讲 美的呈现

夫一起回来，重新回到平静的生活。有了女友的维里图目睹这一切的变化，并在一次帮她捡起打翻的菜时对她说了第一句话："玛莲娜女士，祝你好运。"①

不言而喻，影片投射出的不仅是一个少年的青春期萌动和性启蒙，还有围绕着对玛莲娜的欲望折射出来的世人内心的善与恶。但影片的重点所在并非是对社会群体这种冷酷无情的批判，而是通过少年的性心理折射出来的一种生命困惑。由身材高挑、黑发飘逸、美丽性感的意大利女演员莫尼卡·贝鲁奇担纲主角，更是突出了这个"欲望的迷失"的主题。少年偷窥的视线不仅限制了色情表达的粗鄙性，也增加了性挑逗的诱惑。

与此类似的是德国影片《教室别恋》。故事发生于第二次世界大战期间，少不更事的15岁少年史迪和他的一个37岁的女教师丝奥丽，发生了一段师生恋情。一个是对成熟异性充满热切期待，一个是对少年情意寄注深切爱意。于是又一段跨越年龄差距、为社会道德所不容的恋情发生了。

虽然此片在类型上属于"成长艺术"，影片中的细节也到处流溢着青春期的痕迹，着重表现青春期的男孩如何理解自己的性欲和情爱，并开始用自己的眼睛去探索和关注世界；尽管处于二战的背景，也为影片带入了相当一些反映纳粹主义对那个时代的普通德国人的生活的不良影响。从收音机里不断传出的希特勒的叫嚣，女教师的丈夫弗兰克经营羊毛袜的破产，还有史迪哥哥的死亡和随之而来的他父母不堪打击的痛苦，等等，处处反映出一个平静的时代的崩溃，但故事的艺术重心同样是在处于前台的男女性爱关系上。影片开头女教师讲授《论性交》一文，定下了这个故事的基本主题。

随着剧情的发展，女教师由开头的被动迎合转为了主动诱惑。这也改变了两人间这段超越世俗的恋情的性质。虽然彼此的行为后面都有着真实的生命冲动，但在精神方面却有着单纯与复杂的不同。女教师希望以脆弱的谎言作掩护来尽力延续这种交往，目的只是获得一种为生计所迫而她的性无能的丈夫无以提供的满足。而在少年史迪方兴未艾的性意识下面，我们不难发现一种寻找性爱之外的情感的努力。由于此，尽管女教师的行为完全能够得到我们的理解与宽容，但在美学上总显得有些黯淡。而当史迪最后不再理会女教师的诱惑，转而寻找那个对自己着迷的女孩时，虽然落入了一个"始乱终弃"的结局，但却并没有背上不必要的伦理包袱。

还比如秘鲁当代著名作家巴尔加斯·略萨的《胡利娅姨妈和作家》。这

---

① 姜静楠：《意大利电影经典》，北京：对外经济贸易大学出版社2004年版，第263页、第265页。

·167·

部小说以作家自己的一段真实经历为素材创作,以艺术的手法反映了小说家最终以离婚为结局的第一次婚姻。这次婚姻是作者在他18岁时,以一个还没有到法定结婚年龄的在读大学生身份,与比自己大10岁的准近亲(舅妈的妹妹)"胡利娅姨妈"缔结的。小说因此顺理成章地以第一人称叙述。故事开头,在舅舅鲁乔五十寿辰的宴会上,胡利娅姨妈刻意修饰了自己,加上那种纯真坦然的神情,让"我"迅速地吻了她的嘴唇。她惊讶得停下了舞步。在回家的路上,两人坐在车的后排,"我"拉起她的手,温情脉脉地紧握着。她虽没抽回去手,但神情颇为慌乱。一切就这样发生了。再一次去鲁乔舅舅家时,幸运地碰上只有她一人在家的"好事"。"我"搂过她来并亲吻了她,她既不拒绝又不主动,并带着好奇而沉静的神情说:"难道要我勾引小孩子们吗? 我可不干。"一起待了两个多小时后"我"对她说:"假如我结婚,一定不要孩子。"她笑着说:"这么说我也可以申请挂号了,是吗?"她对文学一窍不通,但反应机敏、语言风趣。晚上在中心公园散步时胡利娅姨妈说,一个娃娃和一个老太婆相爱,而且这个老太婆还是娃娃的姨妈,"我"纠正她道:不过是表姨妈而已。她说这事只能维持三年左右,然后"我"就会去找一个年轻的小姐生自己的孩子;而"我"则以"不管年龄有无差别,纯粹建立在肉体关系上的爱情是不会长久的"这样一句动听的话,来说服了她和自己。

值得一提的是,据作者交代,小说《胡利娅姨妈和作家》最初只打算写一个变成疯子的广播电视剧作者的故事,后来只是因为作者发现,如果将个人的经历写进去对突出本书的主题效果会更好,这才有了现在的格局。小说采用单偶数章节双向排列,单数章节是胡利娅姨妈与略萨的爱情故事,双数章节是广播剧作家卡玛乔的作品系列,二者互为补充、发生内在的联系。广播剧的故事最初都是独立成章的短篇故事,后来则逐渐关联、打通,直至完全成为一个整体。一方面,小说双数章节中的系列故事对人生百态中的种种情态和欲念,做了魔幻现实主义和结构现实主义的描写,读来让人十分享受。在某种意义上必须承认,如果没有这些系列短篇,仅"胡利娅姨妈与作家"的故事不足以支撑起这部作品。但另一方面我们同样不能不看到,如果这部作品只有这些内容而删去"胡利娅姨妈与作家"的叙述,那么这部小说则将变得毫无特色。小说最后的命名同样清楚地表明,这个跨年龄的超伦之恋乃是这部小说的精神所在。

以上四个艺术文本间存在着一种共同性:乱伦之恋、不轨之欲。它们或者是不同性别的老少配(《洛丽塔》和《西西里的美丽传说》),或者是超越血缘界线(《胡莉娅姨妈与作家》)和突破社会身份(《教室别恋》)的男女性爱。因此,虽然这些故事的具体背景各不相同,其所蕴含的社会内涵也相应有别；但它们的艺术特色却具有一种抽象性，即都指向超越文化时空和社会场景的生命追求。这种共同追求赋予了这些小说一个共同的关键词：人性。这个饱受理论家们抨击的概念，其实有其不可取代的意义所指，这就是人类作为一种生存物在生命层面的共性，意味着人作为生命个体的存在与成长所必要的需求的满足。

艺术活动是体现人类这种需要的文化现象，这构成了艺术的伦理取向。歌德说得好：人的错误正是使他显得真正可爱的东西。[1]俄国作家布尔加科夫也有一句精辟之言："人与天使的主要区别是，天使没有像人一样的、包容着整个世界的肉体始基的躯体。"[2]错误让人显得"可爱"，而肉体让人变得"可亲"。同不食人间烟火的天使和虽然留驻人间但已绝情去欲的圣人相比，总是自觉地凸显其肉体存在的色情的人，在扮演伦理道德的楷模方面肯定要逊色得多。但这并不意味着他和她就是不道德的，因为他们体现了人类生命最诚实的一面，而这种诚实并不妨碍他们成为我们的审美对象。

从人类文化上讲，再没有比上述这种"不伦之欲"更为色情的了。但显然，仅仅以诸如"每个男性在成长时都有一段走出恋母情结的经历"，以及"每个女人的生命中都潜伏着一个嫁父情结"这样的说法来概括，实在是过于浅薄。小说家略萨在评论《洛丽塔》时写道，这部小说的意义是，"其中所讲述的事是深深扎根于人性中最生动的东西：欲望和为本能效力的想象"。他明确提出："人类有权享受情欲，情欲的种种变化和差异完全应该受到尊重和保护，因为这与人性的复杂性有关。"[3]无须赘言，作家的这番见解事实上能够将上述这些作品的艺术特色一网打尽。需要补充的是，它们所表现出来的"人性的复杂性"也有着相对单纯的一面：生命的亲近与孤独。

不妨再来读一部作品：本哈德·施林克创作的德国当代畅销小说《生死朗读》。它用谋篇布局的悬念技巧，将爱情小说、历史研究和哲学思考糅合在一起，营造了一个文学特别擅长的绝对个性化人生空间。在这个生活空间里，一个15岁的少年与一个36岁的妇女共度了他们深情相爱不能割舍但最终又必须告别的20多年。小说以回忆的笔墨，叙述"我"15岁时以感谢路遇相助的名义去了她家，"我们"在厨房里说了什么已经记不起来了，

---

[1] ［德］歌德：《歌德的格言和感想集》，程代熙等译，北京：中国社会科学出版社1982年版，第33页。

[2] ［俄］谢·布尔加科夫：《亘古不灭之光》，王志耕等译，昆明：云南人民出版社1999年版，第125页。

[3] ［秘鲁］巴尔加斯·略萨：《谎言中的真实》，赵德明译，昆明：云南人民出版社1997年版，第307、68页。

但"我"记得她在熨衣,动作很慢、很专注。客观地说:她只有一副平淡、冷冰冰的女人面孔。但"我"却发现了她因为"我"的到来而变得漂亮。当"我"站起来准备走的时候,她说了"等一下!"表示自己也要出去一下,可以一起走一段。然后就是"我"在楼道里等她,她在厨房里更衣,以及他们通过门缝间的相互观望和对视,产生了化学反应,擦出了爱情火花。

与别的同类作品相比,这部小说的"社会维度"更加突出。36岁的电车售票员汉娜之所以一直孤身一人,是因为在纳粹时期她曾当过臭名昭著的集中营女看守。战后的汉娜隐姓埋名,为防被人认出而在各个城市更换居住地。白格的家乡竟是她居住时间最长的一个地方,整整8年,也许是他留下了她。她还是在某个时刻离开了他的家乡,但这并未能让她逃避被捕。终于还是有人认出了她的身份,两人在法庭上再相遇,汉娜作为罪犯接受迟到的审判,而白格是法学院的旁听生。汉娜服刑期间白格出于关心一直向监狱邮寄文学作品的朗读录音带,但当汉娜在即将刑满开始新的生活时,却还是选择了在监狱里自杀。这给读者留下了沉思的空间。但正如德国评论家克利斯托夫·施扎纳茨在题为《我把它一夜读完》的文章中所说,施林克的艺术或者说对技巧的放弃赋予作品的东西比政治教育意义要更持久。这个以"集中营"为大背景展开的故事,描述的仍是一个关于爱和性,接着是爱的背叛和爱之死的故事。它属于那种流芳百世的故事,人们会一遍又一遍地读它,为了找出自己到底能够做些什么。

这种思考让我们明白,作品通过一个超常的乱伦之恋,表现了一种最具普遍性的人际之爱:生命间的亲近。这番情爱从人格上讲是真正的理想爱情,因为他们彼此为对方敞开了真正的自我,并得到了各自内心的充分肯定和欣赏。分析起来,我们不难发现小说中有许多值得注意的东西。比如从15岁的白格方面讲,就有如下这些问题:一是他身为哲学家的父亲总是把家庭成员当宠物一样对待,他希望父亲能把他和其他兄妹当作生命和生活本身,但唯有哲学思考和教学写作才是父亲认可的生命内容;二是他与爱抱怨的哥哥和调皮的妹妹无法真正交谈内心世界;三是他的身体状况使他不能与同龄的班上其他同学正常交往;四是他因生病拖下的功课很快就会让他留级;等等。同样从汉娜方面来看也是如此。但真正重要的是,这是一对同处社会边缘的不同年龄和性别的人之间的对话,所以在他们两人的性交往中,关键的渴望不是性,而是通过性这种最私人化的接触和交流,寻求一种根深蒂固的生命的亲近,以便成为他们自己。

在这个意义上,这样的爱情实质上非常单纯质朴,虽违反世俗但并不错乱。在这种早熟的少年与成熟女人之间无法言说的情感里,混合着姐弟恋、母子恋、亲情恋和异性间性诱惑的种种成分。这种情感在西方古老的传说和现代的电影中都有细致的描述，是人类不朽的爱情诗篇中最古老、神秘、难以言说的一种。但不管是白格还是汉娜，他们都通过性的交流而迅速地让自己复活并成熟起来。"在我们的旅行中和自从旅行以来，我们做爱时已不仅仅采取上下位的姿势了。"他们的爱欲已经从肉欲中脱离出来，成为体现人性的最佳途径和表达关爱的最好手段。

所以，以性本能为基础的情欲仍然成为这部被渗入了许多政治与社会元素的小说的真正中心，因为只有通过这个焦点，小说所要体现的生命意识才能得到充分落实。这在小说的开头就已昭示无遗。比如：

我目不转睛地盯着她，从她的脖颈到肩膀，从她的那对只被衬衣围盖但并没有遮严的乳房到她的只被衬衣遮住的屁股。当她把一只脚放到膝盖上并坐到椅子上的时候，就可以看得见她的先是裸露、苍白，后又被长统（筒）袜装束起来的光滑的大腿。

她感觉到了我的目光，她很熟练地穿好了另一只长统（筒）袜，把脸转向门这边，看着我的眼睛。我不知道她是怎样注视着我的：惊奇地、疑问地、知情地，还是谴责地？我脸红了，我面红耳赤地站了一会儿，然后我实在坚持不住了，冲出了房间，跑下了楼梯，跑出了那座房子。

……她的身体很强健，极富女人味，比我曾喜欢过的、博得我的青睐的姑娘们的身体丰满……多年以后我才明白，并不是因为她的身体本身，而是她的姿势和动作让我目不转睛。我请求我的女友们穿长统（筒）袜，但我不想解释我的请求，我不想告诉别人那个令我迷惑不解的、发生在厨房与门廊之间的那一幕情景。这样，我的请求就成了寻求肆无忌惮的情欲、寻求高潮的一种愿望。一旦我的这种请求得到了满足，它也是以一种卖弄风情的姿态出现，并非那种让我目不转睛的姿态。汉娜并没有拿姿态，没有卖弄风情，我也不记得她曾拿过什么姿态，卖弄过什么风情。我只记得她的身体、她的姿势和动作，它们有时显得有点笨重。但那不是真的笨重……但那一次，她的动作并非慢慢腾腾，相反，它非常麻利、妩媚和具有诱惑力。但诱惑人的不是乳房、屁股和大腿，而是吸引你进入她的内心世界而忘却外部世界的一种力量。①

所以尽管他们似乎都曾想把彼此的情人关系变为友人关系，但他们在骨子里其实已是永远的"情人"。汉娜的离开不仅仅是自我保护，同样也包含着不拖累白格、让他重新开始自己的生活的情意。所以她让白格对两人最后一次的做爱留下了永远的情感记忆："她把我撩逗得兴奋不已。当我们

---

① ［德］本哈德·施林克：《生死朗读》，姚仲珍译，南京：译林出版社2000年版，第12—14页。

做爱时，我感到她要让我体验到到目前为止所有的感受，直到我不能承受为止。她对我还从来没有那么倾心过，但又不是绝对倾心，她对我从来没有绝对倾心过。但是，那情景就好像她要和我一起溺死一样。"在这样的文字里，我们得以透彻地领悟什么叫"升华了的欲望"。因为透过字里行间的描写，我们不难体会到人与人之间的一种刻骨铭心的生命的关切。正是这份超越生理反应的精神因素，让原本只是展示色情的场景成了呈现温馨的场面。这种氛围与情感赋予了这样的作品独特魅力，它给了我们丰富的体验和无穷的回味，也让作为一个美学命题的"艺术与色情之关系"，从这个具体案例中得到了一种澄清。

概括地讲，色情诱惑与审美体验相融于人的自然生命力的体现，换言之，力量和健康所具有的这些价值既是色情态度的对象，同时也是审美态度的客观对象。但尽管如此，我们仍然不得不认为："断言审美经验与色情经验完全一致当然是胡说八道。"[1]因为经验一再表明："如果性的欲望被过于强烈地激发起来，审美情感便不能成立。"[2]这就是说，优秀艺术完全可以是具有强烈色情因素的作品，但并不因此而成为纯粹的色情文化产品。因为前者强调的是"情"的交流，而后者侧重于"欲"的吸引。两者的区分常常显得十分微妙但却是根本性的。以影视艺术为例，如果单从性爱表现而言，不能不承认"电影中的性爱描写最后成功与否也像所有其他艺术一样，不取决于它是否具有道德价值，而是决定于它在视觉上的新奇和明晰，它的创新和出色的处理"[3]。但从艺术成就而言，除此之外还必须拥有更丰富的生命意识，否则其魅力就会受到限制。对此已无须赘言。把握这点有助于我们准确地将色情艺术作品与色情文化产品相区分。

色情艺术之所以仍然属于艺术，是因为其对人类性事富有情感的描绘与表现，能够让我们感受到与性相关的一种最亲密的感情，并由此而给予我们一种人性的温馨与生活的美好。而即使是好的色情文化产品，在根本上仍只不过是产生强烈生理快感的材料，其意义主要是给予接受者以极端的肉体刺激。与色情艺术由于体现了人性的深度而对我们具有一种永恒的生命诱惑不同，色情文化产品所产生的强烈生理刺激会不断要求更高强度的刺激，最终或者让主体因欲望的疲惫而彻底失去兴趣，或者则像所有瘾君子那样，在追求更强刺激的欲望中由于注射极端剂量而危害生命。两种

---

[1] ［德］莫里茨·盖格尔：《艺术的意味》，艾彦译，北京：华夏出版社1999年版，第186页。
[2] ［法］安德烈·莫洛亚：《艺术与生活》，郑冰梅译，上海：上海三联书店1989年版，第174页。
[3] ［美］托马斯·R.阿特金斯：《西方电影中的性问题》，郝一匡等译，北京：中国电影出版社1999年版，第96页。

色情现象的这种不同效应和结局,早已于《查泰莱夫人的情人》与《金瓶梅》中得到形象的体现。它提醒我们,对于艺术与色情的关系需要做具体的审视,简单的肯定与否定没有任何意义。一言以蔽之:对艺术与色情的关系需要进行具体分析,但做出区分的伦理依据,依然是这个无法回避的范畴——以互相关怀为基础的基本人性。

事实表明,在纯粹的色情文本中存在着彻底清除作为基本人性的温情因素的倾向。温情具有一种"对象意识",不仅考虑到对方的存在,而且是对这个异己生命的尊重。然而正如保罗利科所说,"在色情中,利己主义的快乐战胜献身的交换"①。所以在色情冲动中只有自我中心的"性",而没有本质上拥有一种利他精神的"爱"。这是人类文明永远有必要和权力对形形色色的纯色情文本进行伦理批判的理由。事情当然并不在于色情文化让处于赤身裸体的我们,意识到自己本质上仍是一个"性的人";而在于这种文化通过欲对爱的放逐而让我们在精神上沦为赤裸裸的利己主义者。

## 14. 美丽总是愁人的

在人类的审美实践中,忧郁体验曾经十分引人注目。尤其在19世纪,争芳斗艳的浪漫主义运动正是在忧郁这面旗帜下列队聚集,形成了一种声势浩大的审美主潮。"我出生在泰格图斯山麓,忧郁的海浪声是我听到的第一个声音",一代浪漫主义文学宗师夏多布里昂在《殉道者》里借主人公厄多尔之口说出的这句话,不仅是诗人的自白②,而且道出了那个时代普遍的美学基调。就像诗人拉马丁在一首诗里所说:"再见吧,最后的美好日子:大自然的悲凉/才与忧伤的心情相称,使我喜爱。"

朱光潜教授说过:浪漫主义诗人们往往从痛苦中摘取玫瑰,"对他们说来,忧郁本身已成为快乐的一个源泉"③。著名文学史家勃兰兑斯指出,表现忧郁之美是那个时代优秀诗人的共同特点,其成就上的区别在于所表现的忧郁的内涵。比如法国的斯塔尔夫人之所以一度成为诗人们的女皇,是由于"在她身上使得这个时代的忧郁情绪具有独特的性质"。也即这"不是当时许多男作家身上存在的以自我为中心而产生的忧郁情绪",而是"一个热情改革家的忧伤情绪"。同样地,如果说拜伦作为诗人的杰出是由于在他

---

① [法]保罗·利科:《历史与真理》,姜志辉译,上海:上海译文出版社2004年版,第192页。
② [丹麦]格奥尔格·勃兰兑斯:《十九世纪文学主流》第3册,张道真译,北京:人民文学出版社1986年版,第222页。
③ 朱光潜:《悲剧心理学》,北京:人民文学出版社1983年版,第157页。

的后期作品里"孤独感逐渐转变成了忧郁感";那么他之所以能成为那个时代最伟大的诗人,则是因为在拜伦诗中"它的忧愁和希望正是全人类的忧愁和希望",其中包含着"对人类一切苦难和哀愁的深切同情"。①就像他在《我的灵魂是阴沉的》诗里所言:"告诉你,歌手呵,我必须哭泣/不然这沉重的心就要暴烈/因为它曾经为忧伤所哺育/又在失眠的静夜里痛得长久。"诚然,那些多愁善感的故事迄今早已成为如烟往事。但那曾经如此感人至深的忧郁体验,是否已离我们而去?"许多年过去了,曾经逗我们那样欢笑,自己也如此欢笑过的朋友们都逝去了。"②当我们在阅读中同这些既熟悉又陌生的声音不期而遇,便会发现那种莫可名状的体验仍在身旁。忧郁意识从未、也不会彻底离我们而去,如何对"忧郁"与美的关系进行真正深入的研究,这也仍是现代美学所必须面对的一个问题。

忧郁意识曾经是人类诗性文化的源头,是造就艺术伟人所不可或缺的精神养分。俄国文学家契诃夫并不属于浪漫主义的阵营,但他也曾表示:"我的忧伤只是一个人在观察真正的美的时候所产生的一种特殊的感觉。"③有"幽默大师"之誉的俄国作家左琴科写道:"我一回想起我的青年时代,就感到惊讶,我那时怎么会那么忧伤……一切到了我手里就黯然失色。忧郁寸步不离地跟踪着我。……自当作家之后,我的生活发生了巨变。然而忧郁却一如既往。不仅如此,它光顾我的次数越来越频繁了。"④在法国诗人克洛代尔看来,"创造行为"是一种"包含着幸福与痛苦的混合物"。他在一篇散文里说:"为了让你懂得它,朋友,在一个阴郁的季节即将来临的时候,我将对你解说水的哀愁。"⑤在现代雕塑大师布德尔的身上,这种没来由的忧郁感更为强烈,他曾直率地承认,"我感到徐徐吹来的微风,弥漫着温柔和忧郁的情感",而在这微风中,"美在弥漫飘逸,美在展拓扩散,美也在忧伤惆怅"。⑥毋庸讳言,忧郁意识既能造就诗人也会毁灭诗人。据说历史上最后一位行吟诗人于1294年在西班牙的阿方索王宫去世,他留下的

---

① [丹麦]格奥尔格·勃兰兑斯:《十九世纪文学主流》第4册,张道真译,北京:人民文学出版社1986年版,第371页。
② [法]让·诺安:《笑的历史》,果永毅译,北京:生活·读书·新知三联书店1987年版,第5页。
③ 转引自[苏]叶尔米洛夫:《论契诃夫的戏剧创作》,张守慎译,北京:中国戏剧出版社1985年版,第179页。
④ [苏]米·左琴科:《日出之前》,戴骢译,天津:百花文艺出版社1997年版,第7—11页。
⑤ [法]保尔·克洛代尔:《认识东方》,徐知免译,天津:百花文艺出版社1997年版,第86页。
⑥ [法]爱米尔-安托瓦尼·布德尔:《艺术家眼中的世界》,孔凡平译,沈阳:辽宁美术出版社1990年版,第19、94页。

第三讲 美的呈现

临终之言是:"诗歌应该表现欢乐。但我在内心的忧郁压抑下,唱不起来了。"① 中国词人辛弃疾也说过:"少年不识愁滋味／爱上层楼／爱上层楼／为赋新词强说愁／而今识尽愁滋味／欲说还休／欲说还休／却道天凉好个秋"(《丑奴儿》)。其中的"跨文化"相通是显而易见的。

在某种意义上,艺术之道也就在于如何将忧郁体验成功地转化成审美的形式。事实表明,忧郁美向来是那些不同凡响之作的共同特征,置身于这些艺术杰作之中,我们到处都能感受到里尔克所说的那种"美得令人耳目一新的忧愁"②。比如中国古代首部诗集《诗经》。在某种意义上,正是忧郁意识构成了这部诗集的美学特色,所谓"心之忧矣,我歌且谣"(《诗经·魏风·园有桃》)。比如《诗经·王风》里的"黍离":"彼黍离离／彼稷之苗／行迈靡靡／中心摇摇／知我者／谓我心忧／不知我者／谓我何求／悠悠苍天／此何人哉?"众所周知,按照权威的《毛诗序》里的解释,这是一位东周大夫凭吊西周故国遗址时所发的一番感叹,诗中流露的那种鲜明的忧郁意识在我国的诗性文化中开了"忧郁美"的风气之先。虽然也有学者认为诗中并无明显的凭吊之意,而对此传统之说不以为然。③但有一点无可置疑:此诗的成功之处就在于突出"心忧"这一行为本身,虚化具体的忧之内容。换言之,这其实是一首"忧郁咏叹调",故而从某种意义上讲,此诗的成功就意味着对忧郁美的独特意义的一种肯定。日本作家川端康成小说的魅力也可以用"忧郁美"来一网打尽。一位中国读者曾形容道:"他的作品中有一缕缕氤氲首尾的凄凉,构成了含蓄的悲剧美。"④ 这无疑是中肯之见。读着那些优美的文字,品味其所反复表现的美的毁灭故事,你会明白伟大的卡夫卡的这段话的贴切与深刻:如果说艺术在其最基本的层次上就是对逝水流年的一种追忆,那么"美好的回忆掺进忧伤味道更好"⑤。迄今已成为20世纪最佳小说之一的米兰·昆德拉的代表作《生命中不能承受之轻》,更是一部以忧郁美取胜的作品。就像小说尾声部分所叙述的:当善良美丽的女主人公特丽莎历经艰辛终于如愿以偿地在一座乡村酒吧里把头靠在了她心爱的托马斯的肩膀上时,"她体验到奇异的快乐和同样奇异的

---

① [美]房龙:《人类的艺术》上卷,衣成信译,北京:中国和平出版社1996年版,第228页。
② [奥地利]里尔克:《里尔克如是说》,林郁选编,北京:中国友谊出版公司1993年版,第19页。
③ 程俊英:《诗经译注》,上海:上海古籍出版社1985年版,第122页。
④ 叶渭渠:《川端文学的意义和价值》,见[日]川端康成著、叶渭渠等译《雪国·古都·千只鹤》序,南京:译林出版社1996年版,第2页。
⑤ [捷]古斯塔夫·雅努施:《卡夫卡对我说》,赵登荣译,长春:时代文艺出版社1991年版,第154页。

悲凉。悲凉意味着：我们处在最后一站。快乐意味着：我们在一起"。

此外，沈从文的小说艺术成就显然也得益于对"忧郁美"的表现。笔者赞同美国学者金介甫教授的这一说法：倘若早期的"沈从文可能从郁达夫的小说中模仿了描写苦恼的陈词，但是截然不同的个性仍然在他情调忧郁的自传体作品中顽强地表现出来"①。迄今来看，以《边城》为代表的沈从文作品之所以能在现代中国小说史上脱颖而出，无疑就在于它们将作者早有认识的"美丽总是愁人的"②这一道理，做了十分成功的表现。对于这一点，已故著名电影明星格丽泰·嘉宝的魅力同样能够说明问题。曾经这位来自瑞典的女性技压群芳，成为她那个时代最伟大的影幕皇后。诚如许多电影研究评论家已指出的，嘉宝的演技虽不错，但"她的名望却是靠她的美貌取得的"。然而正像作为电影美学开创者的匈牙利学者巴拉兹所说，只有美貌不可能对世界上成千上万的人都产生这样大的影响，世界上有许多绝色佳人，嘉宝自身的条件并不能使她登上这样一个绝顶的位置。在他看来，"嘉宝的美不只是一种线条的匀称，不只是一种装饰性的美。她的美还包含一种非常明确地表现了她的内心状态的外形美，这种美表现了某种特殊的、足以攫取人类心灵的东西。"这究竟是什么东西？忧郁！巴拉兹指出："嘉宝是忧伤的。她不只是在某种情况下为了某种原因才愁容满面。嘉宝的美是受难的美，这种忧伤的性质是很明确的：这是孤寂的忧伤，这是一个不苟言笑的贞女内心的高贵的忧伤。即使在她扮演水性杨花的女人时也是如此：她从远处投来忧郁的目光，注视着无尽的远方。"所以，人们之所以如此这般地赞颂嘉宝的美，只是因为虽然世上美人无数，但"在我们的感觉里，嘉宝的美是一种更优雅、更高贵的美，这恰恰是因为它带有忧伤和孤独的痕记"③。

不言而喻，正是由于忧郁有着如此这般的美学意义，许多艺术大师都会像弥尔顿那样向它表示："贤明圣洁的女神，欢迎你／欢迎你，最神圣的忧郁！"分析起来，忧郁之美来自于它所具有的一种特殊的甜蜜。正如蒙田所说："在忧郁的怀抱中，有一些甜蜜而美妙的东西在向我们微笑和献媚。"④不言而喻，浪漫主义诗人们之所以在表现忧郁美的道路上趋之若鹜，

---

① ［美］金介甫：《沈从文笔下的中国社会与文化》，虞建华、邵华强译，上海：华东师范大学出版社1994年版，第64页。
② 沈从文：《沈从文散文选》，长沙：湖南文艺出版社1981年版，第77页。
③ ［匈］巴拉兹·贝拉：《电影美学》，何力译，北京：中国电影出版社1979年版，第306-307页。
④ ［法］米歇尔·德·蒙田：《蒙田随笔全集》中卷，潘丽珍等译，南京：译林出版社1996年版，第382页。

第三讲 美的呈现

就在于对此有着深刻认识。如济慈说道："就是在欢乐女神的圣殿里／蒙着面纱的忧郁也有一席之地。"诗人代尔也表示："忧郁之神，你的音乐多么甜蜜。"海涅也曾说过："忧郁正是上帝的快乐。"[①]雪莱同样也在其《为诗辩护》里承认过："悲愁中的快乐比快乐中的快乐更甜蜜些。"但问题不仅在于忧郁的此种意味从何而来，还在于为什么这种意味能成为审美体验中的"极品"。毫无疑问，忧郁感首先是对单纯的喜剧性的超越，在某种意义上讲它仍归属于悲剧范围。故而忧郁美的价值似乎体现了人们通常所熟知的悲剧对喜剧在美感上的一种优越性，和对这样一种艺术原则的再次确认："艺术中浸润的是悲剧主义，它与喜剧无甚姻缘"；它提醒我们："真正的艺术……拒绝那种没有沉重感的幸福结局。……大团圆的幸福结局，是外在于艺术的'他物'。"[②]从经验论的立场上讲，这无疑是事实。比如伟大的电影艺术家卓别林，时至今日，这位天皇巨星所创造的作品依然让我们感激涕零。如同巴拉兹曾指出的，这里的奥秘仍在于"忧郁"：通过那个冒失而又善良的小流浪汉，"查利以其抑郁的乐观主义，表达了人们对一个不合理的社会秩序的反抗心情"。在他看来，"不论面部的线条如何美，如果它布满欢乐的笑容，……如果它在我们这样一个世界里能够是开朗愉快的，那么它一定是属于那种缺乏高尚情操的人的脸"，而这样的一张脸是无法真正打动人心的。[③]

同样的道理，当人们抱怨梵高的作品所表现的尽是苦难人生，希望他能够反映一些"有地位的妇女"时，画家以"她们都过着安乐的生活，所以她们的脸上没有使人感兴趣的地方"[④]为理由予以拒绝。美国散文家梭罗也如出一辙地写道："让我过着享有真正财富的贫穷生活吧。农民越穷就越受到我的尊敬，我也越对其感兴趣。"[⑤]如何理解梵高与梭罗们的这一选择？以弗洛伊德的精神分析学说来讲，这主要是由于"幸福的人们从不幻

---

[①] 朱光潜：《悲剧心理学》，北京：人民文学出版社1983年版，第155–156页。
[②] ［美］赫伯特·马尔库塞：《审美之维：马尔库塞美学论著集》，李小兵译，北京：生活·读书·新知三联书店1989年版，第216、239页。
[③] ［匈］巴拉兹·贝拉：《电影美学》，何力译，北京：中国电影出版社1979年版，第306–307页。
[④] ［美］欧文·斯通：《渴望生活：梵高传》，刘明毅译，上海：上海人民出版社1982年版，第129页。
[⑤] ［美］罗伯特·塞尔：《梭罗集》上卷，陈凯等译，北京：生活·读书·新知三联书店1996年版，第543页。

想，只有得不到满足的人们才幻想"①。而从人类学的立场做解释，这是由于我们的生命有一种"不能承受之轻"。一方面就像里尔克所说："当人类觉得自己受幸运之神眷顾时，很少会更深更认真地去认识自己。"②另一方面，许多人都能以亲身经历，对小说家毛姆所说的"我对痛苦的感受比我对生活中的欢乐的感受强烈"③的体验做出验证，为马尔库塞所说"欢乐比忧伤消逝更快"④的观点提供注解。可以认为，正是这种相辅相成之道构成了我们的生命追求的一种悖论：为了能真正拥有幸福便不能一味地在幸福中驻足。蒙田说得好："当我想象一个人被称心如意的快乐团团包围，我会感到他将被快乐融化，他绝对吃不消那样单纯、经久和全面的快乐。的确，人处在快乐中，就会设法逃避。"⑤德国著名小说家黑塞也曾道出这样一番经验之谈："我因成功和顺境的正常影响，曾经非常满足和懒散。现在处处是忧患，我因而学习了很多很多。"西班牙思想家乌纳穆诺也说道："那些不曾受苦的人不会懂得愉悦，就象（像）那些不曾感觉冷的人便不能感觉热。"⑥而古罗马诗人卢克莱修也早就指出：快乐会产生痛苦，反之痛苦却会以快乐作为补偿，就像"没有风险之处，感情的领域就平淡无奇"。这成了人类生命永远受制其中的一个生物性前提。

由此可见，那种意味着"皆大欢喜"的单纯的喜剧性之所以缺乏真正的审美力度，一个重要原因就在于其所依托的生命对象常常显得疲软平庸。但除此以外，还在于其所表现的生命内容空洞苍白，停留于生活的浅表层次。因为"恶的存在，无从解释。它只能被看作是宇宙秩序不可缺少的一部分。无视它是幼稚的，悲叹也是徒然"⑦。美国学者麦克唐纳从现代经济活动里归纳出："在文化流通中和货币一样，似乎也存在着格雷欣法则：低劣的东西驱逐了优秀的东西，因为前者更容易被理解和令人愉悦。"⑧对此，我

---

① 转引自[美]阿诺德·豪塞尔：《艺术史的哲学》，陈超南等译，北京：中国社会科学出版社1992年版，第48页。
② [奥地利]里尔克：《里尔克如是说》，林郁选编，北京：中国友谊出版公司1993年版，第91页。
③ [英]W.S.毛姆：《毛姆随想录》，俞亢咏译，天津：百花文艺出版社1992年版，第51页。
④ [美]赫伯特·马尔库塞：《审美之维：马尔库塞美学论著集》，李小兵译，北京：生活·读书·新知三联书店1989年版，第245页。
⑤ [法]米歇尔·德·蒙田：《蒙田随笔全集》中卷，潘丽珍等译，南京：译林出版社1996年版，第383页。
⑥ [西班牙]米格尔·德·乌纳穆诺：《生命的悲剧意识》，王仪平译，哈尔滨：北方文艺出版社1987年版，第102页。
⑦ [英]W.S.毛姆：《毛姆随想录》，俞亢咏译，天津：百花文艺出版社1992年版，第50页。
⑧ 转引自周宪：《审美文化的历史形态及其变异》，《文学评论》1995年第2期，第101页。

们只能理解为精神领域内的一种生态平衡,如同有美景必然有垃圾,有美食必然有排泄;以及"在自然界中,优胜的总是粗糙的生物组织。粗鄙的感情、肤浅的思想总是无往不利。一切纤巧的东西都以毁灭而告终"①。哲学家尼采曾经说道:世界的总体性质是永恒的混乱,不是因为缺乏必然性,而是因为缺乏秩序、清晰、形式、美、智慧。无疑尼采并非是无视这些事物的存在,而是强调这些所谓的"正面价值"的能量有限。就像康德当年所说:当我们看到人类在世界的大舞台上表现出来的所作所为,我们就无法抑制自己的某种厌恶之情;而且尽管在个别人的身上随处都闪烁着智慧,可是我们却发现,就其全体而论,一切归根到底都是由愚蠢、幼稚的虚荣,甚至还往往是由幼稚的罪恶和毁灭欲所交织成的。②马尔库塞一言以蔽之:"假如艺术要承诺善最终必将战胜恶,那么,这个诺言就会被历史的真理所驳回。"因为事实上,"现实中,胜利者是恶,并且,善良不过是人们可能在那里找到短暂避难所的孤岛"③。

其次,从自然与生命的角度讲,宇宙万物的存在体现为普遍的"热力学第二定律",即在宏观方面,事物的存在状况总是趋于有序性减少与组织化程度降低的方向。生命现象更是有其由盛至衰的发展周期,越是高级的组织结构越是要消耗更多的能量,因而维持下去的困难也就相应地更大。唯其如此,著名未来学家托夫勒指出:"第二定律指向一个逐渐均匀的未来,从人的观点来看,这是一个悲观的未来。"④这突出地表现于个体生命的有限性上。雅斯贝尔斯说得好:"生命会腐朽。意识到这件事本身就是悲剧:每一次毁灭及导致毁灭的痛苦都来自一个统摄的基本实在。"⑤波兰著名人文学者柯拉柯夫斯基也曾提出:"死即一切。""人类个体不可避免地消亡在我们看来是生存的终极失败。"⑥由此而言,生命意识同样也是一种死亡意识,也即对生命的短暂性的悲伤,以及由此而来的种种人生体验。英国散文家赫兹列曾对此做过一番很好的表达,如同他所说:"……我们阅读历史,眼前王朝倾覆、朝代更迭;……(我们)感叹世事沧桑,往事如过眼云

---

① [苏]米·左琴科:《日出之前》,戴聪译,天津:百花文艺出版社1997年版,第9页。
② 参见[德]康德:《历史理性批判文集》,何兆武译,北京:商务印书馆1990年版,第6页。
③ [美]赫伯特·马尔库塞:《审美之维:马尔库塞美学论著集》,李小兵译,北京:生活·读书·新知三联书店1989年版,第239页。
④ [美]托夫勒:《科学和变化》,见[比]伊·普里戈金等:《从混沌到有序:人与自然的新对话》,曾庆宏等译,上海:上海译文出版社1987年版,第16页。
⑤ [德]卡尔·雅斯贝尔斯:《悲剧的超越》,亦春译,北京:工人出版社1988年版,第101页。
⑥ [波兰]莱谢克·柯拉柯夫斯基:《宗教:如果没有上帝》,杨德友译,北京:生活·读书·新知三联书店1997年版,第147页。

烟；我们思索着我们所生活的此时此地，我们既是人生舞台的看客，又是演员；眼见四季更迭，春去秋来，寒来暑往；我们亲历世态炎凉，快乐悲伤，美丽丑陋，是非短长；我们感受着大自然的风风雨雨，体念着这光怪陆离世界的离合悲欢；我们倾听着密林中野鸽的吟唱，游览高山大谷的风光；我们聆听子夜的神圣歌声，造访灯火通明的厅室或幽暗的教室；我们还置身拥挤的剧院，观看生活本身受到摹仿；我们钻研艺术作品，使自己的美感升华到顶峰；我们崇拜名誉，梦想不朽；我们眺望梵蒂冈，阅读莎士比亚；我们凝聚了古人的智慧，思索着未来的时光；我们观看战争的骄子，听他们发出胜利的呼喊；我们穷究历史，考察人心的动向；我们追求真理，为人道的事业辩护；我们傲视当世，似乎时间与自然已把所有财富都堆在我们脚前。我们活着，经历着这一切，但是转眼之间，我们变得一无所有。"①

总之，"短暂是我们人类与地上一切的共同点"②，因而，以自我意识渴望永恒而个体生命难以持久的冲突所引起的"存在之哀"，便构成了人类生命最为基本的生命体验。史怀泽说得好："人的意识的根本状态是：'我是要求生存的生命，我在要求生存的生命之中。'"③但实际的现实却如布德尔所说无时不在提醒着我们："作为一个人，无论你是谁，你的生命存在都是稍纵即逝的。为了这短暂的存在，你终日都在疲于奔命，在你周围，大自然的一切都在摇摆动荡，更迭替变。宇宙间的万物都在进行着令人眼花缭乱的旋转。相比之下，你的一生充其量不过是刮过的一阵旋风而已。"④在这一点上，艺术家的敏感让古今中外的诗人们殊途同归。正如屈原在《离骚》有言："汨余若将不及兮／恐年岁之不吾与／朝搴陞之木兰兮／夕揽洲之宿莽／日月忽其不掩兮／春与秋其代序／惟草木之零落兮／恐美人之迟暮。"拉马丁在其《巴亚湾》一诗里也感叹："什么都变化，什么都过去／同样地我们也会过去／也不留下半点痕迹／就像我们这只小船滑行在海上／大海会把它的一切痕迹抹去。"由此可见，如果说喜剧感意味着为胜利所陶醉，悲剧性意味着对失败的正视，那么悲剧的美学品质通常会超过那些一般性的喜剧，而那些杰出的喜剧作品则都离不开悲剧的赞助。就像歌德说

---

① [英]赫兹列：《赫兹列散文精选》，潘文国译，北京：人民日报出版社1999年版，第65页。
② [奥地利]里尔克：《里尔克如是说》，林郁选编，北京：中国友谊出版公司1993年版，第149页。
③ [法]阿尔贝特·史怀泽：《敬畏生命》，陈泽环译，上海：上海社会科学院出版社1992年版，第9页。
④ [法]爱米尔－安托瓦尼·布德尔：《艺术家眼中的世界》，孔凡平译，沈阳：辽宁美术出版社1990年版，第20页。

第三讲　美的呈现

的："莫里哀是很伟大的，……他的喜剧作品跨到了悲剧界限边上。……他的《悭吝人》使利欲消灭了父子之间的恩爱，是特别伟大的，带有高度悲剧性的。"①因为悲剧正如雅斯贝尔斯所说具有一种真实性：悲剧之根在于人世的真相，"悲剧呈露在人类追求真理的绝对意志里，它代表人类存在的终极不和谐"；悲剧由此而拥有其独特的力量：因为"真正的悲剧能让人领悟到，即便拥有表面上的成功与安全，在他最后最内在的堡垒中，人仍旧被抛弃到无底的深渊。"也正是悲剧体验拥有的这份深刻性，给了悲剧以突出的审美意义。

　　这是由于悲剧能唤起我们的同情心并从而让我们产生一种人性的共鸣。"悲剧的目的是使我们通过同情去欣赏人身上善的力量"②，英国美学史家李斯特威尔的这番见解十分中肯。之所以说"同情使人成为人"，一方面是因为就像雪莱在《为诗辩护》中所说："同情心能扩大想象力。"另一方面也是因为真正的悲剧意识并不仅仅是对诸如死亡、消逝、毁灭、灾难等人生不幸命运与无奈结局的消极认同，而是通过积极地正视与承受那些不幸并对其实行否定之否定。雅斯贝尔斯由此提出了"没有超越就没有悲剧"的命题，而通过这种超越，一个悲剧现象中的死亡事件被转化成了对生命的咏叹和对死亡的拒绝，最终也就"给本来毫无意义的毁灭赋予了意味"③。所以，真正的悲剧不仅能唤起人们普遍的人性意识，而且还能够激发起人们的生命意志，悲剧也由此拥有一份本色的审美品质。乌纳穆诺因此而提出："至极的美就是属于悲剧的美！感觉到所有的事物终将飘逝的意识，使我们完全浸染于至极的悲痛当中，而这一份悲痛则又向我们展示启现那些不会飘散消逝的事物，那就是永恒的、美的事物。"④在《悲剧的诞生》这部名著里尼采也写道："悲剧是最高的艺术，悲剧中酒神说着日神的语言，而日神最终说起酒神的语言来，这样一来，悲剧以及一般说来艺术的最终目的也就达到了。"（第21节）这里所说的悲剧与日神的联系也就意味着悲剧认识的深刻性，悲剧与酒神的联系则意味着悲剧精神的强烈性。正是立足于悲剧与美的关系的这种定识，我们习惯了将审美创作活动看作人类苦难意识的真切流露。

　　但如果克莱夫·贝尔当年所说的"让艺术家成为一个乞丐，靠社会的

---

① ［德］爱克曼：《歌德谈话录》，朱光潜译，北京：人民文学出版社1978年版，第88页。
② ［英］李斯特威尔：《近代美学史评述》，蒋孔阳译，上海：上海译文出版社1980年版，第219页。
③ ［德］卡尔·雅斯贝尔斯：《悲剧的超越》，亦春译，北京：工人出版社1988年版，第6页。
④ ［西班牙］米格尔·德·乌纳穆诺：《生命的悲剧意识》，王仪平译，哈尔滨：北方文艺出版社1987年版，第122—123页。

慈善事业生活吧"这句话还只不过是一种耳熟能详的陈词滥调；那么当饥寒交迫的梵高跑去乞求那位富人韦森布吕赫"伸出一根指头帮我一把"，而这位绅士却向画家大谈什么"艺术家是靠痛苦成长的，如果你挨饿、不幸，那就应该感激不尽。你愈挨饿和不幸，就会画得愈好"，①这无疑是对艺术的讽刺和让美毁灭。因为苦难虽然能够激发生命力，但它并非是艺术的目的。无须赘言，"在艺术的天地中虽然弥漫着死亡，但是艺术不屑于给死亡以意义的诱惑"②。艺术的意义是让我们穿越苦难所构筑的屏障实现生命的自我肯定。这就意味着不能一味沉溺于苦难咏叹调中自怨自艾。王尔德为此曾针对艺术里的苦难崇拜警告我们："生活中真正的悲剧往往以毫无美感的形式出现，它们给我们的感受无异于一切鄙俗的事物。"③如此而言，如果说"伟大的喜剧总不能摆脱它欲以消除的悲剧"④，那么伟大的悲剧其实同样也不能完全清除其欲以摆脱的喜剧。因为归根到底，向我们揭示幸福的真谛是艺术的一种文化使命。只有在此意义上人们方能理解，如果说喜剧是一种明快之"轻"而悲剧体现着一种庄严之"重"，何以在"写了四十年的小说并探索过各种道路和做过多种实验之后"，卓越的意大利小说家卡尔维诺在"寻求自己毕生事业的总体定义"时，要向世人做出这样的招认："我的写作方法一直涉及减少沉重，……我认为轻是一种价值而并非缺陷。"⑤最能为他的这一洞察提供证据的代表性的例子，莫过于契诃夫的《海鸥》《万尼亚舅舅》《三姐妹》《樱桃园》。

正如叶尔米洛夫已指出的："世界文学史上还没有一个人像契诃夫这样深刻地挖掘过幽默的宝藏，他在喜剧性的广袤无垠的大陆上发现了许多新的国土和领域。"其中的一大特色便是"他的作品里的悲剧事物总是和一些偶然的、荒谬的，因而也是可笑的事物糅合在一起"，因而在某种意义上说，就像莎士比亚把喜剧场面和悲剧场面结合在一起，契诃夫是把喜剧性和悲剧性结合在同一个场面里。所以，评论家们通常称契诃夫的美学

---

① ［美］欧文·斯通：《渴望生活：梵高传》，刘明毅译，上海：上海人民出版社1982年版，第221页。
② ［美］赫伯特·马尔库塞：《审美之维：马尔库塞美学论著集》，李小兵译，北京：生活·读书·新知三联书店1989年版，第254页。
③ ［英］奥斯卡·王尔德：《道连·葛雷的画像》，荣如德译，北京：外国文学出版社1982年版，第114页。
④ ［美］赫伯特·马尔库塞：《审美之维：马尔库塞美学论著集》，李小兵译，北京：生活·读书·新知三联书店1989年版，第239页。
⑤ ［意］伊塔洛·卡尔维诺：《未来千年文学备忘录》，杨德友译，沈阳：辽宁教育出版社1997年版，第1页。

特色是一种"淡淡的幽默"。但重要的并非契诃夫借此做出了一种美学上的创新，而在于他赋予了这些戏剧艺术别具一格的审美意味，让人回味无穷。在上述这些作品里，伟大悲剧所具有的那种历史深刻性和同情心不仅丝毫未减少，反而得到了更进一步的提升，其美感意味同样也随之而得到了增益。契诃夫在艺术上所获得的此番成功再次表明了："一切时代的伟大艺术都来自两种对立力量的相互渗透。"①这种渗透既有高尔基所说的"现实主义和浪漫主义的结合"，以及尼采所说的"酒神精神与日神精神的平衡"，同样也包括喜剧之"轻"与悲剧之"重"的相融。那些永载史册的杰作其实很难从单纯的喜剧或悲剧上予以区分，它们总是拥有一种悲喜交融、亦喜亦悲的特色。比如《堂吉诃德》《好兵帅克》《阿Q正传》等，就像桑塔耶纳所说："这些不幸本来是要娱乐我们、引起我们嘲笑的，而现在却使我们悲伤。"②这也就意味着，在统称为"悲剧"的现象里其实包含着"哀（怨）剧"和"壮剧"两大类型，前者的审美品位固然不高，后者同样也并非审美体验的极致。最高品位的审美形态属于"超悲剧意识"，也即蕴含有喜剧因素的那种悲剧意识：忧郁体验。因为不同于喜剧对生活的单纯肯定和悲剧对现实的单纯的否定，忧郁感是对现实生活的一种"融悲于喜"、将否定与肯定合而为一的"复调性"体验。

显然，妨碍人们对此做出准确把握的一大原因，是将忧郁感混淆于一般的所谓哀怨与感伤，而事实上彼此并不能被相提并论。比如曹雪芹在《红楼梦》里借贾宝玉吟林黛玉的名句："滴不尽相思血泪抛红豆，开不完春柳春花满画楼，睡不稳纱窗风雨黄昏后，忘不了新愁与旧愁，咽不下玉粒金波噎满喉，照不尽菱花镜里形容瘦，展不开的眉头，捱不明的更漏。呀！恰便是遮不住的青山隐隐，流不断的绿水悠悠。"还比如亡国之君李后主的这些词：如"别时容易见时难／流水落花春去也"（《浪淘沙》），和"问君能有几多愁／恰似一江春水向东流"（《虞美人》）；如"林花谢了春红，太匆匆／无奈朝来寒雨晚来风／胭脂泪，相留醉，几时重／自是人生长恨水长东"和"无言独上西楼，月如钩／寂寞梧桐深院锁清秋／剪不断，理还乱，是离愁／别是一般滋味在心头"。

但这只是对悲痛的一种沉湎于其中的品味，没有任何形式的超越：无论是对于大自然的伤春悲秋之绪，还是对于人世间的悲欢离合之情，诗人们所表达的主要也只是一种单纯的惋惜与难过之意。如同《毛传》所说：

---

① ［德］恩斯特·卡西尔：《人论》，甘阳译，上海：上海译文出版社1985年版，第207页。
② ［美］乔治·桑塔耶纳：《美感》，缪灵珠译，北京：中国社会科学出版社1982年版，第175页。

"春，女悲，秋，士悲；感其物化也。"如"试细听莺啼莺语／分明共人愁绪／怕春去"（袁去华《剑器近》），和"自在飞花轻似梦／无边丝雨细如愁"（秦观《浣溪沙》）。以及"多情自古伤别离／更那堪，冷落清秋节／今宵酒醒何处／杨柳岸，晓风残月"（柳永《雨霖铃》），"多少蓬莱旧事／空回首，烟霭纷纷"（秦观《满庭芳》），和"日暮孤帆泊何处／天涯一望断人肠"（孟浩然《送杜十四之江南》）。作为其情感背景的，是对好事长盛不衰、好福长享不尽、好命长生不老的超人仙境的渴望。这种与天地之道的无理性对抗毫无疑问是穷途末路，故而让人无比压抑；其所具有的哀怨、悲凄、伤心、愁苦之情虽能给人以一定的阴柔之美，但体验过多会让人难以承受，所以不禁需要做出某种消解而且也能够被消解。这便是彻底清除情感世界，让自己的生命毫无任何牵挂。就像唐代诗人王维所说："一生几许伤心事／不向空门何处销"（《叹白发》）。但问题是，如同真正的悲剧美在于对不幸的从容面对而非逃避，真正的悲剧体验在于对痛苦的承受而非消解。所以，当那种无奈之悲让我们从痛不欲生走向视生如死，审美意味也随着我们的痛苦情感的彻底退潮而名存实亡。这种矛盾对于生命主体是无法调和的，就像曾经，一边吟唱着"死生无可无不可／达哉达哉白乐天"的白居易，一边又在坦白"外容闲暇中心苦／似是而非谁得知"。诗人所身临的这种生存困境表明，千百年来一直为人们所承袭传唱的那种悲伤哀怨之曲，内在地蕴有一种反美学的东西。

　　作为一种审美现象的悲剧形态必须能给人以美的体验，为此，如何让受众能够承受住悲情与哀思是关键所在。因为就像一切让人走向相对主义和怀疑主义的思想都并非真正的思想，而只是以思想的形式出现的伪思想；任何不能给人以希望的情感都是对生命的压抑，因而也都不具有真正的审美品质。唯其如此，正如鲁迅当年写《药》的结尾时，在烈士"夏瑜"的坟墓上"凭空添上去一个花圈"，某种形式的理想愿景对于审美世界而言是一种不可缺少的因素。事情正是这样：无论科学主义世界观做何判决，都不能改变这一事实："我们不会使自己顺服于如下的观念：终有一天我们都将消失。"这一人类学立场既是我们生命价值的根据地，同样也是人类审美事业的大本营。因为唯有这种乌托邦追求方能给予我们真正人性的温暖，使本无所谓"意义"的生命过程变得相对充实。所以乌纳穆诺指出："……这一份希望，就是一项审美上（美学上）的感觉"，而"美得自于同情"。[①]最大的同情无疑莫过于给人以生存的勇气，所以伟大艺术的价值不在于它能

---

① ［西班牙］米格尔·德·乌纳穆诺：《生命的悲剧意识》，王仪平译，哈尔滨：北方文艺出版社1987年版，第147、119页。

成为日常存在的一部分，而在于它能把我们从日常存在中解脱出来；审美体验不能是对现实生活的消极逃避，但却必须对实际存在中的那种消极力量做出积极的超越。如果说一般的悲剧作品所采取的是"否定之否定"的形式，也即通过激发我们的生命力来增强相应的承受力，以获取一种阳刚美的体验；那么忧郁美的产生则是通过减轻而非消解痛苦的方法来让受众便于承受悲情，以获得一种刚柔相济的美感。这也就是卡尔维诺所说的"轻"之审美价值，只不过这种轻如同象征派诗人瓦莱里所说，并非如羽毛般的没有真正值得一提的重量，而是指像飞鸟般地具有一种生命的自由轻快。

所以，真正的忧郁性总是与幽默感形成某种同盟关系，无非"忧郁是添加了轻松感的悲哀，幽默则是失去了实体重量感的喜剧"[①]。从中我们不难发现真正的忧郁意识与具有阳刚意味的悲壮体验的鲜明不同之处，而且也能看到其与通常那些大量的感伤哀怨情绪的实质性区别所在：后者是取自于生活的原汁原味的缠绵悱恻和不堪忍受的现实之痛，前者则正如普希金所说，是一种具有"暖色调"的"明亮的哀愁"，因而不仅因体现了较通常那种哀怨之情以更多的人性的温暖而让人能够承受，而且也因此具有真正的审美品位。显然，如果说忧郁中的"哀愁"意味在于其对于美的毁灭的心理拒绝，那么其所具有的"明亮"色调则表现出它的这种拒绝的矛盾性，换言之，也即在作为否定的拒绝之中仍有某种作为肯定的认同。不妨来比较一下李叔同的两首歌，其一，《长逝》："看今朝树色青青，奈明朝落叶凋零。看今朝花开灼灼，奈明朝落红漂泊。惟春与秋代序分，感岁月之不居。老冉冉以将至，伤青春其长逝。"其二，《送别》："长亭外，古道边，芳草碧连天。晚风拂柳笛声残，夕阳山外山／天之涯，地之角，知交半零落。一斛浊酒尽余欢，今宵别梦寒／长亭外，古道边，芳草碧连天。晚风拂柳笛声残，夕阳山外山。"前一首仍是传统中国诗性文化的一种延续，如前所述这是一种没有出路的哀思，因为历史不能重返、时光无法倒转、青春不会长驻、生命难以永在。仅仅沉湎于这种情感天地不但是老生常谈不具新意，而且缺少生命的力度，显得视野不够阔大，意味不够深远。后一首之所以更有名，无疑也是由于其艺术品位更高。在此虽也有同样的悲与哀，但没有停留于此。而是将笛声之残置于夕阳之美中，通过这种对比度的增强，虽然哀伤更显浓郁，但却也更能让人承受。因为诗人让我们意识到：为了拥有夕阳般的生命之美，生活里的不幸实乃必须付出的一种代价。

---

[①] [意]伊塔洛·卡尔维诺：《未来千年文学备忘录》，杨德友译，沈阳：辽宁教育出版社1997年版，第14页。

不难发现，忧郁意识是一种更为成熟的生命体验。如前所述，以"否定之否定"姿态出现的正统悲剧是对生命的负面力量的彻底对抗，从中表现出它对最终胜利的一种坚定的自信。这是忧郁意识所不具有的。当卡尔维诺指出："昆德拉的小说《生命中不能承受之轻》实际上是对生活中无法躲避的沉重表示出来的一种苦涩的认可，这不仅仅存在于他的祖国命定遭受的那种极度的受压迫处境，也存在于我们大家所处的人类命运之中，尽管我们可能要比他们幸运十倍、百倍"，这的确揭示了忧郁意识所拥有的深刻的形而上学。因为就像卡尔维诺所说："我们在生活中因其轻快而选取、而珍重的一切，于须臾之间都要显示出其令人无法忍受的沉重的本来面目。"①与此相比，任何对"最终胜利"的简单自信都属于一种青春期现象。歌德有一句名言："长达一刻钟之久的彩虹就不再有人看它了。"②忧郁意识悲喜交集的复调性的深刻之处就在于：它所悲哀的并非是一般意义上的生命流逝，而是生命必须（应该）这样流逝。因为它清楚地意识到只有这样，生命才能真正拥有其价值，实现其意义，故而它在为生命流逝而悲之际也为其终于完成自身的历史使命而喜。正如黑格尔所说，不是善而是恶才是人类文明的发展动力；康德也曾指出：当我们为现代社会的诸种破坏力量感到苦恼时应该看到，没有这种非社会性的而且其本身确实是并不可爱的性质，人类的全部才智就会在一种美满的和谐、安逸与互亲互爱的阿迦底式的牧歌生活之中，永远被埋没在它们的胚胎里。

因此，"让我们感谢大自然之有这种不合群性，有这种竞相猜忌的虚荣心，有这种贪得无厌的占有欲和统治欲吧！没有这种东西，人道之中的全部优越的自然禀赋就会永远沉睡而得不到发展。……一切为人道增光的文化艺术和最美好的社会秩序，都是这种非社会性的结果"③。雅斯贝尔斯进一步从人类生命的构成上论证："正是那使我们生活得以实现的力量本身也充满着对立。自身利益是个人行动的动力，它有时构成了促进普遍利益的至关重要的条件，有时又破坏了这同样的条件。"④这同样也体现于人类的爱情生活。古往今来，虽然那些不幸的爱情故事一直受到文人墨客的青睐，但回顾之后我们不难发现，其中真正具有回肠荡气的审美魅力的作品并不

---

① ［意］伊塔洛·卡尔维诺：《未来千年文学备忘录》，杨德友译，沈阳：辽宁教育出版社1997年版，第4—5页。

② ［德］歌德：《歌德的格言和感想集》，程代熙、张惠民译，北京：中国社会科学出版社1982年版，第22页。

③ ［德］康德：《历史理性批判文集》，何兆武译，北京：商务印书馆1990年版，第7—9页。

④ ［德］卡尔·雅斯贝尔斯：《现时代的人》，周晓亮译，北京：社会科学出版社1992年版，第29页。

第三讲　美的呈现

很多。毛姆说得好："人生最大的悲哀不是人会消亡，而是他们会终止相爱。"[①]20世纪的艺术大师毕加索也说过："在爱情上，拆散一对恋人，固然是难事，但不管是多么美满的一对情侣，若是老让他们厮守在一起，恐怕更是难事。"[②]事情正是这样："不论为社会、道德、美学、亲子、宗教甚至神秘的理由，我们都可能选择终生与同一伴侣共住，但我们的本能却会不停地向我们唠叨，再没有比找到新欢更刺激的事了。"[③]

　　比如日本文学名著《源氏物语》里的主人公光源氏，"对于女人，一经接近，爱情就会油然而生"。虽然他每次"意外圆缘"之后都会为自己的"疏狂成性"而不安，但这并不妨碍他仍一如既往地去做那些"不端之事"，继续随着岁月的流逝进行其"无聊消遣"。就像唐代诗人元稹，虽为悼念亡妻写下动人诗篇《遣悲怀》，这并不妨碍他依然从事"风月无边"的实践，乐于在风流场里与那些名妓相好。对这些现象进行道貌岸然的虚伪指责毫无意义，空洞地将其归咎于人之劣根性也不说明问题。概括地说，这正表明了人类生命永不停止追求的特点，就像里尔克在一句诗里所说：尝试，可能是人类生存的意义，而远离确实的范围，更是人类的悲哀及光荣。在某种意义上，"喜新厌旧"实乃人类文明的基本动力。在《生命中不能承受之轻》里，托马斯之所以能被萨宾娜和特丽莎这两位出色女人如此地爱，是由于他拥有活跃的生命力，这让他无法专注于其中的任何一位。萨宾娜认可了这个"美是一个叛逆世界"的原则，但她没意识到这个原则既能带给她快乐也能给予她伤害的两面性。特丽莎不认可这个原则，渴望与托马斯终生相伴，为此她甚至愿意成为托马斯"一夫多妻生活中的另一个自我"；但她明白这一愿望实现之日也是其破产之时，因为真正甜蜜的爱情与平庸的幸福从来不能两全。所以当这一切随着一场意外车祸而结束，虽显得如此残酷但又是那么的幸福，我们为如此美好的缘分只有死神方能为其祝福而深感震撼。

　　爱情如此，生命亦然。对人类的永生渴望上帝从不理会，这有其人类学道理。比如在小说《人都是要死的》里，作者波伏娃借因喝下了神秘之水而能够长生不老的男主角雷蒙·福斯卡的遭遇让我们看到，这一道教徒们的终极理想不仅并非真正的幸事，反而是让生命失去价值的蠢事。这部作品为著名学者波普尔的此番阐述提供了一个生动的例子："有些人认为生

---

① ［英］W.S.毛姆：《毛姆随想录》，俞亢咏译，天津：百花文艺出版社1992年版，第68页。
② ［法］拉波特：《画布上的泪滴：毕加索女友的回忆》，纪棠译，北京：生活·读书·新知三联书店1989年版，第146页。
③ 艾黛：《感觉之美：感受生命的浪漫质地》，北京：民族出版社1999年版，第311页。

·187·

命没有价值，因为它会完结。他们没有看到也许可以提出相反的论点：如果生命不会完结，生命就会没有价值；在一定程度上，正是由于每时每刻都有失去生命的危险，才促使我们深刻地认识到生命的价值。"①美国心理学家沃克也曾指出："死亡与其说是毁灭生命，不如说是给生命带来了意义。假如生命是无限的，人就会把一切事情都往后推延。我们也就不需要去活动、去工作、去创造。生命必然完结这一事实具有重大的意义，因此，死亡也就是生命的一部分。"②所以卢梭在《爱弥儿》里写道：如果允许我们在这个世界上长生不老，试问谁愿意接受这件不祥的礼物？

所以斯塔尔夫人指出："忧郁的诗歌是和哲学最为协调的诗歌。和人心的其他任何气质比起来，忧伤对人的性格和命运的影响要深刻得多。"③事实上亚里士多德早已说过："忧郁的气质有助于深刻思考。"④在忧郁体验里我们意识到痛苦、不幸等那些负面现象所具有的正面意义。光源氏只有在美得令人心碎的紫上离开人世后，才能真正体会到自己对她的思念。美也正因其短暂性才成其为美，就像乌纳穆诺所说："这一份如此展现的美，这一份瞬间的永存。"⑤但就像我们在理智上承认长生并不幸福却仍不能停止对长寿的追求，意识到痛苦的价值并不能因此就消除我们的痛苦：曾朝夕相处的亲人们的最终离去永远让我们思念绵绵，对"美只能以毁灭为代价"的认同，同样并不意味着我们会心甘情愿地为其举行葬礼。就像《诗经·小雅》里的"采薇"。根据通常的解释，这是一名长年出征在外的戍边士兵，在终于得以归家的途中因所见所闻而产生的一番"内心独白"。虽然全诗共由6小节组成，但真正脍炙人口流芳后世的，只是末尾着重表现忧郁之情的一小节诗句，即："昔我往矣／杨柳依依／今我来思／雨雪霏霏／行道迟迟／载饥载渴／我心伤悲／莫知我哀。"如果没有这段诗句，那么这首《小雅》不过是一首反映民生疾苦的作品，其艺术境界与审美品质都会大打折扣。但耐人寻味的是，为什么那位老兵在返乡途上会感到如此忧伤？为什么他不为终于踏上归途而觉得愉悦欢欣？无非如毕加索所说，人世间从没有纯粹的悲哀与幸福。戍边生涯虽不易但也并不都是痛苦的回忆，回家的

---

① ［英］卡尔·波普尔：《通过知识获得解放》，范景中、李本正译，杭州：中国美术学院出版社1996年版，第406页。
② ［美］沃克：《存在的焦虑与创造性的生活》，见［美］A.H.马斯洛等：《人的潜能和价值》，林方主编，北京：华夏出版社1987年版，第406页。
③ ［法］斯达尔夫人：《论文学》，徐继曾译，北京：人民文学出版社1986年版，第146页。
④ 转引自［苏］米·左琴科：《日出之前》，天津：百花文艺出版社1997年版，第8页。
⑤ ［西班牙］米格尔·德·乌纳穆诺：《生命的悲剧意识》，王仪平译，哈尔滨：北方文艺出版社1987年版，第123页。

感觉固然好但安居乐业又从何谈起。

所以雪莱说道：最甜美的诗歌就是那些诉说最忧伤的思想的，最美妙的曲调总不免带有一些忧郁。美的现象不属于"完美"，因为"各方面皆完美的事物——世界上'完全完美'的事物——既是完全的终止，又无任何不足，从而它对于欲望什么也没有留下"①。在某种意义上，"事物的不完美的形式是永恒的形式，一时不完美的事物正因为它是不完美的，所以它又是永恒的"②。毛姆为此曾表示：世上最美的东西最终也使我厌腻，我注意到从未臻完善的作品中，我倒能获得更持久的满足。但尽管如此，这并不能阻止人们仍为实现完美的理想而努力，就像别尔嘉耶夫所说："人的确不能不追求完美，即不能不向往上帝王国。"③在某种意义上这无疑便是人之为人的特点所在。因而依托绝望、坚守信念，这便是忧郁的力量与深刻，忧郁借此带给我们关于美的绝唱。

## 15. 天地有大美不言

在我们通常的审美视野中，自然景象从来都占有一席之地。无论是苏东坡赞颂西湖的"水光潋滟晴方好／山色空蒙雨亦奇"，还是杜牧的"停车坐爱枫林晚／霜叶红于二月花"等，都能让我们透过诗人们的吟诵感受大自然的这份美感。但尽管如此，随着美学的全面知识化，关于人与自然的这种审美交流却一直普遍为理论家们所冷落。"美学作为艺术理论是自然美学的补充。"自"美学之父"鲍姆嘉滕在其《理论美学》"导论"里做出如此这般的阐述，人们对美的思考就大致被限定在了艺术的领域。如同阿多诺所说："从谢林开始，美学几乎只关心艺术作品，中断了对'自然美'的系统研究。"④当黑格尔将美学的学科性质明确为"艺术哲学"后，自然美就被堂而皇之地打入了另册。在这位美学泰斗关于艺术美是"由心灵产生和再生的美"，而"自然美只是属于心灵的那种美的反映"，因而"艺术美高于自然美"⑤的理论影响下，美学家们纷纷踏上了前往艺术圣地的朝拜之路，

---

① ［法］雅克·马利坦：《艺术与诗中的创造性直觉》，刘有元等译，北京：生活·读书·新知三联书店1991年版，第140页。
② ［美］乔治·桑塔亚那：《诗与哲学》，华明译，北京：北京大学出版社1991年版，第164页。
③ ［俄］尼·别尔嘉耶夫：《人的奴役与自由》，徐黎明译，贵阳：贵州人民出版社1994年版，第182页。
④ ［德］西奥多·阿多诺：《美学理论》，王柯平译，成都：四川人民出版社1998年版，第109页。
⑤ ［德］黑格尔：《美学》第1卷，朱光潜译，北京：商务印书馆1979年版，第4—5页。

为艺术创造的种种奥秘而殚精竭虑,盘算着如何通过某种思想体系的构筑来替诗人们的工作制订完备的理论方案。

尽管人们清楚,艺术作品并非是审美欣赏的唯一对象,但由于坚信"我们有必要首先进入艺术之美,以便能真正理解自然之美"①,艺术始终是现代美学的关注中心。"总而言之,美学理论并不是关于美的理论,而是关于艺术的理论。"②英国著名美学家科林伍德的这句话,代表了整整一个时代对美学的定位。但现在看来,这对于现代美学的衰败负有相当责任。事情似乎正是这样:无论美学家们如何努力,美学恐怕永远无法向艺术的创作与欣赏实践提供真正值得重视的见解。当我们不得不承认,"一种美学之所以有意义——哪怕只有一点点意义——只能是发生于作品之后。否则便都是空话"③,美学将自己仅仅委身于艺术活动的尴尬便已不言而喻。西班牙画家塔比亚斯早已提醒过:"我们始终欣赏一些有才气的诗人或文人对绘画或雕塑写出的'煌煌的'篇章,读这些大作,人们有时的确感受到乐趣。但相反必须要说的是,几乎所有关于艺术的大学论文——可谓汗牛充栋——在我看来都显得苍白无力,索然无味。……每当我们试图拜读过去某些'大学问家'谈艺术的东西,我们同样会感到没有根据,令人生厌。"④美学有必要在艺术活动外进一步拓展其思想空间,应该将其视野投向大地、河流、高山,这首先是因为大自然从来都是艺术文化的摇篮。

人们不仅在穿越艺术史时空中看到,"随着艺术的发展成长,它与自然美就愈加接近";而且还能从中发现艺术就其本质而言,其实是"旨在凭借人的手段来实现对非人性事物的明确表达"。⑤对于艺术杰作,最好的赞美莫过于"巧夺天工"地与自然争胜。南朝诗人谢灵运《登池上楼》的"池塘生春草,园柳变鸣禽",和陶渊明的名句"采菊东篱下,悠然见南山"等之所以备受称道,无非也就是它们显得"自然",用王国维的话说,也即"不隔"。在《想象的快感》一文里,英国著名学者艾迪生率先指出,自然

---

① [美]萨缪尔·亚历山大:《艺术、价值与自然》,韩东晖、张振明译,北京:华夏出版社2000年版,第22页。

② [英]罗宾·乔治·科林伍德:《艺术原理》,王至元、陈华中译,北京:中国社会科学出版社1985年版,第41页。

③ [西班牙]安·塔比亚斯:《艺术实践》,河清译,杭州:浙江摄影出版社1989年版,第10页。

④ [西班牙]安·塔比亚斯:《艺术实践》,河清译,杭州:浙江摄影出版社1989年版,第118页。

⑤ [德]西奥多·阿多诺:《美学理论》,王柯平译,成都:四川人民出版社1998年版,第139页。

与艺术在审美方面存在着一种相互依赖性："假如说，自然景物愈像艺术品其价值就愈高，那么我们可以断言，人工作品由于肖似自然景物而获得更大的优点。"由此而进，艾迪生还强调了自然美的独特意义，提出："虽然艺术作品有时也像自然景色一样美丽或新奇，但是它们毕竟不能有那种浩瀚渺茫的雄伟气象，足以赋予观者的心灵这么深浓的乐趣。"[1]这一思想日后被康德在《判断力批判》中发扬光大，他不仅重申："自然显得美，如果它同时像似艺术；而艺术只能被称为美的，如果我们意识到它是艺术而它又对我们表现为自然。"因而真正的艺术杰作必须显得"好像只是——自然的产物"。此外，康德还明确提出了自然美对艺术美的优越性的命题。

但深入地来看，凡此种种固然表明了"对自然美的思考，是任何艺术学说不可分割的组成部分"[2]，但当康德指出，"一个曾经充分具备着鉴赏力，能够以极大的正确性和精致来评定美术作品的人，他愿意离开那间布满虚浮的，为了社交消遣安排的美丽事物的房屋而转向大自然的美，以便在这里，在永远发展不尽的思想的络绎中，见到精神的极大的欢快"[3]，这其实也意味着，大自然本身是一种更需要认真关注的审美现象。爱默生说得好：大自然满足了人类的一个崇高需求，即爱美之心。正如他所说：大自然就是那种使别的一切事实相形见绌的事实。我们多么想逃脱那些有损于美色的障碍，多么想逃脱老于世故和瞻前顾后的作风，听任大自然使我们心醉神迷。我们多么轻松地走进那不断展开的风景，一幅幅新的画面、纷至沓来的思绪把我们吞并了，到了最后，思家的念头渐渐地被挤出了脑海。[4]诗人纪伯伦写道："请你们仔细地观察地暖春回、晨光熹微，你们必定会观察到美。请你们侧耳倾听鸟儿鸣啭、枝叶窸窣、小溪潺潺，你们一定会听出美。""当人感到他是无际的天空，是无边的大海，是永远燃烧的烈火，是永恒闪耀的光芒，是狂卷或平息的风，是电闪雷鸣降雨的云，是吟唱或哀泣的小溪，是春天开花秋天落叶的树木，是高耸的山峦和低洼的峡谷，是肥沃或贫瘠的土地时，他正在走向完美。"[5]雕塑家布德尔也表示："如果

---

[1] 转引自［英］艾迪生：《想象的快感》，见《缪灵珠美学译文集》第2卷，北京：中国人民大学出版社1998年版，第43—44页。
[2] ［德］西奥多·阿多诺：《美学理论》，王柯平译，成都：四川人民出版社1998年版，第110页。
[3] ［德］康德：《判断力批判》上卷，宗白华译，北京：商务印书馆1964年版，第156页。
[4] ［美］参见吉欧·波尔泰：《爱默生集》上册，赵一凡等译，北京：生活·读书·新知三联书店1993年版，第600页。
[5] ［黎巴嫩］纪伯伦：《纪伯伦散文精选》，伊宏等译，北京：人民日报出版社1996年版，第39页。

我们能够停下来听一听我们脚下这块疏松的土地所发出的意愿，我们就会理解自然与美是何等紧密地融为一体。……自然的伟大和美，在我们的身边周而复始地呈现，并在我们的自身体现出来。神圣的、令人赞美的，瑰丽缤纷的和旖旎多姿的景象在生活中比比皆是，无所不在。遗憾的是，生活在这些美丽景象中间的那些被称作芸芸众生的人群，对这些美却视而不见……"①

长久以来，当我们为《米洛斯的维纳斯》雕像所倾倒，为《蒙娜丽莎》那神秘的微笑所迷惑，我们认可了人类艺术文明的"永恒的魅力"。而没有意识到同大自然的魅力相比，艺术的这种魅力其实仍显得脆弱。半个多世纪前房龙就曾指出："人生讲究长寿，艺术也是一样。……但是，再过五千年，埃及的金字塔将化为一堆泥土。再过二百年希腊的帕台农神庙也会消失。再过一两个世纪，伦勃朗的大多数作品，将变成深棕色。雷诺兹和他同时代的人的许多作品，现在已变色了。一百年后，贝多芬的音乐，也许作为古董，在音乐演奏会的节目单上出现，公众对他的交响乐，像他们对待佩戈莱西和库瑙的作品一样，不屑一顾。艺术和人生，有如白驹过隙，飞逝而去。这倒也好。想想看，如果这个世界，变成我们艺术家的废品仓库，那多糟糕！不，让他们有他们的服务对象吧，让他们在他们的同年人中传播美和幸福吧，然后，让他们烟消云散吧。"②迄今来看，也许房龙的认识显得有些过于悲观，但不管怎么讲，人们对艺术美的欣赏并非如对于自然美的热爱那样是无条件的。比如美学家王朝闻先生曾经说过："拥有所谓永恒魅力的作品如《蒙娜丽莎》，不是在任何条件下对我都有同样的魅力。当我在实际生活中碰上很不愉快的事件时，我完全不想从她那永恒的微笑中找到安慰，我不向它求得精神上的支持。"这样的体验并不让人陌生，在大多数情形下人们欣赏艺术需要有相应的心境。就像《简·爱》第2章叙述主人公遭到舅母的惩罚被独自关在"红房子"里，她让女佣白茜为其带来平时"津津有味地看过一遍又一遍"的《格列佛游记》。但当她"拿到了这本心爱的书，一页一页地翻着，在那些奇妙的图画中寻找以前从未消失过的魔力时，一切都显得怪诞而乏味了"。

正是在这里，大自然向我们显示出了其独特之处：不仅"自然美景从远处望去，无论在时间还是空间意义上，显得更为壮观"③；更重要的是，无

---

① ［法］爱米尔-安托瓦尼·布德尔:《艺术家眼中的世界》，孔凡平译，沈阳：辽宁美术出版社1990年版，第72页。
② ［美］房龙:《人类的艺术》上卷，衣成信译，北京：中国和平出版社1996年版，第190页。
③ ［德］西奥多·阿多诺:《美学理论》，王柯平译，成都：四川人民出版社1998年版，第126页。

第三讲　美的呈现

论在怎样的情形下，人们都能够向大自然寻求一种精神的支援，在她的怀抱里得到洗涤心身的安慰。大自然不需要我们带着刻意追求的态度去接近它，相反倒能够为我们营造出一种审美的心境。所谓"相看两不厌／唯有敬亭山"，李白的此番感叹何止是对着那座位于安徽宣城的"敬亭山"，其实是道出了大自然在审美上对于我们所具有的那种无可匹敌的重要性。梭罗曾说道："我有这样的体验：甚至一个可怜的愤世嫉俗的人，一个最忧郁的人也能在自然界的事物里面找到最甜蜜温柔、最纯洁最鼓舞人的朋友。"在他看来，"大自然那难以形容的纯洁与慈善，……如此其多的健康，如此其美的欢乐，它们永远地提供不息！它们对我们人类具有极大的同情心，所以要是任何人由于正当的原因而伤心悲痛，大自然也会为之感动，太阳为之失色，风会富有人情味为之悲叹，云为之泪下如雨，森林落下片片树叶，仲夏的日子里披上丧服"①。爱默生也写道："面对自然，他胸中便会涌起一股狂喜，尽管他有自己的悲哀。大自然说——他是我的创造物，虽然他有种种无端的悲苦，总是高兴和我相处的……人在丛林里能永久地保持青春。在这些上帝掌管的庄园里，有一种神圣的礼仪和秩序统治一切。一年四季，延绵不断地过节，而客人乐在其中，一千年也不会感到厌烦。"②

总之，正如阿多诺所说的："自然美长期以来一直连续不断地为艺术提供着有意义的冲动。"③所以培根认为："艺术依赖于献身于大自然的人。"爱默生也表示："被这个世界深深迷住的人就成为这个世界的祭师，换言之，成为这个世界的诗人。"④罗丹同样说过："拉斐尔的素描所以有价值，……乃是从衷心流露出来的对整个自然的爱。"⑤19世纪英国杰出散文家赫兹列也认为："自然是艺术之魂。艺术想象的力量完全蕴藏在大自然之中，是没有别的任何东西可以提供的。"⑥归根到底一言以蔽之：唯有大自然才是人类审美意识的发源地。所谓"天地有大美而不言"（《庄子·知北游》），这种

---

① ［美］罗伯特·塞尔：《梭罗集》上卷，陈凯等译，北京：生活·读书·新知三联书店1996年版，第482、488页。
② ［美］吉欧·波尔泰：《自然》，见《爱默生集》上册，赵一凡等译，北京：生活·读书·新知三联书店1993年版，第9—10页。
③ ［德］西奥多·阿多诺：《美学理论》，王柯平译，成都：四川人民出版社1998年版，第112页。
④ ［美］R.W.爱默生：《自然沉思录》，博凡译，上海：上海社会科学院出版社1993年版，第108页。
⑤ ［法］奥古斯特·罗丹：《罗丹艺术论》，傅雷译，北京：人民美术出版社1978年版，第51页。
⑥ ［英］赫兹列：《赫兹列散文精选》，潘文国译，北京：人民日报出版社1999年版，第100页。

无"形"也不"言"的"天地之美",既是所有为我们所耳濡目染的审美现象的根,也是需要我们终生为之努力的目标。我们意识到在大自然与人类之间有一种独一无二的亲和性,"大自然给我们留下深刻印象的精神和特别之处是它不为任何一个或任何数目的具体目的而存在,而是为无数和永恒的利益而存在"[1]。所以,是时候了,让我们给予一直沉默无语的自然美以更高的礼遇,让我们重新进入天地之间去体会其无比珍贵的魅力,认识它所蕴含的那份独特意义。梭罗说道:"当初耳朵不是为人们惯常设想的这种琐细的用处创造出来的,而是为聆听天国的声音;当初眼睛不是为它们现在被投入并因之损耗的这种卑贱的用处而创造的,而是为观赏如今人们所看不见的美。"现在看来,对于自然美的回避不仅仅是无知,其实还有胆怯。美学家李泽厚曾承认:就美的本质说,自然美是美学的难题。大自然何以能成为我们的审美关注对象?每当我们为大自然的美所震惊并因而试图去解开其奥秘,便会深深地为此而感到困惑。就像梭罗所说:自然从不发问也不回答凡人的问题,她早就下定了决心。阿多诺说得好:只有"最不喜欢谈论自然美的人最爱自然美。如果你在某个自然环境中发出'多美的景致!'之类的惊叹,那么你会因为冒犯其语言的沉寂静默而贬损自然美"[2]。无须赘言,正是通过自然的此番魅力我们才深深意识到,"美"几乎是"神秘"的同义词:"那种未曾打破的沉默没有给人提供哪怕是一个字眼来解释她的神秘。"[3]也唯其如此,方才注定了美学的命运似乎只能是这样一种宿命:说不可说。

诚然,自然界的美缺少一种"自在性",它只是随着"审美者"的诞生而出现。正如黑格尔在其《美学》里所说:"自然美只是为其他对象而美,这就是说,为我们而美,为理解美的心灵而美。"唐人柳宗元在《邕州柳中丞作马退山茅亭记》里写道:"夫美不自美,因人而彰。兰亭也,不遭右军,则清湍修竹,芜没于空山矣。"指的是同样的意思。所以朱光潜先生曾在其《谈美》一书里提出,"自然美"的概念从美学的观点来讲其实是自相矛盾的:是"美"就已不再是真正的"自然",只是"自然"就还没有成为"美"。用英国学者亚历山大的话讲:大自然的美妙来自我们不自觉的艺术性的眼光。"……仅仅在我们用艺术的眼光看待自然时,自然才现出其优

---

[1] [美]吉欧·波尔泰:《自然的方式》,见《爱默生集》上册,赵一凡等译,北京:生活·读书·新知三联书店1993年版,第134页。

[2] [德]西奥多·阿多诺:《美学理论》,王柯平译,成都:四川人民出版社1998年版,第122页。

[3] [美]R.W.爱默生:《自然沉思录》,博凡译,上海:上海社会科学院出版社1993年版,第95页。

第三讲　美的呈现

美。"[1]众所周知，这正是导致以往轻视自然美的一大原因。诚然，审美的本性是揭示人性而不是物性。不同的是，艺术文化是我们出于审美的目的所进行的创造，而人与自然间的审美交流却有其历史的生成过程。"自然界起初是作为一种完全异己的、有无限威力的和不可制服的力量与人对立的，人们同它的关系完全像动物同它的关系一样，人们就像牲畜一样服从它的权力。"[2]无产阶级的两位领袖人物的此番名言早已为我们所耳熟能详；"在环绕着我们并且仇视着我们的自然界中是没有美的"，我们对于俄国20世纪的文学名家高尔基同志的这一见解也并不陌生。

由此而形成的"自然的人化"说，迄今为止仍然被作为关于自然的审美意识的一种权威性解释。根据此说，大自然之所以让我们感到美，是由于它作为人类的"非有机的身体"，成了我们展示自身力量的大舞台。用高尔基的话说："打动我的并非山野风景中所形成的一堆堆的东西，而是人类想象力赋予它们的壮观。令我赞赏的是人如何轻易地和如何伟大地改变了自然。"[3]不过虽然此说道出了审美发生的前提条件，即"审美唯一依靠的是人的主动性。而人归根到底只是因为自己的行动或至少用自己的目光对现实进行了人化才在现实中找到人性。因此，审美不能说明无人性的自然所具有的表现性的东西"[4]，但在具体的审美实践活动中，其语焉不详的内涵仍常常让人无所适从。比如首先我们得看到，对大自然的审美欣赏不同于科学认识上的那种"发现的快感"，虽然这是人类文明征服自然的最主要的一种体现方式，但这样的快感不属于通常意义上对于自然美的欣赏活动。怀特海说得好："你理解了太阳、大气层和地球运转的一切问题，你仍然可能遗漏了太阳落下时的光辉。"[5]尽管有许多来自科学方面的信息表明，在科学家们的研究活动中似乎同样不乏某种美感，这种体验在很大程度上甚至主宰了20世纪的物理学革命。但驻足于认识论的立场来看，大自然本身其实无所谓美与丑。

事实正是这样："从外部看，自然是美好和壮丽的，但认识它则是可怕

---

[1] ［美］萨缪尔·亚历山大：《艺术、价值与自然》，韩东晖、张振明译，北京：华夏出版社2000年版，第25页。

[2] ［德］马克思、恩格斯：《马克思恩格斯选集》第1卷，中共中央翻译局翻译，人民出版社1972年版，第35页。

[3] ［俄］高尔基：《苏联的文学》，转引自王朝闻：《美学概论》，北京：人民出版社1981年版，第43页。

[4] ［法］米盖尔·杜夫海纳：《审美经验现象学》，韩树站译，北京：文化艺术出版社1992年版，第588页。

[5] ［英］怀特海：《科学与近代世界》，何钦译，北京：商务印书馆1997年版，第191页。

的。它的残忍毫无意义！最宝贵的生命成为最低级生命的牺牲品。……自然教导的是这种残忍的利己主义。"①在实际的自然界内，各种生命现象受其自身的生存意志的驱使互相争夺，造成了其他生命体的痛苦与死亡。总之，"自然界不知道自由"②。因此从科学的观点来看，人类对大自然的这种美感纯粹是一种自欺欺人的幻象，我们不得不承认："自然界是枯燥无味的，既没有声音，也没有香气，也没有颜色，只有质料在毫无意义地和永远不停地互相碰击着。"③科学发现的快感便产生于对这种幻象的取缔，其实际内涵是人类终于能够"当家做主"，开始让大自然俯首称臣；而并非是与自然融为一体。所以在科学的视野里，大自然本身不是美而是丑。比如当我们听到鸟类的啼啭鸣叫便想到这是在求偶发情，见到鲜花怒放的形状便明白这是植物的生殖器，闻到弥漫于空气中的芬芳便意识到这是某种分子运动正在进行之中，或许会因自己渊博的知识而窃窃自喜，但那种令人赏心悦目的审美情感只会荡然无存。

另外，对自然的审美欣赏也不同于将其纳入我们的社会生活范围之中所感受的乐趣。可以为例的是车尔尼雪夫斯基当年提出的"美是生活"论。在他看来，"自然界的美的事物，只有作为人的一种暗示才有美的意义"。比如"在某种程度上，植物的响声、树枝的摇荡、树叶的经常摆动，都能使我们想起人类的生活来"。因为"人一般地都是用所有者的眼光去看自然，他觉得大地上的美的东西总是与人生的幸福和欢乐相连的"④。这样的阐述只有在一种情形下是有效的：有别于都市生活的乡村—田野生活。由此所形成的"人化的自然"之美，同样也已并非作为一种独立的审美现象的那种自然美。最具典范性的，是那些成功表现田野牧歌风光的中国古代诗歌。比如宋人雷震的《村晚》："草满池塘水满坡／山衔落日浸寒漪／牧童归去横牛背／短笛无腔信口吹。"又比如唐人王驾的《社日》："鹅湖山下稻粱肥／豚栅鸡栖对掩扉／桑柘影斜春社散／家家扶得醉人归。"南宋徐元杰的《湖上》："花开红树乱莺啼／草长平湖白鹭飞／风日晴和人意好／夕阳箫鼓几船归。"以及开创了"江湖诗派"风格的赵师秀的《有约》："黄梅时节家家雨／青草池塘处处蛙／有约不来过夜半／闲敲棋子落灯花。"类似这

---

① ［法］阿尔贝特·史怀泽：《敬畏生命》，陈泽环译，上海：上海社会科学院出版社1992年版，第20页。

② ［俄］谢苗·弗兰克：《实在与人：人的存在的形而上学》，李昭时译，杭州：浙江人民出版社2000年版，第169页。

③ ［英］怀特海：《科学与近代世界》，何钦译，北京：商务印书馆1997年版，第53页。

④ ［俄］车尔尼雪夫斯基：《艺术与现实的审美关系》，北京：人民文学出版社1979年版，第10页。

样的重在表现生活情趣的"田园美",同强调融入自然事物之中,重在体会天地氤氲的"自然美",显然有着实质性的区别。

比如像杜牧的《江南春》:"千里莺啼绿映红／水村山郭酒旗风／南朝四百八十寺／多少楼台烟雨中。"张继的《枫桥夜泊》:"月落乌啼霜满天／江枫渔火对愁眠／姑苏城外寒山寺／夜半钟声到客船。"在这些诗中,诗人们看似在欣赏自然景色,其实是感叹人世沧桑。所以这些作品所表现的,也已并非真正意义上的"自然美",而是以自然景物为媒介的"人文美"。所以前人罗大经在《鹤林玉露》里指出:"有些诗,只把做景物看亦可,把做道理看,其中亦尽有可玩索处。"但除此之外,仍然存在着偏重于感觉／形式的种种意味。用康德的话说:"美丽自然的诸魅力,常常和美的形式溶(融)合在一起被我们接触到的,它们或是属于光(在赋色里面),或是属于声(在音调里面)的诸变相。"①比如王维《使至塞上》中的一联名句"大漠孤烟直／长河落日圆",和《山居秋暝》中的上半首"空山新雨后／天气晚来秋／明月松间照／清泉石上流"以及王之涣《登颧雀楼》的上半联"白日依山尽／黄河入海流"等。欣赏这些作品我们不难发现,诗人只有在与大自然的交流中而不是仅仅停留于"现象"层面的"欣赏",通过沉入其中的感觉而非徘徊其外的想象,才能获得这些审美体验。

但从中我们也就看到,在真正意义上的对自然美的欣赏中,我们所欣赏的是"客体的人"而非"主体的人";也即是自然中"本身"就已蕴含着并让我们在欣赏过程里能够"提取"的人性,而并非由作为欣赏者的主体在欣赏活动中直接地"赋予"对象的意味。因而尽管自然美作为审美对象仍然是"为我们而存在的自在",但其内在的这份审美意味并不由我们以"人化"的名义所"构成"。也就是杜夫海纳所说的:"因为物向能够静观自己的人呈现出一副亲切的面容,从这个面容中人可以认出自己,而自己并不形成这个面容的存在。"②问题在于:大自然的这份人性究竟由何而来并怎样存在?显然,如何在摆脱将自然主观化的思想路径之后来认识大自然的审美生成,这是我们把握自然美时的一个难点。在康德看来,虽然在对自然的审美欣赏中我们同其在感觉中相遇,但这感觉"不仅仅是具含着感性的情感,而且也允许我们对于感官的这些变相的形式进行反思,因而它们好像是一种把大自然引向我们的语言,使大自然内里好像含有一较高的意

---

① [德]康德:《判断力批判》上卷,宗白华译,周杨译,北京:商务印书馆1964年版,第147页。
② [法]米盖尔·杜夫海纳:《审美经验现象学》,韩树站译,北京:文化艺术出版社1992年版,第590页。

义。所以，百合花的白色导引我们的心意达到纯洁的观念，并且按照从红到紫的七种秩序，达到：（1）崇高；（2）勇敢；（3）公明正直；（4）友爱；（5）谦逊；（6）不屈；（7）柔和等观念"①。

我们对康德的这番话并不会感到陌生，因为其精神事实上与中国古代美学思想中的"比德说"相通。此说滥觞于先秦时期，分别为一些思想家们所采纳。如老子《道德经》里有"上善若水""上德若谷"等说法，《管子·水地》里也有"夫水淖弱以清，而好洒人之恶，仁也"这样的论述。《论语·雍也》中记载孔子的话："知者乐水，仁者乐山"，使"比德说"最终成形。用刘宝楠在《论语正义》里的话说："夫水者，君子比德焉"，"言仁者比德于山，故乐山也"。朱熹曾分别以"事理"与"义理"这一对概念将之概括为："知者达于事理而周流无滞，有似于水，故乐水；仁者安于义理而厚重不迁，有似于山，故乐山。"②

正如许多研究者所一致认可的，作为一种属于"中国美学"的自然美论的"比德说"，其实质在于通过对不同主体在自然美欣赏上的偏爱，强调审美意识的人伦道德根源。所以在某种意义上，"比德说"也即"拟人说"，是在将自然社会化的前提下以"善"为"美"，就像普洛丁在其《九章书》里所说："美也就是善，善在美后面，是美的本原。"不难发现，这种依托于"人以致善"的学说是以"物以致用"的立场来看待事物之美的理论延续，其局限性显而易见。因为自然之美归根到底是以"自然"为美，但在"比德"的拟人化操作中，这种自然早已面目全非，仅仅成了人类的影子与替身。比如苏东坡《赠刘景文》的上联"荷尽已无擎雨盖／菊残犹有傲霜枝"，杜甫《漫兴》的下联："颠狂柳絮随风舞／轻薄桃花逐水流"，和"新松恨不高千尺／恶竹应须斩万竿"；以及郑板桥的《竹石》"咬定青山不放松／立根原在破岩中／千磨万击还坚劲／任尔东西南北风"等。诸如此类的诗作看似在吟咏自然物，其实是在借题发挥，借自然物谈社会事。这与其说是对自然美的欣赏，不如讲是对社会美的捕捉。其优点在于别出心裁，自有一番趣味；其缺点在于以主观意念排斥客观世界而缩小了审美的视野，在此方向长驱直入最终便走向说教。

宋朝学人周敦颐的《爱莲说》最具代表性，他曾自述："予独爱莲之出淤泥而不染，濯清涟而不妖，中通外直，不蔓不枝，香远益清，亭亭净植。"凡此种种正如歌德曾经所道："人从广阔的世界里给自己划出一个小

---

① ［德］康德：《判断力批判》上卷，宗白华译，北京：商务印书馆1964年版，第147页。
② 朱熹：《四书章句集注》，北京：中华书局1983年版，第90页。

天地，这个小天地就贴满了他自己的形象。"①尽管这不失为一种审美方式，但毕竟范围于一种小格局，放弃了对整个大自然的审美交流。无须赘言，这是由"自然的人化"所导致的一种"人化的自然"。尽管我们并不能因此而从整体上对"自然的人化"理论做出否定，但毕竟能够从中看到其内在的"人类中心主义"立场。这使之在实质上以"人类"取消了"自然"，其结果是以拟人的"小美"来遮蔽了充斥于天地之间的那种"大美"。

那么，究竟该以一种怎样的方式来把握自然美的奥秘？毫无疑问，在我们与大自然相遇时，很容易将之"人性化"。所谓"浮云游子意／落日故人情"（李白《送友人》），和"感时花溅泪／恨别鸟惊心"（杜甫《春望》）等。《庄子·秋水》中记载，庄子在与惠子同游安徽境内的濠河时在一座桥上对后者说："鲦鱼出游从容，是鱼之乐也。"虽然当时惠子以"子非鱼，安知鱼之乐"提出质疑，但庄子不仅从逻辑上以"子非我，安知我不知鱼之乐"给予了反诘，而且还进一步用"循其本"的方式，以"汝既已知吾知之而问我"则我也能"知之濠上"予以反驳。这个著名案例说明了一个道理：人习惯于"以己度物"，与宇宙天地的万物众生感同身受。这虽然不够科学，但却是人类把握世界的一种基本方式。就像康德曾经所说："鸟的歌声宣诉他的快乐和对生活的满足。至少我们这样解释着自然，不管这是不是它的真实的意图。"②再由此而推及开去我们同样能够发现："人就是这样在风暴中认出自己的激情，在秋空中认出自己的思乡之情，在烈火中认出自己的纯洁热情。"③但显然，这种对自然对象的"人性化"渗透，与前面所说的那种将自然物以拟人的方式做"人伦化"处置，有着根本性的区别：前者虽视自然对象与我们人类具有同样的灵性，但仍将其作为外在于我们的一种客观存在主体；而后者则是以自己的主观意愿吞没了自然的客体性位置，取消了其作为对象的存在价值。换言之：自然的"人性化"是以自然为本位，主体对客体对象有一种内在的平等和尊重；而自然的"人伦化"则是以人类为本位，主体完全支配着对象，使其处于一种供驱使役用的位置。因此表现在心理方面，后者注重"以我为主"的想象，而前者注重以对象为本的感觉。

从实际的审美经验来看，我们对大自然之美的领悟，正是在这样一种通过"感觉"的人性化渗透而非"想象"的拟人化处理中得到的。当代英

---

① ［德］歌德：《拉伐戴骨相学著作断片补记》，转引自樊莘森等《美与审美》，福州：福建人民出版社1982年版，第41页。
② ［德］康德：《判断力批判》上卷，宗白华译，北京：商务印书馆1964年版，第147页。
③ ［法］米盖尔·杜夫海纳：《审美经验现象学》，韩树站译，北京：文化艺术出版社1992年版，第590页。

国美学家安妮·谢泼德女士说得好:"我们可以在天上的白云中看见各种形状,可以在一条不断流淌的小溪的潺潺水声中听见咔嗒咔嗒的声音。然而,这种投射在我们对大自然的审美欣赏过程中只发挥很小的作用。我们在不发挥自己的想象力构想白云笼罩的高塔或豪华宫殿的情况下,也能够享受傍晚的天空中存在的晚霞之美。我们也可以在并不想象这条不断流淌的小溪的潺潺水声再现某种其他的声音的情况下,快乐地倾听这种流水声。"因为毕竟,我们对自然的审美欣赏不同于对一幅以自然景象为主题的绘画或一张艺术照片的欣赏,而总是身处某个实际时空场景之中。在此时此地除了美丽的风景与悦耳的声音,"我们还可以通过嗅闻雨后青草散发的气息、松树林的芳香气味,并且在触摸柔软的草地和富有弹性的植物,或者秋天风干的落叶的过程中领略它们的质地,从其中得到快乐"[①]。换言之,并不需要将大自然中的那些光与影、色与形,做任何社会化、人伦化的想象处理,单是其本身就不仅具有审美价值,而且正是我们所需要的那种不同于"第二艺术"的审美存在。比如"疏影横斜水清浅/暗香浮动月黄昏"(林逋《山园小梅》),和"两个黄鹂鸣翠柳/一行白鹭上青天"(杜甫《绝句》)。诗人们之所以能吟出这样的句子,无非也就像王羲之在《兰亭集序》里所说,是身临其境之中"游目骋怀,足以极视听之娱"。这是一种建立于我们对大自然的"现象"层面的感觉上的"幻象"之美。如同艾迪生所说,"我们见到这种幻象的美弥漫于整个宇宙",我们所欣赏的便是这光与影的交响曲;因此"设使宇宙的万物黯然失色,设使光影的痕迹湮没不彰,我们所欣赏的大自然将变成多么潦草而不堪入目"的素描画[②]。反之亦然,人之为人的独特正在于通过理性/思想活动而实现的感觉的敏感与丰富,用爱默生的话说:"富有而又多变的人!你是视觉和声音的宫殿,在你的感觉里是昼与夜和那深不可测的银河,在你的脑海里是上帝之城的地图。"[③]

  显然,将自然里的一片竹林当作其本身而欣赏它们的郁郁葱葱,其意味完全不同于将它们视为一排投机取巧的恶势力的密密麻麻。如果说后者的审美机制是立足于社会伦理形态的"比德",前者则可归纳为立足于自然生命感觉的一种"畅神"。南朝画家宗炳曾在其所撰的《画山水序》里谈道:"峰岫高巚,云林森眇,圣贤映于绝代,万趣融其神思,余复何为哉?

---

[①] [英]安妮·谢泼德:《美学:艺术哲学引论》,艾彦译,沈阳:辽宁教育出版社1998年版,第85—86页。

[②] 转引自[英]艾迪生:《想象的快感》,见《缪灵珠美学译文集》第2卷,北京:中国人民大学出版社1998年版,第42页。

[③] [美]吉欧·波尔泰:《自然的方式》,见《爱默生集》上册,赵一凡等译,北京:生活·读书·新知三联书店1993年版,第134页。

畅神而已。"这是人们面对自然时所产生的两种不同的审美方式。对于自然之物，人们既可以像袁枚那样，产生"青山尚且直如弦，人生孤立何伤焉之"的心得；也能够像《世说新语》里所记载的顾长康那样，满足于一种"千岩竞秀，万壑争流，草木蒙笼其上，若云兴霞蔚"的意味。但无疑只有通过后一种方式，我们才有可能真正体会到大自然本身所蕴含的那种审美意义。宋人邵雍曾提出一种"以物观物"说，他认为："以物观物，性也；以我观物，情也。性公而明，情偏而暗。"因而"任我则情，情则蔽，蔽则昏矣；因物则性，性则神，神则明矣"。传统中国思想里的"性"即（天）"理"（如《礼记·乐记》曰："天理灭矣"，郑玄曾注："理犹性也"），作为理学家的邵雍在此强调的无疑也是以"天理"来束缚"人性"。但尽管这样我们仍能看到，在以人的主体存在为基础的意识活动中，存在着相对"自然"的"本性"与"社会"化的"情感"的差异，虽然前一种"性"只有通过后者之"情"才能体现出来。如同美国哲学家阿德勒将与生俱来的"需求"（need）同在文化中生成的"欲望"（wants）相区分，前者为人类成员共同拥有，后者随个体的生存条件而有异。[①]显然，虽然那种具有创造性的想象活动能给予我们美的享受，但无疑只有排除私人化的主观意念才有可能真正走进自然之美。清代叶燮曾说：凡物之美，盈天地间皆是也，然必待人之神明者慧而见。而神明之慧本天地间之共有，非一人别有所独受而能自异也。这"天地间共有"的"神明之慧"，无疑也就是一种以（天）"性"为本的精神体验，它是我们拥抱自然美的真正途径。

但这就意味着不能随心所欲地为主观意识所左右，而得返归感觉本身。这也正是自然所特具的审美优越性之所在：虽然感觉是整个审美活动的共同出发点，但唯有在同大自然的交流中，人类的感觉世界才能得到最为充分和饱满的满足。美国学者罗伯特·马歇尔对此曾从理论上做过阐释："旷野既不象（像）艺术那样只是刺激视觉，也不象（像）音乐那样只刺激听觉，而是刺激人类所有的一切感官，从美学的观点来看，旷野在这一方面是独一无二的。在傍晚，当一个旅行者漫步到旷野之中的小湖岸边时，他通过视觉观看到布满粉红色晚霞的天空，以及云杉在岸上拔地而起，湖湾深入到云杉之中所造成的欢快的格局；通过听觉他感知到湖水拍击岩石重叠的岸边的声音，以及画眉鸟的黄昏鸣唱；通过嗅觉他闻到湖边香脂冷杉和沼泽花的芳香；通过触觉他感到吹拂在他额头上的微风和他脚下水藓的柔软。旷野就是所有这一切感觉，这些感觉与广袤融合为一种美的形式，成为多

---

① ［美］马尔蒂莫·J.阿德勒：《哲学的误区》，汪关盛等译，上海：上海人民出版社1992年版，第100页。

数人最完美的人间经验。"①曾经，在瓦尔登湖区寂静的森林里驻足观望、倾听冥想的梭罗突然意识到，大自然里面的"每一事物中都存在着一种美好又仁爱的友情，它无穷无尽、难以解释"。他不仅明白了"这里存在着一种对我亲如骨肉的关系"，而且"还意识到和我血统最接近而又最富于人性的并不是一个人"，而是这无边无际的大自然。梭罗以其自身经历告诉我们，对大自然的本色化欣赏不是将之当作一幅美丽的绘画来观看，而是"为一种纯粹感觉上的生活——祈祷"，让自己全身就是一个感官，把欢乐全吸进去，在大自然中自由来去，成为它的一部分。②

"现在一切都已过去，……我又从那欺骗了我的世界，回到了自然"③，赫兹列的这声叹息会让许多人产生共鸣；"让我们重新追根溯源，回到生活的源泉中来，回到春光明媚、仪态万千的大自然怀抱中来"，布德尔的此番话道出了那些无法仅仅靠面包生活的精神流浪者们的共同心声。毫无疑问，对于那些伟大作品我们永远怀着敬仰与挚爱；但这无法代替我们与大自然的那份亲近，不能泯灭我们内心时时萌发出的一种需要返璞归真，回到永恒不朽的自然中去的愿望④。就像著名学者鲁道夫·奥托所说："对自然的喜悦似乎来自一种心灵的饥饿，这种饥饿由于有某个伟大的、神圣的精神的莅临而得到满足。"⑤这种需要的内涵究竟是什么？面对大自然我们不难发现，它虽然广阔绵延而丰富多彩，但它其实又是那么的单一，它只提供给我们一样东西：生命。正如爱默生的《在神学院的演说》中开篇所说：在这阳光灿烂的夏天，吸入这样的生命的气息是一种多么奢侈、豪华的享受啊！草在生长，芽在萌发，草地上点缀着花朵所具有的火焰与黄金般的颜色。天空中有无数的飞鸟，空气中飘逸着松脂、香膏和新草垛发出的清香……风永远吹着，草永远生长。永无开始，永无结局，大自然永远是一股回归到它自身的周而复始的巨大力量。⑥无论月缺月圆天晴天阴，无论是

---

① ［美］马歇尔：《旷野生活》，转引自［美］拉蒙特：《人道主义哲学》，贾高建等译，北京：华夏出版社1990年版，第177页。
② ［美］罗伯特·塞尔：《梭罗集》上卷，陈凯等译，北京：生活·读书·新知三联书店1996年版，第344页。
③ ［英］赫兹列：《赫兹列散文精选》，潘文国译，北京：人民日报出版社1999年版，第70页。
④ 参见［法］爱米尔－安托瓦尼·布德尔：《艺术家眼中的世界》，孔凡平译，沈阳：辽宁美术出版社1990年版，第65页。
⑤ ［德］鲁道夫·奥托：《论"神圣"》，成穷、周邦宪译，成都：四川人民出版社1995年版，第257页。
⑥ ［美］R.W.爱默生：《自然沉思录》，博凡译，上海：上海社会科学院出版社1993年版，第95页。

第三讲 美的呈现

风雨如晦或风和日丽，大自然总是显得始终如一：勃勃生机。所以人们才会有"惟（唯）有大自然在它最狂野、最未受干预的情况下，我们才会感受到一种特殊的辉煌灿烂"这样一种感受，并得出"自然美的重点也在新鲜与惊奇"[1]这样的印象。因为生命就意味着发展变化并富有一种内在力量，故而大自然是我们一切希望的摇篮和一切绝望的坟墓，也是一切审美意识的根据地。

天地何以"有大美而不言"？因为美就是生命本身的存在，就来自于万物的这种永不衰竭的勃勃生机的呈现。每时每刻，大自然都在以"生命"的名义让我们明白：再痛苦的经历都会被忘却，再大的灾难都会过去，一切会重新形始，死亡并非终结者，生命才是最硬的道理。它以其挡不住的魅力告诉我们："美"与"生命"同在，就是生命的自觉。凡此种种皆表明："在大自然中，一切都是有用的，一切都是美的。它之所以美，因为它是活的，运动的。"[2]所以纪伯伦说："美可以使你们的灵魂归真返璞至大自然，那儿本是你们生命的起源"，因为"美就是大自然的一切"。[3]爱默生也说道："在它最广大、最深厚的含义上说，美即宇宙的一种表达"[4]，因为宇宙其实只表达着一样东西：生命意识的孕育与苏醒。以此言，充斥于天地之间宇宙之中的那个"大美"，也即对绵延不息的生命的肯定。所谓"天地之大德曰生"（葛洪《抱朴子内篇》），以及"人之所贵者，生也；生之所贵者，道也"（司马承桢《坐忘论·序》）。由于这是一种无始无终的存在和万物所归的"一"，所以所谓的生命意识的诞生标志，也就是对生命的发自内心深处的一种敬畏感。它让我们意识到这样一个常被我们熟视无睹的事实："一切生命都是神圣的，包括那些从人的立场来看显得低级的生命也是如此。"[5]

所以歌德在聚结了其毕生心得的《浮士德》中告诉我们："敬畏是人性中的最好部分／无论世人多么蔑视这种感受／禀有它，就会彻悟到非常之事。"对生命的敬畏让我们明白，人之所以不能离开上帝并非人无能，而

---

[1] 艾黛：《感觉之美：感受生命的浪漫质地》，北京：民族出版社1999年版，第56页。
[2] [美]吉欧·波尔泰：《论艺术》，见《爱默生集》上册，赵一凡等译，北京：生活·读书·新知三联书店1993年版，第487页。
[3] [黎巴嫩]纪伯伦：《纪伯伦散文精选》，伊宏等译，北京：人民日报出版社1996年版，第19、85页。
[4] [美]吉欧·波尔泰：《美》，见《爱默生集》上册，赵一凡等译，北京：生活·读书·新知三联书店1993年版，第20页。
[5] [法]阿尔贝特·史怀泽：《敬畏生命》，陈泽环译，上海：上海社会科学院出版社1992年版，第132页。

是人不能为所欲为。我们在这种敬畏意识之中与存在之根相沟通，就像爱默生所说的那样："田野与丛树所引起的欢愉，暗示着人与植物之间的一种神秘联系。它们说明我不是孤身一人，也不是不被理睬。它们在向我点头，我也向它们致意。"虽然就此来讲，我们从大自然中所看到那种人性的存在，的确只不过是由作为观看者的我们自己"放入"大自然之中的东西："可以肯定，产生这种欢愉心情的力量并不存在于大自然之中，它出自人的心灵。"① 因为自然并无这种生命的自觉。但这并不意味着这种生命意识仅仅就是人类"自身"的东西，因为这种意识的"产生"得之于自然向人类的启示，它表明了这样一个已被遗忘的事实：作为主体的人仍然是自然的一部分。因而，通过生命的敬畏意识而诞生的人性之思，并非只是人的主观活动，在某种意义上它也是一种"自然现象"，用塞尚的话说也即："风景在我们之中独立思考……我们是它的意识。"② 因为我们的存在本身就是一个生命事实，因而"生命意识"首先也就是一种"自我意识"：我们从这个渺小的"自我"走向浩瀚的"自然"，从生存的滋味里领悟到大美的愉悦。

只有从这里我们才能够真正理解罗丹当年所说的"美丽的风景所以使人感动，不是由于它给人或多或少的舒适的感觉，而是由于它引起人的思想；看到的线条和色彩自身不能感动人，而是渗入其中的那种深刻的意义"究竟是什么意思。这儿的"思想"与"意义"无疑不是别的高深意念，也就是对生命本身的体悟与领会。将毕生贡献给了黑猩猩研究的英国著名女学者珍妮·古道尔告诉我们，黑猩猩不仅是除人类之外最擅长使用工具的生命，而且也具有一定的友情意识：曾有一个叫马克的青年与一个叫"老人"的黑猩猩成了朋友，有一次当马克遭到另外一些黑猩猩的致命攻击时"老人"冲上来为他解围，一直在他身边保护着他的安全。她曾多次亲眼见过这样的场景：每当雨季来临，在大雨瓢泼中的黑猩猩显得痛苦不堪。但当冬天过去雨季结束后，"金色的山坡很快就被茂密的青草所覆盖，花儿也开了，到处都是一片芬芳"，此时的黑猩猩们的心情最为舒畅。有一次雨过天晴地平线上出现一道壮丽的彩虹，黑猩猩们兴高采烈地手舞足蹈起来。③ 或许我们还只能将此视作一种"前审美意识"，但这毕竟已意味着，如果我们将"自然"理解为顺从天性，那么也就能够认为，人类对自然之美的欣赏并非取决于"自然的人化"，恰恰相反是一种"人的自然化"的结果。换

---

① ［美］吉欧·波尔泰：《自然》，见《爱默生集》上册，赵一凡等译，北京：生活·读书·新知三联书店1993年版，第10页。
② 艾黛：《感觉之美：感受生命的浪漫质地》，北京：民族出版社1999年版，第46页。
③ ［英］珍·古道尔：《我与黑猩猩在一起的生活》，邓晓明、卢晓译，北京：中国广播电视出版社1990年版，第58—68页。

句话说，大自然以其一如既往的"沉默之美"提醒我们："生活在大地上不仅需要精神上超凡脱俗，而且需要自然化。"①

---

① ［美］罗伯特·塞尔:《梭罗集》上卷，陈凯等译，北京：生活·读书·新知三联书店1996年版，第342页。

# 第四讲　美学问题

## 16.自恋主义与美学问题

在瑰丽丰富的古希腊神话传说里，那喀索斯的故事显得别具一格。作为河神刻菲索斯与仙女莱里奥普所生的儿子，他自恃有举世无双的美貌而拒绝了所有姑娘的求爱。当他一视同仁地让回声女神厄科也同样伤心离去，灾难终于降临。为之不平的复仇女神娜美西斯给了那喀索斯以严厉惩罚，让这位目空一切的帅哥爱上自己在水里的漂亮倒影。那喀索斯在女神的意志下整日徘徊于水边湖畔，最后坠入水中而死。这个遥远而离奇的不幸传说具有长久的文化生命力。因为它形象而深刻地揭示了人类身上与生俱来的一种生命情结：自恋，从"那喀索斯"（Narcissus）一词产生了"自恋主义"（Narcissism）的概念。但在很长的历史里，人们并没有给予它应有的关注。根据著名学者弗洛姆的说法，真正让这个概念浮出思想水面的是弗洛伊德："弗洛伊德最有成效、意义最深远的发现之一乃是他的自恋这个概念。"正是"通过自恋的研究，弗洛伊德为人类理解自身作出了富有意义的贡献"[①]。弗洛姆的这一"知识产权"判定是否妥当可以另当别论，但随着自我中心在当今世界蔚然成风，自恋主义已经成为现代文明的基本主题这无疑已是有目共睹的一个事实。美国学者拉斯奇当年所做的这一断言"目前盛行的态度从表面上看乐观并着眼于未来，却渊源于自恋主义的精神匮乏"，如今已随处可见。但本文的意图在于提出这么一个论点：如何对自恋主义文化与人类审美活动的关系做出把握，是现代美学所必须面对的一个关键问题。

顾名思义，自恋主义文化首先是一种以自我为中心、以内心生活为重点的利己主义文化的情感表现。"尽管自恋的各种表现形式不同，但一切自

---

[①] ［美］埃里希·弗洛姆：《弗洛伊德思想的贡献与局限》，申荷永译，长沙：湖南人民出版社1986年版，第51页。

恋的形式都具有这一共同的特点,即对外部世界缺乏真正的兴趣。"①所以,自恋意味常常随着个体自我意识的增强而同步增强。在人世的芸芸众生里,最具有个人意识的莫过于那些从事精神创造性工作的艺术家。法国女作家玛格丽特·杜拉斯在一次回答记者关于《情人》是否是一份"自我分析的报告"的提问时,曾坦承:"我是个彻底的自恋狂。"②虽然并不是所有的作家都会做出像杜拉斯这样的自认,但杜拉斯的这一表态无疑有极大的普遍性。就像弗洛姆所说:"许多艺术家和富有创造性的作家、音乐指挥家、舞蹈家和政治家均是十分自恋的。他们的自恋并不影响他们的艺术;相反却常常对他们有所帮助。"③诗人惠特曼的《自我之歌》里写道:"欢迎我每一器官、每一标志／我的骨骼是世界上最甜美的杰作／神圣如我,里里外外,我也净化了我所接触与触及我的万物／这两个腋窝的芳香远胜祈祷／头颅远胜教堂、圣经及一切信条／我若崇拜一物,必是我伸展的肌体,或肌体的局部／我溺爱自己,世上有我存在一切甘美如饴。"这是用艺术方式对"自恋"概念的形象化的披露。

  分析起来,这无非是由于自恋的人虽然是"为自己"的人,却也是"名副其实"的人。马克思有过一个迄今仍有效的关于"人"的著名评论:真正将人的生命活动同动物行为区别开来的,是对自我的意识,一个"人"的诞生总是伴随着"我是谁"的困惑。"从目的论的意义上来说,大自然赋予人类强烈的自恋,促使人类为生存而从事必要的工作。"让生命主体通过自我欣赏来加强自我保护、谋取更好的发展,这就是自恋的人类学意义,它是提醒早已不具有动物那种自卫本能的人类生命个体,重新通过文化途径来培育自我关心的机制。所以,自恋的实质是对生命的珍惜。这也正是它在艺术家身上表现得格外突出的原因:突出的自恋情结是强烈的生命意识的一种表征,因为"自恋是一种激情,许多个人所具有这种激情的程度只能与性欲和生的欲望相比较"④。通过自恋所唤起的这种生命激情是从事艺术创作的基本前提,因为诚如罗丹指出的:没有生命便没有艺术。而从自恋与人类生命意识的这种内在联系出发,我们也就能够发现这么一个迄今为止仍未得到应有的关注的事实:对于人类审美意识的历史发生,自恋情结曾具有举足轻重的意义。以西方审美文化发展史为例,众所周知,如同古希腊艺术是西方审美文化的主要源头,雕塑创作曾对古希腊艺术走向繁

---

① [美]弗洛姆:《人心》,孙月才等译,北京:商务印书馆1989年版,第59页。
② [法]玛格丽特·杜拉斯:《写作》,曹德明译,沈阳:春风文艺出版社2000年版,第167页。
③ [美]埃里希·弗洛姆:《弗洛伊德思想的贡献与局限》,申荷永译,长沙:湖南人民出版社1986年版,第57页。
④ [美]艾·弗洛姆:《人心》,孙月才等译,北京:商务印书馆1989年版,第61页。

荣产生过无可比拟的作用。

丹纳在其名噪一时的《艺术哲学》里指出："雕塑成为希腊的中心艺术，一切别的艺术都以雕塑为主，或是陪衬雕塑，或是模仿雕塑。"这首先有其社会文化方面的逻辑：古希腊地处平原，周边缺少诸如高山峻岭这样的能够防御外敌进犯的自然屏障。为了民族生存的需要，在战争手段相对原始的情况下，强身健体便成了古希腊战士赢得战争胜利的最好保证。再加上当地的气温介于冬夏之间，适宜于进行裸体运动，一种独特的崇尚体格的时代氛围便宣告形成。对于当时的古希腊人而言，"理想的人物不是善于思索的头脑或者感觉敏锐的心灵，而是血统好，发育好，比例匀称，身手矫捷，擅长各种运动的裸体"[①]。为了表现这样的裸体，具有鲜明立体感的雕塑创作无疑是最佳方式。但进一步来看这仍只是审美发生的"他律"，古希腊雕塑之所以迄今仍拥有独特魅力，是因为当时的艺术家们深深地被他们所要表现的那种充分体现着生命力的裸体运动所吸引。从这种由"健"向"美"的转换中，我们可以发现对人类审美文化的生成具有实质意义的生命意识，其内核也就是一种自恋意识。因为以人体为中心的体育活动历来是自恋的最好对象。当代德国学者舒里安说过："在体育运动中首先显露出来的是自我表现和表演"，在身体的这种展示中"可以认出与自恋的关系"[②]。这清楚地表明了审美存在的"主体间性"，意味着"客体的美正是美感的幻象"[③]。

也正是在这个意义上，我们得对沃林格提出的这一见解予以赞同："审美享受是一种客观化的自我享受，审美享受就是在一个与自我不同的感性对象中玩味自我本身。"[④]但同时必须看到，这样的认同是有条件的。也就是说自恋固然是美感发生的逻辑起点，并非就是其文化归宿。那喀索斯的故事其实已告诉我们，自恋只是审美活动的生成胎盘，美感体验的真正发展意味着从这种绝对自我中心的自恋意识的范围里做出突围；否则，仅仅停泊于自恋之中，结局只能是美的毁灭而非诞生。这同样有着人类学方面的根据。经验表明，生活里的自恋主义者大多是一些自怜自艾的人，在他们身上生命力不仅没有被强化反而被大大削弱了。缺乏自立精神导致了他们也缺乏真正的自尊品格。因为"尽管自恋主义者不时会幻想自己权力无限，但是他却要依靠别人才能感到自尊。离开了对他崇拜得五体投地的观众他

---

① [法]伊波利特·丹纳：《艺术哲学》，傅雷译，北京：人民文学出版社1963年版，第47页。
② [德]W.舒里安：《日常生活中的艺术》，罗悌伦译，桂林：漓江出版社1993年版，第107页。
③ [俄]尼·别尔嘉耶夫：《人的奴役与自由》，徐黎明译，贵阳：贵州人民出版社1994年版，第214页。
④ [德]W.沃林格：《抽象与移情》，王才勇译，沈阳：辽宁人民出版社1987年版，第5页。

就活不下去"①。自恋者虽然爱生命，但爱的只是自己，这个世界对于他别无意义。这就导致了自恋情结的一个内在的生存悖论：它既是个体生存所必需的，同时又对其生存构成一种威胁，因为彻底的自恋者具有一种排他性。现实中人因而面临这样一种境况：一方面不能彻底否定自恋，另一方面又必须有效地对之做出某种控制。否则他就会从社会生活中自我放逐，置自身于四面楚歌的生存困境之中。

不言而喻，缺乏美感也正是自恋狂们在生存论方面的劣势的一大表现，因为真正的审美魅力属于那些对这种自恋情结实现了超越的对象。如同评论家们所分析的，惠特曼之所以能成为现代美国最伟大的诗人之一，乃是因为"他早期的自恋并没有使他变得自私，却教了他自尊自爱"。这主要表现在他将这份爱最终由己而及人上，就像他在《我吟诵身体的电车》里写道："啊，我的肉体！我不敢唾弃别人身上你的同类，也不敢唾弃局部的你／我深信你的同类会随灵魂而起落（其实他们便是灵魂。）"②审美活动不同于日常实践活动，在于其具有"可分享"性，意味着一种内在的"交流"。事实正是这样："只去关注个人的经验，而不关注交流，这是容易的；只去自我欣赏、自我表现，这是容易的，但到头来，根本没有了艺术家。"③广大的艺术受众之所以给予杰出艺术家以荣誉与财富，显然并不是由于他们拥有自我表现的特权，而在于通过他们的这种生命表现能够为我们揭示出具有普泛意义的东西；在那些伟大艺术里，无疑存在着一种具有全人类共同感的客观性。更能说明问题的，是夏洛蒂·勃朗特的《简·爱》。小说里的同名女主角是一个不仅无财而且无貌的孤儿，在作品开头叙事者让"我"如此这般地做出自我介绍："我一直希望，尽可能使自己显得好看，在缺少美貌所许可的范围内尽可能使自己讨人喜欢。我有时惋惜自己没长得再漂亮一点，有时候希望有红彤彤的脸蛋、挺直的鼻子和樱桃般的小嘴；希望自己长得高、庄严、身材丰满。我觉得自己长得那么矮小，那么苍白，五官长得那么不端正，那么特征不显著，真是一种不幸。"

不难发现，这里的"我"不是一位具有浪漫风韵的女性，她的独特魅力在于其本人所具有的一种自立的个性。就像她的情人罗切斯特从她的额头上所读出的："那个额头似乎在说：'如果自尊心和环境需要，我可以一个人生活，我不必出卖灵魂去换取幸福。'"（小说第19章）但这份自尊无疑

---

① ［美］克里斯多夫·拉斯奇：《自恋主义文化》，陈红雯等译，上海：上海文化出版社1988年版，第9页。
② ［美］莫达尔：《爱与文学》，郑秋水译，长沙：湖南文艺出版社1987年版，第140页。
③ ［美］约翰·马丁：《生命的律动》，欧建平译，北京：文化艺术出版社1994年版，第187页。

来自于主人公能够正视自己实际的生存处境而不自暴自弃,简·爱之美在于她虽不具有自恋的资本但也不因此而自惭形秽。自弃是自恋的一种存在方式,因而,当我们将简·爱视为性格与个性之美的典范,也就必须看到审美文化的实质就在于对自恋的超越。因为真正的自尊不仅是对自我价值的认同,同样也是对别人的人格的肯定。通过这种对自恋主义的自我中心的摆脱,个体生命走向一种自由的境界,它意味着只有摆脱了"自恋"的"自由",才是审美文化的实质所在。显然正是出于这样的认识,强调审美享受是一种客观化的自我享受的沃林格并没有忘记提醒我们,"一切审美享受,甚至说人类对幸福的一切感受都溯源于摆脱自我的本能",这种"摆脱自我的需要"就是"所有审美体验最深层而且是最终的本质"[1]。只是这种摆脱并非对作为一种生命意识的自恋情结的简单否定,而是生命主体在走向自由的活动中实现的一种提升与改造。

诚然,时至今日关于美与自由的关系早已不再是什么秘密。对于席勒在《美育书简》中所提出的"事物的被我们称之为美的那种特性与自由在现象上是同一的"观点,以及海德格尔的"心境越是自由,越能得到美的享受"的说法,人们也早已耳熟能详。所有这些思想在很大程度上来自生活里的审美实践的启迪。比如,当你有机会面对曾被俄国诗魂普希金称为"自由的原素"的大海,体会到现代主义诗歌鼻祖波德莱尔所说的"自由的人永远爱海"的那份感受,你会深刻地懂得自由与人类生命的神秘关联。正如诗人艾吕雅在长诗《自由》里曾经表达的那样:"凭着一个词儿的力量/我重新开始我的生活/我生到世上来就为了认识你/为了呼唤你的名字/——自由。"[2]虽然迄今已有无数学者发表过关于"自由"的见解,就像弗洛姆所说:"我不知道还有哪一个问题比这个自由问题更值得研究,还有哪一个问题比这个自由问题能为奋发有为的天才开辟一个新天地提供更好的机会。"[3]虽然用"自由"来界定"美"到底意味着什么迄今仍显得语焉不详,就像诗人桑德堡的一句诗所形容的:"自由是令人迷惑的,它首先,载入谜语的入门课本。"但有一点可以肯定:除了用"自由"这个词来界定审美活动的本质再无更好的选择。美感是一种对自由的体验,最美的现象必定是最具有自由品格的存在。因为"美不属于决定化世界,它脱出这个世界而自由地呼吸"[4]。

---

[1] [德]W.沃林格:《抽象与移情》,王才勇译,沈阳:辽宁人民出版社1987年版,第24—25页。
[2] 飞白:《世界名诗鉴赏辞典》,桂林:漓江出版社1989年版,第849—852页。
[3] [美]艾·弗洛姆:《人心》,孙月才等译,北京:商务印书馆1989年版,第112页。
[4] [俄]尼·别尔嘉耶夫:《人的奴役与自由》,徐黎明译,贵阳:贵州人民出版社1994年版,第214页。

比如雨果《巴黎圣母院》里的吉卜赛姑娘艾丝梅拉达，和列夫·托尔斯泰笔下的安娜·卡列尼娜。在整个文学世界里，这两个人物之所以具有一种与众不同的美，无非是在她们身上都有一种追求自由的精神，正是这种精神气质赋予了她们独特的个性光彩和性格魅力。但最突出的，当然还是梅里美《嘉尔曼》里的那位同名女主角。这也是一名吉卜赛姑娘，她不仅让一位原本过着正常生活的骑兵班长唐·育才，为了得到她的爱情而成了一名大强盗，而且最终成了一名杀人犯。他杀的第一个对象是嘉尔曼的原配丈夫。第二个也是最后一个便是已成了自己的情人的嘉尔曼。唯一的原因是这位率真热烈的吉卜赛姑娘不愿将其命运的缰绳交给别人。包括这位故事的实际叙说者唐·育才在内的不少男人，虽然有幸先后得到过她的爱的奉献，但最终都无法成为她的生命的占有者。嘉尔曼的美并不来自她的外貌。从她的情人们的评价来看，"她的眼睛有点斜，嘴唇也略微有些厚，头发很粗"，但她却有着为一般的美女们所缺乏的"一种奇特的、粗犷的美"。这种美发自她的永远向往自由的个性。嘉尔曼曾用一句话表达了她的这一性格："我要自由，爱怎么就怎么。"这当然绝不是说说的。在小说中的那位骑兵班长又一次干涉了她同一位斗牛士的爱情后，她向他宣布："我已经不爱你了，嘉尔曼永远是自由的。"为此她付出了生命的代价，但这无疑也成全了这位姑娘，使她成了文学世界中的一位"自由女神"。为了她这一份无可比拟的美，一代又一代的读者前去朝拜。

在当代中国小说里能与此相媲美的，是"老顽童周伯通"。读过金庸先生《射雕英雄传》的人，很难不对这个人物留下深刻印象，他的那种越老越显少的"顽性"来自于他天性方面的自由。比如他酷爱比试本领，好胜好斗，以至为了同藏僧灵智上人比赛谁能忍耐坐地不动而差点误了大事，让沙通天等人谋害"丐帮"老帮主洪七公的阴谋得逞。但他如此痴迷于武功却纯粹是出于一种钻研的兴趣，不为争雄称霸。为此他不仅忠告曾向他学艺的郭靖，要"爱武而学武"；而且在自己眼看已能融贯刚柔练出天下第一功夫时却果断中止，为的是追求一份自由自在的生活。凡此种种都说明，个性之美来自于生命中的那份自由精神，只有内在地拥有这种精神才能具有真正的个体人格。因为自尊是双向的，拥有自尊的个体人格的形成是主体生命拥有自由的表现，"尊重的存在只有建立在自由的基础上"，"尊重意味着关心另一个人，使之按照其本性成长和发展"。[①]所以，当人们自觉或不自觉地开始用"自由"来对审美活动做出把握，首先也就意味着对自恋

---

① ［美］埃里希·弗洛姆：《为自己的人》，孙依依译，北京：生活·读书·新知三联书店1988年版，第253页。

主义文化的超越。没有这种超越就不会有任何自由的生命和生命的自由。因为"人只有彻底摆脱自恋……才能成为一个完全成熟的人"①。但问题也正在于这种"摆脱"究竟意味着什么。

事实表明，正是在这个环节上，我们常常陷入思想的迷津。哲学家阿德勒曾通俗地表述道："我们能够去做我们乐意和希望做的事情，这时我们就拥有自由。"②但一部文明发展史告诉我们，人类生命早已不具有动物那种"欲望的自律"。在人们的现实需要中，有许多其实是由不合理的心理欲望所引起。正是出于这种考虑，一些社会学家甚至提出今天有必要重提新形式的禁欲主义。"这种禁欲主义的原则之一是，人类不应该制造他们所能制造的每一种技术产品，而只应该制造那些或是对他们的同胞或是对他们自己必不可少的技术产品。"③这个见解无疑有其道理。因为自由并非为所欲为。歌德说得好："自由是一个'限制概念'，一个人只要宣称自己是自由的，就会同时感到他是受约束的。"④这种限制首先体现于对个体欲望的控制，它提醒我们："我们不能忽视或不考虑自由和放纵两者之间的区别，理解并接受了这种区别，一个受正义限制而无法为所欲为的人不会因此而丧失自由。"⑤于是，对欲望的某种排斥常常也就成为人们试图超越自恋的一条捷径。

从美学方面来看，这种因欲望的失控而引起的对美的否定的事例无疑举不胜举。随着欲望之火的熊熊燃烧，生命的个体也就不复存在，只是成了一些行尸走肉。那些沦为欲望的奴隶的角色，变得残忍、愚蠢和丑陋，不仅自我毁灭，而且也给别人的生活带来灾难。比如《红与黑》里的于连，如果他不是那么一意孤行地想出人头地，他本不至于在开枪打死自己昔日的情人德·瑞娜夫人后，将自己送上绞架；比如《巴黎圣母院》中的副主教富洛娄，如果不是他因邪念难抑而一手导演了一起谋杀案，美丽善良的艾丝梅拉达不会遭受无辜的厄运，他自己也不会因此被敲钟人卡西莫多推下钟楼而摔死；比如莎士比亚悲剧《麦克白》里的麦克白夫妇，如果他们

---

① [美]艾·弗洛姆：《人心》，孙月才等译，北京：商务印书馆1989年版，第78页。
② [美]马尔蒂莫·J.阿德勒：《哲学的误区》，汪关盛等译，上海：上海人民出版社1992年版，第116页。
③ [美]E.舒尔曼：《科技文明与人类未来》，李小兵译，北京：东方出版社1995年版，第375页。
④ [德]歌德：《歌德的格言和感想集》，程代熙译，北京：中国社会科学出版社1982年版，第49页。
⑤ [美]摩狄曼·J.阿德勒：《六大观念：真、善、美、自由、平等、正义》，陈珠泉等译，北京：团结出版社1989年版，第151页。

不让自己的权力欲恶性膨胀,他们完全可以避免最后那种非死即疯的悲剧下场;比如莫里哀的名剧《吝啬鬼》里的财主阿巴贡,如果他不是那样财迷心窍,也不会落得众叛亲离无依无靠的地步。凡此种种都让人想起叔本华当年的这一格言:"人虽然能够做他想做的,但不能要他所想要的。"这句让伟大的爱因斯坦从青年时代起就一直铭记在心的经验之谈,显然是在提醒我们:"只有当人从外在和内在的、肉体和道德的束缚中解脱出来,即只有当他既不被法则也不被需求约束后,他才是自由的。"① 由于产生这些欲望悲剧的根源在于自我中心主义,所以,一些宗教思想家提出:"人的原罪是自我中心主义,自我中心主义毁坏了人的'我'与'他者'、上帝、世界的关系。"②

对自我中心主义的这种否定不无道理,问题是倘若由此而走向宗教禁欲主义,事情也将变得面目全非。事实上这种矫枉过正常常发生,荷兰学者舒安曼的观点颇具代表性,他曾鉴于人们常常容易走火入魔而提出:"自由乃是摆脱任何一种自主,乃是自由地从事上帝号召耶稣基督的信徒们从事的服务。换句话说,自由乃是摆脱了对现实的有意义的存在的任何组成因素的所有决定性羁绊。"③ 这是一个似是而非的结论,康德说得好,"自由"就是生命的"自主",即自己决定其行为。如果我们出于对自身欲望的恐惧而将这种自主权交给上帝,自由也同样无从谈起。这也正是人类争取自由的困难所在:"人受自然的、宇宙的奴役;常常又无条件地把上帝当作客体,受上帝的奴役。"④ 如同文化原始主义对欲望的放纵并非人的自由,宗教禁欲主义也不能为我们实现自由生命提供保障。因为一切宗教都以人的自我否定为前提,都无法回避这样的事实:在任何一种作为"社会事实"的宗教形式中,人都归属于从其自身里以"异化"的方式投射出去的某种神秘力量而不属于自己,正是在此意义上,人们"有权把宗教与虚假意识联系起来"⑤。显然,在这种"异化"情境中不可能有真正属于人的自主性。无

---

① [美]赫伯特·马尔库塞:《审美之维:马尔库塞美学论著集》,李小兵译,北京:生活·读书·新知三联书店1989年版,第57页。
② [俄]尼·别尔嘉耶夫:《人的奴役与自由》,徐黎明译,贵阳:贵州人民出版社1994年版,第111页。
③ [美]E.舒尔曼:《科技文明与人类未来》,李小兵译,北京:东方出版社1995年版,第330页。
④ [俄]尼·别尔嘉耶夫:《人的奴役与自由》,徐黎明译,贵阳:贵州人民出版社1994年版,第74页。
⑤ [美]彼得·贝格尔:《神圣的帷幕》,高师宁译,上海:上海人民出版社1991年版,第108页。

疑也是出于这样的认识，怀有深刻宗教感情的别尔嘉耶夫承认：神秘主义者提出人应远离上帝这不无道理，人的出路也正在这里。这话值得重视。

由此可见，审美活动所要求的对自恋主义文化的摆脱，并不意味着对生命欲望的否定。事实上，人类审美文化在发生学意义上以自恋文化为起点，这本身就已注定了审美具有其体现为欲望形式的生命基础，决定了作为人类生命的自发性活动的"人类自由就根植于人类的感性之中"[1]。在此，根本性的原因就在于马克思在其著名的《1844年经济学—哲学手稿》里所指出的，人直接地首先是一个自然存在物，也即是肉体的、活生生的、有感觉的存在物。但进一步来看，这其实也意味着在审美世界里永远得为自恋文化留下一席之地。如同我们只有通过自身的体验来理解他人的感受，我们只有通过自爱来学会爱别人。自恋是人类生命的守护神，也是我们的审美意识的发源地。这也就是弗洛姆曾指出过的，所有"正常人"或多或少地都有自恋倾向的原因所在。因此在人类审美活动中，对自恋的摆脱既不是对自恋的彻底否定，也不是以扩张的形式进行转移，而是通过门户开放来让自恋"名存实亡"，赋予其以崭新的内涵。这里的关键在于，自恋人格具有双重结构：自爱与自私；这使得它在价值论上也相应地具有两重性：作为正价值的"自爱"，与作为负价值的"自私"。弗洛姆说得好，自私是一种贪婪，因而自私意味着冷漠和无情并常常导致占有欲，不愿与他人分享世界。但自爱却能通过爱自己而推己及人，爱自己与爱他人不可分割地联系在一起。但问题在于集权体制文化总是将二者混为一谈，并以对自私的攻击来否定自爱。弗洛姆精辟地指出：一部文明史充分表明，"不要自私意味着不要按自己的愿望行事，意味着为了权威而放弃自己的愿望"。因而事实上，"'不要自私'成了意识形态抑制自发性和人格自由发展的最有力的工具之一"[2]。

所以，审美活动对自我中心的解构不应该导致"无我主义"，这样的结果意味着生命力的终结和自由的消亡。超越自恋绝不能是自恋文化以所谓"集体主义"姿态出现的转移。事实表明，诸如民族主义狂热和集团性认同都是自恋人格的扩大化，这些现象的非理性与偏狭性形成了对人性的封闭与扼杀，自然也就毫无真正的美感可言。超越自恋的途径只能是在对"我"的个体性肯定的基础上做出的某种颠覆与解构，两性间的"爱欲"是其最

---

[1] [美]赫伯特·马尔库塞：《审美之维：马尔库塞美学论著集》，李小兵译，北京：生活·读书·新知三联书店1989年版，第143页。

[2] [美]埃里希·弗洛姆：《为自己的人》，孙依依译，北京：生活·读书·新知三联书店1988年版，第127页。

佳选择。社会心理学家们早已指出，不同于体现种族生存需要的性欲，真正的爱欲作为一种个体性现象其意义不在于传宗接代，而是超越这种生殖功能走向与别的生命体的融合。所以同性欲相比，爱欲是真正属于"人"的现象，这就像席勒所说："随着人性出现在自己的对象中，欲望扩大并发展成爱。"[1]它与纯粹性欲的区别并不在于非肉体性，而在于后者是一种"占有"，而爱欲只是一种"拥有"。概括地说，"占有"作为一种支配关系的体现，意味着将对象"物"化，剥夺了其生命性（因为只有不具生命的东西，才有可能为人所占有）。与此不同，"拥有"是一种交流关系，它以承认对象的生命主体性为前提（只有这样他才能与之进行交流）。爱欲的"拥有"性反映了其本质规定：爱作为一种感情而非"物"是不能被"占有"的。在这种关系里，个体生命既得到了放大（本是分离的两个个体融为一体）；同时又得到了确立与巩固，就像弗洛姆所说的，如果我们爱另一个人，那么就会感到和对方是一体，但他（或她）还是他（或她）。因此，在这种"拥有"式的爱欲里，生命主体自爱但并不自私，它向我们昭示出这么一个已为无数事实所重复的道理："人类爱的意义就在于牺牲利己主义而证明和拯救个性。"[2]

爱情因此而显得美好而动人。因为在这里，我们看到了"爱"和"自由"正是在作为我们生命基础的自恋文化的平台上，得到了一种实现。因为人们对爱欲的追求同时也是一种争取自身完善和自身充实的愿望，所以它仍是自恋的一种形式。因而，当雕塑家安托瓦尼·布德尔宣称"艺术的奥秘是爱"时，他无疑道出了人类审美活动最深刻也是最普通的秘密：作为美感的本质规定的生命的自由境界，也就是一种爱的境界。这个境界的特征是生命主体在真正属于人的"生活世界"里彼此拥有。让我们再来到金庸的武侠世界，读一读《笑傲江湖》。小说中的"一号"人物令狐冲无疑是金庸整个创作中最有美感魅力的人物之一。这种魅力来自于他对"名、利、权、色"这人生四大欲的超越。如果说《天龙八部》中的盖世英雄萧峰最终为一个"义"字所困；《鹿鼎记》里那位娶了七位风格不同且又个个才貌双全的姑娘为妻的韦小宝为"色"所败；包括他师父"君子剑岳不群"在内的诸天下枭雄都为"权"与"利"所惑，那么令狐冲则只为一样东西所属，这就是对他师妹岳灵珊的执着的爱。用作者金庸在小说的"后记"里的话说："他是天生的'隐士'，对权力没有兴趣。生命中只重视个人的

---

[1] [德]席勒：《美育书简》，徐恒醇译，北京：中国文联出版公司1984年版，第144页。
[2] [俄]弗·索洛维约夫：《爱的意义》，董友等译，北京：生活·读书·新知三联书店1996年版，第45页。

自由、个性的舒展,唯一重要的只是爱情。"令狐冲正是凭着这份爱而超越于众英雄之上,比他们更多了一份审美魅力,成为整个"金庸天地"里独步天下的审美形象。

　　生命是一种具体的存在,这决定了我们虽然能够去想象和虚构各种抽象世界并为之而激动,但永远不会对任何这类的"人造物"产生真正意义上的爱。因为"人性是在单个人身上开始的,正如历史是从单个的事件中产生的一样"。当我们去爱、去恨、去以"人"的名义活动时,"我们每次想到的总是一个人"①。所以,虽然在几千年的文明历程中,人迄今已全然成了社会化的生存物,虽然人只有在一定的社会形式下才能够获得生存和发展的可能,因而使人的本质成了"社会关系的总和";但这并不意味着人就是一种彻底的社会性动物,恰恰相反,人只有在拥有其独特的不可重复的个性时,才是一个真正意义上的人。这是人类世界同蚂蚁社会的差异所在:在蚂蚁那里个体不具有任何意义,整个群体以种属生存为唯一目的。但对于人类,社会解放的目的是解放现实的个体的人,离开了个人幸福的所谓"集体解放"毫无意义。如同康德所说:"人能够具有'自我'的观念,这使人无限地提升到地球上一切其他有生命的存在物之上,因此,他是一个人。"②所以马克思在1856年6月21日致他夫人燕妮的信里这么写道:"不是对费尔巴哈的'人'的爱,不是对摩莱肖特的'物质变换'的爱,不是对无产阶级的爱,而是对亲爱的即对你的爱,使一个人成为真正意义上的人。"所以爱因斯坦毫不含糊地表示:"在人生的丰富多彩的表演中,我觉得真正可贵的,不是政治上的国家,而是有创造性的、有感情的个人,是人格;只有个人才能创造出高尚的和卓越的东西,而群众本身在思想上总是迟钝的,在感觉上也是迟钝的。"③

　　从这个意义上说,任何对所谓"个人主义"的简单、粗暴的否定都显得浅薄而荒谬,因为人的生命只有通过这种个体化的追求才能拥有真正意义上的"人性";成为一个"人"也就是成为一个真正的个体,个体生命通过自我意识的自觉而获得社会的概念。所以,一个合理和美好的社会首先必须是尊重个体性的社会,因而也是一个多元化的社会,在这里,"整体秩序不应为着整体自身而存在,应为着个体人格而存在"④,因为"个体就是宇

---

① [美]A.J.赫舍尔:《人是谁》,隗仁莲等译,贵阳:贵州人民出版社1994年版,第54页。
② [德]康德:《实用人类学》,邓晓芒译,重庆:重庆出版社1987年版,第1页。
③ [美]爱因斯坦:《爱因斯坦文集》第3卷,许良英等译,北京:商务印书馆1979年版,第44页。
④ [俄]尼·别尔嘉耶夫:《人的奴役与自由》,徐黎明译,贵阳:贵州人民出版社1994年版,第93页。

宙的最终目的"①。但这种意义上的"我",其实也就意味着"我们"。就像诗人们所说:"伟大的不是地球,不是亚美利加,/是我最伟大,或即将伟大,是你或任何一个人……/……宇宙的整个理论便指向单一的个人——也就是你……"②所以王国维"意境"说中的一切"无我之境",归根到底是"有我之境"。从这个意义上说,我们也就无权对令狐冲吹毛求疵,去指责这位英雄的人生格局仍未能从个体存在之中突围出来,批评其生命境界不够阔大。因为他所拥有的这份爱欲不仅是真实的,也是充实的。这种充实来自于一种"忘我"之境。在这种"忘我"状态里,通过"我"与"你"的结合而产生的人与人的沟通,使彼此拥有一种共同的生命体验。"由此在其存在中感受到整个世界的波浪冲击,达到自我意识,结束作为个别的存在,使我们之外的生存涌入我们的生存。"③由此也可见,"忘我"并不是无我,恰恰相反,而是"有我"。生命在这种"忘我"中与宇宙融为一体神游意浮于天地之中,从而让我们从这种自由状态中领悟到充斥于天地之中的那种"大美"。

## 17.神秘主义与美学问题

只要进入美学研究领域,有一个问题总是无法回避:如何把握审美实践中随处可遇的神秘现象。这事实上触及了审美存在的根本奥秘。"神秘好象(像)空气一样,卓越的艺术品好象(像)浴在其中。"④曾经,"现代雕塑之父"罗丹这样说道。他在一次参观了布卢瓦教堂后表示:"有一个更可贵的神秘值得深入了解,这便是艺术的神秘、美的神秘。"⑤这句话道出了审美文化的一个基本事实。在汉字里,"魅力"一词与魑魅魍魉等怪物扯在一起,表明古人对其内涵的神秘性早已有了认识。这种难以言语的魅力显然正是审美存在的标志性特征。比如在文学世界里,诗歌之所以一直占据着一个显著的位置,无非是因为同小说与戏剧文体等相比,诗歌作品更具有一种神秘性:作为诗性文本的实质的"诗意",只能为"诗性直觉在世界的

---

① [西班牙]米格尔·德·乌纳穆诺:《生命的悲剧意识》,王仪平译,哈尔滨:北方文艺出版社1987年版,第85页。
② [美]莫达尔:《爱与文学》,郑秋水译,长沙:湖南文艺出版社1987年版,第139页。
③ [法]史怀泽:《敬畏生命》,陈泽环译,上海:上海社会科学院出版社1992年版,第21页。
④ [法]奥古斯特·罗丹:《罗丹艺术论》,傅雷译,北京:人民美术出版社1978年版,第99页。
⑤ [法]奥古斯特·罗丹:《法国大教堂》,啸声译,上海:上海人民美术出版社1993年版,第233页。

神秘之中隐约地将它捕获"①。法国批评家朗松曾提醒诗歌爱好者们：要格外地珍惜"在诗歌中足以使杰作光芒四射的那点朦胧"。因为诗歌文本对解释性阅读总是表现出一种排斥与抗拒，"暗示是诗歌最奥秘的本质"②。用一位美国当代诗人的话说："虽然诗可以象（像）钟表拆成零件，可是当你把他（它）们再拼装起来，它们仍然是无法解释的。它们发出它们的'黑色声音'，这就是一切伟大的诗所必有的共鸣——一种高深莫测的心灵神秘，我们只能以敬爱之心来接近它。"③

众所周知，梁启超当年在读了李商隐的《锦瑟》和《碧城》等诗后说道："这些诗，他讲的什么事，我理会不着；拆开一句一句的叫我解释，我连文义也解不出来。但我觉得他美，读起来令我精神上得一种新鲜的愉快。"④作家王蒙也有相似的体会："少年时代，初读《锦瑟》便蓦然心动，恬然自赏，觉得诗写得那么忧伤，那么婉转，那么雅美。虽不能解，却能吟赏，并能背诵上口。"⑤真正的"诗意"是无从"解释"的。比如17世纪日本诗人巴蕉的俳句："这条路／无人行／在这个秋日黄昏。"著名神学家奥特曾指出，虽然我们能够确认，这里存在着一个清晰的关于时间和地点的说明（"秋日黄昏"与"这条路"），以及一个事件或非事件的清晰描述（"无人行"），但对于一个诗的读者来讲，他明白被作者清晰地"说出"的所有这些信息，并不是诗人真正"想说"的。那么"诗说什么？它以其全然的简捷说的不是任何明确和清晰的东西。它说的显然是非'发生的事情'，人们不能对此'明白地言说'"⑥。通过这些语词构成的意象画面和旋律节奏，人们可以感觉到某种独一无二的情调和经验内涵。这些情调和经验内涵才是这首诗想"说"的东西，它们那种不可说的"神秘"便由此而来：诗意虽然借诗的语词而得以显现，但却是作为言语出自和指向的东西而默默地

---

① ［法］雅克·马利坦：《艺术与诗中的创造性直觉》，刘有元译，北京：生活·读书·新知三联书店1991年版，第225页。
② ［法］赛克：《自选诗集序言》，转引自《法国作家论文学》，王忠琪等译，北京：生活·读书·新知三联书店1984年版，第532页。
③ ［美］霍华德·奈莫洛夫：《诗人谈诗》，陈祖文译，北京：生活·读书·新知三联书店1989年版，第289页。
④ 梁启超：《饮冰室合集·文集》第13册，北京：中华书局1941年版，第120页。
⑤ 王蒙：《欲读书结》，深圳：海天出版社1992年版，第24页。
⑥ ［瑞士］H.奥特：《不可言说的言说》，林克、赵勇译，北京：生活·读书·新知三联书店1994年版，第43页。

隐藏在"字里行间"[1]。总之,"诗之感人,是神奇的、不可理解的,越出意识之外,超于意识之上"[2],大诗人雪莱的这句话不啻为经验之谈。需要补充的是,"诗"之所以如此定型,意在追寻"美"的踪影:"正是为了获得美的这种超然性,所有伟大的诗作才以种种方式在我们心中唤起神秘的同一之感而把我们引向存在之源。"小说的"诗化情结"因此而在所难免,米兰·昆德拉曾认定:"从1857年开始,小说的历史将是'小说成为诗'的历史。"[3]原因是一目了然的:"诗是一种精神的自由创造,它超越一切艺术又渗入一切艺术之中。"

所以雅克·马里坦认为:"伟大的小说家就是诗人。"[4]也出于同样的考虑,历史小说之父司各特曾宣称:成功的小说家多少都得是诗人,哪怕他一行诗也没写过。这当然并不是指小说必须像诗歌那样讲究韵律、直抒胸臆,而是强调小说首先应像诗歌文本那样,追求一份神秘感。同样也是在这个意义上,纳博科夫称斯蒂文森的侦探小说《化身博士》是"一个更接近于诗歌,而不是一般散文体小说的虚构故事"[5]。分析起来,小说中的神秘性主要来自于作为小说文本骨架的"故事"形态,蕴含一种神秘的基因,正是故事的这一特点,为"小说"的诞生提供了胎盘:"当夜色笼罩着外边的世界,穴居人空闲下来,围火坐定时,小说便诞生了。他因为恐惧而颤抖或者因为胜利而踌躇满志,于是用语言再次经历了狩猎的大事:他详细叙说了部落的历史;他讲述了英雄及机灵的人们的事迹;他说到一些令人惊奇的事物;他竭力虚构幻想,用神话来解释世界与命运;他在改编为故事的幻想中大大夸赞了自己。"[6]在布鲁克斯和华伦为我们描述的这个小说起源情景里我们不难看到,故事之所以吸引人,能够"让老人们忘记烤火,让孩子们放弃游戏",就在于其内在地拥有一种神秘文化的基因。这是区别

---

[1] 参见[瑞士]H.奥特:《不可言说的言说》,林克、赵勇译,北京:生活·读书·新知三联书店1994年版,第43页。

[2] 王春元、钱中文:《英国作家论文学》,汪培基译,北京:生活·读书·新知三联书店1985年版,第97页。

[3] [法]艾晓明:《小说的智慧:认识米兰·昆德拉》,长春:时代文艺出版社1992年版,第110页。

[4] [法]雅克·马利坦:《艺术与诗中的创造性直觉》,刘有元译,北京:生活·读书·新知三联书店1991年版,第296页。

[5] [美]弗拉基米尔·纳博科夫:《文学讲稿》,申慧辉等译,北京:生活·读书·新知三联书店1991年版,第247页。

[6] [美]克林斯·布鲁克斯、罗伯特·潘·华伦:《小说鉴赏》上册,主万等译,北京:中国青年出版社1986年版,第5页。

一个好故事与差故事的标志，也是决定了小说的审美品质的东西。这种神秘借助于文字的切换更有威力。因为语言并非是对实际场面的直观再现，而是一种借助于想象力转换的抽象化处理。这种神秘性在文字（书面语）里较口语更为浓郁，因为前者完全处于一种静寂状态之中，清除了口语中的拟声绘影的痕迹。所以，英国作家约·贝洛克说道："书能描写出神秘之国。"①所以无可置疑地，"一般适用于神秘主义的话，也适用于美学"②。因为审美现象总是与我们的神秘意识同在。

现代美学要想真正有所作为，不能不思考这么一个问题：为何审美实践总是显得那么的"神秘"？神秘对于审美存在究竟有何意义？根据《牛津词典》的记载，"神秘"一词最早用于1545年，它的一个基本含义是指"人的思维不能理解的，超出了理智或一般知识认识的范围"③。有文献指出，表示一种社会文化实践的神秘主义（Occultism）这一概念，是由法国的神学院学生阿方斯·路易斯·康斯坦特（1810—1875）首创于19世纪初，1881年由一位叫西纳特的人在英语世界里最早运用，④通常指各类巫术仪式、秘密社团等现象。除此之外，神秘主义更多地还表示为一种思想文化形态（Mysticism），这个词同源于希腊语"神话"（Mythos）的近亲关系表明："在某种程度上，神秘主义是神话的复活。"⑤也即表示一种超出概念理解的、总是隐匿于事实世界之中的东西（mysterium）。著名学者柯拉柯夫斯基认为："从广义上看，形容词'神秘的'是指一种经验，人们把这种经验解释为使他们直接接触某种非人类精神的现实的感受。"在他看来，"神秘合一的经验是一种罕见的现象，但是依然可以说它组成了宗教生活的核心"⑥。而经验则表明，虽然我们的神秘体验总是一种具体情景的产物、离不开特定对象的触发，但神秘本身并不属于对象，而是主体人对某种现象事物的心理反应。换言之，"尽管神秘的确是在关于自然界的感觉材料和经验材料中形成

---

① 王春元、钱中文：《英国作家论文学》，汪培基译，北京：生活·读书·新知三联书店1985年版，第338页。
② [美]乔治·桑塔耶纳：《美感》，缪灵珠译，北京：中国社会科学出版社1982年版，第86页。
③ [美]米尔希·埃利亚德：《神秘主义、巫术与文化风尚》，宋立道等译，北京：光明日报出版社1990年版，第62页。
④ [美]米尔希·埃利亚德：《神秘主义、巫术与文化风尚》，宋立道等译，北京：光明日报出版社1990年版，第63—64页。
⑤ [德]格肖姆·索伦：《犹太教神秘主义主流》，涂笑非译，成都：四川人民出版社2000年版，第34页。
⑥ [波兰]莱谢克·柯拉柯夫斯基：《宗教：如果没有上帝》，杨德友译，北京：生活·读书·新知三联书店1997年版，第84—85页。

的，并且也不能没有或去除这些材料，但它却不来自这些材料，而只是借助于这些材料。这些感觉材料和经验材料是神秘经验得以激活的诱因、刺激与'机缘'"①。

用抽象派大画家弗朗兹·马克的话来说："神秘在心灵里醒来，而和它一起的，是艺术的最原始的元素。"②所谓"神秘"，其实也就是我们对于世界的一种"神秘感"：它是一种观念现象。根据著名社会学家涂尔干的研究："神秘观念并不具有原始的起源，也不是人类天生就有的；正是人类本身，亲手塑造了神秘的观念以及与此相反的观念。"③因而，神秘感发生于发展着的人类心灵和精神生活的某一适当阶段，在那时人类不仅试图理解世界，有了把握世界的能力和知识，而且已经意识到这种把握的临界线。真正重要的正在于，神秘感随着人类精神生活的发达而增强。比如歌德曾在其同爱克曼的著名《对话》里告诉我们："我一生中经常出现这类事情。在这种情况下，人往往便逐渐开始相信一种更高的影响和某种魔力；人对之充满了崇拜，但却并不敢擅自进一步去解释它。"④又比如毛姆写道："我仔细想想日月星辰之间无比遥远的距离，以及光从那些星球到达我们这里所需的无比悠长的时间，不禁肃然生畏。星云的无法想象的广大无边使我瞠目结舌……我似乎不可避免地相信起造物主的概念来，因为除了一个全能的神，有什么能够创造出这个寥廓广大、无边天际的宇宙呢？"⑤

这就像维克多·雨果在他的一首诗里写道："我们从来只见事物的一面／另一面是沉浸在可怕的神秘的黑夜里／人类受到的是果而不知道什么是因／所见的一切是短促、徒劳与疾逝。"⑥伟人们所做的这些描述，将遍及我们日常生活经历的神秘体验做了清晰的曝光。从中我们可以看到，人类的神秘意识诞生于对"存在"的终极追问之中。因此，即便是科学伟人爱因斯坦也曾表示：我们所能有的最美好的经验是奥秘的经验。它是坚守在真正艺术和真正科学发源地的基本感情。我们认识到有某种为我们所不能洞察的东西存在，感觉到那种只能以其最原始的形式为我们感受到的最深奥

---

① [德]鲁道夫·奥托：《论"神圣"》，成穷、周邦宪译，成都：四川人民出版社1995年版，第136页。
② 宗白华：《宗白华美学文学译文选》，北京：北京大学出版社1982年版，第213页。
③ [法]爱弥尔·涂尔干：《宗教生活的基本形式》，渠东、汲喆译，上海：上海人民出版社1999年版，第34页。
④ [德]歌德：《歌德对话录》，朱光潜译，北京：人民文学出版社1978年版，第158页。
⑤ [英]W.S.毛姆：《毛姆随想录》，俞亢咏译，天津：百花文艺出版社1992年版，第31页。
⑥ [法]奥古斯特·罗丹：《罗丹艺术论》，傅雷译，北京：人民美术出版社1978年版，第99页。

的理性和最灿烂的美。正是这种认识和感情构成了真正的宗教感情。所以,神秘意识意味着一种"宇宙关怀",它是人类精神生活的终极境界。正如史怀泽所说:"神秘主义就其使人与无限者建立精神关系而言,它是深刻的世界观……理性思想如果深化的话,就必然走向神秘主义的非理性思想之中。"[1]

从以上所述中不难看到,"神秘观念"其实是对一种"神秘现象"的心理确认;它让我们意识到所面对的"世界",除了由物质材料构成的"世界一"和由心理意识表现出来的"世界二",还存在着一种超越于通常的"主/客"范畴的"世界三"。比如,当我们根据现代主体论哲学的成果从自身经验出发,通常总是可以从中划分出这么三种类型:一、对那些确切地外在于我们的事物的意识;二、对我们自身内部心理感受的意识;三、对某种既有别于我们的主观(个体)的心理活动,也并非外在于我们而又具有其自足性的"存在者"的意识。在索洛维约夫看来,"第一类现象属于所谓的外在经验或曰肉体体验,第二类现象属于狭义的内在或心理现象,第三类则是神秘现象"[2]。其神秘性首先来自于它的存在方式的"悖论"性:既不"在我之中",又不"在我之外"。反之亦然:"同时既在我之中,又在我之外。"[3]这种"存在"超出我们通常的认识论视野,因为它既是"无"(从物质形态方面看),又是一种"有"(就其自身内容而言)。主观的神秘体验便是对这种客观的神秘存在的一种意识:既感受到其"在",又无法准确地以知性认识的方式凭借概念来对其进行定位。因为经验一直在提醒着我们:在任何作为实际存在的"有"里,总是还有一种作为更高形态的无形的"存在者"。正如一首诗里所说:"人生盛宴上的欢乐不可胜数/但幸福之杯总有被你饮尽的时候/你得承认,不管你今世为何物/必有一种更美好的东西——空无。"[4]这种无形之有的实质在于:它作为被"体验对象",和我们的"体验活动"是一致的,正是由于这种存在(者)的存在,向来被分别对待的主体与客体被联结成了统一体。

正是在审美世界里,我们同这种无形之"有"频繁相遇。庄子所谓

---

[1] [法]阿尔贝特·史怀泽:《敬畏生命》,陈泽环译,上海:上海社会科学院出版社1992年版,第133—134页。

[2] [俄]弗·索洛维约夫:《西方哲学的危机》,李树柏译,杭州:浙江人民出版社2000年版,第218页。

[3] [俄]谢苗·弗兰克:《实在与人:人的存在的形而上学》,李昭时译,杭州:浙江人民出版社2000年版,第40页。

[4] [俄]弗·索洛维约夫:《西方哲学的危机》,李树柏译,杭州:浙江人民出版社2000年版,第188页页下注。

"天地有大美而不言"，美以这种方式通过自然界向我们提示着它作为一种非有（无形）之有（存在）的神秘性。事实也正是如此："每一位伟大的画家都以他的方式超越了可见的东西，使不可见的成为可见的。"①同绘画相比，音乐更能说明问题。音乐的实质并非是声音，而是通过声音世界而"呈现"的一种生命感觉。真正的音乐不是对具象世界的模拟，而是对抽象的精神事物的"无言"之表达。阿多诺曾经说过：每当我听伟大音乐的时候我便认为，音乐所告诉人们的不可能不是真理。这是对作为一种艺术形态的音乐实质的最深刻的揭示，因为"在音乐之中存在着一种'不可言说的奥秘'"②。而通过音乐所表现出来的这种特性，体现了艺术与宗教作为两种不同的文化形态拥有一种内在的亲和性。这不仅表现在如同宗教活动常常需要借用艺术的力量来为其服务，审美活动同样也能将宗教文化用作自己的表演舞台；尤其体现在对自然美的欣赏中，宗教意识与审美体验常常浑然一体。著名英国画论家罗斯金的这番体会很能说明问题："当我有好些时候未到山里去，又再次来到某山溪的岸边，看着那褐色的溪水在鹅卵石间蜿蜒流动时，或者当我首次看到远处的大地在夕阳下伸展而去时，或者首次看到复（覆）盖着苔藓的断埂颓壁时，每逢这种时候，我便会感到对神的喜悦和恐惧，乃至从头至脚地颤抖。"③从罗斯金的这番经验之谈里，我们可以发现像奥托所曾指出的那种构成神秘感的二元因素：即"同时作为无比敬畏与无比惊羡的对象"。

这份感受无疑来自于两种文化形态共同拥有的对某种超越性存在领域的承认，因而具有一种对神圣性的信念与对神秘感的体验。尤其是对于自然主义宗教，它所倡导的"上帝"其实也就是人类自身所具有的理想品质朝向宇宙的投射。由于这种特点是宗教活动的基本表现，所以人们也常常"把神秘主义定义为人们追求与神圣力量或神圣存在合一时所持有的宗教态度"④。显而易见，正由于存在着对神秘体验的分享，人们常常将艺术活动与宗教文化相提并论，视美为上帝的代理者。而深入来看，在主体的这种神秘感里其实既孕育了审美文化同一般宗教文化的统一性，也预示了二者的分道扬镳、各自为政：美感体验是对神秘感中"被吸引"的因素的强化，

---

① ［德］汉斯·昆、伯尔等：《神学与当代文艺思想》，徐菲等译，上海：上海三联书店1995年版，第26页。
② ［德］卡尔·巴特等：《莫扎特：音乐的神性与超验的踪迹》，朱雁冰、李承言译，上海：上海三联书店1996年版，第65页。
③ ［德］鲁道夫·奥托：《论"神圣"》，成穷、周邦宪译，成都：四川人民出版社1995年版，第257页。
④ ［美］彼得·贝格尔：《神圣的帷幕》，高师宁译，上海：上海人民出版社1991年版，第75页。

而一般意义上的宗教活动是对神秘感里的"畏惧"因素的发展。因为在审美活动里，超越性存在作为人类生命的内在理想境地，仍然是"此岸"中的"彼岸"。相比之下，即使是自然主义宗教，其所指向的"彼岸"仍然是人的"异化"力量。所以在美感体验里，生命主体能够与自身的生命力相认同，拥有一种"当家做主"的喜悦感。与此不同，在宗教的神秘体验里，生命主体所体验到的是一种不能自主之感，他是在借助于异己的上帝的力量，来对其生命的失控做出控制。比如"伊斯兰"的原意就是"顺从、服从"，对神的意志完全顺从，这成了伊斯兰教的基本态度。[①]日本禅宗学者芝山全庆曾解释道："禅的目的就是要达到既死亦生，也就是说，实际上变成了一种无意识、无形态的自我，然后又作为无意识和无形态的真我而复活。"[②]这是对"神秘观"的一种解释。

在这样一种无生命境地里，真正意义上的审美体验其实已无从谈起。所以，美感与宗教体验终究还是同"路"而不同"道"，貌合而神离。正如美国学者斯特伦所指出的，事实上"在传统宗教艺术的氛围里，艺术家总是不得不失去自己的个性，以便使自己完全变成神的自我表现的工具"[③]。审美体验和宗教意识虽然都拥有信念，但后者是对某种救世主的确信，而前者则是人对自身生命的执着。审美活动只有在这样一种情形下能同宗教文化相融：承认在这个世界上，"还有一些人们尽管看不见，但却存在着的事情"。就像1972年度诺贝尔文学奖得主伯尔所说："尽管我们不承认，但事实却是：我们都知道，我们在人世间并不感到像在家里，不完全像。我们的家在别处，我们来自别处。"[④]爱默生也曾写道："我们是在自然中野营而不是安家。"[⑤]但问题在于：对于我们的审美实践，这个"别处"并非是脱离我们肉体生命的那种精神"彼岸"，而是一种真正属于人性的生命建构；这个能让我们安身立命的"家园"既不是肉体，也无法与肉体彻底脱离。所以相比之下，克莱夫·贝尔当年提出的"把艺术和宗教看作一对双胞胎"[⑥]

---

① [美]彼得·贝格尔：《神圣的帷幕》，高师宁译，上海：上海人民出版社1991年版，第89页。
② [美]斯特伦：《人与神：宗教生活的理解》，金泽、何其敏译，上海：上海人民出版社1991年版，第127页。
③ [美]斯特伦：《人与神：宗教生活的理解》，金泽、何其敏译，上海：上海人民出版社1991年版，第241页。
④ [德]汉斯·昆、伯尔等：《神学与当代文艺思想》，徐菲等译，上海：上海三联书店1995年版，第96、127页。
⑤ [美]吉欧·波尔泰：《论自然》，见《爱默生集》上册，赵一凡等译，北京：生活·读书·新知三联书店1993年版，第612页。
⑥ [英]克莱夫·贝尔：《艺术》，周金环等译，北京：中国文联出版公司1984年版，第54页。

的说法不无道理。因为虽然这两种文化现象都意味着对以肉体需求为主导的世俗生活的超越，但从某种意义上讲，审美活动的空间较宗教文化显得更为广阔博大。

让我们再来听听爱默生的心得，"诗人跟神秘主义者的区别就在于：后者把一个象征钉死在一种意义上，尽管它在一瞬间是一种真实的意义，但旋即就变得陈腐而虚假"①。因为在宗教文化里，其以上帝为归宿限制了精神的自由飞翔；而在审美实践中，生命得以充分伸展、精神也因此而能够与天地相伴随，从而产生出上穷碧天、下尽黄泉的终极之问，和如此这般的关于"美"的生命困惑："夕阳的距离何其迢迢，它里面隐含着多少不可言喻的雄伟和美丽！然而谁能到它们所在的地方去，或者在那里插手或驻足呢？它们永远离开了这球形的世界。……难道美是永远都把握不住的吗？难道它在人间、在风景中都是同样不可接近的吗？"②由此来看，美与神秘的关系归根到底是美与生命的关系。

回到哲学家维特根斯坦的这个观点：神秘的不是世界是怎样的，而是它是这样的。审美实践中的神秘性首先并不在于"美是什么"，而在于"美就这样"，它通过大自然的雄伟壮丽满足着我们的审美需要。但正如爱默生所指出的，为什么人的精神要寻求美，这是"不可问也不可答"的。③因为审美意识正是生命的一种自我审视。人对美的需要正体现了生命存在最根本的问题。而在维特根斯坦看来，"即使一切可能的科学问题都能解答，我们的生命问题还是仍然没有被触及"。因为"人们知道生命问题的解答在于这个问题的消灭"④。用诗人里尔克的话说，面对生命的这种神秘，"我们只能像当说不同语言的客人偶尔来拜访我们时一样，带着深深的困惑远眺自然"⑤。因为生命是五彩缤纷、变幻多姿的，总是充满着各种变化，孕育着各种可能性。所以，生命现象总是会让我们产生永远的好奇，产生一种由衷的喜悦。这也便是大自然对于人，总是有一种无穷的吸引力的奥秘：在某

---

① ［美］吉欧·波尔泰：《论诗人》，见《爱默生集》上册，赵一凡等译，北京：生活·读书·新知三联书店 1993 年版，第 514 页。
② ［美］吉欧·波尔泰：《论自然》，见《爱默生集》上册，赵一凡等译，北京：生活·读书·新知三联书店 1993 年版，第 614 页。
③ ［美］吉欧·波尔泰：《美》，见《爱默生集》上册，赵一凡等译，北京：生活·读书·新知三联书店 1993 年版，第 20 页。
④ ［奥地利］维特根斯坦：《逻辑哲学导论》，贺绍甲译，北京：商务印书馆 1985 年版，第 96—97 页。
⑤ ［奥地利］里尔克：《里尔克如是说》，林郁选编，北京：中国友谊出版公司 1993 年版，第 27 页。

种意义上，大自然整个就是生命的象征。尤其是当我们用生命的眼光去注视它时，大自然怀抱中的一切，都富有生命的意味。

只有"死亡"才使生命的这些魅力终止。死也就作为对生的灿烂魅力的"提醒"，而显得充满神秘。就像里尔克所说：死仿佛充满了无数的神秘，它比我们生命中无生命的东西，或是我们根本不关心的自然生命，更加神秘。在这里，死亡作为生命的结束，其神秘性也就是生命的神秘：正是在"死"面前，"生"才突然显得格外醒目，我们对生命的那种习以为常的感觉被破坏，生命本体得到"凸现"。也正是死亡现象提醒了我们，我们的理性之光能穿透一切，除了我们的生命本体。在审美与宗教活动中普遍具有的这种神秘感，正是这种生命困惑的体现。赫舍尔描绘道："峰峦山巅沉默不语／整个世界辉煌壮丽／每朵鲜花都吐露爱的芬芳。"①生命意味着生之欢乐，虽然人们"可以把欢乐说成是我们的机体或大脑中的一种生物事件。人们也可以通过人为的干预制造欢乐情绪。但是，这根本说明不了以其特有的情韵充溢我们的整个生命的欢乐本身。人们没有理解它"。被我们称为"美"的现象，也就是属于这种超验性神秘存在的生命现象。在这种体验中，主体直接以"生命"作为观赏对象，是对充斥于天地宇宙间的生命存在的意识。如大书法家王羲之在《兰亭序》里所说："仰观宇宙之大，俯察品类之盛，所以游目骋怀，极视听之娱，信可乐也。"所谓的"美感"本质上也就是一种"生命感"，是主体生命在审美情境中得到充实、内在生命力被激发而产生的一种生命的喜悦。美感因此必然地同神秘感相伴，因为它事实上就是对生命奥秘的体验和关注。

这种奥秘以问题的方式存在着，首先表现为对"生命意义"的追问。人是总是在寻找的动物，对此，理论家们并无异议。分歧在于人究竟在寻找什么。在以往的人类学家看来，人类寻找的是欲望的满足，弗洛伊德将范围缩小到了"性"。这虽然可以有效地解释那些患有性压抑偏执的病人，但显然无法被推而广之地运用于整个人类社会。事实表明，即便在那些看似寻求性满足的行为中，人类其实也仍是在借花献佛，另有所求。就像歌德的《浮士德》里的主人公，当他被魔鬼靡菲斯特牵着，经历了一场热烈的爱情后，收获的仍然是空虚而非充实。这段插曲使我们看到，即使"在燃烧着的性的烈火中间，颤抖的身体紧紧相偎着，两个灵魂似已融化在激情的疯狂的骚动里，甚至在这个地方，也有一种神秘的东西，总有一些极深的欲念不会平息"。易言之，正是在纯粹的肉体欲望中，人意识到一种超越性的"精神"的东西存在着。在这个意义上，社会学家们的这一见解得

---

① ［美］A.J.赫舍尔：《人是谁》，隗仁莲译，贵阳：贵州人民出版社1994年版，第70页。

到了一种验收:"人要寻求意义是其生命中的原始力量","追寻生命意义的企图是一个人最基本的动机。"①生命于是显得神秘起来,因为"生命的意义"是一种"无之有","不在"之"在",可以意会不能言传。说它是"无"是由于生命意义不是一个实际的奋斗目标,因而不能被凝固与确定。在日常生活中人感受到"意义"的存在,恰恰是通过它的否定形式即各种无聊感和空虚感而呈现。我们可以指出,生命意义的"意义"(作用),在于引导人创造出自己的历史,在改造自然的同时改造自己。但谁都无法确切地告诉我们,究竟什么是"生命意义"?所能说的仅仅只是:人通过对"生命意义"的追求而成为真正的人,"意义"存在于追求过程之中,一旦这种追求终止它也就随之而消失。

　　生命意义作为有待于通过创造性活动去实现的一种"可能性存在",从现实的方面讲是"无"。说生命意义是一种"有",是因为它如同影子似的跟随着我们,"人甚至在尚未认识到意义之前就同意义有牵连。他可能创造意义,也可能破坏意义;但他不能脱离意义而生存"②。这表明了人的"意义需求"正是人的人类学特征的体现:生命意义虽然最终为个体所"验收",却具有一种"公共性",任何仅仅与某一个人有关的意义都不能满足任何一个人。因为人的生命结构内在地拥有一种"超个体"需要,它是内在于我们世俗生命中的超凡脱俗的存在。那些伟大艺术也正凭借着体现了这种公共情感而具有一种神圣性。其神秘性犹如古代中国思想里的"道"。用苏辙的话说:道虽常存,终莫得而名之,然亦不谓无也。其中再次体现出宗教神秘主义与审美神秘体验的根本差异。就像蒂利希所说:"神秘主义并不认真对待具体之物以及有关具体之物的怀疑。它直接投入存在和意义的根基里。"③与此不同,审美实践中的神秘体验则恰恰相反,总是建立于某个虽不得"见"但却能够"感受"到的具体现象上。诚如奥托所说:真正的"音乐感受决(绝)不仅仅是一种与通常语言比肩而立的、普通人类感受借以得到表达的第二种语言",而是"就象(像)神秘感受一样是某种'完全相异的'东西"。④所以,虽然宗教与审美两大文化都试图满足我们对"意义"的需求,但审美实践较宗教更胜一筹。蒂利希说得好:"离开了具体事物,

---

① [德]维克多·E.弗兰克:《活出意义来》,赵可式等译,北京:生活·读书·新知三联书店1991年版,第82页。
② [美]A.J.赫舍尔:《人是谁》,隗仁莲译,贵阳:贵州人民出版社1994年版,第47页。
③ [美]P.蒂利希:《存在的勇气》,成穷等译,贵阳:贵州人民出版社1998年版,第186页。
④ [德]鲁道夫·奥托:《论"神圣"》,成穷、周邦宪译.成都:四川人民出版社1995年版,第58页。

离开了有价值的世界,便离开了意义。"①

这也就意味着"神秘"与人的"命运"同在。"为什么人类必须生存?为什么人类逃避命运又憧憬命运?"诗人里尔克的这番发问道出了审美实践的意义所在。审美关注就是对命运的关注:无论是一首诗、一幅画还是一首乐曲,命运感无所不在,伴随着它的是"神秘"。就像罗丹在与葛赛尔谈论乔尔乔内的《田园合奏》时所说:"什么是人类的欢乐?从何处来?到何处去?人生的哑谜!"②这个困惑同样也是高更在塔希提岛创作那幅以"三W"命名的伟大作品时的心理背景。他告诉我们这幅作品的创意来自一个梦。"在梦里我和整个大自然结合着,立在我们的来源和将来的前面。在觉醒的时候,当我的作品已完成,我对自己说:我们从哪里来?我们是谁?我们向哪里去?"③画家的这段自白清楚地表明,所谓的"生命意识"同样也就是"命运意识":只有生命现象才有"命运"问题,那些无生命的物质存在无所谓命运。所以,关注命运也就是关注生命,而这种关注最容易在人与天地自然迎面相遇中产生,初唐诗人张若虚的名作《春江花月夜》颇能说明问题。众所周知,著名学者闻一多曾给予其很高的评价:"这是诗中的诗,顶峰上的顶峰。"他强调:"在这种诗面前,一切的赞叹是饶舌,几乎是亵渎。"今天来看,闻一多的这番评价可以商榷,但此诗的特点在于"神秘之美"是显而易见的。全诗开卷,迎面而来的便是浩荡无垠的春江潮水和更显浩瀚辽远的大海,形成水天一色、江海相汇的空旷阔大的虚幻之境。奥托曾指出:"除了静默与黑暗之外,东方艺术还知道能产生强烈的神秘印象的第三种直接方式,这就是空和空阔。"④这在该诗中体现得十分突出。

让我们再来仔细地体验下这首诗:面对浩瀚的江河湖海,诗人情不自禁地吟道:"……人生代代无穷已,江月年年望相似。不知江月待何人,但见长江送流水。"闻一多说得好:"这里一番神秘而又亲切的如梦境的晤谈,有的是强烈的宇宙意识,被宇宙意识升华过的纯洁的爱情。"在这层层追问中,"他得到的仿佛是一个更神秘的更渊默的微笑,他更迷茫了,然而也满足了"⑤。分析起来,艺术家之所以如此强调"静"和"空",也正是因为

---

① [美]P.蒂利希:《存在的勇气》,成穷等译,贵阳:贵州人民出版社1998年版,第192页。
② [法]奥古斯特·罗丹:《罗丹艺术论》,傅雷译,北京:人民美术出版社1978年版,第100页。
③ 宗白华:《宗白华美学文学译文选》,北京:北京大学出版社1982年版,第243页。
④ [德]鲁道夫·奥托:《论"神圣"》,成穷、周邦宪译.成都:四川人民出版社1995年版,第81页。
⑤ 闻一多:《闻一多全集》第3卷,北京:生活·读书·新知三联书店1982年版,第20页。

两者都能使我们直接地面对、触及生命本身。因为"空"能容纳"无限",它不仅包孕着"有",而且是"万有"。就像画家高更所体验的那样:"如果我在面前眺望进空间,我会对无限有一种模糊的感觉,对于这神秘的感觉,没有解释。"①只有在神秘感中我们才进入无限的生命之中,去追逐作为一种超越性存在的美的奥秘,它让我们明白:"始于神秘的生命者,亦将于神秘中结束,但在这其间,存在的是多么天然而美丽的国度。"②关于"美与神秘"的问题就此打住,因为这是一个需要我们认真面对,但无须也不可能给予清晰解释的现象。通过对这个问题的讨论我们明白:美与神秘同在,因为彼此的关系所折射出来的,也就是生命的奥秘。

## 18. 形式主义与美学问题

英国美学家伊格尔顿在其《文学原理引论·序言》里开宗明义地提出:倘若人们想确定20世纪文学理论发生重大转折的日期,最好把这个日期定在1917年。因为正是这一年,俄国的什克洛夫斯基发表了"可以说是形式方法的宣言"(艾亨鲍姆)的《艺术作为手法》一文。这话虽说显得有些夸张但并不算太过分。在拥有"批评世纪"之誉的20世纪文论中,曾起过继往开来作用的"形式主义"批评(The Formalist Critic)无疑占据着突出的位置。而什克洛夫斯基的这篇文章则是飘扬在这个阵营上空的一面旗帜,宣告了一个新的批评时代的到来。"欧洲各种新流派的文学理论中,几乎每一流派都从这一'形式主义'传统中得到启示。"③批评史家们如今已达成共识:促成了批评思想的"现代性转型"是这一学派的最大意义。

根据美国康乃尔大学艾布拉姆斯教授为文学批评设定的坐标,批评理论的建构总体而言分别侧重于作家、作品、世界、读者四大要素。在他看来,批评的历程迄今已经历了由强调世界的"模仿说"(柏拉图至古罗马),到注重对读者的影响的"实用说"(古罗马至18世纪初),再到以作者为中心的"表现说"(18世纪初至19世纪初)三个阶段。此三家学说尽管各有特点,但却存在着一个共同点:都持一种视文学作品为实现某种功用目标的"他律论"立场。众所周知,这种立场是从孔子《论语》里关于诗的"兴、观、群、怨"论,到古罗马贺拉斯在《诗艺》里提出的"诗人的目的"在

---

① 宗白华:《宗白华美学文学译文选》,北京:北京大学出版社1982年版,第237页。
② 艾黛:《感觉之美:感受生命的浪漫质地》,北京:民族出版社1999年版,第313页。
③ [荷]佛克马、易布思:《20世纪文学理论》,林书武等译,北京:生活·读书·新知三联书店1988年版,第13页。

于"寓教于乐"说的基本诗学观。与此不同,由形式主义文论于19世纪初揭开帷幕的"客观说"意味着一场根本性的转变。"形式"在此成了作品实现自治、强调以其自身存在方式为标准的一种保障,用克莱夫·贝尔的话说:"把物体看作纯形式也就是把它们自身看作目的。"①虽然批评史家们曾认为,该说的思想渊源可以追究至亚里士多德的《诗学》里关于悲剧的"六要素论";但就其理论承继来看,其主要受到浪漫主义文论的"有机论"学说和唯美主义运动的"纯艺术论"思想的影响。

"有机论"思想可以追溯至柏拉图,在《蒂迈欧篇》里,这位同名主人公将世界看成"一个生物"。此后经过普罗提诺的"太一"说等的改造,形成了一个万物有灵论的形而上学宇宙论。在此基础上,该说同"天才说"与"灵感说"等互相渗透,逐渐形成了一种视艺术文化类同于生命现象的"有机主义美学"。这种最初由英国浪漫派诗人柯勒律治推出的学说,借助植物生长的原型与生物学隐喻,以类比的方式来说明审美创造活动中的神秘性与自治性。事实上,在意识到"一切诗歌都具有独白性质"的浪漫主义文论对具有超人天才的艺术家自我的推崇中,已经萌发出一种关于艺术文化的自治性。比如雪莱认为:"诗人是一只夜莺,栖息在黑暗中,用美妙的歌喉唱歌来慰藉自己的寂寞。"②这种"有机论美学"不仅成了浪漫主义艺术精神的思想基础,同样也为客观——自足论诗学的崛起提供了思想资源。换言之,正是"自治性引导出有机理论,有机理论又进一步引导出'形式即抽象样式'的观念"③。

但深入一步来看,对形式主义文论具有最直接影响的,仍数以"为艺术而艺术"的口号闻名遐迩,滥觞于法国、全面展开于英国的"唯美主义"运动。这一运动为了反对艺术的教化功能而视任何道德目的与思想内容为与艺术实质无关的陈腐的装饰物,强调美具有不依赖于真与善的独立存在的品质。用波德莱尔的话:"诗歌除了本身以外别无目的,也不可能有任何别的目的。单单为了作诗之乐而写的诗是那么伟大而高尚,那么丝毫无愧于诗的盛名,其它(他)任何诗都无法和它相提并论。如果诗人为道德目的而写作,那么就减弱了他的诗的力量……"④这场运动的英国主将诗人史文朋也表示:"如果哪个读者会从什么诗里提炼出什么积极的精神良药,那么,提供这些道德药剂的诗人显然是恶劣的艺术家。"在他看来,"成熟

---

① [英]克莱夫·贝尔:《艺术》,周金环等译,北京:中国文联出版公司1984年版,第35页。
② [英]刘若端:《十九世纪英国诗人论诗》,见雪莱:《为谁辩护》,缪灵珠等译,北京:人民文学出版社1984年版,第127页。
③ [美]H.G.布洛克:《美学新解》,滕守尧译,沈阳:辽宁人民出版社1987年版,第201页。
④ [英]威廉·冈特:《美的历险》,肖聿译,北京:中国文联出版公司1987年版,第13页。

艺术的职能并非来自修道院的迴（回）廊或是伊斯兰的后宫，人们将会再度承认：一切事物的外在形式都无比美丽，从中可以产生优秀的作品"①。无可置疑，凡此种种离"形式主义"主张已十分接近。在现代批评史上，这一命名最初来自其对手，意在贬低于1915至1930年间活跃于俄国文坛的一种文学批评潮流。用雅各布森的话说，曾经，形式主义这个词变成了批评家们练习肱二头肌的拳击袋。里面除了什克洛夫斯基和雅各布森之外，还装着艾亨鲍姆、迪尼亚诺夫、托马舍夫斯基、普罗普、勃里克等人。

但形式主义其实意在促进文学研究进一步科学化，有别于传统批评习惯于关注文化史与社会生活，以对作家的传记材料与心理研究代替对作品本身的审视；形式主义首先面向现代语言学，期待由此入手来把握作为一种"文本"现象的文学作品的"文学性"。他们的研究由诗句中的声音问题开始，走向对叙事话语中的情节/结构关系的功能分析。也就是"从形式的新含义的一般概念出发，最后得出手法的概念，并由此得出功能的概念"②。在这里，作为关键词的"形式"已不再是一般意义上类似于"容器"与"外壳"的概念，而意味着一种本身便具有内容的具体的整体。这是形式主义同象征主义和唯美主义的区别所在：对后两者来说，"内容"都是一种能够"通过形式"显露出来的东西，缺乏那种互为一体性。什克洛夫斯基著名的"陌生化"学说的实质，就在于他认为"凡是有形式的地方几乎都有陌生化"。在他看来，只有以陌生化的方式让人产生"新奇"感，形式作为其自身才能够真正受到人们的关注。这一批评立场坚持文学艺术作品是一个不受其他文化形态制约的自治体，用艾略特的话说，也即："论诗，就必须从根本上把它看作诗，而不是别的东西。"③所以在形式主义文论同其后的法国结构主义诗学和英美新批评之间，无疑存在着一种被一些批评家视为"最近的亲戚"般的关系。比如"新批评"认为：意图谬见在于将诗和诗的产生过程相混淆，感受谬见则在于将诗和诗的结果相混淆，也就是将诗和其所产生的效果相混淆。因而"不论是意图谬见还是感受谬见，这种似是而非的理论，结果都会使诗本身作为批评判断的具体对象趋于消失"④。从这种"本体批评"中，形式主义文论的思想脉络清晰可辨。

形式主义文论以强调审美意识的特殊性为前提。这一思想同样也能从

---

① ［英］威廉·冈特：《美的历险》，肖聿译，北京：中国文联出版公司1987年版，第54页。
② ［法］茨维坦·托多罗夫：《俄苏形式主义文论选》，蔡鸿滨译，北京：中国社会科学出版社1989年版，第56页。
③ 转引自［美］M.H.艾布拉姆斯：《镜与灯：浪漫主义文论及批评传统》，丽稚牛等译，北京：北京大学出版社1989年版，第32页。
④ 赵毅衡：《"新批评"文集》，北京：中国社会科学出版社1988年版，第228页。

柏拉图那里确认最初的渊源,比如在《斐利布斯》里,柏拉图写道:"唯一真实和不掺杂质的快乐是理智的快乐,这种快乐存在于类似'直线和圆'这样一些永恒的美之中。"因为"真正的快感来自所谓美的颜色,美的形式"[①]。但在西方美学史上,只有在明确提出"美是对象的合目的性的形式"的康德的《判断力批判》里,这种"形式美"的理论才得到全面深入的阐述。他不仅将审美判断力直接界定为对形式的领悟,认为"我们有一种纯审美判断能力,靠了它我们可以判断形式而不靠概念的帮助";而且他还明确地表示:"在绘画、雕塑和其他所有造型艺术中——包括建筑艺术和园艺,只要是美的艺术——线条轮廓乃是最本质的东西,它不单是使感官得到满足,而且通过它的形式来使人愉快,所以只有它才是审美趣味的最高根源。"在康德看来,"一个纯粹的鉴赏判断是既不以魅力的刺激也不以感动,一句话来说,不以作为审美判断的质料的感觉为规定根据"。总之是:"一切单纯的颜色,在它们的纯粹的范围内,被视为美。"因而"这已经是一个涉及形式的规定"[②]。据此而言,将康德视作现代形式主义批评理论的先导者未尝不可。但除此之外还应该看到,这也同样是一代思想枭雄尼采的立场。他曾直截了当地表示过:"一个人只有当他把一切非艺术家看作'形式'的东西感受为内容、当'事物本身'的时候,才是艺术家。"[③]根据佛克马的研究,什克洛夫斯基的观点一定受到过尼采这个思想的启发。[④]这不无道理,但除此之外还要看到"思想史谱系"之外的因素。

事实说明,一种新的审美批评观的诞生常常是对文学实践的响应,形式主义文论之所以在19世纪初开始显山露水,同诸如视觉艺术领域出现抽象／表现艺术思潮以及小说创作中更为注重叙事技巧等有密切关系。比如在《小说的艺术》一文中,亨利·詹姆斯就曾以自己的创作经验为参照,提出了"只有形式才能获得和保持一部小说的实质"的观点。而在小说《到灯塔去》里我们还读到,伍尔芙甚至借那位叫莉丽·布里斯库的女画家的创作,形象地展示了"形式"在现代艺术中举足轻重的意义。在故事里,班克斯先生要求莉丽将其所说的"问题在于物体之间的关系,在于光线和阴影"这句话,再做出进一步的解释。但莉丽觉得"没法给他指出,她究

---

① 北京大学哲学系美学教研室:《西方美学家论美和美感》,北京:商务印书馆1980年版,第35页。
② [德]康德:《判断力批判》上册,宗白华译,北京:商务印书馆1964年版,第62、63页。
③ [德]弗·尼采:《悲剧的诞生》,周国平译,北京:生活·读书·新知三联书店1986年版,第364页。
④ [荷]佛克马、易布思:《20世纪文学理论》,林书武等译,北京:生活·读书·新知三联书店1988年版,第20页。

竟想要表现什么"。于是女画家只好努力地"又一次置身于她曾经清楚地看见的那一片景色的魔力之下,在形形色色的树篱、房屋、母亲和孩子之间摸索,来找出她想象中的画面"①。这里的言外之意不言而喻:离开了对这幅绘画作品的形式的感觉,也就无所谓所要"表达"的"内容"。所以从现代艺术历程来看,"形式"的崛起势所必然。在什克洛夫斯基的"宣言"宣布之前,类似的声音就已通过关于绘画与音乐的种种论述悄然登场。

首先出现的是由德国雕塑家阿道夫·希尔德勃兰特撰写的《形式问题》(1893)。他像俄国形式主义者们所要求的那样从经验入手面对实际的艺术事实说话。在他的关于"艺术家必须尽力解决的完全是形式的问题;他为表现所选择的主题既不需要有伦理意义,也不需要诗般的意义;他所要做的是给这些主题以一种独特而又有价值的审美意义"这一主题性陈述里,形式主义批评的精神已经昭然若揭。为反对艺术表现的"实证主义"倾向,他强调"除了体现在艺术'形式问题'上艺术的正常规律的影响之外,在他的创作中,没有任何影响能使他动摇"②。比如区分一件雕塑作品的优劣就在于其形式化程度:"只要雕塑造型首先是作为一个立体物而产生效用,它就仍然是处于艺术创造的初级阶段;而当它作为一个平面而产生效用之时,尽管它还是立体的,却已获得了一个艺术形式。"只有在那时它才成为真正的雕塑艺术。所以他最终将审美创作活动的实质一言以蔽之:艺术家发展出某些典型形式,它们具有明确的含义,并在观者中产生明确的肉体和心理的活动。③希氏的此书此说得到了著名瑞士美术史家沃尔夫林"像久旱土地上的一场凉爽清新的甘霖"的高度赞赏,他在其《艺术风格学》(1915)里做出回应:"无论讨论的是一幅画还是一幢建筑,是一个形象还是一件装饰品,生气勃勃的印象植根于两种情况不同的图式中,同特殊的感情色彩无关。"同时他提出了艺术家的"目的是要达到一种充满生气的、同时又不被其更加独特的内容决定的形式"④。而在此之前发表的德国学者沃林格的博士论文《抽象与移情》(1907),则通过对奥地利美术史家里格耳的"艺术意志"的概念的进一步发挥,对形式主义批评思想做出了十分透彻的阐释。

但深入地来看,形式主义美学的发生还有其以绘画为核心的艺术史方

---

① [英]A.V.伍尔芙:《到灯塔去》,瞿世镜译,上海:上海译文出版社1997年版,第258页。
② [德]阿道夫·希尔德勃兰特:《形式问题》,潘耀昌译,石家庄:河北美术出版社1997年版,第98页。
③ 参见[德]阿道夫·希尔德勃兰特:《形式问题》,潘耀昌译,石家庄:河北美术出版社1997年版,第92、98页。
④ [瑞士]海因里希·沃尔夫林:《艺术风格学》,潘耀昌译,沈阳:辽宁人民出版社1987年版,第254页。

面的原因。比如德国美学家沃林格在其名著《抽象与移情》中曾提出:"每部艺术作品就其最内在的本质来看,都只是这种先验地存在的绝对艺术意志的客观化。"关于这个占据中心的"绝对艺术意志",他的解释是:"人们应理解成那种潜在的内心要求,这种要求是完全独立于客体形象和艺术创作方式的,它自为地产生并表现为形式意志。这种内心要求就是一切艺术创作活动的最初的契机。"在他看来,所有艺术创作活动的目的就在于获得那种被从空间中拯救出来的单个形式。同时,他提出了艺术家的目的是要达到一种充满生气的,同时又不被其更加独特的内容决定的形式。①但比较起来,影响更广的是英国学者克莱夫·贝尔的"艺术是有意味的形式"说和奥地利学者汉斯立克的"音乐的内容就是乐音的运动形式"等观点。

　　在贝尔看来,"既包括了线条的组合也包括了色彩的组合"的那种"'有意味的形式'就是一切视觉艺术的共同性质"②。因此,所谓艺术欣赏只能是对这种形式的敏感,"艺术家的工作就是按这种规律去排列、组合出能够感动我们的形式",而"不断地指出艺术品那些组合在一起的产生有意味形式的部分和整体,正是艺术批评的作用之所在"。真正的艺术家也都像塞尚一样,"是发现'形式'这块新大陆的哥伦布"③。在《论音乐的美》一书里,旨在反对将音乐看作情感表现的汉斯立克同样写道:"就作曲家创作的特殊性说,它是一种不停地造形过程,一种用乐音关系来塑造形式的过程。"他认为作曲家的活动可以同造型艺术家相比:"正像造型艺术家,作曲家也不能被他的材料所控制,因为他也必须客观地把他的(音乐的)理想呈现出来,把它造为纯粹的形式。"④尽管他们的主张不尽一致,有一点却是不约而同的:那就是形式主义对"形式"的强调并不意味着放逐"内容",而只是试图以这种立场来捍卫艺术的自治性,让文学艺术从由来已久的对于伦理、政治、宗教等社会文化形态的依附关系中摆脱出来。对此,再没有比对形式感具有高度敏感的抽象绘画大师康定斯基的这番话更说明问题:"不管美学家和沉迷于美的概念的自然主义者如何高谈阔论,形式和色彩的美本身并不足以成为绘画的目的。"⑤所以,自从在美学界正名开张以来,自我辩护就成了形式主义者们的一项基本工作。

---

① 参见[德]W.沃林格:《抽象与移情》,王才勇译,沈阳:辽宁人民出版社1987年版,第10页。
② [英]克莱夫·贝尔:《艺术》,周金环等译,北京:中国文联出版公司1984年版,第4页。
③ [英]克莱夫·贝尔:《艺术》,周金环等译,北京:中国文联出版公司1984年版,第6页。
④ [奥]爱德华·汉斯立克:《论音乐的美》,杨业治译,北京:人民音乐出版社1980年版,第69—70页。
⑤ [俄]瓦西里·康定斯基:《论艺术的精神》,查立译,北京:中国社会科学出版社1987年版,第60页。

如同贝尔强调其与情感反应的联系，提出"有意味的形式把其创作者的感情传达给我们"；汉斯立克以"内涵"与"内容"的区分来指出这一点，他表示："我们说音乐无内容（题材），不就是说音乐无内涵。""我们一再着重音乐的美，但并不因此排斥精神上的内涵，相反地我们把它看为必要的条件。""我们把音乐的美基本上放在形式中，同时也已指出：乐音形式与精神内涵是有着最密切的关系的。……以乐音组成的'形式'不是空洞的，而是充实的。"①在什克洛夫斯基的文章里，则是以"本事"与"故事"（情节）的区别来表示：现实生活世界里只有"本事"而并不存在"故事"，前者是实际的"材料"，后者是经过作家赋予其以"情节"的方式形成的。分析起来，形式主义所反对的"内容"其实指的是作为创作素材的"题材"。用语言学术语讲，也就是以"命名"的方式获取的、作为对外在世界的某个实在事物的"所指"的语义信息。这无疑有别于作品的审美内涵。英国批评家布莱德雷说得好："所谓题材，并不是诗的内容，它的对立面不是诗的形式，而是诗的整体。这就是说，题材是一回事，而诗、内容和形式又是另一回事。……就此而言，形式主义似乎是正确的。"②美国学者马克·肖勒在其著名文章《技巧的探讨》里同样指出："现代批评向我们表明，只谈论内容本身绝不是谈论艺术，而是在谈论经验；只有当我们论及完成的内容，也就是形式，也就是艺术品的本身时，我们才是批评家。"③

以此来看，形式主义文论长期以来一直受到"排斥内容"的批评，其实是一种想当然地歪曲事实。这种情形正如雅各布森曾指出的："人们在讨论'形式主义派'的总结时，总是把这一流派的开拓者们自负而天真的口号与其科学工作者创新的分析和方法混为一谈。"④无须赘言，形式主义的努力所在，是想为艺术争取一个真正属于其自己的东西。康定斯基写道："内在因素，即感情，它必须存在；否则艺术作品就变成了赝品。内在因素决定艺术作品的形式。"⑤用希尔德勃兰特的话说："在艺术繁荣的时代，所有的艺术家都受到一个愿望的鼓舞：去净化一种自然的形式，使它可以充分

---

① ［奥地利］爱德华·汉斯立克：《论音乐的美》，杨业治译，北京：人民音乐出版社1980年版，第51—52、115页。
② ［美］H.G.布洛克：《美学新解》，滕守尧译，沈阳：辽宁人民出版社1987年版，第266页。
③ ［英］戴·洛奇：《20世纪文学评论》下册，上海：上海译文出版社1993年版，第32页。
④ ［法］茨维坦·托多罗夫：《俄苏形式主义文论选》，蔡鸿滨译，北京：中国社会科学出版社1989年版，第2页。
⑤ ［俄］瓦西里·康定斯基：《论艺术的精神》，查立译，北京：中国社会科学出版社1987年版，第12页。

地表达一种充满生气的内容。"① 或者以汉斯立克的意思来表示:"如果有人贬责音乐说它无内容,那我们要说音乐是有内容的,但这只是音乐的内容。"② 问题便是如何来理解这种不是"内容"的"内容"?形式主义文论的问题除了一度曾矫枉过正地过于"求新"外,主要就在于批评家们各自所做的关于"内涵"的解释语焉不详。比如虽说形式在艺术文化中显得格外引人注目,但能否把凡是对形式的愉悦反应都视为纯粹的审美快乐?似乎并非如此。这样一类快乐显然并不限于艺术的欣赏,它还可能同数学、科学和逻辑学研究中获得的快乐相类似。尽管人们常常以此作为科学与艺术的联姻关系的证据,但事实上对一种数学公式的欣赏与对一部艺术品的享受并不能相提并论。

在科学家眼里最具欣赏性的对称美,与真正的伟大艺术的魅力相去甚远。比如众所周知,雪花的对称形式常常受到人们的咏叹,被视为大自然的造化之美的生动显现。但在我们的审美视野里,雪花最大的魅力其实并不在于静态地向世人显示其对称性,而在于其在天空中飞舞飘扬。此时此刻人们欣赏的是它给予人们的一种生命态,这种状态来自于对称的瓦解。此外,正如著名俄国艺术心理学家维戈茨基曾指出的,"并非任何形式知觉都必定是艺术行为"③。比如什克洛夫斯基当年曾以其"陌生化"原则为由,称赞斯泰恩的《项第传》是"世界文学中最典型的小说",而对塞万提斯的《堂吉诃德》提出批评,"因为其中的手法和理由还没有足够地交织在一起,以形成一部完全说明理由的小说,并使小说中各个部分很好地衔接起来"④。但那又怎么样呢?事实是谁都无法否认后者的艺术品位远在前者之上,前者在形式方面的相对优势并不能改变其艺术表现的平庸。同样还比如"莎士比亚戏剧中的'情节',从形式上看绝对不如康格莱夫(Congreve)或康乃尔(Corneille)的完美,可是莎士比亚的作品显然又优秀得多,这又做何解释?"⑤ 所以汉斯立克在《论音乐的美》一书中写道:最无聊的主题可以有非常对称的结构,"对称"只是表示关系的概念,它并不回答这个问题:

---

① [德]阿道夫·希尔德勃兰特:《形式问题》,潘耀昌译,石家庄:河北美术出版社1997年版,第99页。

② [奥]爱德华·汉斯立克:《论音乐的美》,杨业治译,北京:人民音乐出版社1980年版,第116页。

③ [苏]列·谢·维戈茨基:《艺术心理学》,周新译,上海:上海文艺出版社1985年版,第74页。

④ [法]茨维坦·托多罗夫:《俄苏形式主义文论选》,蔡鸿滨译,北京:中国社会科学出版社1989年版,第37页。

⑤ [美]H.G.布洛克:《美学新解》,滕守尧译,沈阳:辽宁人民出版社1987年版,第247页。

是什么东西对称地出现？康定斯基更是一语道破：形式的和谐必须完全依赖于人类心灵有目的的反响。这意味着"形式"在艺术中归根到底还只是手段而不是目的。

对这一特点缺少清醒的认识，使形式主义立场代表了一种精英主义的艺术史观，依照这一观点，普通人对艺术的欣赏都存在问题，这与文化艺术只有通过广大受众的认可方能拥有生命的事实显然不符。艺术欣赏的特殊性并未超越日常生活的范围，正如布洛克所说：其实审美经验从根本上说只不过是人对某种感性对象的直觉反应，任何一个生活在这个社会并接受了其文化的人，都能够接受和获得这种经验。关键在于：艺术作为形式并非让人去"意识"而只是让人"感觉"，所以实际的欣赏活动中我们并不会有意去"关注"形式，就像"在我们倾听贝多芬或巴托克（Bartok）的音乐时，实际上并不只是为了听它们那'纯粹的形式关系'，在我们阅读陀思妥耶夫斯基、莎士比亚或但丁的作品时，同样也不单是为了获得这种'关系'。即使观看米开朗琪罗或凡高的绘画，我们也不完全是为了欣赏这种狭隘形式主义者们所说的平衡和秩序"①。这足以表明，形式对于艺术的意义其实并不在于其自身，而在于其与我们的生命反应之间的一种关系。诚然，应该看到对这种关系的强调正是形式主义批评家们所努力在做的。比如康定斯基：色彩和形式的混成物各有其独立的存在，但又融汇于共同的生命之中。比如沃林格："一个线条、一个形式的价值在我们看来，就存在于它对我们来说所含有的生命价值中，这个线条或形式只是由于我们深深专注于其中所获得的生命感而成了美的线条或形式。"②比如苏珊·朗格："如果要想使得某种创造出来的符号（一个艺术品）激发人们的美感，它就必须以情感的形式展示出来，必须使自己成为一种与生命的基本形式相类似的逻辑形式。"③如此等等，不一而足。

但问题的症结也就在于：对"生命形式"或者说"形式"与"生命"的联系做出的种种解释，常常是无功而返。汉斯立克写道："身体和心灵的关系，这个原始谜语有着千种形态、万种变化。提出这个谜语的斯芬克司永远也不会纵身跳下她的岩石。"④康定斯基在做出"这是一个有关'精神'的问题"后便也缄默无语。而沃林格则更是直截了当地将之引入神秘主义，

---

① ［美］H.G.布洛克：《美学新解》，滕守尧译，沈阳：辽宁人民出版社1987年版，第247页。
② ［德］W.沃林格：《抽象与移情》，王才勇译，沈阳：辽宁人民出版社1987年版，第29页。
③ ［美］苏珊·朗格：《艺术问题》，滕守尧等译，北京：中国社会科学出版社1983年版，第43页。
④ ［奥地利］爱德华·汉斯立克：《论音乐的美》，杨业治译，北京：人民音乐出版社1980年版，第82页。

认为最终制约着艺术意志的那种无意识的"抽象冲动并不是通过理性的介入而是为自身创造了这种具有根本必然性的形式,正是由于直觉还未被理性所损害,存在于生殖细胞中的那种对合规律性的倾向,最终才能获得抽象的表现"[①]。所以说,"从一个显而易见的前提出发,最后达到一个十分困惑的结果",这就是被罗兰·巴特称为"不是关于内容的科学,而是关于内容的条件即形式的科学"的形式主义文论的历史命运。就艺术就是其本身而不是别的文化形态来讲,自治性原则无疑是一种正确的美学原则;但倘若将这种自治性进行到底,则也会彻底取消艺术。形式主义批评所面临的,便是如此这般的诗学困境:"如果他们坚持认为审美情感必须是'纯粹自治的'(独立于任何外在的东西的),他们就无法解释它的意味或快乐来自何方,假如他们能够成功地解释我们欣赏艺术时的快乐和趣味的本质,他们又只能从艺术之外的源泉中寻找理由和证据。"[②]这样的批评无疑是相当中肯的。

那么时至今日,"形式主义的理论是否有特殊的价值呢?如果有的话,这种价值又从何而来呢?"许多年前,托多罗夫在为其所编的《俄国形式主义文论选》所做的"编选说明"里提出的这一问题,依然是21世纪的美学理论建设需要面对的。在事过境迁一切都已尘埃落定后来回顾,形式主义的问题的症结所在,主要是有些"过界"了。说艺术不同于生活并不是说艺术与生活无关,艺术的问题就在于同现实世界的既"接"又"离"。用语言学术语来表示,艺术既不是参照世界的"拟声说",也不是直接表达情感的"感叹说",而是属于意义世界的一种特殊的符号活动。作为符号现象,艺术品的意义内涵同样离不开与人本身所处的宇宙世界的联系;而其特殊性则在于其意义不是对外在于符号体的某个所指现象的"传达",而是由其直接"激发"出来的。

所以正是对形式主义美学问题的讨论让我们进入符号学研究。苏珊·朗格指出,就符号通常作为某个现实事物的代替品而言,艺术作品不能称为符号。艺术的符号性在于其同样具有传情达意的功能,区别就在于各自的内涵:如果说一般的符号活动所表达的,是一种概念性的"意义",那么艺术所表现的则是意象化的"意味"。这是一种既"寄居"于意义之中又在品质上与之完全不同的东西。就此而言,艺术活动总是拥有"复调"的性质,但对其来讲,真正重要的是"意味"与符号的媒介形式之间的不可分离性。以文字语言为例,在日常交流中,词本身仅仅是一个工具,其

---

① [德]W.沃林格:《抽象与移情》,王才勇译,沈阳:辽宁人民出版社1987年版,第20页。
② [美]H.G.布洛克:《美学新解》,滕守尧译,沈阳:辽宁人民出版社1987年版,第216页。

意义存在于它自身之外的地方，因而一旦它完成了使命让人们通过它而把握了其所表达的意义，这个词也就因人们不再需要它而随之消失。与此不同，对于艺术活动，"如果它们表现的意味离开了表现这种意味的感性的或诗的形式，这种意味就无法被我们掌握"①。

这是艺术的内涵不能仅仅被"意识"而必须被"感受"的原因。比如对于俄国著名诗人丘特切夫的一首诗，陈先元与飞白教授分别以"别声响"和"沉默"为题做出翻译，内容如下：

| 别声响！要好好地藏起 | 沉默吧，隐匿你的感情， |
| 自己的感情，还有愿望。 | 让你的梦想深深地藏躲！ |
| 任凭着它们在心灵深处 | 就让它们在心灵深处 |
| 升起、降落、不断回荡。 | 冉冉升起，又徐徐降落， |
| 你应该默默地看着它们， | 默默无言如夜空的星座。 |
| 就像欣赏夜空中的星光。别声响！ | 观赏它们吧，爱抚，而沉默。 |

不难看到，在语义上两段译文的"意思"相近，不同点主要表现于韵律上：陈译选的是上声而飞白选的是去声。但也正由于这种差异，两诗给人的感觉上的"意味"大相径庭。后者所营造的悲哀与压抑之声，表现出一种欲说还休的无奈与痛苦的体验。而前者虽然在常规的语义层面上叙说着这种意思，但由于音调旋律的流畅与舒缓，在很大程度上抵消了这种感觉。古人有"平声平道莫低昂，上声高呼猛烈强，去声分明哀远道，入声短促急收藏"之说，谈的就是这个道理。瑞士学者凯塞尔在其所著的《语言的艺术作品》里也曾注意到："发音本身以决定的方式呼唤出每一样客观的东西，并且创造出客观东西的情调。"而事实上更早些时候，歌德就已直截了当地指出过："如果有人把我在罗马写的一些挽歌体诗的内容用拜伦在《唐·璜》里所采用的语调和音律翻译出来，通体就必然显得是靡靡之音了。"②

这样，尽管两首译作都符合原文，但韵律上的不同却带来了一种微妙的区别：陈译的"意义"与"意味"间存在着一种犹如"快乐地悲伤"的"对峙"，也即表面上说着"别声响"而骨子里却又不甘心于"无声"。而在飞白译文里不存在这种"心口不一"的问题，它让我们感到的是以抒情主人公意象出现的诗人内心的一种真正的难言之痛。对两首译文孰优孰劣做出评判不是我们当下的任务，以此为例只是为了有助于把握这样一个无疑

---

① ［美］苏珊·朗格：《艺术问题》，滕守尧等译，北京：中国社会科学出版社1983年版，第128页。

② ［德］爱克曼：《歌德谈话录》，朱光潜译，北京：人民文学出版社1978年版，第29页。

已属老生常谈的见解:"一件艺术品的意义只能包含在它提供给某一感官或全部感官的形式之中。"这里的所谓"形式"并非什么捉摸不定的东西,就是"某种可见的、可听的、( ,)或可想象的知觉统一体——某种经验的完形或结构"①。与此相对的是"材料"。借用维戈茨基的话讲:"如果我们单说作为某一小说的基础的事件本身,这就是小说的材料。如果我们谈到这一材料以某种安排呈现给读者,这就是这一作品的形式。"②换言之,艺术中的"形式"也就是其实际的呈现样态与存在方式,它并非单纯的物理事实,而具有心理方面的知觉意义。就像瑞恰慈所强调的:"在所有的各门艺术中,通常人们所说的形式要素就是刺激因素,不论是简单的或是复杂的,可以完全凭借它们来产生统一的反应。"③以致希尔德勃兰特专门强调:"形式不受物体变化着的外观所支配。形式是我们只依赖于物体而定的知觉中的因素。"④

再作一例。普希金有一首题为《我曾经爱过你》的诗,内容如下:我曾经爱过你:爱情,也许/还没有完全从我的心灵中消亡/——但愿它不再烦扰你/我一点也不愿再使你难过、悲伤/——我无言地、无望地爱过你/我忍受着怯懦和嫉妒的折磨/我那样真诚、那样温柔地爱过你/……祝上帝会给你另一个人/也能像我爱你一样。《人民文学》前主编崔道怡先生以"大话西游"的方式,将其进行改写:想当初,咱哥们儿死皮赖脸追求过你/现今这股子劲儿也不能说全玩完了/得了,这档子事儿,马尾儿穿豆腐——甭提了/咱不能让您心里头不自在不是?/——谁让那会儿咱光在肚子里头闹哄得慌/可是我这舌头它/它打不过弯来呢!/就瞅着别人追您,我眼红眼热干着急/可惜了儿我是个窝囊废/没有那么大的胆儿/不过,要论真格儿的,咱哥们儿绝不含糊/那可是——把您顶在脑袋瓜儿上,怕摔着/把您含在嘴里头,怕化了/把您抱在磕膝盖上,又怕把您给硌着/——您瞧不上我呀,您另外找主儿/老天爷保佑,他要是赛得过我去/算您的福气。⑤如果说这两个文本的内容上似乎有些相同,形式方

---

① [美]苏珊·朗格:《艺术问题》,滕守尧等译,北京:中国社会科学出版社1983年版,第168、157页。
② [苏]列·谢·维戈茨基:《艺术心理学》,周新译,上海:上海文艺出版社1985年版,第194页。
③ [英]艾·阿·瑞恰慈:《文学批评原理》,杨自伍译,南昌:百花洲文艺出版社1992年版,第172页。
④ [德]阿道夫·希尔德勃兰特:《形式问题》,潘耀昌译,石家庄:河北美术出版社1997年版,第35页。
⑤ 崔道怡:《我曾经爱过你》,长沙:湖南湘泉集团有限公司2002年版,第3、4页。

面则并不相同：前者是自由诗而后者成了打油诗。但细细体会，彼此的意味大相径庭：前者真诚，后者油滑。这也就说明，诗的"内容"并不是作为"所指"的陈述的东西，而是通过陈述内容而得以表现的内容。这种作为"所指的所指"的内容，与其赖以表现的媒介与结构等"形式"，是相依为命、无法分离的。

再从叙事学来看，小说里的"事"（story）可以被区分为作为生活素材的"本事"（histoire），和从中提取出来的"故事"（fabula）两大部分。但进一步来看，这里的"故事"其实仍是个抽象物，它的实际存在总是落实于具体"媒介"和一定的讲述"行为"中，读者事实上所面对的是呈现为特定的话语方式的"叙事"（narrative）。所以，形式对于一部作品的"意味"所具有的举足轻重的意义，即使在看似最不拥有"形式感"的语言文学中，同样也通过作为形式因素的叙述手法等而对一部小说的内容拥有决定性作用。比如张辛欣的代表作《在同一地平线上》。这部作品的故事并不新鲜：一对曾真诚相爱、相濡以沫的年轻夫妻，由于各自的事业追求而产生矛盾，最终走到了分手的地步。但其最大的成功却在于：身为女性的作者并未一味地将当代中国女性所面临的家庭生活与事业追求难以两全的困境，简单地归咎于男人们；而是在充分地写出了这个时代女性的痛苦之际，同样也一视同仁地表现出了男人们的艰难与无奈。分析起来，作者实现这一效果靠的是"双轨叙述"：让故事里的男女主角分别以第一人称"我"的视点展开叙事推进情节。这种人称的"自我中心"色彩有助于将话语主体的委屈全盘托出，两个中心的"并置"则为男女主角在冥冥之中进行情与理的对话提供了一个很好的平台。

虽然小说的叙述视野总体上偏重于女主角，但由于不断穿插着那位丈夫的视点而给了其以自我辩解的机会，最终不仅将"女人有女人的苦恼，男人有男人的不幸"的这一主题性概括表达得十分妥帖，而且也使这两个人物形象显得饱满。更能说明问题的是法国"新小说"代表之一的布托尔，以第二人称"你"为叙述视点创作的中篇小说《变》。这是一部建立在主人公对自我进行"心理分析"的基础上的小说。故事讲一个叫台尔蒙的中产阶层中年男子乘坐由巴黎开往罗马的列车，打算将其在罗马的情妇赛西莉接到巴黎定居以改变多年来的这种两地分隔的局面。这位男主角在列车上的独自漫想便构成了作品的主要内容。一路上随着车厢外景色的转换交替，男人触景生情地回顾了自己与其妻昂丽埃特近二十年的婚姻生活以及同赛西莉的关系的发展，结果他意识到了一个让其吃惊的事实：他与赛西莉间的那种亲密关系很大程度上并非由爱带来，而是同她住在罗马这座远离巴黎的城市有关。空间的思念与旅途的等待都为一种浪漫营造着美好铺垫，那种欲罢不能的爱情其实只是男人的一厢情愿。意识到这些让男人的此趟罗马之行失去了意义,于是他在达到终点站后随之就踏上了返程。

显而易见,故事的要点在于主人公内心的这次根本性转折,能否令人信服地写出这种转变的心理过程是作品成败的关键。布托尔很好地做到了这点,靠的就是"你"的视野,使这部作品成了第二人称叙述的一个典范。对此布托尔自然是心中有数,他不仅在《小说中人称代词的运用》一文里指出:"每当人们想描写意识发展的真正脉络,第二人称才是最得心应手的形式。"还曾特地谈到其对《变》的这种处理:"由于这里描述的是意识的觉醒,所以人物不能自称'我',用'你'既可以描述人物的处境,又可以描述语言是如何逐渐在他身上形成的。"人称代词的这种功能变化"使我们能恰当地区分不同阶段的意识或每个阶段存在的潜意识"[①]。如果说第一人称的一大特色是便于抒情,那么第二人称的最大特点是具有一种潜在的"自审"性。在《变》中这种特点由于作者采用的快节奏的语流而更显突出。它让叙述话语表面上的肯定与无意中的掩饰形成了鲜明对比,整个语段因而显得闪烁其词,句子深层那种反意向随着自审的逐渐清晰而进入意识的焦点,读者也随着主人公自我意识的清醒而被"说服"。

在这方面具有异曲同工之妙的,还有海明威的中篇小说《乞力马扎罗的雪》。众所周知,评论家们谈到海明威时大都认同他"是个感情很深的作家",认为在其貌似粗硬枯燥的文风外壳下其实"流动着极其深沉的节奏",如同"炽热的火山熔岩"。这个特色在《乞》里得到了淋漓尽致的显示。这部作品的情节在一对作为夫妻的男女间展开。显然有作者自身影子的作为主体视点的男人哈里,因经历了种种世道沧桑而备感人生的疲惫,他的生命也已因病而走到了终点。作为其妻的那位女人虽然在努力关心着,但已不再被他接受,这让她处于一种不安之中。在表面上,故事主要表现因生命行将结束而心情恶劣的哈里,对女人的"临终关怀"的拒绝,以故意伤害她来唤起一点生存感觉,尽管他心里承认,她是一个"非常温柔的、很风趣和有欣赏力的女人"。但在深层里,故事所展示的是一种被深埋于心底的"迷惘人生"的伤感与难言之痛。作品在结构上由这对男女的"对话"与哈里个体的内心"独白"两大板块互相交织迭现所组成。

但仔细辨析起来,我们不难发现事实上在二者之间形成了一种系列性的二元对比:当下/过去、理智/感情、反语/正话、散文/诗歌、绘画/音乐、粗暴/温柔、硬汉/情种、浪子/归人等等。比如一方面,当眼前的女人想与哈里重温往日生涯时,男人以"爱是一堆粪土"加以排斥;

---

① 吕同六:《20世纪世界小说理论经典》上册,北京:华夏出版社1995年版,第536页。

但另一方面,他又在内心独白里,回忆起如何给那位离开了他的第一个女友写信,"告诉她,他是怎样割不断对她的思念"。正是凭借着如此这般的结构性反差,海明威营造出了一种独特的艺术张力,为读者提供了一种正宗"海明威品牌"的审美享受。以表面上叙述语调的冷漠烘托出内在的一份热烈,是这部作品的魅力所在,而让作者如愿以偿的则是其所采用的意识流(interior monologue)手法。不同于只涉及意识的语言领域的"内心分析"和对远离意识中心的片断的"感官印象",作为"内心独白"的意识流不仅能够进入意识的全部领域,而且它对心灵的直接引述可以让主体隐蔽的幻想与体验的种种变化得到清晰的显现,从而在不动声色之中使我们进入人物的整个内心天地与之共舞。

上述这些杰作让人不由得想起瓦莱里在《德加、舞蹈、图画》一文里的名言:"佳作是其形式的女儿,形式孕育思想。"用"日内瓦学派"批评家鲁塞的话说:"艺术家在创作过程中,随着形式的确立变成诗人、画家或音乐家。"[1]原型批评理论家弗莱也表示:"诗的真正父亲或使之成形的精灵是诗本身的形式,这个形式是诗歌的普遍精神的宣言。"[2]这也意味着,由手法结构与媒介效应等建构而成的形式对于艺术并非是让其同生活远离,而只是起到一种"间离"与"概括"的作用。前者指对生活材料的过滤与作为中介,以便人们能够从容地摆脱现实经验的不堪重负而进入"观赏"境地;后者指对零碎芜杂的现象进行浓缩提炼,以达到艺术表现的强度。所以说"生活在形式的领域中并不意味着是对各种人生问题的一种逃避;恰恰相反,它表示生命本身的最高活力之一得到了实现"[3]。这是艺术万变不离其宗的人类学根基,但实现这一切的唯一途径是形式。纳博科夫曾在其《文学讲稿》中列出这么一个公式:(艺术活动的)形式(结构+风格)=题材:为什么写+怎样写=写了什么。换言之,艺术形式不仅参与一部作品的孕育和生产过程,更支配一部作品的实际存在。从这个意义上我们的确可以认为:艺术家是自然的各种形式的发现者,正像科学家是各种事实或自然法则的发现者。如果说对形式的这种发现帮助艺术家征服了创作材料,实现了创造的自由,那么这种发现同样也让广大读者与观众享受到了这种审美的自由。

承认这些就意味着有必要向那些一直饱受理论家们指责的形式主义批

---

[1] 转引自[阿根廷]路易斯·博尔赫斯等:《波佩的面纱》,朱景冬等译,北京:社会科学出版社1999年版,第222—223页。

[2] [加]诺思洛普·弗莱:《批评的解剖》,陈慧等译,天津:百花文艺出版社1998年版,第98页。

[3] [美]恩斯特·卡西尔:《人论》,甘阳译,上海:上海译文出版社1985年版,第212页。

评者致敬，尽管他们的表述上的确存在破绽，许多年后什克洛夫斯基就曾做出自我批评："当维克多·什克洛夫斯基说艺术没有内容时，他是愚蠢的。艺术的内容是隐蔽的。"所以理论家们的说三道四尽可以不断继续，问题是当我们看到这些时，不应该自作聪明地无视这样一个基本事实："一切名称从来都不正确。"①所以就此而言，无论什克洛夫斯基们的思想存在着什么样的片面性，都不足以遮蔽其重要贡献。"形式主义"的问题在于强调"形式至上"，那么我们所要做的就是去掉"主义"而保留"形式"。因为在审美文化领域，"形式"虽然并不就是一切，但永远具有一种"优先性"。就像亨利·詹姆斯所说：当我们进入艺术领域，就必须承认形式的神圣不可侵犯的奥秘。否则也就无所谓艺术。

## 19. 趣味主义与美学问题

众所周知，从康德在其《判断力批判》里正式提出"对美的事物的判断需要趣味"，到爱默生在其关于美的著名讲演里再次重复"对美的爱就是'趣味'"，②将趣味与人类审美实践相提并论早已让人耳熟能详，但关于"趣味"的言说却常常显得语焉不详。分析起来，问题的症结主要在于趣味现象具有可悟不可说的特点，审美存在对理性辨析的拒绝在人们对趣味的分析上体现得十分突出。就像法国学者蒂博代所说，虽然我们都清楚，"美学生活并非处在人人各行其是的状态，它包含着趣味的共同趋势"，否则也就无所谓"审美趣味"；但一旦试图做出某种概括那就会发现存在着诸如趣味的民族性、时代性、风格性等，以及"……古典趣味和浪漫主义趣味，组成了人性的许多不可克服的对立以及批评永远无法解决的美学矛盾"③。因而关于趣味究竟该如何把握，这对于现代美学来说无疑不仅是一个充满诱惑的陷阱，更是一种无法回避的挑战。

无须赘言，趣味首先是"味"，传统中国美学思想对此有着丰富的认识。虽然在墨子"食必常饱，然后求美；衣必常暖，然后求丽"之句，以及荀子的"口好味而臭味莫美焉"之语里，"美"所指的其实都是一种口腹之乐，但仍然网开一面地通用于视听方面的快感。如《孟子·告子上》

---

① ［俄］维·什克洛夫斯基：《散文理论》，刘宗次译，南昌：百花洲文艺出版社1994年版，第90页。
② ［美］R.W.爱默生：《自然沉思录》，博凡译，上海：上海社会科学院出版社1993年版，第18页。
③ ［法］蒂博代：《六说文学批评》，赵坚译，北京：生活·读书·新知三联书店1989年版，第117页。

曰:"口之于味也,有同嗜焉;耳之于声也,有同听焉;目之于色也,有同美焉。"在孟子著名的"充实之谓美"里,"美"无疑已由生理感觉转向了心理意识。但这固然意味着我们的祖先对于肉体／生理快感与精神／心理愉悦之相通性早有认识;更重要的是从中看到对于传统中国审美实践,美感向来是以所谓"五官六根"的舒适作为重心的。如《左传·昭公二十年》里晏子论"和"一段话中的"声亦如味,一气,二体,三类,西物,五声"之说,与《论语·述而》中所记载的"子在齐闻《韶》,三月不知肉味,曰:'不图为乐之于斯也'"如出一辙,都是不自觉地对审美体验的"身体化"的强调。汉人王充在《论衡自纪》篇里写道:"文必丽以好,言必辨以巧,言了于身,则事味于心。"显然,对于这"事"之"味",同样也是以一种"感同身受"的方式去获取。在此基础上,南朝人钟嵘在《诗品序》里提出了"五言居文辞之要,是众作之有滋味者也"和"使味之者无极,闻之者动心,是诗之至也";唐人司空图之后又在其名篇《与李生论诗书》里强调"辨于味而后可以言诗",从而使"味"终成古代中国美学思想的一大基本范畴。虽然使生理与心理两个层面相贯通是"味"的美学意义所在,但最终仍以肉体／感官经验为本,方是其内涵的实质。

在"味"与"韵"常被相提并论而构成"韵味"一词这一点上,其表现得最为清楚。一般认为,虽然以"韵"论"艺"最早始于南齐谢赫的《古画品录》(其"绘画六法"里,"气韵生动"为头条),五代时期的画论家荆浩也曾在其提出的"绘画六要说"里将"气"与"韵"一分为二,通过强调"韵者,隐迹立形,备仪不俗"而弃气扬韵。但直到司空图提出好诗须有"味外之旨"并举以"韵外之致","韵味"方成为一个正式的审美范畴。而对"韵外之致"的进一步品味,不难发现"韵味"其实就是"意味":味中有"意"方能有"味"。清人赵翼在《瓯北诗话》卷十里一言以蔽之:"意深则味有余。"但在这"意"的后面,却仍是"情"在垂帘听政:"在艺术中,韵味一词是用来描述表达力或者情感的。"英国作家赫兹列的这句话不无道理;正如其所说,17世纪的法国画家"克劳德的风景画尽管完美,但缺少韵味",这是由于"经过眼光的提炼和美化,排除了其他的感官"。换句话说:"韵味就是某人感官引起的印象在别人身上引起的共鸣。"[①]这也就可以理解,何以王国维《人间词话》第九篇里能如此自信地提出:"沧浪所谓兴趣,阮亭所谓神韵,犹不过道其面目,不若鄙人拈出'境界'

---

① [英]赫兹列:《赫兹列散文精选》,潘文国译,北京:人民日报出版社1999年版,第90—91页。

二字,为探其本。"①

境界首先意指为"界域",《说文》的解释是"界,竟也";根据段注第十三下的说法:"竟,俗本作'境',今正。乐曲尽为'竟',引申为凡边竟之称。'界'之言介也,介者画也,画者介也,象田四界。"而美学视野里的"境界"则意味着意识活动所达到的一种超时空的精神高度,它由实际的"象"而来,用刘禹锡的话说"境生于象外",是一种"象"外之"象",因而相对显得"虚"。所以皎然在《诗式》里指出:"夫境象非一,虚实难明。"境乃心中之象,王昌龄在《诗格》中曾言:"搜求于象,心入于境,神会于物,因心而得",决定这一切的生成前提是"心",其实质则是"意",在此意义上的"境界"也如同一些评论家所一再强调的那样,其实质也即"意象"。②有必要再做补充的有两点:其一,以境界来表示"意",为的是突出其层次性。例如在《诗格》里,王昌龄曾将"境"分为偏重"形似"的"物境"、"处于身"的"情境",以及"思之于心"的"意境"三类。这里虽有由外在世界向内在时空的转折,但根本上却是一种"意"之不断递进。因为物境说到底仍是由"神之于心""视境于心"和"然后用思"所得的意象,它与最终的意境的区别只是一种精神等级之差。其二,用境界来强调的"意"虽超"俗",但实质上仍是一种以肉体/生理的感觉经验为基础的"情"。因为"境界"一词本来自于梵语的佛家范畴,意谓"自家势力所及之境土"。佛教普度众生的原则决定了这片境土仍属"世俗"领地,在此意义上,叶嘉莹教授的这一发现是深刻的:唯有由眼、耳、鼻、舌、身、意六根所具备的六识之功能而感知的色、声、香、味、触、法等六种感受,才能被称为"境界"。所谓"境界"实在乃是专以感觉经验之特质为主的。③这是我们"情性天地"里的最高领域。所谓"情深意切",最高界面的"意"其实也即最深层次的"情"。

宗白华先生对此做过一番很好的总结:"在一个艺术表现里情和景交融互渗,因而发掘出最深的情,一层比一层更深的情,同时也渗入了最深的景,一层比一层更晶莹的景;景中全是情,情具象而为景,因而涌现了一个独特的宇宙、崭新的意象,为人类增加了丰富的想象,替世界开辟了新境。正如恽南田所说'皆灵想之所独辟,总非人间所有'。"④但这"非人间所有"的新境,只是对现实生活里那些让人心烦意乱、心神不宁的七情

---

① 王国维:《人间词话》,上海:上海古籍出版社1998年版,第62页。
② 叶朗:《中国美学史大纲》,上海:上海人民出版社1985年版,第623页。
③ 参见叶嘉莹:《王国维及其文学批评》,石家庄:河北教育出版社1997年版,第196页。
④ 宗白华:《美学散步》,北京:北京大学出版社1981年版,第61页。

第四讲　美学问题

六欲的克服，而并非对根植于这世俗界面的快感的超越。因为正如人们已熟悉的，在篆文中，作为中国诗学"开山纲领"的"诗言志"的"志"为上"止"下"心"，止的本义为"足"，引申义是（活）"动"。《说文》里因此而将"志"解释成"心之所之"，以现代的解释即"心理活动"，在此显然已包含有"意"的含义，用闻一多当年在《歌与诗》一文里的话说，即"藏在心里"。《左传》（昭公二十五年）中曾进一步将其分为"好、恶、喜、怒、哀、乐"这"六气"，由此六气形成"六志"。孔颖达《五经正义》里的解释是："此六志《礼记》谓之'六情'。在己为情，情动为志，情、志一也。"这正是王国维用以"情性"为本的"意境"来探中国诗学之"本"的意义所在，它能将"味"与"韵"全都统摄起来。这意味着作为"味的美学"的传统中国美学思想最终偏重于"物"（肉体性）的官能享受。正如文化老人季羡林先生在一篇题为《美学的根本转型》的文章里说道："把中西双方稍一比较就能够发现，西方的美偏重精神，而中国最原始的美偏重物质。这同平常所说的：西方是物质文明，而东方则是精神文明，适得其反。"正如先生所言，它提出的"是一个颇为值得深思的问题"。但在此所要做的是：如何从由口腹之乐中诞生的中国传统审美实践对生理快感的注重这一特点，来重新认识审美现象的实质内涵。

众所周知，在《大希匹阿斯篇》里，柏拉图明确提出了"美就是由视觉和听觉所产生的快感"这一西方美学的开山纲要。自此以降在很长一段时期，出于对审美体验以精神作为其规定性以及审美实践的超功利性的认同，西方美学一直对美感的生理方面持排斥态度，口腹之乐自然更不予考虑。用季羡林先生的话说："他们的美从词源上来看，虽然讲的是五官，却只限于眼和耳，而没有舌头。"[1]这话不无道理。比如19世纪法国美学家库申曾如此说过："在一张充满肴馔美酒的筵席面前，享受的欲望油然而生，但美感不会发生。"[2]20世纪中期的俄国"系统论美学"卡冈也认为："我们从美味的饮食、新鲜的空气、运动和休息、好闻的气味等所获得的享受，都不是审美的享受。"[3]最说明问题的莫过于桑塔耶纳。在其曾影响甚大的《美感》里，这位高擎起"美学只涉及享受"的哈佛前教授虽然与众不同地强调了审美体验的生理方面，提出了"审美情感的全部感情方面就是来源于我们的性机能的轻度兴奋。若不是感官首先被吸引，性的吸引力就不能起

---

[1]　季羡林：《美学的根本转型》，《文学评论》1997年第5期，第7—9页。
[2]　北京大学哲学系美学教研室：《西方美学家论美和美感》，北京：商务印书馆1980年版，第230页。
[3]　[苏]M.C.卡冈：《卡冈美学教程》，凌继尧等译，北京：北京大学出版社1991年版，第64页。

·247·

作用"；但却又认为："触觉、味觉和嗅觉虽则无疑可能很发达，但不像视觉和听觉那样对于人追求知识有帮助……生活的艺术家始终诉诸这些低级的感觉。馥郁的园林、美味的肴馔、香水、软垫和醒目的彩色，构成东方奢侈的理想，这种理想未免太诉诸人情，所以总是失掉它的魅力。"①其思想根源在于古老的对肉体欲望的不信任。托马斯·阿奎纳曾一言以蔽之："人类的幸福不可能存在于肉体的快乐，那种快乐主要是酒桌上的快乐和性的快乐。"与此不同，"视觉所及之处，心灵必能到达"②。因此就总体而言，西方美学可以被称为"心的美学"，注重的是审美体验的认识功能。

以此而言，季羡林先生在文章中自称"大胆地"说出的这一"外行话"，其实是独具慧眼之见："美，有以心理为主要因素的美，有以生理因素为主的美，前者为眼、耳，后者为鼻、舌、身。部位虽不同，但是同为五官，同为感觉器官则一也；其感觉之美，虽性质微有不同，其为美则一也。"③不过，正如"以心理因素为主"并不等于排斥生理方面的基础，"以生理因素为主"也并不意味着与心理意识无关。所以，如同中国美学的发展轨迹里存在着一个由"口"（味）向"心"（意）的循序演进，我们可以发现在西方美学里存在着一种逆向的由"心"（知）向"口"（感）的回归。事实表明，当人们如此这般地梳理出西方美学的理性主义传统的脉络时，有意无意地忽略了这样一些事实：不仅柏拉图是在官能性最强烈的性爱活动中提出其美学纲领，而且现代西方美学最终诞生于作为一种"趣味活动"的定位，同样表现出了对"口腹之乐"的某种肯定。伏尔泰的此番说法最具有代表性："如同品尝食物时一样，艺术的辨别力对一切好的东西十分敏感，追求趋附而对一切坏的东西则愤慨地予以摒弃；和味觉一样，它往往感到难于抉择……"而与伏尔泰同时代的耶考特爵士说得更明确："一般地，趣味是一种能因对象而感到愉快和兴奋的感官……人都有对音乐和绘画的鉴赏力，正如他有对美食的鉴赏力一样。"④史学家们同样也早已指出：在《论审美趣味的标准》中，"休谟在烹饪技艺中找到了他的美学模式，这一模式是与'趣味'一词的原始意义相一致的"⑤。事实上这便是构成康德美学的思想背景：它面临着如何从一直被认为是最个人化因而也是"最低级"

---

① ［美］乔治·桑塔耶纳：《美感》，缪灵珠译，北京：中国社会科学出版社1982年版，第40—44页。
② ［美］卡罗琳·考斯梅尔：《味觉》，吴琼等译，北京：中国友谊出版公司2001年版，第27、31页。
③ 季羡林：《美学的根本转型》，《文学评论》1997年第5期，第7—9页。
④ ［美］卡罗琳·考斯梅尔：《味觉》，吴琼等译，北京：中国友谊出版公司2001年版，第58页。
⑤ ［美］卡罗琳·考斯梅尔：《味觉》，吴琼等译，北京：中国友谊出版公司2001年版，第72页。

的味觉享受中，解救出高级的审美快感的问题。

进一步来看，西方美学中一直存在着"命名的纠缠"。批评家们发现："使用'趣味'这个词指称一种辨别美与其他审美性质的能力的确是有趣的和自相矛盾的，因为字面意义或者说味觉意义上的趣味基本上被排除在欧洲启蒙哲学中出现的趣味理论的主要论题之外了。"①但分析起来，这无疑首先认可了审美体验是一种以肉体作为出发点的意识活动。就像著名法国社会学家布迪厄指出的："'趣味'一词的双重意义……提醒我们注意'直接或凭直觉判断审美价值的官能'意义上的趣味与可辨识食物美味的能力……意义上的趣味是不可分离的。"②英国达勒姆大学教授安妮女士说得好："虽然我们在绝大多数情况下很难把我们对各种味道的欣赏与我们满足饥渴的欲望区别开来，但是，当真正的美食家品尝其熏制大马哈鱼的滋味，或者啜饮其陈年佳酿时，他却是在为了享受这种味道而享受这种味道，因而，否认他也像酷爱高山风光的人所做的那样是在体验审美快乐，便是一种自以为懂行的做法。"在她看来，"人们可以使其审美欣赏针对他们通过其五种感官中的任何一种感官感知的、各式各样的自然对象和人造对象"③。一些学者也曾提出："在美学理论中对趣味作出最精确的理论定位的应当是印度传统。"④这让身处其中的泰戈尔很早就意识到："事实上，餐桌上不仅有填饱我们肚子的食物，还有美的存在。水果不仅可以充饥，而且它色香味俱全，显示着美。……尽管我们急切地想吃它，但它对于我们来说仍不仅可以充饥，而且也给我们以美的享受。"⑤

因而，从东西方美学的逆向交汇的情形来看，审美体验的身／心二维结构，其实意味着它是一种与肉体感觉不离不即的生命意识。所谓"不离"是因为审美体验作为一种生命体验，总是离不开肉体意识，而"味觉"显然是最具肉体性的感觉；所谓"不即"是因为审美意识毕竟并非单纯的生理性反应，而是在此基础上的一种智性把握。易言之，这是一种以官能感觉的"情性"体验为前提的"智性"意识。费尔巴哈曾经提出："在感觉里面，尤其在日常的感觉里面，隐藏了最深的真理。"他认为：虽然"感官是人和动物共通的，但只有在人身上，感官的感觉从相对的、从属于较低

---

① ［美］卡罗琳·考斯梅尔：《味觉》，吴琼等译，北京：中国友谊出版公司2001年版，第48页。
② ［美］卡罗琳·考斯梅尔：《味觉》，吴琼等译，北京：中国友谊出版公司2001年版，第90页。
③ ［英］安妮·谢泼德：《美学：艺术哲学引论》，艾彦译，沈阳：辽宁教育出版社1998年版，第83、84页。
④ ［美］卡罗琳·考斯梅尔：《味觉》，吴琼等译，北京：中国友谊出版公司2001年版，第58页。
⑤ ［印］泰戈尔：《泰戈尔论文学》，倪培耕等译，上海：上海译文出版社1988年版，第23页。

的生活目的的本质成为绝对的本质、自我的目的、自我享受"[①]。著名英国艺术评论家罗斯金也曾说过:"一直听见许多人大叫大嚷,反对感觉,然而我可以告诉你们,我们需要的不是感觉少些,而是多些。一个人跟另一个人——一个动物跟另一个动物之间是否高尚,区别恰恰在这一点上,这就是这一个的感觉比那一个多些。……不仅如此,我们之所以是人正是因为我们有感觉……一切庸俗的本质就是缺乏感觉。"[②]杰出的法国学者布封同样认为:人类的一大悲哀是"很少使用我们真正丰富的内在感觉,而正是这感觉使我们区别于其他物种"[③]。如果说这些思想家对感觉做如此强调的历史用意,是为了反抗在西方文明史上一直独步天下的理性主义思潮;那么其迄今仍具有的现实的理论价值,则是促使我们重新认识精神的本质。乌纳穆诺强调:正是"由于爱,我们才得以了解:凡是精神必有属于它的实质的肉体成份(分)",因为那种高超的"爱本身就是精神中的某些肉欲"。[④]这对于审美体验尤为重要,因为不同于科学以外在的客体世界为把握对象,审美体验是对人类生命自身的把握。肉体意识在此之所以较科学活动有突出的重要性,就在于它直接指向生命本身。

事实表明,以往那种认定味觉体验缺乏认识功能的观念其实是一种误解。如同最具有认知能力的视觉能引起感官欲念(如《马太福音》里有言:"无论是谁,只要怀有情欲之心看女人,那么在他心里已经有过了奸淫"),最为感官化的味觉同样也能拥有精神的内涵。休谟在文章里曾引用《堂吉诃德》中的一个插曲:桑丘的两个亲戚曾在一次品酒中分别尝出了酒中有铁锈与皮革的味道,遭到众人讥笑。但等到将酒倒干却发现桶底有一把拴着根皮条的钥匙。这虽是一个虚构故事,但其意在说明味觉具有一种独特的辨识力这不无道理。正如美国学者考斯梅尔所说:"饮食行为是一种意向性的活动,也就是说,它是一种指向某个对象的有意识的活动。"因而,"当我们品尝对象时,我们也是在了解世界"[⑤]。诚然,比较起来味觉更适宜把握世界对于主体的意义,但这不仅意味着味觉并非是一种单纯的生理反

---

[①] [德]路德维希·费尔巴哈:《未来哲学原理》,转引自蒋孔阳:《美学新论》,北京:人民文学出版社1993年版,第267页。

[②] [英]约翰·罗斯金:《罗斯金散文选》,沙铭瑶译,天津:百花文艺出版社1997年版,第29页。

[③] [法]布封:《奇妙的生灵》,何敬业等译,上海:上海文化出版社1998年版,第119页。

[④] [西班牙]米格尔·德·乌纳穆诺:《生命的悲剧意识》,段继承译,哈尔滨:北方文艺出版社1987年版,第85页。

[⑤] [美]卡罗琳·考斯梅尔:《味觉》,吴琼等译,北京:中国友谊出版公司2001年版,第151页。

应，它也同时具有从感觉中提取相应的内容的功能；而且也表明在味觉这样的肉体感觉中，同样能够蕴含生命的重要内涵。《老子·六十三章》里曾提出"味无味"说，这"无味之味"同样也是一种既超越生理层面又不完全同其相脱离的精神性的东西。同样地以原本取自于声音方面的"韵"来为从口感食欲转换过来的"味"做注释，目的显然在于进一步突出其精神品格。《文心雕龙·声律》道："异音相从谓之和，同声相应谓之韵。韵气一定，故余声易遣；和体抑扬，故遗响难契。"韵的特点在于"余"，也即从生理之"本"远（离）去。换句话说也就是"超越"。

同样地，来自文学经典的阅读经验一直在提醒我们，许多大作家都热衷于描写由诸如嗅觉、味觉、触觉等肉体感官所诱发的丰富回忆。在某种意义上的确可以认为："作家，尤其是诗人，真正的试炼是在于他们对于气味的描写，如果他们描述不出教堂圣坛的香气，你又怎能相信他们能描述心灵的境界？"[1]所以沈从文曾充满深情地向我们描述他的湘西农村田野里，那些"死蛇的气味，腐草的气味，屠户身上的气味，烧碗处土窑被雨淋以后放出的气味"。普鲁斯特更是这方面的一位好手，他对"莱姆花茶"和"玛德琳蛋糕"的描述给批评家们留下深刻印象。此外像陀思妥耶夫斯基笔下的"彼得堡恶臭"，伍尔芙对都市气息的表现，乔伊斯对婴儿尿液的记忆等，都让读者记忆犹新。但显然，回忆中的肉体感受作为一种意识现象显然已不同于单纯的生理反应，而是对这种生理感觉做出的一次精神提炼。所以，作家们不约而同地沉浸于被理论家们视为低级的肉体感觉，并非是耽迷于生理反应，而是通过这种官能感觉体会一种真正的生活意味。驻足于这一点做出审视，我们也就能够将以"滋味"为主导的传统中国审美实践做出这样的梳理：在"津津有味"地"吃"中，其实是以"复合"的方式存在着两种不同性质的体验；对于我们人类，最为基本的"饮食男女"活动早已不像在动物祖先那里，仅仅只是单一性的生理肌体的满足。这尤其表现于"吃"上。比如生活里很少有人愿意单独用餐，那些美食行为总是一种集体现象。

事实正是这样："人们可以独自欣赏其他感官知觉之美，但味觉则富有社会的特性。"虽然当"我们说'食物'，仿佛它是简单的事物，……但在大多数人的生活中，它也是愉悦的主要来源，是身、心两方面的复杂满足……就像我们所品尝的第一种食品，乃是由来自母亲乳房的乳汁，伴随着爱与情感、抚触、安全感、温暖与幸福"[2]。所以，"美食"活动中之"美"

---

[1] 艾黛：《感觉之美：感受生命的浪漫质地》，北京：民族出版社1999年版，第136页。
[2] 艾黛：《感觉之美：感受生命的浪漫质地》，北京：民族出版社1999年版，第186—188页。

并非是"为食"而美,而是"由食"而美,美食在此仍只是我们"借花献佛"的一种手段。在此,让我们产生"美"之感受的其实并非食物本身,而是通过食物这类最具功利性事物而存在的那些超功利的人生体验。因而,承认审美存在的精神规定性也就如英国美学家卡里特所说,是承认"审美活动实际上属于我们精神的认识方面"[1]。但这种"认识"不同于科学的认知理性,而是一种被肉体的"情性"所"包裹"的精神的"智性"。这也就意味着就实质而言,审美意识是一种在其"形而下"的感官满足里有着一种"形而上"体验的东西,所以说"艺术将自身从烹调方法和色情描写中解放了出来,这种解放是必不可免的"[2]。承认口腹之乐也能蕴含美感并不意味着将审美体验等同于一般意义上的那种生理性满足,而只是强调正是在味觉的这种复杂性上,突出地体现了人类生命的灵／肉二元结构的一体性。由于对此特点缺乏认识,长期以来美学讨论中常常面临在坚持美感的认识性与否认官能享受的审美性质之间,做出一种取此舍彼的选择。而当现代美学终于从古典美学的"无利害观"的范围里突围,又总是容易无视它同来自其他感觉通道的审美体验之间所存在的差异。

孟德斯鸠曾经指出:"除去来自感官的那些快乐以外,精神本身还有它自己固有的快乐,这些快乐是不依赖于感官的。引起这类快乐的是好奇心;对于本身的伟大和完美的认识;对本身存在的认识;能用一个总的思想概括一切事物,能看到大量事物等等而感到的快乐……"他认为,"在这里,研究我们的精神,是作为同身体有联系的存在还是作为同身体分开的存在才有这样的一些快乐,这一点是完全无关紧要的",重要的是看到"它们是精神从来就有的,而且是趣味的对象"。[3]虽然这位思想家的表述仍显得有些含糊,但他不仅强调了精神活动除了感官对象外还具有"直属"自身的超感官对象,而且也明确地指出了这类对象作为趣味对象有其独特性,这些无疑具有十分重要的理论意义。而从他在《论趣味》里一方面表示"趣味的最普遍的一个定义,就是通过感觉而使我们注意到某一事物的那种东西",另一方面又特别指出"智力分成几类:天分、健全的意识(常识)、见识、正直、才能和趣味"[4]等阐述中所包含的理论启示里,我们显然可以进一步坚持这样一个美学见解:在通常的审美实践中,一直存在着"形而

---

[1] [英]埃德加·卡里特:《走向表现主义的美学》,苏晓离译,北京:光明日报出版社1990年版,第91页。

[2] [德]西奥多·阿多诺:《美学理论》,王柯平译,成都:四川人民出版社1998年版,第22页。

[3] [法]孟德斯鸠:《罗马盛衰原因论》,碗玲译,北京:商务印书馆1962年版,第138页。

[4] [法]孟德斯鸠:《罗马盛衰原因论》,碗玲译,北京:商务印书馆1962年版,第140页。

## 第四讲 美学问题

下"的"情性"体验与"形而上"的"智性"体验的区分。无可置疑,在审美活动中"趣味"正由于其常常能够贯通这两种体验而显得格外活跃,以往关于趣味的说长道短之所以常常不得要领,很大程度上就在于趣味的这种暧昧性。叔本华曾一言以蔽之:"人们用'趣味'这个用得不怎么有味的词儿,来表示对于审美上正确的东西的发现,或者仅仅是对它的承认,这种发现或承认并不需要一种规则的引导。"因而"不用'趣味'这个词儿,也可以用'美感';如果不嫌它有点同义反复的话"①。

但"趣味"所独具的审美品格却属于一种根植于"好奇心"并以"笑"为特征的"智性"愉悦。对此中国古人也早有认识,如《文心雕龙·谐隐第十五》就有关于"怨怒之情不一,欢谑之言无方"的论述,刘勰不仅指出了其"辞浅会俗,皆悦笑也"的特点,而且强调了它们"意在微讽,有足观者"的功能,具有"振危释惫"的作用。虽然严羽的"兴趣说"实质上同样也是"情性论"(如"诗者,吟咏情性也。盛唐诸人惟在兴趣,羚羊挂角,无迹可求"等),以此为本的"趣味"在内涵上最初也就是"意味"。②但它最终渐渐游离开去,成为一种有别于传统诗论的见解。值得注意的是,对"趣"的强调大多在明代之后中国市民文化日益兴隆之际。如李贽在《水浒传》评点中主张"天下文章当以趣为第一",汤显祖《答吕姜山》里提出"凡文以意、趣、神、色为主",袁宏道在《西京稿序》中表示"夫诗以趣为主"等。考虑到这些文人所热衷的戏曲与小说这类艺术样式,认为在他们的这些关于"趣"的思想里多少已经蕴含了一些"好玩"的意思,这似乎也说得过去。"趣味"的这种暧昧性毕竟意味着,它在内涵上具有走出由"情意"所统摄的"滋味说"之语义空间的可能性。比如李渔《闲情偶寄·重机趣》里强调:"'机趣'二字,填词家必不可少。机者,传奇之精神;趣者,传奇之风致。"这里以"趣"来释"传奇",无疑有别于传统以"意"来把握"趣",突出了"趣"所蕴含的那种游戏的快感。此外,王夫之在《古诗评选》卷五里评谢灵运诗《田南树园激流植援》时所说的"亦理亦情亦趣"里的"趣",显然也具有相似的意思。

在中国文化史上,"趣"的审美品格随着历史的演进而越来越受重视,如明代冯梦龙在《笑府·序》里写道:"古今世界,一大笑府,我与若皆在其中,供人话柄,不话不成人,不笑不成话,不笑不话不成世界。"清人李

---

① [德]叔本华:《叔本华散文选》,绿原译,天津:百花文艺出版社1997年版,第121页。
② 例如"趣"在《诗大雅传》和《广韵》里释作"趋",即"走动"之意,引申为"意向"。

渔更有"于嬉笑诙谐之处，包含绝大文章"之言。[①]但由于受到"发乎情，止乎礼义"和"乐而不淫，哀而不伤"以及"思无邪"与"温柔敦厚"这四项原则的制约，中国美学对于"趣"之审美品质的实际内涵的把握未能真正深入其境。众所周知，传统中国审美实践的终极指向是以"哭"为顶点的哀怨之"悲"，欲哭无泪的屈原《离骚》和如泣如诉的瞎子阿炳的二胡独奏《二泉映月》便堪称典范，因为悲情是深情的极致。与此不同，西方审美实践中虽也重视"哭"与"悲"，但同时也给予以开怀之"笑"为基调的酣畅之"喜"高度评价。因此产生了斯威夫特、狄更斯、萧伯纳、卓别林、果戈理、马克·吐温等这样的喜剧大师，和《巨人传》《好兵帅克》《堂吉诃德》《格列佛游记》《潘达雷昂上尉和劳军女郎》等这样一些让人捧怀的艺术杰作。因而可以认为，如同注重"情性之乐"的中国审美实践发展了"味"的美学，始终以理性主义文化为主导而注重认识论的西方审美实践，发展出了体现"智性快感"的真正的"趣"的美学。所以当法国学者诺安在其所著的《笑的历史》里谈到，在当时的巴黎国立图书馆关于笑的研究书籍就已达二百多种，从诸如笑的生理学、笑的心理学到笑的伦理学、技巧学、病理学等无所不包，这也就没什么可奇怪的。[②]因而对于趣味的美学把握，西方思想资源的重要性便毋庸讳言。

如上所述，在审美实践中"趣"与"味"的主要区别在于理（智）与情（性），作为中国美学主旨的"味"即"情"，刘勰所谓"繁采寡情，味之必厌"实乃中的之言。所以趣味的美学审视其实并非把握作为"味"的趣，而是作为"趣"之味。如果说作为"味"的趣是前人所言的"兴趣"，那么作为一种独立的审美品格的趣则是通常所说的"谐趣"，其最基本的内涵是"轻松"，所以其审美意味内在地具有一种游戏性，带有一定的消遣作用。因为"只有在游戏性的情境中，而不是在我们郑重对待的情境中，我们才会感到喜剧性"[③]。所以朱光潜教授指出："凡是游戏都带有谐趣，凡是谐趣也都带有游戏。谐趣的定义可以说是：以游戏的态度，把人事和物态的丑拙鄙陋和乖讹当作一种有趣的意象去欣赏。"[④]但这既使趣味较悲情更受人们的欢迎，也常常容易在审美实践中因自毁声誉而受到排斥。亚里士

---

① 冯梦龙：《笑府》，转引自潘智彪：《喜剧心理学》，广州：三环出版社1989年版，第53—55页。
② ［法］让·诺安：《笑的历史》，果永毅等译，北京：生活·读书·新知三联书店1987年版，第15—16页。
③ ［美］诺曼·霍兰德：《笑：幽默心理学》，潘国庆译，上海：上海文艺出版社1991年版，第21页。
④ 朱光潜：《诗论》，北京：生活·读书·新知三联书店1984年版，第22页。

第四讲 美学问题

多德说过:"生活中有一种东西是不可或缺的,那就是安排休息与玩笑的时间。"①弗洛伊德也曾表示:"生活正如我们所发现的那样,对我们来说是太艰难了;它带给我们那么多痛苦、失望和难以完成的工作。为了忍受生活,我们不能没有缓冲的措施。"②

这些经验之谈都给人以启示。以"有趣"为内涵的幽默与滑稽便因此而显出其重要意义,就像卓别林所说:"由于有了幽默,我们不至于被生活的邪恶所吞没。"③谐趣在审美实践中所面临的主要问题,是常会显得良莠不齐,容易鱼龙混杂。所以朱光潜在分析"诗不易谐"的现象时,一方面指出"谐趣"具有雅俗共赏、大众同享的优势,另一方面也强调"谐则最易流于轻薄"。老舍所说的"幽默一放开手便会成为瞎胡闹"也是同样的意思,他所发的"多数的幽默家是免不了顺流而下以至于野腔无调"的感叹,更是关于谐趣常具有一种非审美形态的经验之谈。④俄国学者鲁克在其所著的《情绪与个性》一书里也曾描述过各种各样的笑:机灵的和愚蠢的、宽容的和谄媚的、温柔的和粗暴的、真诚的和无耻的以及正常的和变态的、高级的和低级的等等。所以柏格森精辟地指出:在审美实践中对待以"笑"为基调的谐趣必须小心,因为"即使在戏剧里,笑这种乐趣也不是一种纯粹的乐趣,也就是说,也不是一种完全属于美学范畴、毫无利害观念的乐趣"⑤。英国美学史家李斯特威尔伯爵也提出:"我们必须防止把喜剧性和可笑性混淆起来,这种混淆一开头就会表明是严重的错误。"他认为,真正具有审美品格的谐趣是一种"喜剧性的风趣,如像巧智、讽刺和幽默"等,它们共同的特点是"有赖于思想的交流"⑥。这自然是不错的。

美国当代文论家霍兰德教授根据自己所做的调查,发现虽然漫画家克利班的第一个集子《猫》曾获巨大成功,但他随后出版的《永远不要吃任何比你脑袋大的东西》却显然不尽如人意。他的一位名叫塞奇的学生的一

---

① [法]让·诺安:《笑的历史》,果永毅等译,北京:生活·读书·新知三联书店1987年版,第53页。
② [奥]弗洛伊德:《弗洛伊德论美文选》,张唤民等译,北京:知识出版社1987年版,第170页。
③ [苏]A.齐斯:《马克思主义美学基础》,彭吉象译,北京:中国文联出版公司1985年版,第276页。
④ 参见老舍:《老舍论创作》,上海:上海文艺出版社1982年版,第70页。
⑤ [法]H.柏格森:《笑:论滑稽的意义》,徐继曾译,北京:中国戏剧出版社1980年版,第83页。
⑥ [英]李斯特威尔:《近代美学史评述》,蒋孔阳译,上海:上海译文出版社1980年版,第224—225页。

·255·

番意见道出了事情的症结所在:"尽管我感到有些是有趣的,但没有一幅使我想到任何值得回味的东西。"①易言之,如果说谐趣的特点是一种"轻"的话,那么一般的那种插科打诨的逗趣只是"轻",而对于具有真正审美品格的喜剧而言,在其看似"轻"的笑逐颜开中却有着思想之"重"。但问题显然也正在于,如何才能实现"思想的交流",以及所交流的究竟又应是怎样的一种思想呢?在这一点上,反倒是被李斯特威尔瞧不起,认为是"虽然机智但却明显错误的讲法"的柏格森的"生命机械化说",迄今为止仍不失其深刻性。在那本影响深远的小书《笑》中,柏格森开篇就要我们"注意的第一点是:在真正是属于人的范围以外无所谓滑稽。景色可以美丽、幽雅、庄严、平凡或者丑恶,但决(绝)不会可笑";他认为美学上的喜剧性笑的实质,是因生命力的僵化而形成人性的机械化:就像在许多可笑的效果当中都可以看到有一个在人物内部活动着的机械装置,易言之,"把生活导引到机械方面去,这就是引人发笑的真正原因"②。虽然这肯定未能将所有笑的现象都一网打尽,但在我看来,它无疑道出了在审美实践中其价值一直被低估的那种谐趣现象最重要的精神内涵与逻辑规定。

事实正是这样:我们可能笑一个动物,但那是因为我们在这个动物身上看到了一种人的表现;我们或许也会笑一样东西,但并非东西本身而是它所反映出来的种种人的想法。笑的行为是作为有自我意识的人类生命主体的一种自我审视,所以它正如许多研究者所一致赞同的,取决于欣赏者的智性视野。18世纪英国作家贺拉斯·沃尔波尔说过:"对于思维的人来说,世界是一部喜剧;对于感情的人来说,世界是一部悲剧。"③柏格森同样指出:"滑稽诉之于纯粹的智能,笑和情感水火不容。"④朱光潜先生也表示:"'喜剧的诙谐',出发点是理智,而听者受感动也以(是)理智。"⑤显然,不同于悲剧以同情心作为沟通桥梁,谐趣的内在效果建立在受众对于特定的人生情境的辨识上,因而谐趣虽然容易得到欣赏但其实并不容易被真正理解。不言而喻,正是这一点,赋予了谐趣在审美实践里一种较悲剧更为

---

① [美]诺曼·霍兰德:《笑:幽默心理学》,潘国庆译,上海:上海文艺出版社1991年版,第118页。
② [法]H.柏格森:《笑:论滑稽的意义》,徐继曾译,北京:中国戏剧出版社1980年版,第2、21页。
③ [美]诺曼·霍兰德:《笑:幽默心理学》,潘国庆译,上海:上海文艺出版社1991年版,第6页。
④ [法]H.柏格森:《笑:论滑稽的意义》,徐继曾译,北京:中国戏剧出版社1980年版,第85页。
⑤ 朱光潜:《诗论》,北京:生活·读书·新知三联书店1984年版,第27页。

"形而上"的精神品格。就像弗洛伊德所指出的,"并不是每个人都能具有幽默的态度,它是一种难能可贵的天赋,许多人甚至没有能力享受人们向他们呈现的幽默快乐"[1],在某种意义上,那种会心的笑正是正常人性的一个基本标杆。在古希腊神话里,冥王哈得斯拐走了丰收女神得墨忒耳的女儿。女神的悲伤让大地一片荒芜。此时她的女仆雅姆做了个猥亵的手势将她逗乐,大地才重新充满生机。这是一个关于笑能增强生命力的故事,它让人想起别林斯基的一段名言:"人们明白,……伪善和欺骗从来不笑,而且戴着一副严肃的假面具,笑不会制造教条,也不会变得专横霸道,笑标志的不是恐惧,而是对力量的意识……"[2]

只有顺着这条人性的阿里阿得涅彩线我们才能够在喜剧艺术的领域里长驱直入。比如,为什么那些陈词滥调和刻板行为总是让人感到好笑?为何一些头脑简单又自作聪明的人必然具有滑稽相?为什么许多千篇一律、毫无个性的现象往往会成为嘲笑对象?结论是明摆着的:它们将生命变成了机器,让人性沦为了物性。比如王蒙的成名作《组织部新来的年轻人》,已经把王蒙小说的幽默风格呈现了出来。这个案例中的喜剧效果不仅向我们验证了这一原理:"一个人让别人把他身上的那个'他'抽掉了,那就是滑稽。"而且也表明了,就像高级悲剧所表现的都是独一无二的个性,我们为主角自身的经历所感动;谐趣现象里的主角总是某一类型的代表,所以喜剧如同柏格森所说,不仅是"各门艺术当中惟(唯)一以'一般性'为目标的艺术"[3],而且高级喜剧较悲剧更为"社会化",因为它通过对个性的保护而直接捍卫着属于我们每一个人的普遍人性。这就像柏格森所说:形体的不断变化、现象的不可逆性、每一系列事件的充分的个性,这些就是把生物和简单机械区别开来的外部特征。同样还有思想"必须时刻变动,因为停止变动就是停止生存……生命的基本规律,那就是决不重复!"[4]

审美实践中的谐趣之笑主要就是针对这种人性的沦陷,保卫人性便是其思想之"重"的由来。喜剧以此使自己同那些搔痒搞笑和恶作剧之类的生活逗趣相区别,让我们的生命面向更为广阔的天地。唯其如此,审美实

---

[1] [奥]弗洛伊德:《弗洛伊德论美文选》,张唤民等译,北京:知识出版社1987年版,第146页。
[2] [苏]B.R.普罗普:《滑稽与笑的问题》,杜书瀛译,沈阳:辽宁教育出版社1998年版,第155页。
[3] [法]H.柏格森:《笑:论滑稽的意义》,徐继曾译,北京:中国戏剧出版社1980年版,第91页。
[4] [法]H.柏格森:《笑:论滑稽的意义》,徐继曾译,北京:中国戏剧出版社1980年版,第19页。

践中的种种谐趣之笑也总是我们生命中的自由意志的体现,如同赫兹列所说:"自然流露的笑的主要源泉,是一种企图获得解放的愿望,也就是一种力求从社会的束缚中解脱出来的愿望。"①这是一个社会能够容忍悲剧存在但不会为高级喜剧提供方便的原因。因为它很清楚:那些一唱三叹的哀怨悲剧能够以情感宣泄的方式,让受众们在走出悲剧故事后继续承受生活的重负;但那让人开怀大笑的谐趣不仅会让芸芸众生日益萎缩的生命力重新得以激发,而且在其笑声里还有一种毁灭性的批判力量。俄国作家赫尔岑曾写道:"笑声无疑是最强有力的毁灭性武器之一,伏尔泰的笑声像闪电和惊雷一样有力。偶像在笑声中倒下,桂冠在笑声中落地,那创造奇迹的圣像和它的镶银的镜框,在笑声中也变成了装在黯然失色的框子中第三流的画像了。"②在笑声中,那些道貌岸然的装模作样纷纷原形毕露。所以,悲剧虽然显得庄严高雅,但却常常让我们受现实困境的限制;而喜剧看似轻浮凡俗,但却总是让我们去超越限制。由于此,现代美学有必要向早已成陈词滥调的那种视悲剧为艺术之巅的观点亮出黄牌。

事实上在《会饮篇》的结尾我们看到,苏格拉底通过让代表悲剧的阿伽通与代表喜剧的阿里斯托芬在酒神精神的作用下握手言和,而早已表达了这一立场。在审美实践里悲情与喜悦各有其大展身手的舞台,二者的区别在于:悲剧可以看作是对人的品德的考验,而喜剧则是对人的智慧的考核。因为谐趣常常要求人们从一些貌似轻浮的现象里发现其所具有的一种内在的"严肃"。约翰·惠静格说得好:"游戏是一种由于其'不严肃的'特点而有意识处于'日常'生活之外的自由活动。"③这是谐趣现象在"身份"上常常显得不如悲剧高雅,并因而招致世俗的轻蔑的原因。但事实上,这种"不严肃"只是对社会施加于我们生命上的各种未必合理的"规则"的破坏,体现的是一种无法妥协的叛逆性。为了表现得彻底,谐趣之乐偏重于"下体文化",总是会从诸如性与排泄等现象入手营造效果。就像老舍《赵子曰》里的这段文字:"他从桌上拿起一本书,嗽了两声,又耸了耸肩,面对着墙郑重地念起来:'A boy, A peach',他又嗽了两声,跟着低声地沉吟:一个'博爱',一个'屁吃'。"只要将这段文字里的"屁"字去掉,其现有的那种谐趣味道便不复存在。

显而易见,多亏了谐趣之笑,让我们能够从容面对现实世界里形形

---

① 转引自潘智彪:《喜剧心理学》,广州:三环出版社1989年版,第80页。
② [苏]A.齐斯:《马克思主义美学基础》,彭吉象译,北京:中国文联出版公司1985年版,第262页。
③ [美]诺曼·霍兰德:《笑:幽默心理学》,潘国庆译,上海:上海文艺出版社1991年版,第22页。

第四讲 美学问题

色色的虚伪和冠冕堂皇的骗子，也多亏有谐趣存在，让我们的精神得以永远保持一种宝贵的弹性。孟德斯鸠说过："艺术产生规则，而趣味产生例外。"①任何明白僵尸文化危害的人都会懂得"例外"在我们生命中的重要意义，以及同样对于审美实践所具有的价值。为此我们在审美实践里有必要走出"悲剧崇拜"，有必要向常被轻视的审美谐趣表示一种迟到的敬意。因为对此我们已经不再怀疑："喜剧性是一种强烈的生命感，它向智慧和意志提出挑战，而且加入了机运的伟大游戏，它的真正对手就是世界。"②由此也意味着，那些高级形态的喜剧其实比悲剧更为难得，因为它比悲剧更需要我们的创造性的发现。用柏格森的话说："滑稽味正是一种生命活力，是在社会土壤的硗薄之处茁壮成长的一种奇异的植物，它等待着人们去培养，以便和艺术的最精美的产物争妍。"③在我们为实现"中国梦"而努力地建设美好生活时，有必要为让人开怀大笑的有趣留下一个空间。

## 20. 现代主义与美学问题

现代主义美学问题要从现代性概念谈起。曾经，"现代性"的概念犹如一个幽灵：虽然其作为一个"能指"符号四处出没，但其"所指"含义却众说纷纭、踪影莫辨。"'现代性'到目前为止尚未获得人们广泛认可和理解的内涵"④，许多年前普林斯顿大学教授布莱克的这句话迄今仍然适用。这种情形自然早已让一些现代学者感到不满，比如哈贝马斯就曾为此对阿多诺与福柯、德里达与海德格尔等提出批评说："所有这些理论都对文化和社会的现代性的含糊不清的内容麻木不仁。"⑤诚然，夸大其词向来是学者们的本色，比较起来布莱克本人所做的努力颇为有效：在他看来，这一概念主要被用来表述人类社会在技术、政治、经济、教育、艺术和社会发展诸方面达到最先进水平时所共有的那些形态特征，意味着向传统生活方式的全方位挑战。这与剑桥大学教授吉登斯的观点遥相呼应。他强调"必须从制

---

① ［法］孟德斯鸠：《罗马盛衰原因论》，婉玲译，北京：商务印书馆1962年版，第161页。
② ［英］苏珊·朗格：《情感与形式》，刘大基等译，北京：中国社会科学出版社1986年版，第404页。
③ ［法］H.柏格森：《笑：论滑稽的意义》，徐继曾译，北京：中国戏剧出版社1980年版，第40页。
④ ［美］C.E.布莱克：《现代化的动力》，景跃进、张静译，杭州：浙江人民出版社1989年版，第5页。
⑤ ［英］威廉姆·奥斯维特：《哈贝马斯》，沈亚生译，哈尔滨：黑龙江人民出版社1999年版，第148页。

·259·

度层面上来理解现代性",认为"这个术语,它首先意指在后封建的欧洲所建立而在20世纪日益成为具有世界历史性影响的行为制度与模式"。①显然,在这里,"现代性"所表示的不再是一种超历史的泛时间刻度,而具有特定的历史—文化内涵,其核心是指一种全球性背景下的、以自由主义思想为轴心的文化品格,其所重视的不再是过去的光荣传统,而是指向未来、代表着进步和创新的现在。

所以通常认为,在现代性语境里主要包含着三大历史事件,即:14—16世纪的意大利文艺复兴运动,17—18世纪的欧洲启蒙运动和19—20世纪的以经济增长为主导的全球性现代化运动。文艺复兴被作为其发端是由于"这个时期首先给了个性以最高度的发展",在发现外部世界之外"认识和揭示了丰满的完整的人性"(布克哈特)。但这种发展和揭示在思想观念上必须借助于理性—知识的力量,在社会实践上必须依赖于以货币文化的形成为标志的经济活动的转型。②这样,相应于上述三大事件的"现代性",在形态上的三大表现便是:艺术—文化活动中的表现主义、知识—观念方面的科学主义、政治—经济领域的工业主义。它们共同建构了一个以"现代性"命名的全球化社会形态的三维结构。③朝这种文明形态迈进的过程以及伴随工业化而来的政治体制与经济结构的变化,是"现代化"的所指内涵;作为其形式与形象显现和思想感情体现的艺术文化思潮,便被称为"现代主义"。

但"现代性"作为一种思想视界而逐渐地自觉于当今的人文与社科界,却有其独特的语境。事实上,"现代性"虽属于"传统"的对立范畴,但二者之间仍具有某种"互文"性。吉登斯曾提出,现代性作为一种"后传统"的秩序并没有像人们所以为的那样,同传统彻底告别,而是在利用传统和习惯进行秩序重建。事实确是如此。就像美国抽象绘画发言人格林伯格在《现代主义绘画》中所说:"现代主义从来都不意味着、现在也不意味着一种与过去的决裂。它可以意味着一种对于传统的变异和清理,但也

---

① [英]安东尼·吉登斯:《现代性与自我认同》,赵旭东等译,北京:生活·读书·新知三联书店1998年版,第16页。
② 著名德国学者G.齐美尔在其所著的《货币哲学》里曾指出,从传统自然经济向货币经济的转型,其意义不仅在于对封建政治制度的取缔,还有真正意义上的私人空间的确立。刘小枫在《现代性社会理论绪论》中,对此做了很好阐述。
③ 如美国哈佛大学教授丹尼尔·贝尔在《资本主义文化矛盾》中指出:"现代文化就是'自我'的表现和再创造,以求达到自我发展的自我盛放"。这种强烈的自我表现性贯穿了整个"现代主义"艺术。而R.P.布莱克则在其《奇异的年代》一书里正式提出,"各种现代主义艺术之间的共同因素就是表现主义"。

意味着传统的进一步进化。"①只是传统的进化毕竟不等于一如既往的线性延续,吉登斯的意思也并非否认现代性具有自身的特质,这个特质可以用一个词来概括:怀疑。这并不是说在其他社会形态里不存在对权威话语的挑战,但"现代性把极端的怀疑原则制度化,并且坚持所有知识都采取假说的形式",从而使怀疑作为"现代批判理性的普遍性特征,充斥在日常生活和哲学意识当中"。所以,从吉登斯的视野我们可以得出,是"彻底的反思性背景"构成了现代性的问题语境这一结论,因为"现代性的反思已延伸到自我的核心部位"。②这也就是说,现代性作为一种思想视野的形成,是为了反思现代性自身。这个见解的重要性显而易见,对此无须赘言。有必要予以补充的是,这种反思是现代性危机的产物与表征,这种危机虽然在17—18世纪的启蒙运动和工业革命时期便已露出端倪,但在20世纪方才真正引起人们的注目。

　　需要从概念史的角度来做些回顾。概括地来说,"现代"一词的含义在色彩上经历过由贬义到中性再到褒义三个阶段。它最早作为表述当代社会性质的概念,一直可以追溯到6世纪的晚期拉丁文,主要用来区别那些被作为经典的"古代"作品。在这个意义上的"现代"一词明显地具有平庸、普通等贬义色彩。根据布莱克的研究,不仅一代文豪莎士比亚曾在这一意义上使用过它,而且"当英国作家们把法国革命领导人称为'现代派'时,无疑是轻蔑的"。但与此同时它也被作为一个中性词,在编年史意义上被使用。稍后的欧洲历史学家们也在这个意义上,将现代同古代和中世纪相提并论。③在哈贝马斯看来,"对现代性问题的哲学对话开始于黑格尔",这位德国古典哲学的终极者同时也是"第一位阐释清楚现代概念的哲学家"。虽然他最初也是在同样的意义上使用这个词,用它来表示16—19世纪这段历史时期。但不久他便发现,这是一个"前无古人"的时代。虽然对这个"进步与异化共存"的现代世界的优越性与危机黑格尔都曾阐明过,但自此以降,"现代"一词还是逐渐开始拥有一种优越性,成了"先进"与"合理"等的代理词。尤其是在启蒙思想家们所建构的理性王国里,"现代性"的概念正如哈贝马斯所说,已成为"一种受现代科学鼓舞而对知识的无限进步和朝着更美好的社会和道德无限前进的信仰"。一直到韦伯为止,"现

---

① 转引自河清:《现代与后现代》,杭州:中国美术学院出版社1998年版,第148页。
② [英]安东尼·吉登斯:《现代性与自我认同》,赵旭东等译,北京:生活·读书·新知三联书店1998年版,第3、35页。
③ [美]C.E.布莱克:《现代化的动力》,景跃进、张静译,杭州:浙江人民出版社1989年版,第5页。

代性与合理性之间的内在联系还一直是不言而喻的"。①

但这种关系如今已不复存在,20世纪中期以来,"现代性问题百出的特征已经变得日益明显"②。这首先表现为艺术领域中,以"后现代主义"的全面崛起为表征的深刻危机。这场危机可以以"文件柜"和"纸板箱"式的现代建筑的没落作为标志。1972年7月15日下午3点32分,美国的密苏里州圣路易城用爆破法拆毁了两幢这样的楼房。当英国评论家查尔斯·詹克斯在其《后现代建筑的语言》一文中,戏谑地将这个日子宣布为现代建筑的死亡纪念日,③意味着"后现代主义"在艺术文化领域已开始全面进驻。虽然关于这种新思潮究竟是现代主义的深化与补充还是反驳与背叛,迄今仍见仁见智;但可以肯定的是,后现代艺术的产生本身便是现代主义运动出现难以调和的危机的产物与表现。当杜尚的小便池试图以无意义来唤起意义、以无价值来重新拥有价值,作为现代性精神的审美体现的现代主义"唯新是从"的"未来主义"原则,其实便已走到了尽头。哈贝马斯称之为"美学的现代性精神的衰老"。所以,对这种原则的解构便成了以某种"怀旧"的姿态出现的后现代主义的一个契机。借用意大利学者瓦蒂莫的话说:"……从建筑到小说,中间经过诗歌和再现艺术,都显示出一种挣脱这种超越、发展和创新之逻辑的努力,这在后现代内部正构成既共同又最为重要的特征。"④

现代性的危机还表现为,思想与文化领域内启蒙理性与科学神话的破灭。正如许多现代学批评家所指出的,作为现代性思想基础的理性主义并不像其所自我标榜的那样完善和体面。首先它其实只是一种工具理性,关注的主要是"怎么做"而不是"做什么"。因此而言,"现代性最基本的问题是效率"(布莱克),而将诸如存在意义与生命需求等价值关怀排除在其视野之外。这对于在生存层面上多少包含着"宗教之维"的人类而言,不能不是一种巨大的欠缺。在此意义上人们有理由宣判,"现代性是以无家可归为标志的"⑤。其次它还存在着不够彻底的毛病。哈贝马斯曾提出:"尼采将现代性的概念发展为权力的理论,这其实是对理性的揭露和批判,因为

---

① 转引自赵汀阳、贺照田:《学术思想评论》第三辑《哈贝马斯论现代性》,沈阳:辽宁大学出版社1998年版。

② [德]尤尔根·哈贝马斯:《现代性的地平线》,李安东、段怀清译,上海:上海人民出版社1997年版,第123页。

③ 河清:《现代与后现代》,杭州:中国美术学院出版社1998年版,第329页。

④ 河清:《现代与后现代》,杭州:中国美术学院出版社1998年版,第341—342页。

⑤ [美]大卫·雷·格里芬:《后现代精神》,王成兵译,北京:中央编译出版社1998年版,第13页。

原来的理性将自身置于理性的批判之外。"①这颇有洞见。正是沿着尼采所开辟的这一航道，福柯又进一步指出，理性就是权力，这是喜欢摆出一种清高姿态的知识分子向世俗权威们进行讨价还价的资本。由于理性主义立场设定了某个"最佳答案"和"唯一方案"，它便排斥了异端和宽容，结果荒谬地成了与它所反对的强迫和威权主义相同类的东西。这多少反映出，在启蒙理性的光明背后依然存在着一种黑暗：它对封建权威的批判只是为了确立自己的权威，并以其机械—工具主义的威权来取而代之。

启蒙理性的危机同样也是科学主义的危机，在某种意义上这就像一枚钱币的两面，因为"现代化最为普遍认可的方面是知识的积累以及获得它的理性解释方法"（布莱克）。虽然自科学的宇宙飞船成功登陆月球，美妙的神话就烟消云散，万能的上帝从此也难觅踪影。但当科学的力量不断自我膨胀，最终产生出一种包打天下的幻觉，它其实已在重新扮演救世主的角色，试图为我们编造出一个受机械论宇宙观和必然律方法论支配的新神话。因为由宣扬"知识就是力量"的培根、坚信"数学乃智慧之源"的笛卡尔和提出"世界是力的互相作用"的牛顿三位大师所创立的现代科学，在根本上依托于上述宇宙观和方法论，它通过达尔文的生物进化论而演绎为文明进步论。根据这个理论，世界不仅像一架运行有序的机器，而且其秩序在不断地趋于完善。因而只要我们能掌握其内在规律，便能无往不胜。这样的景观使现代人陶醉于知识的承诺，就像昔日的善男信女叩拜于法力无边的上帝那样，将自身的幸福拱手交付给了科学。

但正如罗素曾指出的，就在普通人开始完全相信科学的时候，实验室里的专家们却丧失了信念。根据著名学者海森堡的"测不准原理"，科学家要想客观地观察原子粒子是件不可能的事。因为只有在电子发光时你才能看得见它，而电子只有在跳跃时才会发光，但如若要知道"你"的位置，就必须使"它"向别处移动。这就意味着观察只能是两者选一：你可以测量它的位置或动量，但绝不能同时进行。这样，测不准原理的公布不仅使经典物理学最终彻底揭秘大自然的理想宣告终结，而且也意味着试图将世界握于掌中的科学主义神话的破灭。因为对于人类所身处的宇宙自然，我们并非只是观众，同时也是演员。而世界也就像诺贝尔奖得主普利高津所说，与其将它当作一架受决定论支配的机器，不如视之为一件具有神奇变化的艺术品。所以，当人们对当代新实用主义学者提出的"没有理由称赞科学家比其他人更

---

① ［英］威廉姆·奥斯维特：《哈贝马斯》，沈亚生译，哈尔滨：黑龙江人民出版社1999年版，第139页。

'客观'或'逻辑性更强'或'有条理'或'献身于真理'"①这一说法表示赞同，现代科学的"阿喀琉斯之踵"其实已暴露无遗。

凡此种种无疑是现代性反思得以提上议事日程的重要背景。这也就是吉登斯所说的，"高度现代性的特征，在于对自然力理性的广泛怀疑，以及对科学和技术作为双刃剑的认可"②。但为现代性视野的形成提供了更大推动力的，还属以政治制度和经济结构等为依托的社会乌托邦的幻灭。因为作为现代性社会结构之前提的工业化，首先在经济方面以持续的物质增长为出发点。但从现代热力学中诞生的"熵定律"告诉我们，虽然宇宙的能量总和是个常数，总的熵却是不断增加的。这种情形的一种突出体现，便是大自然里的非再生资源。众所周知，对这种资源的有效开发和利用，是工业化的基本特征，也是其症结所在。因为"工业文明所赖以生存的能源资本是有限和不可再生的"③。所以，当美国学者里夫金和霍华德在他们所著的《熵：一种新的世界观》一书里提出，非再生能源时代的结束注定工业时代也要随之结束④，这并非耸人听闻。

问题的严峻性还在于，工业化时代的两大政治体制在这个方面面临着同样的困境。美国圣巴巴拉"后现代研究中心"主任格里芬教授曾指出，如果把诸如都市化、技术化、官僚化、世俗化平等主义以及唯物主义等，一起作为现代社会的标志，那么人们将发现，"工业社会主义比自由工业资本主义具有更充分的现代性"⑤。即使我们对格里芬这个结论的过于肯定持某种疑义，但至少有一点已无可置疑：现代化在其向我们提供前所未有的福祉之际，也带来了巨大的甚至难以弥补的灾难。这种情形不能不让人们对现代性产生一种抗拒，因为无论如何我们不能否认，曾经，"现代性是作为一种许诺把人类从愚昧和非理性状态中解放出来的进步力量而进入历史的"⑥。但当人们在经历了20世纪的风风雨雨之后回顾百年历程，不能不对其所倡导的进步观和未来论产生深深的怀疑。事情正如利奥塔所说，"现代

---

① ［美］理查德·罗蒂：《后哲学文化》，黄勇编译，上海：上海译文出版社1992年版，第85页。
② ［英］安东尼·吉登斯：《现代性与自我认同》，赵旭东等译，北京：生活·读书·新知三联书店1998年版，第30页。
③ 河清：《现代与后现代》，杭州：中国美术学院出版社1998年版，第289页。
④ ［美］杰里米·里夫金：《熵：一种新的世界观》，吕明等译，上海：上海译文出版社1987年版，第168页。
⑤ ［美］大卫·雷·格里芬：《后现代精神》，王成兵译，北京：中央编译出版社1998年版，第17页。
⑥ ［美］波林·玛丽·罗斯诺：《后现代主义与社会科学》，张国清译，上海：上海译文出版社1998年版，第5页。

性不管在何时出现，总是伴随着信仰的粉碎"。因为时至今日人们早已意识到，简单地"把发展称为进步已不再可能了，它似乎靠一种独立于我们的力量或自动性主动地前进。它并不对源于人类需要的要求做出反应。相反，人类实体的稳定（不管是社会的还是个人的），似乎总是被发展的结果或影响所破坏。我们可以说，人类已陷入了这样一种状况，即疲于奔命地追赶新目标的积累过程的状况"。

以"后现代"命名的一种"转型"于是也就在所难免。因为"'后'字意味着一种类似转换的东西：从以前的方向转到一个新方向"[1]。利奥塔的同胞奥尼穆斯对此曾做过一番生动而精辟的描述："后现代条件是跟随一系列的崩溃之后到来的：那些伟大的神话、信仰、意识形态的崩溃，接着是那些'超级理论'的崩溃，那个具有普遍意义的理性的崩溃……那些社会政治的希望和大部分革命计划的崩溃。此外，还有匮乏（能源、原料）和某些技术（军备、生物学、化学）的可怕进步所引起的焦虑和失望……"[2]

显而易见，正是这种对现代化的进步论"元叙事"的普遍怀疑，在为后现代思潮的出场开辟道路之际，催化了"现代性视野"的形成。在某种意义上，人们似乎也可以因此而将后现代性视为对现代性的一次"重写"、一种拯救和赎买行动，因为它所面对的依然是一个古老的问题：人往何处去？对于这个问题，作为一门现代"人学"的美学自然冲锋在前。或许这可以解释，为何在黑格尔那里已经开始自立门户的现代性，只是在经过了作为艺术批评家的波德莱尔之手才正式开张。众所周知，波德莱尔为了替一批现代绘画中表现出来的"当代生活中的瞬间美"做出强调，而要求"读者允许我们把这种美的特性称作'现代性'"。在他看来，"现代性就是过渡、短暂、偶然，就是艺术的一半"。问题是对这些东西人们没有理由蔑视，否则就"势必要跌进一种抽象的、不可确定的美的虚无之中"[3]。所以，哈贝马斯指出：当人们循着概念史的线索来考察"现代"一词，那就会发现，不仅"现代首先是在审美批判领域里力求明确自己"，而且这个词"至今仍然具有审美性的本质含义，并集中表现在先锋派艺术的自我理解中"。重返这段历史并非是想要对波德莱尔的"审美现代性之父"的身份做出追认；而是试图由此明确，不能够将由后现代语境中建构起来的现代性反思，理解为是对整个现代性文化的清算，而应视作对其的一种清理：这是在给

---

[1] ［法］让-弗朗索瓦·利奥塔：《后现代性与公正游戏》，谈瀛洲译，上海：上海人民出版社1997年版，第143页。
[2] 河清：《现代与后现代》，杭州：中国美术学院出版社1998年版，第342页。
[3] ［法］夏尔·皮埃尔·波德莱尔：《波德莱尔美论文选》，郭宏安译，北京：人民文学出版社1987年版，第485页。

予作为一种文明形态的现代性发展充分肯定的基础上,对其所存在的弊病和带来的问题的分析;其目的不仅不是彻底终结人类的现代性精神,恰恰相反是为了让这种精神所拥有的价值,能发挥更好的作用。换言之,也即"移去现代性的脚手架,可以使现代性本身'成熟起来'"①。

这么说的理由主要有两方面。首先,作为现代性思想基础的启蒙理性本身具有两面性,它的问题在于只关注客体对象不针对自身主体。所以,当它只是作为一种工具理性对自然进行无节制的破坏和掠夺,当它作为方法理性帮助科学改进杀人武器,它事实上已走向了反面,成了一种非理性。但我们不能因此将它宣判出局。如果我们仍然接受康德的选择,将启蒙理解为"就是人类脱离自己所加之于自己的不成熟状态",那就不难看到,对于依然渴望文明的人类社会,启蒙是一种永远的召唤和使命,它的问题在于不够彻底。在这一点上,哈贝马斯的话不无道理:启蒙只有依靠彻底的启蒙来弥补自身的不足。此外,启蒙理性还能够以其对怀疑主义的孕育与庇护来做出最好的自我辩护。这不仅是由于正是这种怀疑精神,为现代性视野自身的诞生打下了基础;同样也正是这种怀疑精神,通过对多元论思想的培植而为现代科学凭借对唯一权威原理和一元决定论的突破来做出自我调整提供了一种可能。这种精神产生于理性对自身局限的意识。所以,真正的妄自尊大其实正来自于以反科学为特征的非理性,而非随时准备革自己的命的理性。事实也表明,如同我们今天只是借助于科学自身的最新发展而意识到科学主义的弊端,人类历史上对文明施暴的元凶,一直是与反科学结盟的非理性。贝尔纳在其名噪一时的《科学的社会功能》一书里告诉我们,正是当时德国旺盛的反科学情绪和非理性运动,为纳粹主义的兴起做了准备。弗洛姆因此提出,理性既是人的祸根也是人的福分,因为"人类历史的推动力内在于理性的存在",正是"通过理性,人创造了人自己的世界,在这个世界里,他和他的同伴都感到安归家中"。②

现代性视野的肯定性前提,其次也在于审美现代性与启蒙现代性的对峙。在一般意义上,审美现代性的诞生曾经吸吮过启蒙理性的乳汁:作为现代艺术一道最为明亮的风景,"人的解放"主题虽然最早滥觞于文艺复兴运动,但却是经启蒙思想的发酵才得以发扬光大。伊哈布·哈桑指出,"现

---

① [美]杰拉耳德·霍耳顿:《科学与反科学》,范岱年等译,南昌:江西教育出版社1999年版,第214页。
② [美]埃里希·弗洛姆:《为自己的人》,孙依依译,北京:生活·读书·新知三联书店1988年版,第56页。

代主义可能恰当地吸收了浪漫主义，浪漫主义又联系着启蒙运动，启蒙运动又联系着文艺复兴"①。但为了让人从上帝那里赎回尊严与自由，启蒙思想家们付出了巨大的代价：使刚从教会的囚禁中出来的人们成为机器的同类。用马里内蒂在《未来主义文学技巧宣言》里的话说："继动物王朝之后，机械王朝开始了。"两大现代性不仅因此而分道扬镳，而且从某种意义上讲，审美现代性的历程在很大程度上其实也包含着对启蒙现代性的某种反抗。马尔库塞早就指出，与启蒙现代性对理性的依赖不同，"审美的学科具有一种与理性的秩序相对立的感性的秩序。当进入到文化的哲学时，这种观点，旨在于去解放感官"②。这不仅表现在整个现代主义艺术借助于对人的"异化"主题的揭示而始终表现着对得到启蒙理性赞助的冷漠的工业化世界和体制化社会的坚决否定；而且也体现于被启蒙理性很快放逐了的浪漫主义精神，不仅一直是现代主义美学的基本品格，而且也是将它同后现代艺术相联结的一条纽带。③

即使我们不能由此认为，存在着两种现代性的分庭抗礼，至少也得承认现代性的复杂性。这种复杂性既体现于作为启蒙思想家的卢梭，对将全部价值定位于未来的现代文明深感厌恶这样的个案；也表现为作为一种"元叙事"并被启蒙现代性和审美现代性所分享的乌托邦主义，虽然其因在社会实践方面造成了巨大灾难而声名狼藉，但对于诗性文化而言迄今仍具有意义。这种意义通过将现代派作品与后现代艺术做某种对比，便能有所体现。不能不看到，现代主义如今已经拥有自己的英雄谱，比如仅仅是文学方面，就有卡夫卡、普鲁斯特、海明威、福克纳、乔伊斯（小说），里尔克、艾略特、叶芝、狄金森（诗歌），契诃夫、易卜生、斯特林堡、奥尼尔（戏剧）等等。与他们相比，以博尔赫斯、卡尔唯诺、米歇尔·布托尔等为领军人物的后现代叙事显然不在同一个当量级上，诸如罗布-格里耶和纳塔丽·萨洛特这样一些"新小说家"的创作，则更显得相形见绌。纳博科夫和昆德拉的分量虽然相对要重些，但这与他们一直徘徊于现代主义与后现代之间显然不无关系。

这么说当然并非是对后现代创作的盖棺论定。但问题在于，后现代立场通常所持的"避重就轻"的态度，它对价值论问题不做定位、将真理追

---

① 王岳川等：《后现代主义与美学》，北京：北京大学出版社1992年版，第113页。
② ［美］赫伯特·马尔库塞：《审美之维：马尔库塞美学论著集》，李小兵译，北京：生活·读书·新知三联书店1989年版，第53页。
③ 如美国学者波林·玛丽·罗斯诺在她的《后现代主义与社会科学》一书里提出，"后现代主义者从浪漫主义那里继承了一种与客观性相对立的批判立场"，并启发了他们对幻想、感觉、情绪、超越性事物和原始事物等的关注。

问搁置一旁的做法，无疑同人类艺术文化的内在精神相龃龉。如果说后现代的崛起意味着现代性第一波的终结，那也必须看到至少在艺术领域里这不是现代主义的失败，恰恰相反是其大获全胜的结果：它在其近百年的发展历程中，最终以入伙主流文化、得到体制的册封而宣告了其历史使命的完成。所以，事情正如贝尔所说，"现代主义一定要不断抗争，但绝不能完全获胜"①。这构成了现代主义的一个自我悖论，但也使它在艺术领域谱写出了一页属于自己的光辉篇章。相比之下，后现代主义"一切都无所谓，怎么样都行"（卡洛斯·富恩斯特）的方式固然十分聪明，却也失之于圆滑。其在审美活动中，也就表现为对"意义"的自觉放逐。著名学者佛克马曾指出："在后现代主义宇宙中，语词创造我们的世界，语词形成我们的世界，语词正在成为我们这个世界的唯一仲裁。"②在现代主义作家那里出现的意义的不确定性，在此成了意义的彻底缺席。以至于一些后现代发言人可以坦然宣称："我们（后现代主义者）为消除外在对象而奋斗。玩乐就足够了，它获得的是内在的满足。"③虽然这对于解构那种曾道貌岸然地横行一时的威权主义不无意义，但其负面效应也十分巨大。

丹尼尔·贝尔曾在其所著的《资本主义文化矛盾》里据此断定，"这已不只是西方的衰落，而是一切文明的终结"。或许这里用词有点偏重，但认为后现代主义的这一立场注定了其在艺术领域里即使能不断地开风气之先也难大有作为，这并不过分。问题的症结就在于后现代对一切"宏大叙事"的终止和对所有权威判断的解构，使它自觉或不自觉地投入了怀疑论与相对主义的阵营，缺乏真正的建设性。虽然这在一定意义上可以被看作是受了现代主义"重估一切价值"的影响，但性质完全不同：在现代主义的怀疑背后依然存在着对真理的期待和寻求，而后现代对真理的冷漠则是一种根本性的排斥和拒绝。以此来看，当我们像美国学者约翰·罗素那样认为，"现代主义的成就是突出的、难以企及的。它从全新的角度引导我们以前人所从未体验过的方式去观看、去倾听、去阅读。它的成就影响弥深，甚至在后现代崛起的今天，其影响仍然存在，哪怕再过几十年、一百年，它的成就都无法磨灭"④，也就意味着必须对审美现代性的肯定性前提有充分的认识。

---

① ［美］丹尼尔·贝尔：《资本主义文化矛盾》，赵一凡等译，北京：生活·读书·新知三联书店1989年版，第93页。
② 柳鸣九：《从现代主义到后现代主义》，北京：中国社会科学出版社1994年版，第451页。
③ ［美］波林·玛丽·罗斯诺：《后现代主义与社会科学》，张国清译，上海：上海译文出版社1998年版，第200页。
④ 王岳川等：《后现代主义与美学》，北京：北京大学出版社1992年版，第333页。

意识到这点将有助于我们更好地把握现代性视野对于当代美学的意义，这种反思无疑得从对"审美主体性"的重新评估入手。在美国学者格里芬所概括的"现代精神"中，"个体"占据着首要位置："无论如何解释，现代性总是意味着对自我的理解由群体主义向个人主义的一个重大转变。"[①]这种转变意味着"我"的急剧膨胀，从而使得整个现代文化成了贝尔所说的一种典型的"唯我独尊"的文化，和拉斯奇所说的以自我崇拜为核心的"自恋主义文化"。表现在现代主义艺术中便是极端主观性所导致的私人化。"历史上几乎没有一种文化像我们的文化这样着迷地专心于个人的事情。"在《新艺术的震撼》一书中，澳大利亚艺术评论家罗伯特·休斯对整个现代主义艺术做出的这一评判发人深省。从哲学方面来说，这一切显然都与主体性原则相关联。黑格尔曾一针见血地指出：正是主体性的原则确立了现代文化形态，说到底，现代世界的原则就是主体性的自由。这种思想自觉于笛卡尔的"我思故我在"中的那个抽象主体，经过康德的伦理主体的推波助澜和叔本华与尼采的意志主体的发扬光大，最终演变成为现代世界的"我感觉故我在"的欲望主体。

众所周知，这一主体性原则通过浪漫主义精神渗透到艺术文化之中并对整个现代主义创作实行垂帘听政。虽然如上所述，它为现代主义审美景观的建构立下过汗马功劳，但可谓成也萧何、败也萧何，最终也是它断送了现代主义的锦绣前程：极端的主观性在形式上的任性和对读者与受众的蔑视，以及在内容方面孤芳自赏、自命不凡，这一切都导致了艺术品质的变质与增熵。除此之外，这一原则还由于驱使艺术家迷恋于抽象的观念活动，将现代主义引向了歧途。在现代美术史上曾经引人注目的"概念艺术"的命运颇能说明问题。美国学者休依森指出，这种艺术观由于倡导"思想本身就可以是艺术"而"不再有具体的作品留下来。由此，现代主义走到了它的逻辑终点"。[②]在一定意义上，将后现代主义通过市场化、大众化和游戏化而讨好读者献媚于社会的表现，视为一种对现代主义极端主观性的反动，未尝没有一点道理。所以哈贝马斯指出："一种被审美地鼓动起来的主观化的犬儒主义，其恪守一种游戏式的洁身自好，这无疑是现代性的一部分。"[③]唯其如此，审美现代性的反思不仅需要，而且它也理所当然地会将主体性原则作为首选目标。

---

① ［美］大卫·雷·格里芬：《后现代精神》，王成兵译，北京：中央编译出版社1998年版，第5页。
② 河清：《现代与后现代》，杭州：中国美术学院出版社1998年版，第235页。
③ ［德］尤尔根·哈贝马斯：《现代性的地平线》，李安东、段怀清译，上海：上海人民出版社1997年版，第124页。

但重要的是指出，虽然事情正像人们所看到的那样，纯粹的个人主义到头来反而完全成了对个性的最彻底的反动，对个性的赞颂终于以个性的消灭而结束。但就像我们不能由于启蒙理性的片面性便迁怒于理性本身，现代性对个人主义的反省，绝不能成为让威权主义卷土重来的借口。它只是再次提醒我们，坚守真正的个体性立场并非易事。人类生命的自觉性决定了我们的文明只能以这种个体性为基础，由此而来的自由意识对于审美活动具有根本性的意义。别尔嘉耶夫说得好："美不属于决定化世界，它脱出这个世界而自由地呼吸。"[①]美也因此成为我们生命魅力的显现和生命奥秘的展示。因此，审美现代性视野中的主体性困惑，在深层次上也就是以"普遍主体性"为理论背景、以"自由论美学"为思想基础的"审美解放论"是否依然有效的问题。也正是在这个意义上的确如哈贝马斯所说，"我们仍是与首次出现在19世纪中叶的那种美学现代性同时代的人"[②]。因为正是康德在那时率先将它置于其哲学批判的前沿，将审美判断理解为是"非个人的个性"和"无主体的主体性"，试图以此而将美学分别从理性主义和经验主义的片面性中拯救出来。

在此我并不想说当代美学有必要重返康德，而只是想强调，后现代艺术让自己在"非主体"的大众主体性中随波逐流仍无功而返的事实恰好表明，那种将现代主义运动的没落简单地归咎于主体性的说法是浅薄的。因为事实上，真正的杰作确实如经典美学家们所言是对人性的一种呼唤和保卫，而真实的人性只能存在于表现着主体自由原则的个体性中，因为只有这样的个体才能体现出其作为一种存在所具有的真正意义。因此，如同对于社会现代性而言，如何让作为启蒙思想的一大成果的个体性学说进一步完善，这依然是一个问题；对于现代艺术，人的解放主题依然应受到重视。这样，现代美学若要有所作为，就不能放弃以个体性的确立为前提的人文关怀，在这个意义上，"自我"仍将是一个焦点。比如，虽然自恋主义文化通过"手淫"般的自白式写作，在当代艺术中留下了阴影，但全面地来看，我们生命中的"那喀琉斯情结"不仅在生存论层面上具有其深刻的人类学价值，而且对于审美实践也具有独特的意义。对这种复杂性做出必要的清理，是审美现代性需要面对的一个问题。其症结并非是对主体性的超越，而是让已被自我中心主义封闭的主体重新向存在开放。

根据格里芬的研究，"世俗主义"是现代性的另一个主要特色。考虑

---

① [俄]尼·别尔嘉耶夫：《人的奴役与自由》，徐黎明译，贵阳：贵州人民出版社1994年版，第214页。
② 王岳川等：《后现代主义与美学》，北京：北京大学出版社1992年版，第10页。

第四讲　美学问题

到当鲍姆嘉滕以"感性学"来对审美思辨活动做出命名,这事实上便已意味着"美学是作为有关肉体的话语而诞生的"①,它也理应成为审美现代性的一个关注重点。因为世俗主义虽然一般地表现为经济活动中的非道德性、政治上的投机性和日常生活里的实利性,但它的核心是精神上的"在世性"和由此而来的对感官身体的重视。享乐主义由此"复出",成为现代生活的主旋律。而当现代艺术以彻底的游戏化为标志,冠冕堂皇地成为成人们的优雅玩具,一种与解放论美学相关联的享受论美学便开始兴起,它所肯定的是所谓"审美在世性"。用雅斯贝尔斯的话说,现代艺术已失去了"作为超感性的东西的表征的客观性,只有实际的游戏的客观性"。他认为这是"艺术本质的败坏",因为在他看来,"不管愿意与否,艺术必须要人在其中感觉到超越的存在"②。虽然这种立场的"非现代"显而易见,他对艺术与游戏关系的贬低迄今来看也已显得片面,但面对现代艺术越来越热衷于将肉麻当有趣,我们似乎不能不对他所提出的"审美超越论"予以认真对待。

　　问题的复杂性在于,一方面审美活动不仅关乎肉体,而且在某种意义上讲,似乎也是以此为出发点。比如,我们究竟如何解释迄今为止以女性裸体为代表的人体艺术的长盛不衰,以及涉及大量性描写的爱情故事在叙事文学里的永恒魅力?无论如何,否认审美体验与肉体欲望的关联是可笑的。休谟早就指出,美引起生理的追求,对这个方面有意无意地忽视是古典审美认识论的一大盲区。人类生命的肉身性基础也因而为"审美在世性"提供了一种合法性。但另一方面,如同真正的爱欲与通常的性欲并不能相提并论,构成审美体验的意义所在的,无疑是它的精神维度。所以,即使是直截了当地肯定"美学只涉及享受"的桑塔耶纳,同时也依然明确地提出:"生理快感与审美快感之间有着十分明显的区别。"③这构成了审美活动中"此岸"与"彼岸"的矛盾性。这一矛盾由来已久,只是在当今随着现代性对世俗生活的大力张扬而表现得更为突出。但从审美现代性的视野来看,围绕着"审美在世性"的这种两难,并不是不能解决的,因为"审美超越论"和"审美享受论"并不是一种对立的关系,而呈现出一种你中有我、我中有你的特点:审美享受既凭借着其内在的超越性而使其区别于通常的生理快感,也凭借着对肉体的依托而让自己与一般意义上的精神愉悦

---

① [美]特里·伊格尔顿:《美学意识形态》,王杰等译,桂林:广西师范大学出版社1997年版,第1页。

② [德]卡尔·雅斯贝尔斯:《现时代的人》,周晓亮译,北京:社会科学出版社1992年版,第78页。

③ [美]乔治·桑塔耶纳:《美感》,缪灵珠译,北京:中国社会科学出版社1982年版,第33页。

相区别。正是这种"二合一"的特色形成了审美体验的独特价值。因而,如何通过将灵肉二元性与身心一体化相结合,让生命享受与精神超越在审美体验里握手言和、使一直徘徊于"两岸之间"的审美活动得以明确定位,这对于审美现代性话语来讲无疑已是一个绕不过去的话题。

除此之外,审美现代性视野的再一个关注焦点,是如何重新面对"审美创造性"。因为对未来的美好向往与个体本位和世俗主义一样,是现代性的基本构成要素。这种向往驱使着人们给那些创造性活动以前所未有的重视,也由此加剧了现代性与传统的全面对抗,以至于布洛克甚至觉得在现代性所面临的各种问题里,"最基本的问题是建立新的生活方式必然导致摧毁旧的生活方式"。虽然随着人们最终由于物质条件的改善而拥抱新世界,这种冲突在社会生活的层面事实上已名存实亡。但对于审美现代性而言,事情却并不那么简单。"从法西斯的观点看,现代艺术令人满意的东西就是它的现代性"[1]。全力标举"告别过去"的"未来主义"与纳粹文化一度有过的同盟关系,迄今仍让人对以面向未来为动力的审美创造性顾虑重重。但事过境迁之后来看,未来主义阵营内一直存在着两种声音。虽然以马里内蒂为代表的那种彻底拒绝过去、张扬非人格精神的未来主义,已通过从现代艺术里出局而被否决;但由帕皮尼提出的,承认"任何新诞生的艺术或思想都不能不是过去的艺术或思想的繁衍",主张"未来主义致力于人的彻底的和最终的解放"的现代艺术精神,无疑具有十分重要的意义。

这样的未来主义所终结的并非传统,而只是对传统的盲目崇拜,它也由此而触及了人类审美文化的根本:永远面向未来,期待新世界。这并非是向人类喜新厌旧的本性做出妥协,而在于艺术必须激活我们的生命力,让我们同各种虚无主义斗争到底。所以正如著名艺术史家赫伯特·里德所说,真正的艺术不应向我们描绘或"报导"生活,它只能是"一种更新活动":"它更新视觉,更新语言,但最主要的是更新生活本身"[2]。我们所要补充的是,艺术的这一宿命有其人类学方面的依据:人性在本质上是一项有待"建构"的工程、一个未完成的方案。因为无论是遥远的动物祖先们的伊甸园,还是余温尚在的威权主义王道乐土,都不是人类的理想家园。人的命运也因此而被上帝交还于自己手中,这意味着人的"旅途性":永远的寻找与创造。对于这样的使命,艺术自然责无旁贷。所以,审美现代性

---

[1] [澳]罗伯特·休斯:《新艺术的震撼》,刘萍君等译,上海:上海人民美术出版社1989年版,第84页。

[2] [英]赫伯特·里德:《现代艺术哲学》,朱伯雄等译,天津:百花文艺出版社1999年版,第137页。

所要反对的是决定论意义上的历史进步论乌托邦，而并非立足于我们生命中可能性之维的理想主义。对二者的边界做出某种必要的清理并给真正的审美创造性以更好的推动，这对于审美现代性来说并非没有意义。

# 第五讲　美学理论

## 21. 经验与经历：故事美学

读过阿拉伯文学名著《一千零一夜》的人，都会对小说中的那位聪明姑娘山鲁佐德留下深刻印象，她凭借讲故事的本领，从那位残酷的阿拉伯君主手里死里逃生。但同时人们也会产生一种疑惑：故事何以有如此大的魅力，能让杀人不眨眼的暴君手下留情？这让我们重新考虑一个问题，"人类对故事的胃口是不可餍足的"，因为听故事的欲望在人类身上一直就像对财富的欲望一样根深蒂固。有史以来人们就一直聚集在篝火旁或者市井处相互听、讲故事。①英国历史小说之父瓦尔特·司各特甚至认为："叙事小说的引人入胜的魅力，竟然使最差劲的小说作品也能找到倾心的读者。"②但随着所谓"后现代小说与电影"的出现，滥觞于神话传奇与民间传说的故事，渐渐还是在艺术领域里沉沦了。在某种意义上，认为现代艺术的衰退表现为好故事的缺席，此话并不为过。

对故事的放逐首先发生于绘画领域。随着印象画派的崛起，以"绘画不是文学"为名，现代画坛掀起了一场声势浩大的"反叙事"运动。但让故事在艺术中的位置遭受致命打击的，是发生于小说界的"从冒险的叙述到叙述的冒险"的"诗学政变"。事情起因于人们对作为"语言艺术"的小说本质的重新认识。就像英国小说学家伊恩·瓦特曾强调过的那样："小说或许是本质上与印刷的媒介联系在一起的唯一的文学体裁。"③印刷机不仅扩大了小说的需要市场，而且提高了小说家叙述手法的灵活性，赋予了小说以故事之

---

① 参见[美]罗伯特·麦基：《故事：材质、结构、风格和银幕剧作的原理》，周铁东译，北京：中国电影出版社2001年版，第13页。
② 王春元、钱中文：《英国作家论文学》，汪培基译，北京：生活·读书·新知三联书店1985年版，第125页。
③ [英]伊恩·P.瓦特：《小说的兴起》，高原、董红钧译，北京：生活·读书·新知三联书店1992年版，第220页。

外的独特魅力。那些具有"言外之意"的小说杰作的诞生表明，一部好小说不仅取决于"说什么"，同样取决于其"怎么说"。这让许多优秀的小说家纷纷将语言置于比故事更重要的位置。比如，多次表示"要对'小说'这个概念进行一次冲决"的已故当代中国作家汪曾祺，就曾明确提出"小说是谈生活，不是编故事"的主张，强调"语言是小说的本体，写小说就是写语言。小说的魅力之所在，首先是小说的语言"[①]。但对立一方的立场同样坚定。在认同"小说就是言故事"这点上，一些拉美作家的态度相当一致。乌拉圭作家胡安·奥内蒂说道："一本小说最重要的东西是故事，……说小说的中心是语言，我认为那是胡说，是本末倒置。"巴西作家若热·亚马多也公开宣称："我在写作的时候，基本上是不注重语言问题的。我关心的是如何用最好的方式把故事讲出来。……我的兴趣就是讲故事。"[②]

显然，我们固然不应轻视那些凭借自己丰富的艺术实践而进行选择的小说家的变革之见，同样也没有理由不慎重对待这些继承传统的小说家们的经验之谈。语言媒介对于小说的艺术的重要性显而易见。略萨说得好："小说是写出来的，不是靠生活生出来的；小说是用语言造出来的，不是用具体的经验制成的。事件转化成语言的时候要经历一番深刻的变动。具体那个事实是一个，而描写这一事件的语言符号可以是无数个。"[③]或许这在很大程度上可以解释，并不是每个拥有丰富人生经历和精彩故事的人，都能成为一名好作家。但再进一步我们还得继续追究这样一个问题：在那些不仅写出了作品，而且在语言上也各具特色的作家们当中，又是什么因素导致他们形成艺术水平上的优劣与高下之分呢？或者换一个视角追问：倘若离开了好故事，那些妙语连珠的语言是否还能依然精彩？那些津津有味的"神侃"是否还有存在的可能？答案只有一个：语言对于小说归根到底仍然是"工具"，尽管这是一种具有"本体性意义"的工具。

轻视故事的人不仅是由于故事的"道听途说"与"街谈巷议"之根，还由于嫌故事文本对现实生活不够"真实"，对小说艺术缺少"忠贞"。用英国当代实验小说代表约翰逊的话说："生活并不讲故事，生活是混乱的、易变的、任意的，它遗留下成千上万的没解开来的头绪，参差不齐。作家从生活中抽出一个故事，只能通过严格、细致的选择。"在他看来：如果一个作家的主要兴趣在于讲故事，那么，最好的地方就是电影和电视。比起

---

[①] 汪曾祺：《汪曾祺文集》文论卷，南京：江苏文艺出版社1993年版，第2、62页。
[②] 崔道怡等：《"冰山"理论：对话与潜对话》下册，北京：工人出版社1987年版，第762—767页。
[③] ［秘鲁］巴尔加斯·略萨：《谎言中的真实》，赵德明译，昆明：云南人民出版社1997年版，第72页。

小说来，它技术装备更好。乔伊斯的小说是这方面的代表。约翰逊认为，"由于使用了形式、风格和语言技巧，他使这部小说变成一种高明得多的东西，而不是一个讲什么事情的故事"。但他也纳闷，为什么还有这么多小说家迄今依然如故："就好象（像）《尤里西斯》的革命没有发生过一样，他们仍旧依靠讲故事这个拐杖，为什么成千上万的读者仍旧过量地狼吞虎咽这些东西呢？"[1]

约翰逊关于电影比小说更擅长讲故事的观点或许未必妥当。[2]但他的前一个见解不无道理：故事不是生活世界的直接投影与全息复印，不是由某个主宰一切的上帝给予的，而是讲故事者"建构"的。故而"故事"即"虚构"，是一种文本性的话语现象。实际的生活世界中所"提供"的，充其量是一些无始无终、无形无序的大小"事件"。一个好故事属于"再生性现实"，不仅是因为它必然受制于组合故事者的主观视野与观念意识，也是由于它取决于作为叙述媒介的语言的限制。作为一种人工符号系统的语言，总是按一定的规则运作的，这决定了一个原生世界只有经过"整理"之后才能进入流通领域与传播渠道。著名阿根廷作家博尔赫斯曾举例说明：比如"冷风从河边吹来"这句话，千万别以为这就是"如实写照"。事实上，"这个句子的结构就如从河边吹来的冷风那样，离现实很远"。因为在这个句子中"我们有了主语'风'，动词'吹'，还有一种现实景况'河岸边'。这一切离现实很远，现实要简单得多"[3]。

所以说，所有的语言都是虚构。它决定了同样的事件在不同人的笔下，定会产生不同的"故事"文本。但问题在于：我们当真这么在乎"生活的原生态"吗？我们有求于艺术的，便是如此这般地忠诚于"现实世界"？事实当然并非如此。王蒙说得好："小说之吸引人，首先在于它的真实。其次（或者不是其次而是同时），也因为它是虚构的。如果真实到你推开窗子就能看到一模一样的图景的程度，那么我们只需要推开窗子就可以看到小说了，何必还购买小说来读呢？"这话讲得很透彻。我们需要艺术的不是"现实原生态"的再现，而是对生活世界的理解。这就是虚构的意义，也是以虚构为前提的故事的价值所在。正因为"生活不讲故事"，人们才需要听故事。因为"故事必须像生活，但并不是实际生活"；因为"故事并不是由

---

[1] 崔道怡等：《"冰山"理论：对话与潜对话》下册，北京：工人出版社1987年版，第670—672页。

[2] 许多优秀小说家并不认同这种说法。比如王安忆就曾在文章里谈到，电影告诉我们的通常是一个最通俗、最平庸的故事。

[3] [阿根廷]路易斯·博尔赫斯：《作家们的作家》，倪华迪译，昆明：云南人民出版社1995年版，第66—67页。

一堆积累起来的信息串成的叙述体,而是一种对事件的设计,能把我们引入一个有意义的剧情高潮"。

诚然,曾经为传奇英雄与怪诞浪子们所充斥的世界,如今日益显得波澜不惊、甘于平庸。但事实是"读者仍然渴望钻进比自己和邻人的普通遭遇更加有趣和奇特的曲折情节的浪涛中去"[①]。这足以解释约翰逊的上述疑虑。如果说全世界几十亿人中没有几个通读了普鲁斯特和乔伊斯的作品,这只能归咎于他们的作品对人们听故事的需要过于掉以轻心。但对故事的这种态度很不妥当。首先它是"以退为进"的一种欺诈。就像毛姆所说:事实上,"要编一个好故事显然是不容易的,但不能因为不容易做到就瞧不起它"[②]。其次也在于,对在我们的生活世界中其实无所不在的故事的实质,以及其所拥有的深刻的人文意义,缺乏清醒的认识。英国作家肯尼思·格雷厄姆是一位儿童文学名家,他的《鼠的退思》通过叙述一只鼹鼠的出游经历,写出了人世间已日渐衰落的一种关爱。

在故事开头,作者对这只刚从地底下钻出来、充当叙述主角的鼹鼠头一次看到一条河流的情形,做了这样的描述:"他顺着河边,迈着细小的步子向前跑,眼睛紧盯着河流,仿佛一个幼童紧跟在成人的身边那样缠着他不放,要听他讲那神秘而离奇的故事,并且听得那么迷醉。最后,他终于跑得上气不接下气,累得一下子跌坐在岸边。但是河流并没有累,还在对他不厌其烦地讲述着,讲述着最动听的故事。这些故事来自地层深处,一路流动着,讲啊讲啊,最后要向那个永远在倾听的大海深深地诉说。"[③]显然,这段以一只小动物的名义做出的心理叙述,其实表达了我们人类的感受。这不仅因为故事里有意识地采用了人称代词,更是由于其中所展现的"于无言中听故事"的体验,是我们在日常生活里所十分熟悉的。将我们所接触的所有一切都自然而然地转化为一种故事,这是人的一种文化无意识。通过这种"故事化"而让对象获得一种独特意味,这是一个无须验证的事实。美国园林学家查尔斯·莫尔指出:就像树叶的声音仿佛是在向我们"讲述大地的秘密故事",园林艺术的魅力很大部分正在于此。"一座园林也可以像一首诗或一幅画,讲述天地万物的故事,都是你觉得有趣和感人的。"比如"园林的道路可成为剧情的脉络,使不同的时刻和事件连接起来,成为一篇篇叙事"。像英国公园的道路讲述的是关于狐狸们的故事;而

---

① 王春元、钱中文:《英国作家论文学》,汪培基译,北京:生活·读书·新知三联书店1985年版,第127页。
② 吕同六:《20世纪小说理论经典》上卷,北京:华夏出版社1995年版,第262页。
③ [英]肯尼思·格雷厄姆:《鼠的退思》,王惠平译,北京:知识出版社1999年版,第5—6页。

"17和18世纪法国狩猎场的鹅足模式,讲述着雄鹿急急忙忙奔跑的故事"。此外,"有些园林讲述的故事具有极大的感召力或极其复杂,会使人将它们与讲故事者的艺术做一个比较"。比如,"迪士尼乐园是由海盗、鬼魂和美国英雄故事构成的一座园林"①。因而在很大程度上,它在当今世界的成功得归结于故事的魅力。

  故事绝不仅仅是属于"叙事艺术"的专长,在根本上它也是全部艺术实践的核心。实验心理学中曾有过这样的发现:对于许多年龄在六至七岁的、"能够理解音乐,找出节拍、旋律和节奏的儿童",他们"大多把音乐看成是'关于某种东西'的,换言之,他们把音乐当成是在讲故事……"②。事实上我们得承认"一个讲故事的人即生活诗人,一个艺术家",因为他能"将日常生活、内心生活和外在生活、梦想和现实转化为一首以事件而不是语言为韵律的诗"。我们还得承认一个好故事就是一部艺术杰作,因为它"能够向你提供你在生活中不可能得到的那一样东西:意味深长的情感体验"③。人们通常对故事的那种没来由的轻视,首先是由于忽略了"故事是思想和感情"的相遇这个事实。经验表明:每一个有效的故事都会向我们传送一个负荷着某种价值的思想,实际上是将这一思想揳入我们的心灵,使我们不得不相信。只是这一思想掩饰在情感魅力的面纱之下。④

  其次,对讲故事的蔑视也是因为没有意识到故事是人类生命运动的直接体现。因为作为故事元素的"事件"不同于日常生活里的那种纯粹偶然的"事故",它意味着人生的某种变化。故事赋予生命以焦点和深度,这让故事在以人为中心的审美体验中,占据了一个举足轻重的位置。拥有戏剧家与总统双重身份的捷克人瓦茨拉夫·哈维尔说得好:故事的消失本身就是一个故事,意味着人类认识和自我认识一个基本手段的消失,是威权主义对于生活的摧毁,因为"极权主义制度在本质上(和其原则上)是敌视故事的"⑤。故事与威权主义势不两立、水火不容的原因不言而喻:一个故事

---

① [美]查尔斯·莫尔等:《风景》,李斯译,北京:光明日报出版社2000年版,第44、70、82页。
② [美]赫乌德·加登纳:《艺术与人的发展》,兰金仁译,北京:光明日报出版社1988年版,第255页。
③ [美]罗伯特·麦基:《故事:材质、结构、风格和银幕剧作的原理》,周铁东译,北京:中国电影出版社2001年版,第132页。
④ [美]罗伯特·麦基:《故事:材质、结构、风格和银幕剧作的原理》,周铁东译,北京:中国电影出版社2001年版,第132页。
⑤ [捷]瓦茨拉夫·哈维尔:《哈维尔文集》,崔卫平译,北京:北京出版社2003年版,第164页。

承纳和要求个性。没有独一无二的、互相间可以区别的个人，故事永远不可能顺利进行。因此，个性和故事像如胶似漆的双胞胎那样不能分离。它们具有一个共同的住所：多元化。个性像故事那样，没有多元化就不可能存在。如果没有许多个性，根本就不存在任何个性。因此对于多元化的攻击是对于故事和个性的双重攻击。一旦失去个性也就不再有人，不再有人类的文明，当然也就不再有反映人类命运的故事。

所以必须认真对待故事，因为故事根植于人类文明史，缺乏故事、失去故事的生活是伪生活。这意味着：向故事宣战也就是向历史宣战，因而也就是向生活本身宣战。故事是衡量一个社会生活正常与健康与否的标尺，故事的乏味意味着人们的生活世界出了问题。能否讲一个好故事和讲好一个故事，这并不是件无关紧要的事情。

19世纪中期以来，凭借着那些脍炙人口的好故事而称雄于世界文坛的拉美作家群的异军突起，这同他们社会的进步与文化传统的价值密不可分。1982年度诺贝尔文学奖获得者加西亚·马尔克斯曾写道："看上去是魔幻的东西，实际上不过是拉丁美洲现实的特征。我们每走一步都会遇到其他文化的读者认为是神奇的事物，而对我们来说却是每天的现实。但是我认为，这不仅是我们的现实，而且也是我们的观念和我们自己的文化。"[①]相形之下，中国文学长期以来缺乏故事的状况，同以汉文化为主体的世俗生活一直被排斥而导致思想僵硬、肢体疲软显然不无关系。"以苟存为本色的中国人"，作家张承志在其《心灵史》里曾这样一言以蔽之，此话不乏可取之处。在一种视"个性"与"自立"这样的词语为祸害的文化语境中，盛产的只能是满足于口腹之乐与床上嬉戏的精神侏儒。他们的无所事事注定了那些精彩故事的缺席。

在故事的天地里蕴藏着丰富多彩的人文景观，正是对各种蕴含勃勃生机的故事的呈现，赋予了艺术以深刻的人文意义，使以其为重心的诗性文化得以成为人类文明的一个基础性设施。所以，现代艺术史上发生的"反故事"浪潮是一股逆流。它的出现除了观念上的偏差之外，还有潜藏着"诗性政治"的背景。正如罗伯特·麦基所指出的：以"反情节"与"小情节"为特征的所谓"无故事写作"，其实是艺术实践中的一场事关话语权的争夺。促使一些业内人士这样做"不是因为反情节和小情节是什么，而是

---

① ［哥伦比亚］加西亚·马尔克斯：《两百年的孤独》，朱景冬译，昆明：云南人民出版社1997年版，第236页。

因为它们不是什么：它们不是好莱坞"①。在这种反传统的标新立异背后垂帘听政的，其实是想通过重新洗牌来吸引世人的关注，赢得世俗的成功。这种动机虽说属于"人之常情"，但缺乏正当的诗学理由，作为一种艺术主张的后果则无疑是十分恶劣的。

诚然，只要人类存在，故事就无法被彻底清除干净，销声匿迹。就像哈维尔所说：生活总有将自己进入故事的道路，我们总是以我们的行动书写我们的故事。所以我们无须将曾是一种文化时尚的反故事，在自以为是的文人圈内的一度流行太当回事。但我们得明确：多亏了生活世界里的这些源源不断的故事，才有了作为一种人文关怀的艺术实践的根据地。在此意义上，故事并不只范围于"叙事艺术"。不仅在历时态的发生学上，故事曾是整个史前艺术实践的共同胎盘；在共时态的形态学层面，故事同样也是所有现代艺术的真正核心。"人们忘记了诗本来是由叙事开始的，诗的根源来自史诗，史诗是基本的叙事形式的诗。"②作为"作家中的作家"的博尔赫斯的这番话，不仅道出了一个被人遗忘的事实，从中还揭示了构成一部艺术史的文化基因：故事。

"故事能够以人类交流的任何方式来表达。戏剧、散文、电影、歌剧、哑剧、诗歌、舞蹈都是故事仪式的辉煌形式。"③而其所带来的并不是故事的成色品质方面的优劣之分，而是故事的不同内涵与别样意味。所谓"艺术即戏剧"的意思，换言之也就是"艺术即叙事"。通过对"艺术形态的戏剧性构成"这个话题的重新认识，我们可以坦然地认为，一度充满挑战性的现代艺术的全面衰退，在很大程度上是轻视故事的必然结果。这表明，诗学中重要的并不是争夺关于故事的话语权，不是计较哪一种艺术门类能扮演故事的最佳讲述者角色，而是在各自的艺术实践中给予故事以真正的尊重，通过对故事所蕴含的人文价值的开发，来落实其诗学意义。只要艺术一如既往地拥有人文关怀的承诺，那么如何表现事关人类命运的故事，就是其首要的任务。

所以，亨利·詹姆斯向小说家大声疾呼："要戏剧化！要戏剧化！"④事

---

① ［美］罗伯特·麦基：《故事：材质、结构、风格和银幕剧作的原理》，周铁东译，北京：中国电影出版社2001年版，第77页。
② ［阿根廷］路易斯·博尔赫斯：《作家们的作家》，倪华迪译，昆明：云南人民出版社1995年版，第102页。
③ ［美］罗伯特·麦基：《故事：材质、结构、风格和银幕剧作的原理》，周铁东译，北京：中国电影出版社2001年版，第33页。
④ ［英］乔纳森·雷班：《现代小说写作技巧》，戈木译，西安：陕西人民出版社1984年版，序言第3页。

实上，这可以看作是对整个艺术领域应该强化故事性的一种呼唤。一个好故事应该是拥有丰富精神内涵的故事，这样的故事也即通常所说的"故事中的故事"，它构成了"小说中的小说"。马尔克斯表示："我发现每部小说中总有另一部小说。我想写的就是这种小说中的小说。"[①]这种小说既属于托尔斯泰的《战争与和平》这样的、以宏大历史时空为背景的长篇巨作，也同样属于海明威的《乞力马扎罗山的雪》这样不长的、仅仅从一个临终病人的视野构筑的文本。在后者中存在一种由双重叙述建构的复调故事。作者在作为叙述者的受伤男人哈里与其健康妻子间的关系的故事下，又借助"意识流"技术建构了一个"内心独白"的舞台。在这座属于主人公的心理舞台上，作者全方位地展示了他的心路旅程，表现了"二战"后西方"迷惘的一代"在"现代性"的陷阱中所普遍面临的、一种具有深刻的人类学意义的生存困境。

其次，好故事也得是拥有可信的情感逻辑的故事。擅长讲故事的王安忆曾依托其成功的创作心得，写过《故事不是什么》和《故事是什么》两篇专论。文章的基本观点她概括为一句话：经验性传说性故事和小说构成性故事是两个范畴。理解起来，导致彼此间区别的，是依附于因果性上的逻辑关系。一位美国学者说过："如果一部小说的故事不能由人用一百个字左右讲出来，那其中往往就没有戏剧。"[②]这话很有道理，但需要给予解释。在戏剧总是由故事构成的这点上讲，故事与戏剧显然无法截然分开。但不同的故事互相间的确又在戏剧性上存在着强弱之差。这是因为故事由细节与情节两部分构成。情节即体现为因果关系的"故事链"，它对于故事建构所具有的举足轻重的作用，让它成为故事的焦点。因为这个通常以"故事梗概"为人熟悉的故事链，事实上已规定了故事的诗性空间，一个故事即是这个空间借助细节的具体落实。

比如，在美国西部一个叫"哈德利"的小镇上，治安官威尔·凯恩正要辞职与长期相爱的埃米·福勒小姐结婚。此时有消息传来，先前被他逮捕归案的歹徒弗兰克·米勒已经出狱，将乘中午的火车赶到镇子进行报复。在朋友们的力劝下，凯恩和埃米离开了小镇。但在旅途中凯恩改变了主意，对未婚妻表示自己还有工作得了结。作为一名反对暴力的贵格会教徒的埃米独自离去，凯恩则返回镇上重新承担警长的责任，准备接受米勒的挑战。他本以为一直受米勒欺侮、在得到自己帮助后才过上平静日子的小镇居民

---

[①] ［哥伦比亚］加西亚·马尔克斯：《两百年的孤独》，朱景冬译，昆明：云南人民出版社1997年版，第208页。

[②] ［美］乔治·贝克：《戏剧技巧》，余上沅译，北京：中国戏剧出版社1985年版，第17页。

中，会有人站出来支持他。不料事与愿违，无人响应。从在教堂中做礼拜的人的旁观中走出的凯恩，孤身迎战米勒和他带来的三个枪手。在一种十分危险的情景下，他得到了及时赶到的埃米的帮助，两人合力战胜全部歹徒。居民们在米勒终于被击毙后涌上广场为凯恩庆贺。但他轻蔑地扔掉警徽与埃米离去。

又如，在一个中国北方小城，有一个对地方戏痴迷到了走火入魔地步，但又玩不好票的中年戏迷。由于自己唱得实在难听至极，他只好远离大众来到一处偏僻寂静的旮旯独自练唱，但很快便发现这样让自己难以为继。于是他开始物色一位听众，便硬拽住了一个刚想上城打工的青年农民，表示可以给他50元钱作为"听唱费"。这位听众始则莫名其妙，尔后便兴奋不已，为自己啥事不干、什么力不出便能挣到一笔数目不算少的钱而暗暗窃喜。但不久他也感到了事情不像想象中那样轻松，戏迷便只好一再加钱挽留。终于他还是坚持不住，任凭戏迷提出给多少钱也决不再当他的听众。看着这位带着满脸疑惑离开的农民工的背影，戏迷陷入了莫名的悲哀与无奈。

这两个故事链，分别属于由美国著名演员加里·库珀主演的经典西部电影《正午》，和由当代我国优秀演员侯耀华担纲的戏剧小品《戏迷》的故事梗概。仅仅上述这番概述，已足以让我们辨明这是两个很有价值的故事。它们触及了人世的纠缠，呈现了生命的困惑。它们也因此而验收了狄德罗当年提出的这个见解："一部不能编成好戏的小说并不因此而不是好小说；但从来不会有一出好戏而不能改写成为一部优秀的小说。"[1]因为戏剧通过清晰的故事链，聚焦了一个好故事的亮点。所以有"小说家可以描写细节，而戏剧家则必须放弃它"[2]这样的说法。但这句生动地凸现了以舞台表演为中心的戏剧的特征的话，却多少容易让人对小说艺术的特点产生曲解。事实上，小说文本对故事的依赖，使之同样必须借助于清晰的因果关系，来完成其诗性的建构。这么说并非是要将小说与戏剧相提并论，而是表明了艺术中的故事必须拥有对逻辑的尊重，体现了"叙事拒绝纯粹的偶然"[3]这个诗学原则，确立了"一个故事不可能构建于纯粹的偶然事件"[4]这样的故事原理。所谓纯粹的偶然，用法国"新小说派"作家罗布-格里耶的话讲，

---

[1] 伍蠡甫：《西方文论选》上卷，上海：上海文艺出版社1963年版，第355页。
[2] [美]乔治·贝克：《戏剧技巧》，余上沅译，北京：中国戏剧出版社1985年版，第375页。
[3] 吕同六：《20世纪小说理论经典》下卷，北京：华夏出版社1995年版，第420页。
[4] [美]罗伯特·麦基：《故事：材质、结构、风格和银幕剧作的原理》，周铁东译，北京：中国电影出版社2001年版，第41页。

第五讲 美学理论

"是指那些人们找不到前因后果加以说明的事实"[1]。这样的事实由于不可理喻，而无法拥有真正的诗学价值。

比如不久前的杭城几份晚报上都曾刊登过一则消息：一位家住六楼的老太太在自家阳台上晒衣服时，因探出身子不慎坠下楼去，但正巧掉到了二楼的遮阳篷上，幸运地毫发未损。又如若干年前香港凤凰卫视中文台转播的这则发生于台湾当日的消息：一位厌生男子登上23层楼跳下自杀，结果砸在了路面上行驶的一辆小车上，开车的年轻妇女受重力冲击被当场压死，而这位打算自杀的肇事男人却安然无恙。诸如此类的故事便属于"纯粹的偶然事件"，它们无法为人类的理性所掌握，故而也进入不了诗性视野。

由此可见，一个好故事必须有令人满意的内在逻辑。正是这个原则，赋予了迄今仍不登大雅之堂，却又总是拥有迷人魅力的侦探小说以艺术价值。正如博尔赫斯所说："我们所处的时代是如此的混乱如麻，但有一样东西倒是谦恭地维持着它的经典美，那就是侦探小说。"在拯救文学事业方面，"侦探小说是立下功劳的"。或许博尔赫斯的这番评价带有其个人的审美偏爱，但有一点无可置疑：这类文学样式的成功至少证明了，清晰的逻辑关系是建构一个好故事的前提。"因为没有开端、中间与结局，一篇侦探故事就无从谈起。"[2]所谓故事的逻辑性，也即通过因果性而昭示的必然律，这是故事不同于仅有时间上的前后顺序关系的特征。换言之，"有因果关系时才有故事的存在"[3]，这是故事之为故事的基本规定。上述这则老太太的新闻只是一个事件，是因为在"晒衣服与摔落"和"摔落中掉入二楼遮阳篷"等事件之间，不存在因果性的关联。

但正如著名瑞士戏剧家弗里德里希·杜仑马特所说："在有关艺术的问题上，什么逻辑是不能驳倒的？"[4]在故事与逻辑的关系上，其实还存在着另一个维度。王安忆曾以下面这则格林童话为例，说明缺乏有机的生活逻辑的故事，不成其为优秀的小说故事：一个聪明的姑娘在她的订婚酒宴上到地窖去拿酒，久久不见上来。她母亲便下去找，见她正坐在酒窖里掉眼泪。母亲问她哭什么。她指着酒窖壁上的一个桶说：假如我结了婚，生下

---

[1] 崔道怡等：《"冰山"理论：对话与潜对话》下册，北京：工人出版社1987年版，第529页。
[2] [阿根廷] 路易斯·博尔赫斯：《作家们的作家》，倪华迪译，昆明：云南人民出版社1995年版，第95页。
[3] [美] 伊恩·里德：《短篇小说》，思涵、映桥、善江译，哈尔滨：北方文艺出版社1988年版，第8页。
[4] 中国社会科学院外国文学研究所和外国文学研究资料丛刊编辑委员会：《外国现代剧作家论剧作》，北京：中国社会科学出版社1982年版，第159页。

了孩子，假如孩子到酒窖来拿酒，假如这个桶掉下来，砸在他头上，他就要死！母亲听了便也一同哭了起来，然后，姑娘的父亲也下来找她们……①不言而喻，在王安忆看来，格林的这则童话体现的是"没事找事"，整个故事的叙述都建立于"假如"之上，意味着这是一个属于"生活中的纯粹偶然事件"，难以进行具有深度的艺术建构。但倘若我们能够摆脱这种先入之见的思维定式，倒不难发现，这个看似有点荒唐的故事其实并不那么简单。

比如，我们可以从中读出，这个姑娘因为成人仪式的举行，而由原先的自我中心转向开始关心他人；随着一个天真烂漫的女孩生涯的结束，诞生了一个具有深切的母性关爱的女人。她的难过完全可以看作是以一个未来的现实为幌子，触发的关于人生与生命的感怀与留恋。而她母亲的举动和她父亲的可以做种种不同推测的反应，同样也能够被解释为对很可能一直被视作掌上明珠的独生女儿的亲情关怀。作者虽然夸张了一个日常生活中不太可能出现的事件，使之显得有些怪异。但同时也放大了生活世界中我们并不陌生的那种体验，从而在这个故事中注入了相当丰富的艺术内涵。尤其是，故事表层部分的荒唐与其深层结构处的真挚所形成的反差，更让这个故事增添了一种耐人回味的色彩。它的游戏性与穿越力的互相渗透，释放出一种独特的意味。

所以，这则通过接连几个"假如"而形成的"纯粹偶然事件"，其实并不是一个差故事。这就是格林童话的力量所在。当然，这并非是对故事的逻辑关系的取消，而是指我们在把握故事逻辑时，必须意识到逻辑的隐蔽性。而再进一步来看，逻辑对于故事的建构其实是一个最起码的初步条件，相形之下更重要的是内在的情感内涵。诗的信念就是自愿舍弃怀疑。柯勒律治的这句名言无可置疑，但有必要追究读者愿意这么做的原因。在什么样的情形下，这样的诗性信念才能出现？这个问题需要澄清。让我们认真考虑一位故事学家的这番见解："在有了几千年的故事讲述之后，没有一个故事会彻底地与众不同，以至于与其他已经写过的故事毫无相似之处。"②这话显得如此自信，是因为任何在这方面有点知识的人，都会承认他讲得有道理：事情就是如此。那么我们得问：为什么人们会愿意接受那些被大量复制的、似曾相识的故事呢？

结论其实很简单：为了通过故事来重温体验。再好的道理都经不住翻来覆去的唠叨，但真切的情感总是需要不断地重温。人类渴望认识新世界，

---

① 王安忆：《故事与讲故事》，杭州：浙江文艺出版社1991年版，第26页。
② [美]罗伯特·麦基：《故事：材质、结构、风格银幕剧作的原理》，周铁东译，北京：中国电影出版社2001年版，第100页。

但人生只能拥有旧情感。"如烟往事"之中之所以感觉"涛声依旧",是因为经过了沉淀之后的生命意识才能真正品味出存在的意味。如同每个人无可避免地会有属于自己的口味与喜好,人类生命的情感历程再变幻莫测,其实也总是沿着一个基本轨迹定格于几个方面、归属于若干维度。这就是贯穿于古往今来的艺术实践的"怀念诗学"原理。从巴尔加斯·略萨的"对作家来说,怀念是个很重要的东西"①,到加西亚·马尔克斯的"怀旧是文学灵感、诗歌灵感的伟大源泉"②,优秀艺术家们对这个诗学原则的重视不胜枚举。怀念是生命的留恋,这种东西是人类所有情感的酵母。在此意义上,如同语言是表现故事的工具,故事同样是表现生命体验的手段、承载情感的容器。它决定着故事的成与败、优与劣。因为正如王安忆所说:人的情感虽说无形无迹,却"有着自己的体积"③,它需要凭借相当的质体来得到释放。

在《小说面面观》这部名著里,英国作家爱德华·福斯特在坚持"故事是一切小说不可或缺的最高要素"的同时,不仅话锋急转地写道"不过,我倒希望这种最高要素不是故事,而是别的什么东西",而且还明确地表示,他十分讨厌那种简单化地将"写小说"等同于"讲故事"的人。④原因在于这种态度会遮蔽"真正的好故事必然属于真切的生命体验"这个事实。只有当我们为这样的体验所吸引,对其中的情感产生共鸣,我们才会心甘情愿地中止怀疑,不再在乎故事的虚构性,甚至对于其中的逻辑破绽也不予追究。这意味着一个好故事不仅有其逻辑的一面,同时还存在着超逻辑的维度。如果说前者显著地体现于侦探小说,那么后者则生动地展示于言情文学。

这类文学不能被界定为"爱情小说",因为其中不仅有"性爱",也有"世仇",是一个以"爱与恨"为中心聚集起来的情感时空。这方面最具有代表性的案例,无疑是艾米莉·勃朗特的《呼啸山庄》。这个以19世纪早期的英国某处两座庄园为背景的,以一名叫希刺克厉夫的弃儿为主角的小说并不复杂:作为呼啸山庄主人恩萧的养子的希氏,与其恩主的女儿凯瑟琳相爱。但他俩的爱情受到庄园新主人也即凯氏的哥哥辛德雷的反对,希氏本人在养父去世后备受辛氏的虐待。为此他逐渐积累起仇恨。邻近的画眉

---

① [秘鲁]巴尔加斯·略萨:《谎言中的真实》,赵德明译,昆明:云南人民出版社1997年版,第55页。
② [哥伦比亚]加西亚·马尔克斯:《两百年的孤独》,朱景冬译,昆明:云南人民出版社1997年版,第275页。
③ 王安忆:《重建象牙塔》,上海:上海远东出版社1997年版,第23页。
④ [英]爱·摩·福斯特:《小说面面观》,苏炳文译,广州:花城出版社1984年版,第23页。

田庄的少爷埃德加也爱上了凯瑟琳并向她求婚。清楚并同情希氏的不幸命运的凯氏接受了这门婚姻，为的是想借埃德加的财富帮希氏摆脱她哥哥的迫害。但她此举却导致深受刺激的希氏离家出走，自己也因此大病，并在辛氏的催逼下成婚。数年后，在外面赚了不少钱的希氏回来，利用浪荡的辛氏的贪财而重返山庄实施其复仇计划。

他先是骗取埃氏之妹伊莎贝拉对自己疯狂的爱，将她带回山庄完婚后又以虐待她来发泄对其兄长娶凯氏的仇恨。而伊氏想回家的愿望又遭其兄的拒绝。目睹并明白这一切的凯氏经受折磨，在其即将临产时，希氏趁机与之相会互诉衷情请对方饶恕，但为时已晚，凯氏因难产去世。希氏更加疯狂报复。他诱使因长期酗酒、生活放纵而失去意志的辛氏，将其山庄产业抵押给自己，并在一次格斗中以自卫的名义杀死了他，之后将其子哈里顿作为其继续虐待的对象。12年后，伊氏生下的他的儿子林享·希刺克厉夫与凯氏的女儿小凯瑟琳长大，希氏用计逼迫他俩成婚，以此在埃氏死后成了田庄的继承人之父。一个长期实施的复仇计划终于宣告成功。但当其子小希氏在他的折磨下过早去世后，小凯氏与已沦为弃儿的辛氏之子哈里顿，却像当年的他与凯氏那样相爱了。在一个新轮回即将开始时，希氏的人生在一种悔恨中落幕。

不难发现，在这个"三个男人与两个女人"和"三个男人与一个女人"的双层故事中，只有"弃儿复仇"这个关键词。倘若推敲起来，其中的逻辑关系其实也并不十分清晰：即便是作为整部小说核心的希氏与凯氏的关系，尽管没有绝对"不可以"的理由，也属于"没商量"的情感。就像王安忆曾指出的，《简·爱》里女主人公同罗切斯特的爱情属于"可解释"的，而这里的男女主角那种如火焰般燃烧的情感是"没法解"的。但这种超逻辑性正是一种力量，它让艺术时空之"真情"超越生活世界里的"真实"。当故事里的人物被这种情折磨得死去活来时，故事的读者也为这种情的强烈所感动，而不再关注故事逻辑的"合理性"问题。因为它符合生活世界中常常体现着一种神秘性的情感现实。

这种情形为许多伟大叙事艺术所共享。小说家王蒙曾这样谈到《红楼梦》："整个《红楼梦》在你接受以后有一种比逻辑更重要的征服力，本体的征服力。就是说，你相信生活本身就是这样的，世界本身就是这样的。合乎逻辑的，你相信它是真的；不合乎逻辑的，你也相信它是真的。"[①]这就是生活世界对于我们的永远的神秘性。即便故事在逻辑关系上存在破绽，都不影响我们对这种真切的神秘现象进行深刻的体验。正像维特根斯坦说

---

① 王蒙：《风格散记》，北京：人民文学出版社1991年版，第106页。

过的：神秘的不是世界是怎样的，而是它是这样的。存在即神秘，所以，总是在努力面对生命存在的艺术所面临的，也即"说不可说"的悖论。所以，这样的见解是深刻的："故事本质上是非理性的，但这并不是说故事是反理性的。"[1]因为对逻辑的超越只是表明，生活世界的奥秘不可能为人类的理性所一网打尽，就像"人们知道生命问题的解答在于这个问题的消灭"[2]一样。

因此，真正的好故事不可能没有某种源自于生活世界自身的神秘感。就像哈维尔所说：神秘是每一个故事的尺度。所以讲故事艺术有一半的秘诀就在于：当一个人复述故事时无须解释。因为"存在"总是超越我们的主观控制，具有一种只能被"呈现"而无法被"传播"的自明性。这构成了艺术中的"故事"与新闻类的"事件"的根本区分。正是凭借其对于生活世界的呈现，"叙事作品获得了新闻报道所缺少的丰富性"[3]。因为故事提供的不是仅供理性掌握的信息，而是可为心灵所体验的超信息。让我们为故事所具有的这种不可替代的诗学价值恢复名誉。在故事的小时空里，我们能够一窥大宇宙的天地。

## 22. 贫困与贫乏：苦难美学

读过欧文·斯通描写梵高生平的那部《渴望生活》的人，除了为故事所感染或许还会对其中的两个细节留下深刻印象。其一，梵高偏爱以穷困的农夫农妇为其画中对象，这让当时有钱购画的买主们望而却步。他的母亲于是提议儿子改画有地位和身份的妇女，但却遭到了梵高的拒绝。理由是："她们都过着安乐的生活，所以她们的脸上没有使人感兴趣的地方"。其二，毕生穷困潦倒的梵高常常饱受饥饿的困扰，有一次实在饥肠辘辘只好求助于富裕的画家韦森布吕赫。但却被后者冠冕堂皇地以"艺术家是靠痛苦成长的，有价值的画都是饿着肚子画出来的。如果你挨饿、灰心、不幸，那就应该感激不尽"[4]这样一番话而拒绝。尽管前一例子给我们某种值

---

[1] [美]罗伯特·麦基：《故事：材质、结构、风格和银幕剧作的原理》，周铁东译，北京：中国电影出版社2001年版，第132页。

[2] [奥地利]维特根斯坦：《逻辑哲学导论》，贺绍甲译，北京：商务印书馆1985年版，第96—97页。

[3] [德]瓦尔特·本雅明：《本雅明文选》，陈永国等译，北京：中国社会科学出版社1999年版，第297页。

[4] [美]欧文·斯通：《渴望生活：梵高传》，刘明毅译，上海：上海人民美术出版社1982年版，第129、222页。

得思考的东西，而后一个例子却让人听起来觉得有什么问题。但二者却是互相关联的，它涉及中西美学中的一个老生常谈：艺术与苦难的关系。

尼采有一句十分精彩的比喻：痛苦使母鸡和诗人咯咯。①用费尔巴哈的话说："痛苦是诗歌的源泉。只有将一件有限的事物的损失，看成一种无限损失的人，才具有抒情的热情和力量。只有回忆不复存在的事物时的惨痛激动，才是人类的第一个艺术家。"②因为"苦水必须吐出来，艺术家不由自主地拿起琴弹起来，为的是吐露自己的痛苦，他倾听自己的痛苦，并且把自己的痛苦对象化，以此来消散自己的痛苦"③。所谓长歌当哭，所谓"一切伟大的文艺都是于悲哀这种土壤中得到它的根源"④，都是同样的意思。出于同样的立场，英国评论家贝尔甚至提出：让艺术家成为一个乞丐，靠社会的慈善事业生活吧，让那些讲求实际的人们得到一切——高工资、休闲时间、社会的关心和广泛享受，"而艺术家们只要有足够的糊口的东西和他们的行业所需的工具就行"⑤。相信"在粗糙的真实中比在巧妙的谎话中有更多的美，在下层社会中比在全巴黎的沙龙中有更多的诗意"的小说家左拉，更是直截了当地表示：我们认为痛苦是好的，因为它在人的全部感情中，是最深刻的。我们把个性放在丑恶之上，把痛苦放在可爱之上，把穷困的现实放在法兰西的全部财富之上。久而久之，诸如"一个真正的艺术家将让他的妻子挨饿，让他的孩子没有鞋穿"⑥这样的说法，在艺术的天地里逐渐成为一种定论。在中国美学史上，相似的说法也让人耳熟能详，明代的李东阳曾一言以蔽之："贫诗易，富诗难，贱诗易，贵诗难。"⑦

比如前人有"人无风趣官多贵，案有琴书家必贫"的诗句，前句为清代才子袁枚所作，后句为其友人周青原的应对，形象地道出了中国传统中仕途人生与诗书人生的社会差异。事情可溯源到司马迁在《报任少卿书》里，对历史上广义的文学现象做出"大抵圣贤发愤之所为作也"的总

---

① [德] 弗·尼采：《悲剧的诞生》，周国平译，北京：生活·读书·新知三联书店1986年版，第269页。
② [德] 路德维希·费尔巴哈：《费尔巴哈哲学著作选集》上卷，荣震华等译，北京：生活·读书·新知三联书店1962年版，第106页。
③ [德] 路德维希·费尔巴哈：《费尔巴哈哲学著作选集》下卷，荣震华等译，北京：生活·读书·新知三联书店1962年版，第154页。
④ 吕俊华：《艺术创作与变态心理学》，北京：生活·读书·新知三联书店1987年版，第10页。
⑤ [英] 克莱夫·贝尔：《艺术》，周金环等译，北京：中国文艺联合出版公司1984年版，第175页。
⑥ [美] 威廉·戈登：《作家箴言录》，冯速等译，海口：海南出版社2002年版，第212页。
⑦ 轻言：《历代诗话小品》，武汉：湖北辞书出版社1994年版，第45页。

结。自此以降，认为诗词文章缘起于"男女有所怨恨，相从而歌"的主张便逐渐形成；在"饥者歌其食，劳者歌其事"这类说法中，文学艺术同社会苦难紧密联系在一起。从韩愈的"欢愉之词难工，而穷苦之言易好"，到杜甫的"文章憎命达，儒冠多误身"和李白的"哀怨起骚人"，再到欧阳修的"诗穷而后工"，中国古人们对于艺术与苦难的这种形影相随的关系，早已有清楚的认识。白居易在《读李杜诗集因题卷后》一诗里写道："……不得高官职，仍逢苦乱离。暮年逋客恨，浮世谪仙悲。……天意君须会，人间要好诗。"他曾以陈子昂、杜甫、李白、孟浩然、孟郊、张籍等唐代最杰出的诗人们都穷困潦倒、终生不得志为例，得出了诗人总是时运不济的结论。[①]所谓"天恐文人未尽才，常教零落在蒿莱。不为千载离骚计，屈子何由泽畔来"。宋代诗人陆游的这首《读唐人愁诗戏作》，对此做了形象的描写。在中国诗史上与王维并举的孟浩然，在《岁月归南山》一诗里说："北阙休上书，南山归弊庐。不才明主弃，多病故人疏。白发催年老，青阳逼岁除。永怀愁不寐，松月夜堂虚。"此诗的意味深长，得益于诗人毕生的苦难经历。

又比如《古诗十九首》已成千古绝吟，清人牟愿相认为，原因在于"《十九首》万愁万苦，古今读者万辈，各有愁苦处，恰好触着"[②]。不能说没有道理。正是从诸如此类的经验之道中，诞生了所谓的"贫困诗学"和"受难美学"。在现代美学视野里，"艺术作为表现苦难的语言"[③]而被强调。匈牙利著名电影学家巴拉兹曾经指出：卓别林所塑造的那个冒失而善良的流浪汉之所以具有如此的魅力，很大程度上在于他作为现代工业社会里的边缘人，成了一个失意的符号和一种苦难的象征。时至今日，"贫困诗学"和"受难美学"的影响被发扬光大，几乎成了一个艺术定论，从未对它进行必要的反思与审视。但只要从实际来看，这种说法的弊端在古代就已露出破绽。宋代名诗人张耒曾取笑秦观："世之文章多出于穷人，故后之为文者喜为穷人之辞。秦子无忧而为忧者之辞，殆出于此耶？"陆游在《后春愁曲》里招认："醉狂戏作春愁曲，素屏纨扇传千家。当时说愁如梦寐，眼底何曾有愁事。"宋人范成大也曾有"诗人多事惹闲情，闭门自造愁如许"

---

① 中国文学史上"诗穷而后工"的问题，钱锺书在其《七缀集》"诗可以怨"一文里有过相当深入的讨论。
② 轻言：《历代诗话小品》，武汉：湖北辞书出版社1994年版，第405页。
③ [德]西奥多·阿多诺：《美学理论》，王柯平译，成都：四川人民出版社1998年版，第33页。

的诗以示嘲讽。在"文人应该是贫穷的,这才显出他们是真正的文人"①这样的观念下,古今中外的骚人墨客纷纷无病呻吟。中国文学史上曾有这样一个典故:有个叫李迁彦的人写了一首排律呈给他的上司,里面有"舍弟江南没,家兄塞北亡"的句子,那位上司对此深表同情:"不意君家凶祸重并如此。"不料李回答说:"实无此事,但图属对亲切耳。"此事流传开来,有人概括为"只求诗对好,不怕两重丧"。

这种"为赋新词强说愁"的例子说明,"苦难诗学"所推崇的"一生失意之诗,千古得意之句"尽管听起来很有道理,在实践中并非如此。分析起来,一方面"没有人愿意饱尝愁苦的滋味,假如他能够避免",另一方面"没有人不愿意作出美好的诗篇,即使他缺乏才情"。②这种情形进一步导致了艺术家的实际生活与其创作生涯之间的紧张。正如诺贝尔文学奖获得者智利诗人聂鲁达所说:"有许多人不能容忍一个诗人因为在世界各地出版作品所获得的成果而享有体面的物质条件,这种物质条件是一切作家、音乐家、画家应该得到的。"③但承认这点并非是要取消艺术与苦难的命题,而是要对此做更为深入的理解。

诚然,苦难对于艺术实践的意义无可否认,这有其心理方面的原因。首先是有助于我们加深对生命的体验。古人早有"乐主散,一发而无余;忧主留,辗转而不尽。意味之浅深别矣"的概括。而现代诗人与文豪们对此有更多的认识。奥地利诗人里尔克指出:当人们觉得自己受幸运之神眷顾时,很少会更深入更认真地去对待自己。法国哲人蒙田同样写道:当我想象一个人被称心如意的快乐团团包围,我会感到他将被快乐融化,他绝对吃不消那样的快乐。西班牙思想家乌纳穆诺也说过:那些不曾受苦的人不会懂得愉悦,就像那些不曾感觉冷的人便不能感觉热。而与此不同,受苦是生命的实体,也是人格的根源。"唯有受苦才能使我们成为真正的人。"④别尔嘉耶夫也指出,甚至"最庸俗的和最肤浅的人在苦难和痛苦的时刻的眼神都是深刻的,并见证着生命的深度"⑤。苦难的人类学意义不仅在于受苦是普遍性的,也是由于受苦才使我们这些有生命的存在得以结合在一起。

---

① [英]托马斯·卡莱尔:《英雄和英雄崇拜:卡莱尔讲演集》,张峰等译,上海:上海三联书店1988年版,第272页。
② 钱锺书:《七缀集》,上海:上海古籍出版社1985年版,第130页。
③ [智利]巴勃罗·聂鲁达:《回首话沧桑》,林光译,北京:知识出版社1993年版,第364页。
④ [西班牙]米格尔·德·乌纳穆诺:《生命的悲剧意识》,段继承译,哈尔滨:北方文艺出版社1987年版,第124页。
⑤ [俄]尼·别尔嘉耶夫:《论人的使命》,张百春译,上海:学林出版社2000年版,第256页。

## 第五讲　美学理论

其次，苦难也有益于激发我们的向往。艺术创作是想象的产物，审美实践需要以对幸福的憧憬为动力。所以，当小说家略萨被问到"你为什么写作"时他毫不犹豫地表示：因为不幸福，"从根本上说，我写作是因为这是一种与不幸作斗争的方式"[1]。但正如弗洛伊德根据大量的第一手资料所得出的结论：幸福的人们从不幻想，只有得不到满足的人们才幻想。由于幸福生活尽管并不等于物质的富裕，但却必须以此为前提；所以也就导致人们常常会将以金钱为标记的物质方面的成功等同于幸福生活。正是出于这样的考虑，叔本华独具慧眼地指出：生活如意时艺术可以不要，艺术是生路将穷尽时出来的，到了无论如何都不能生活的时候，人才借艺术以鸣。[2]但这些仅仅只是事情的一个方面，除此之外，事情也存在着与此不同的方面。这就是同"苦难诗学"针锋相对的"幸福诗学"。比如与通常认为贫乏的生活更能激发人们对美好未来的想象相反，小说家亨利·詹姆斯提出过"一个人必须有钱才能够发出他的想象力"[3]的见解，法国经济学家奎奈更是语惊四座地提出了"富裕是艺术和奢侈之母"[4]的观点。这与中国古人的"仓廪实而知礼节，衣食足而知荣辱"的立场遥相呼应。事情同样可以从两个方面来看，首先，"从没有人能饿着肚子讲好一个故事"[5]。正如法国评论家埃斯卡皮所指出的：在认识作家这个职业的本质之前，不要忘记一个作家（即使是最超脱的诗人）每天也得吃饭和睡觉。因而"否认物质考虑对文学生产的影响，那是不现实的"[6]。古往今来，如何解决好衣食温饱的生存问题是每个人类个体首要的现实。歌德说得好：一个人绝不能与世无争到这种地步，以致连他自己成了一个债务人或者债权人都浑然不知。[7]法国小说家罗曼·罗兰也指出："人不能光靠感情生活，人还得靠钱生活……那种生长在以金钱为基础的土地上的理想主义，如果自以为对金钱不感兴趣，

---

[1] ［秘鲁］巴尔加斯·略萨：《谎言中的真实》，赵德明译，昆明：云南人民出版社1997年版，第69页。

[2] 吕俊华：《艺术创作与变态心理学》，北京：生活·读书·新知三联书店1987年版，第9页。

[3] 转引自张来民：《作为商品的艺术》，北京：中国社会科学出版社2002年版，第78页。

[4] ［美］米歇尔·博德：《资本主义史1500—1980》，吴艾美等译，北京：东方出版社1986年版，第66页。

[5] ［美］威廉·戈登：《作家箴言录》，冯速等译，海口：海南出版社2002年版，第215页。

[6] ［法］罗贝尔·埃斯卡皮：《文学社会学》，王美华等译，杭州：浙江人民出版社1987年版，第31—33页。

[7] ［德］歌德：《歌德的格言和感想集》，程代熙等译，北京：中国社会科学出版社1982年版，第51页。

那是最恶劣的寄生主义。"①田园诗人陶渊明能够不为五斗米折腰,是因为他还没有到一贫如洗的境地。即使是穷困几近乞丐的梵高,毕竟仍有一个不断给他以经济支持的弟弟提奥。

正是出于同样的理由,将艺术家与乞丐相提并论的贝尔,又自相矛盾地表示:"从某种意义上来说,所有的艺术家都是贵族。"②其实他真正想说的,无非是强调艺术生产有其物质方面的基础。房龙曾提醒我们:在研究希腊艺术时我们必须记住,这是一小部分靠别人的劳动生活的人的艺术。一般地说我们敢肯定,动乱时期产生不了伟大的艺术。"艺术的发展,需要和平环境,正如你家庭院里的那些树木,要不受骚扰,才能成长"。③所以有"工业化是穷人唯一的希望"这样的说法。英国学者斯诺曾精辟地指出:"对于我们这些座位舒适的人来说,以为物质生活标准无关紧要是十分自然的。"④以此而言,像英国评论家考德威尔那样认为"诗的本质应被理解为是经济的"这或许言过其实,但承认艺术实践有赖于相应的物质保障这很有必要。就像美国批评家马尔科姆·考利所强调的:艺术的宗教绝不是穷人的宗教,寻求绝对的美学的那些人必须有一定程度的经济自由。⑤

再进一步来看,"苦难诗学"的问题不仅仅在于对艺术创作条件的片面理解,更在于对艺术文化的精神容易形成一种遮蔽。尼采说过,揪人心肺的折磨,并且常常是吞噬个人的激情却有如下的后果:谁亲身经历它们,谁就注定不在戏剧、诗歌或小说中描写它们。这与辛弃疾的这首《丑奴儿》异曲同工:"少年不识愁滋味,爱上层楼,爱上层楼,为赋新词强说愁。而今识尽愁滋味,欲说还休,欲说还休,却道天凉好个秋。"与人们通常那种"蚌病成珠"之说大相径庭,超越时空的两位大文人不约而同地强调了苦难对于艺术创作的负面效应。用什克洛夫斯基当年评论荷马《伊利亚特》的话说:这首史诗的本质是一种隐匿的悲哀,它最深刻的思想并没能得到很好的表达;因为"这位最伟大的人物是如此悲伤,他甚至都不想告诉我们,

---

① [法]罗曼·罗兰:《母与子》上卷,罗大冈译,北京:外国文学出版社1990年版,第249页。
② [英]克莱夫·贝尔:《艺术》,周金环等译,北京:中国文艺联合出版公司1984年版,第164页。
③ [美]房龙:《人类的艺术》上卷,衣成信译,北京:中国和平出版社1996年版,第199页。
④ [英]潘·斯诺:《两种文化》,纪树立译,北京:生活·读书·新知三联书店1995年版,第24页。
⑤ [美]马尔科姆·考利:《流放者归来》,张承谟译,上海:上海外语教育出版社1986年版,第138页。

他究竟知道什么"①。这话虽说不同寻常，但却耐人寻味。

何以如此？无非苦难不仅是对人生的磨难，同样也会是对人性的否定。这对于艺术活动无疑是十分不利的。有一位美国诗人曾经表示："如果写诗的诗人不曾觉察到寂寞的反面，那么一首写寂寞的诗便不可能产生。"②同样道理，一种表现苦难的艺术作品如果不能成为其对于幸福的憧憬，那就毫无意义。著名学者房龙说得好：艺术家极其热爱生活，每件伟大的艺术作品都蕴藏着这些东西。这道出了艺术文化的真谛。艺术说到底是对生命的一种感恩，而不是对人生的怨愤。但正如只有经历过黑暗的人才会真正珍惜光明，只有拥有苦难体验的生命才能真正领悟生命的内涵，懂得幸福的意义。南唐亡国之君李煜作为君王的生涯以失败告终，但作为一位伟大的诗人却流芳百世，原因就在于苦难让他体验到了现实人生的真相，领悟到了短暂生命的真谛。

比如这首早已成千古绝吟的作品："帘外雨潺潺。春意阑珊。罗衾不暖五更寒。梦里不知身是客，一晌贪欢。独自莫凭栏。无限关山。别时容易见时难。流水落花何处也，天上人间。"虽然作者曾贵为一代君主，属于所谓的"剥削阶级"，但这样的诗句无疑具有一种超越时间与空间的永恒魅力，能让不分阶级、种族、身份、集团和性别的人类成员普遍感动。真正的艺术只有一种至关重要的职能，那就是帮助我们穿越观念的魔障懂得生命的宝贵，从而学会热爱生活。因为生活从来不是一件容易的事，不是风花雪月钓鱼养花。防不胜防的天灾人祸和光阴如梭的死亡之旅，这一切都让人生始终难以超越生离死别的体验，并构成了我们现实生活的底色。"爱情、痛苦、死亡，这些就是人生的大学校。"③在某种意义上，所谓的生命意识也就是苦难意识，一个缺乏这种意识的人不可能真正触及生命的实质。用小说家张炜的话说："苦难的经历对于一个作家还是太重要了，这可以使他更深地参悟人生，懂得生活到底是怎么一回事。"无论如何，同单调的享乐相比，不能不承认"对于苦难的真切的感觉、痛心疾首的忧患，都源于生命的深层"④。苦难体验的美学价值正在于让艺术家拥有这份意义，并非喧宾夺主地成为艺术实践的主宰。

---

① [俄] 维·什克洛夫斯基：《散文理论》，刘宗次译，南昌：百花洲文艺出版社1994年版，第320页。
② [美] 霍华德·奈莫洛夫：《诗人谈诗》，陈祖文译，北京：生活·读书·新知三联书店1989年版，第202页。
③ [法] 爱米尔-安托瓦尼·布德尔：《艺术家眼中的世界》，孔凡平译，沈阳：辽宁美术出版社1990年版，第99页。
④ 张炜：《问答录精选》，济南：山东友谊书社1993年版，第71页。

俄罗斯思想家别尔嘉耶夫指出："苦难仅仅是人走向另一个世界，走向超验世界的道路。"[①]只不过这个超验世界不属于上帝的彼岸，就在日常生活的经验之中，属于我们"此在"的生活世界。因为这个"超验世界"并非玄乎其玄的神秘去处，它就是由我们的喜怒哀乐等生命体验所构成的"意义天地"。但领悟这份精神意义必须拥有起码的物质基础，绝不能无视马克思当年的这番提醒：对于一个饥肠辘辘的人来说并不存在食物的属人的形式，而只存在着它作为食物的抽象的存在。因此，"忧心忡忡的穷人甚至对最美丽的景色都无动于中（衷）"[②]。这一切都只因为，苦难会将人的生命异化成非人。所以，对于由来已久的"艺术诞生于苦难"的说法必须慎重，不能只看到苦难对于艺术实践的积极方面，同样或者说更应该意识到苦难对于艺术精神的消极影响。真正的艺术杰作从来不赞美苦难，相反地是对苦难的批判。它们是用浪漫主义讴歌苦难中的人对苦难的超越，而不是通过美化穷苦大众的生活表达对苦难的膜拜。这是两种大相径庭的价值取向，它所产生的是两种完全不同的艺术成就。不妨让我们通过近些年颇获好评的三部影片来说明问题。首先来比较一下看似相近的两部以青少年为主角的非好莱坞电影：由伊朗导演麦吉德·麦吉迪拍摄的《小鞋子》（The Children Of Heaven）和南非影片《黑帮暴徒》（Tsotsi）。

影片《小鞋子》故事很简单：阿里和扎乐是一对在贫穷中挣扎的兄妹，全家一连几个月都交不起房租。父亲终日奔波辛劳，母亲又双目失明。上小学三年级的哥哥在路上弄丢了妹妹唯一的鞋子。父亲又没有钱为她买一双新鞋子。阿里虽然用一支钢笔哄得妹妹闭上了嘴，但问题并没有得到解决。于是为了不加重父母的负担，两人决定共同守着一个秘密，以免挨打。从此兄妹俩开始了穿同一双鞋子上学的生活。那是两个孩子唯一拥有的一双鞋：哥哥的运动鞋。妹妹必须每天中午一放学就飞奔回来在路口把鞋子换给哥哥去学校。这样的生活让两人都很难堪。他们得避免在同一时间出现在父亲面前。父亲虽然觉得这两个孩子有些不对劲，也没有发现鞋的秘密，但对阿里的关注却越来越多。妹妹担心自己脚上又脏又旧的运动鞋被同学嘲笑；哥哥则因为换鞋的关系经常迟到，直到被教导主任强迫离开学校。就在兄妹俩陷入困境时得到了一个让人振奋的消息，学校将举行4000米赛跑比赛，第三名的奖品正是一双鞋！阿里二话没说就报了名。赛枪响

---

[①] [俄]尼·别尔嘉耶夫：《自我认识：思想自传》，雷永生译，上海：上海三联书店1997年版，第287页。

[②] [德]马克思：《1844年经济学—哲学手稿》，刘丕坤译，北京：人民出版社1979年版，第79—80页。

第五讲 美学理论

了，阿里的身影如箭般冲出，为妹妹赢一双鞋子的梦想使他神奇地越跑越快。当他精疲力竭地跑过终点，他说的第一句话是："我是季军吗？"当他最后得知自己因为怕跑不进第三名而奋力拿了第一名后却无比失望。

这部电影取得成功的一大关键是"本色"，而这在很大程度上取决于导演挑选演员的眼光。剧中的两个孩子穆罕默德·阿米·纳吉（饰阿里）与巴哈丽·西迪奇（饰扎乐）据说都是第一次面对镜头，没有经过什么专门训练。他们以孩童的本色做出的朴实表演很具有感染力。就像影片里扮演哥哥的男孩由于违反规定往回走时，眼里的泪水是一个孩子最真实的伤心。无须讳言，兄妹俩的语言、思维和行为都是幼稚的，但在这种幼稚后面有一样东西：真纯质朴。在两个孩子大大的眼睛里流露着这种纯真的神情，而他们懂事的举止则又让人想起"穷人的孩子早当家"这句中国古话。影片虽然也有1小时28分钟，但导演并没有安排什么悬念，相反似乎在刻意避免让故事有任何多余的枝蔓，只是让我们随着这对善良而不幸的兄妹走进他们的童年世界，和他们同喜同悲，甚至让人产生仿佛在看一部纪录片的幻觉。简单的故事恰到好处地衬托出一种单纯和干净之美，当西亚明亮的阳光照在这两位穷苦孩子身上，我们从他们的脸上并没有看见因为贫穷而产生的抱怨和自卑，而是穷苦人之间以相互的帮助与同情来取代富人间的敌视与仇恨。在此意义上电影让我们感到，穷苦也是人生中最好的老师，它教会了兄妹俩拥有善良之心和同情之心。这样的童年谁又能说是绝对贫苦的呢？

这部电影的英文名《天堂之子》同样也折射出故事的一个隐含的意思：这对穷苦的兄妹俩是幸福的，因为他们心里有天堂。天堂不在富裕繁华之地，就像那个拉着哥哥阿里缠着他一起玩的城里来的小女孩，虽然她家有一个大花园，可她显然是不快乐的，高墙的四角天空锁着童年的幻想。不言而喻，导演以理解的尊重取代廉价的同情，让观众对穷困的世界有了一份亲切，从中流溢出一种人文关怀气息，这是这部影片的魅力所在。能把对苦难的描写融会在纯真的甜蜜中，以此体现坚定的人生信念对于穷困苦难生活的超越，是这部影片的最大成功。但问题也随之而来：面对这样的情形，我们还需要改变什么吗？答案是什么都不需要。影片让我们看到像阿里这样一个在窘迫境况下生存的少年的许多优秀品质，比如在他那双清澈的大眼睛中始终有一种倔强的生命光芒和对目标不懈努力的激情，以及他对妹妹的关心，对父母的体贴，对学习的热爱。而造就这一切的又是什么？不言而喻是穷苦的生活。不管有意无意，影片通过一对可爱的穷苦兄妹，事实上将赞美送给了苦难。而这不仅是对现实世界的欺骗，其所具有的效应也是很有害的。因为苦难并不总是通往天堂之路，它更多地会磨灭

·295·

人们的善良性情，成为恐怖主义文化的土壤，贫困能让人铤而走险充当形形色色的邪恶势力的帮凶和牺牲品。

影片原名《天堂之子》则昭示电影对这一切不仅缺乏必要的客观审视，反而借其构筑起一种贫穷诗学。这让它的效应从名副其实的审美感动沦为高明的煽情。苦难美学的思想基础是贫穷神话，是所谓"无知者最聪明，低贱者最高贵"这种反文化逻辑的体现。事实上，这是一小部分渴望在权力社会中重新洗牌的并不贫穷的集团，为了他们自身的利益所刻意经营出来的虚无缥缈的说法，是一种为颠覆既存政治格局而被隆重推出的意识形态。诸如"富人进天堂比骆驼过针眼还难"这类谚语与其说是对一种现实的真实揭示，不如讲是一种自欺欺人的心态的表现。这是由富人与穷人联袂合谋的神话。思想家亚历山大·蔡斯说得好："富人可能永远进不了天堂，但穷人已经开始在地狱服刑了。"①苦难神话将贫穷阶层中部分成员的相对朴素的人性本色给予极端放大，而完全遮去了这个阶层的大多数愚昧者往往只能像鲁迅散文里曾经谈到的，扮演麻木的人世看客甚至走狗的角色这个事实。

历史早已证明了别尔嘉耶夫的这句名言："无产者不具有精神的优势。"②在我们试图营造"苦难美学"前有必要反思。别尔嘉耶夫这话的意思其实孔子早就说过："贫而无怨难，富而无骄易。"（《论语·宪问》）缺乏这样一种文化意识，不仅极大地限制了苦难美学的精神高度，而且会导致艺术实践的失败。而一些有识之士则早已对此发出警惕的声音。比如小说家张炜，他虽然一方面承认"一个好的作家往往要经受苦难的生活"，但同时也没有忘记强调，"我有时很矛盾，倒有常常警惕那些把苦难挂在嘴边的人"。因为经验表明"经受了苦难并不一定就不会背叛"③。相形之下，由导演加文·胡德根据南非著名的戏剧大师阿索尔·加德的同名小说改编、获第78届奥斯卡最佳外语片奖的《黑帮暴徒》就显得更为优秀。

影片以南非首都约翰内斯堡附近的一个城镇为背景，讲述了当地一名绰号"阿飞"的黑人青年塔提斯在6天时间里发生的转变。这名瘦小精干、其貌不扬、原本显得冷酷凶残的青年黑帮头目，在一次劫车过程中无意中带走了车上的一名女婴。最终他良心发现，决定担负起照顾这名女婴的责任，从而走上了与过去决裂的痛苦过程。影片的故事在结构上由三个板块

---

① ［英］A.C.格雷林：《生活、性与思想》，刘川等译，西安：陕西师范大学出版社2004年版，第151页。
② ［俄］尼·别尔嘉耶夫：《人的奴役与自由》，徐黎明译，贵阳：贵州人民出版社1994年版，第188页。
③ 张炜：《问答录精选》，济南：山东友谊书社1993年版，第71页。

第五讲 美学理论

组成。首先是开头和序曲两部分的"犯罪",其次是由"老人与少妇"的情节组成的良心的"苏醒",再次是通过主人公"以暴制暴"和"归还孩子"两个场景组成的"救赎"。从这样的结构中可以看出,这是个多少仍落入俗套的故事。这从与影片相关的一段离奇插曲中便能够得到说明:据南非《星期日独立报》报道,影片制片人戈维尔和友人在赴美国参加奥斯卡典礼前两天的凌晨,在约翰内斯堡遭遇抢劫。离奇的是,抢劫经过与影片情节惊人相似:事件都发生在雨夜,抢匪都是新手,被抢车辆都是银灰色的德国豪华轿车。事发时,戈维尔在他的朋友、约翰内斯堡记者布·普林斯的车上。就在车子快到达普林斯家时,三名持枪男青年强迫两人下车并脸朝下趴在地上。抢匪一边试图发动宝马车,一边逼问普林斯钱放在哪里。导演普林斯曾大着胆子问其中一名歹徒,是否看过《黑帮暴徒》这部电影。没想到这名歹徒对普林斯说:"这是部好电影,所以请原谅我这样对待你。放心,我不会杀你。"警方当天就寻获了被抢车辆,并找到了戈维尔前往洛杉矶参加奥斯卡奖颁奖典礼的机票和护照。生活与艺术的这段"连接",绝妙地反映了影片试图强调的"心灵自救"的主题的虚弱。

由影片所体现的青少年在成长之旅中走向犯罪问题的症结,在于不合理的社会结构导致贫富差距的悬殊,而根源在于制度的欠缺。不从这方面入手解决问题,只是期待苦难中的穷孩子们都能够像影片中的塔提斯那样做出自我救赎,这无疑是一种自欺欺人。必须在解决生存困境的基础上,才能够拥有人性生长的空间。影片里的阿飞的故事显然带有许多个人色彩和偶然因素,它能够给予我们一些审美的感动,但缺乏更为深入持久的艺术回味。从此意义上讲,这部得到了奥斯卡大奖的影片仍称不上是一部真正的艺术杰作。但尽管如此,有些评论将它看作一部"政治正确,商业成功"之作是不公平的。无论如何,这部影片比《小鞋子》要出色得多,因为它真实地表现了苦难对于人性的那种毁灭性的摧残,展示了苦难中的人们努力与命运抗争的艰难,而没有像《小鞋子》那样将苦难当作了一种走向天堂的途径,有意无意地对苦难世界中人们的生存真相做了粉饰。

虽然美学家们早已指出:"唯有艺术能化苦难为欢乐。"[①]但前提是必须"摆脱谎言和欺骗",面对生活世界的事实真相。这往往意味着对苦难之源的揭露和批判,而不是满足于在苦难人生中体验真主的恩宠和青睐。这种做法的虚幻在于自欺欺人,而它的虚伪性则在于,它其实是屈从于现实政治的黑暗暴虐,为自己的被奴役寻求一种心理安慰。所以,如何激励苦

---

[①] [德]弗·尼采:《悲剧的诞生》,周国平译,北京:生活·读书·新知三联书店1986年版,第179页。

难中的人们从由来已久的苦难咏叹调中清醒过来,警惕被苦难所吞没,这尤为重要。有谁能在这方面处理好,谁就能脱颖而出。比如巴西导演华特·萨勒斯的《中央车站》(*Central Station*)。

这同样是一部以儿童为主角的影片。剧情讲述了一个几近冷漠的老女人与一个毫不相干的少年寻找亲生父亲的故事。虽然片名为"中央车站",但大部分的情节是发生在公路上。这部影片在1998年美国圣丹斯电影节上首映的时候就给了人们一个惊喜,一个月以后,它又如风暴一样席卷各大影展,一举荣获第48届柏林电影节金熊奖、最佳女演员奖,第56届金球奖最佳外语片奖以及第71届奥斯卡最佳外语片奖,并被世界各地的影评人赞誉为"全世界最好看的电影"之一。虽然片中扮演女主角的菲南妲·蒙坦纳葛罗是巴西最杰出的女演员之一,曾获1970年莫斯科影展最佳女主角奖、1977年意大利塔欧米纳影展最佳女主角奖,但扮演约书亚的男孩文尼西斯·狄奥利维拉原本是里约热内卢机场的擦鞋童,被导演华特萨勒斯看上,从1500名人选中脱颖而出。

故事开始于里约热内卢最主要的火车站,中年妇女朵拉在那里摆摊为不识字的人写信,写一封信收一块钱,如果需要代寄,就再加一元。这一天,安娜带着她9岁的儿子约书亚前来,因为约书亚一直很想见他素未谋面的爸爸。朵拉和邻居艾琳(玛瑞莉亚贝拉饰)以念白天写的信取乐,她们认为重要的信就寄,其他的信则统统扔掉,如果两人意见不同就把信收进抽屉改天再决定,约书亚给父亲的信就在其中。第二天,安娜与约书亚又来到中央车站,口述了第二封信给约书亚的父亲,但一出车站安娜就遭遇车祸身亡。目睹了这幕悲剧的朵拉在母性的驱使下答应带约书亚到东北部去找爸爸,但这个决定并非出于善意而只是想利用他。可怜的孩子被卖给了领养机构,朵拉因此得到了一笔钱。而所谓的领养机构其实是个贩卖人体器官的罪恶组织。最终在室友的劝说下朵拉良心发现,救出了约书亚并打算把他送回亲生父亲身边。沿途的风景越来越陌生,两人却变得越来越亲近。起初朵拉对倔强的约书亚缺乏足够的耐心,更想逃脱对约书亚的责任。她把他留在车上试图交给司机,不料约书亚却偷偷下车又跑回她的身边。朵拉意外邂逅了一名货车司机,并爱上了他。对于一直都很孤独的朵拉而言,她对爱充满了憧憬。尽管自己已并不年轻,但因为爱还是独自一人躲在厕所里抹口红。然而司机不辞而别,朵拉深感失落,伤心流泪。旅途上的种种困境加之身上的钱都已用完,眼看即将走投无路时,朵拉开始抱怨约书亚是上帝对她的诅咒。无助、害怕的她大声斥责孩子;敏感的约书亚生气了,到处乱跑,朵拉不顾一切地在后面追赶,喊着他的名字。又饿又累的她终于支持不住倒在了地上;醒来时,朵拉发现自己躺在约书亚

第五讲 美学理论

的腿上。

沿途的这些遭遇让他们不再陌生、不再敌视，开始彼此了解、彼此依赖。他们的友情超越了年龄的界限。此时，约书亚灵机一动，让朵拉帮人写信。于是他开始吆喝，清亮稚嫩的声音召来了很多路人，生意很火。他们终于赚到了路费，摆脱了尴尬的境地。约书亚像个大人似的为朵拉买来裙子，一老一少欢喜地站在照相机前微笑。终于，朵拉带着约书亚，来到了一个巴西小镇上。那里，每栋房子都一模一样。木板屋，墙面漆成淡蓝色，看上去整洁而微小，沿着狭窄的马路两边左右对称地排列着。当朵拉为兄弟三人读着他们的父亲留下的信时，她感到了一种爱和亲情的力量。发现已经十分关爱约书亚的朵拉，希望为他选择一种更好的生活。于是在一个清晨，朵拉穿上约书亚为她买的裙子，悄然离去，踏上归程。她想让约书亚和他的哥哥们住在一起。在颠簸的汽车上，她开始给约书亚写信。虽然信里她有"我有时也不太记得父亲的脸，也许是因为没有照片。那就不用去记忆，那就可以遗忘"这样的话，然而最后却还是写道"如果你想念我，就看看我们的合照吧。我这么说，是怕有一天你会忘了我"。约书亚醒来后发现朵拉不见了，他心有灵犀般地感应到了什么，立刻推开房门，光着脚拼命地去追赶朵拉。

黎明时分，辽阔高原上的天空无比澄澈，宛如没有涉世的幼小心灵。而伸展在约书亚前方的路是如此漫长，就像他的人生、他的希望。最终，约书亚没能追上朵拉，但这已经不重要了。影片的最后，朵拉和约书亚几乎同时举起了那个小小的玩具相机，对着阳光入神地看。那是他们在圣像前的合影，凝固着相伴时的快乐和默契，恍如昨日般历历在目。那一刻，他们彼此泪流满面，而脸上依然挂着欣慰的笑容。虽然电影让人觉得拍得很优美，但这种美显然并不来自刻意经营的自然景色和异域风光，而是人与人之间的关爱。无论是嘈杂的车站、熙熙攘攘的人群，还是破旧的小旅店、低俗的同路人，从尘土飞扬的荒漠到没有疆界的草原和贫穷的巴西小镇，曾是优秀的纪录片电影人的导演让这部影片充满了现实主义的场景。但由于拥有了那一份真挚的关切，几乎每一幅画面都让观众为之动容。

与《小鞋子》相比，《中央车站》讲述的同样是社会底层的穷人，同样是苦难与不幸，同样有人情的温馨和人性的善良，不一样的是对待穷困潦倒的生活的态度。由于没有得到爱和心灵孤寂，穷人朵拉曾是一个冷漠的老女人，她是在这次旅途中逐渐寻回了心灵的温暖。所以，这部影片里同样有从苦难人生中升华出来的人性美，但这份东西并不以对苦难的遮蔽而取得，恰恰相反，是借助于对苦难的批判而呈现。这种现实主义的品质赋予了影片一种真正的力量，这份力量给我们以希望。如果说《小鞋子》的

· 299 ·

故事只是让我们去欣赏一种被过滤了的美，那么《中央车站》则是让我们去学会如何拥有美。比如影片中有这样的情节：朵拉说，她曾经问过父亲："你认得我吗？你永远记得我吗？"后来她的父亲死了。约书亚的父亲耶稣曾写信回家："等等我，我很快就回家了。"当约书亚一再说："总有一天他会回来的。"朵拉回答："你说得对，总有一天他会回来的。"看着这样的场景、听到这样的对话，我们会被深深打动，但那不是因为觉得苦难造就了善良的人性，而是因为体验到了善良的人性对苦难的控诉和抗争。这种人类精神才是给世界带来希望的东西，充分地表现这样的东西才是真正的优秀艺术所必须担的诗性职责。

显而易见，对由来已久的"贫穷诗学"和"苦难美学"，早已到了要给予必要的批判的时候了。"那种从颓废的文学匠的怨愤情绪中生发出来的观点，认为贫穷和寡欲为精神力量的发展创造了极其有利的条件是荒唐的。人们在谈论这个问题的时候，应该避免拐弯抹角而还事物以其本来面目。"①来自经济学家的此番直截了当的批评很中肯。充其量只能说，贫穷和苦难能够成为艺术家体验人生的途径，但并不构成其艺术表现的目的。"诗是最幸福的瞬间和最好的思绪的记录。"②一位诗人曾如此说道。或许这样的断言仍未免有些失之偏颇，但不能否认，真正的优秀艺术只能属于那些憧憬美好生活的作品，而不属于以贫穷为本咏叹苦难的东西。

艺术与苦难的关系远比通常所认为的要复杂得多。艺术的真正使命不是成为苦难咏叹调，而是表现生命对苦难的永不止息的抗争。不能不承认，"如果艺术仅仅激励和引诱人们在不美的生活中寻找美，只是安慰而不是改变生活的面貌，那么，美不就是个甜蜜的梦境，而诗不也就是一种幻觉吗？"③歌德曾经提醒我们，艺术有两大截然相反的功能：既能让我们同世界结合，也能让我们逃避生活。显然还有必要补充的是：艺术对于生活世界的逃避并不只是属于那些被评论家们一再批判的、供大众消遣的"通俗文学"和"商业影视"，同样也可以是受到一些自以为是的文人墨客们狂热吹捧的所谓高雅艺术。

如《小鞋子》这样为"苦难美学"所左右的许多作品就是最好的例子。对当代美学来讲，首先应该明确，苦难只有从物质层面上升到精神领域才具有意义。欧阳修的《六一诗话》里曾指出：孟郊、贾岛"皆以诗穷

---

① ［奥］路德维希·米瑟斯：《自由与繁荣的国度》，韩光明译，北京：中国社会科学出版社1995年版，第207页。
② ［美］威廉·戈登：《作家箴言录》，冯速等译，海口：海南出版社2002年版，第113页。
③ ［俄］谢·布尔加科夫：《亘古不灭之光》，王志耕等译，昆明：云南人民出版社1999年版，第188页。

而死",而"平生尤自喜为穷苦之句"。比如孟有《移居》诗云:"借车载家具,家具少于车",意思是穷得都没有一物。贾有《朝饥》诗云:"坐闻西床琴,冻折两三弦。"不止忍饥而已,还有难以忍住的寒。这些诗句虽是诗人穷困潦倒生活的真实写照,但仅仅表现苦难本身不仅难以成为优秀之作,严格说来甚至算不上是真正的艺术作品。英国学者卡莱尔写道:思想难道不是痛苦的女儿吗?[①]从艺术创造方面讲,苦难对于艺术的意义在于成为思想之树的土壤,而不是充当博得怜悯的资本。如果从艺术的"接受之维"来看,苦难对于艺术的负面和消极效应就更加明显。加缪说得好:幸运的人同样也读小说,而且极度痛苦往往会使人丧失阅读兴趣。[②]所以对"贫穷诗学"和"苦难美学"不做反思者,往往是斯诺在文章里所说的那些"座位舒适的人"。而在那些对此有切身体验的艺术家看来,事情恰恰相反。

在《革命时代的文学》一文中,鲁迅曾实话实说:"有人说'文学是穷苦的时候做的',其实未必,穷苦的时候必定是没有文学作品的;我在北京时,一穷,就到处借钱,不写一个字。到薪俸发放时,才坐下来写文章。"就像"民生凋敝,一心寻面包吃尚且来不及,哪里有心思谈文学呢"。此外他还在《准风月谈》的后记里写道:虽说"文人的确穷的多,自从迫压言论和创作以来,有些作者也的确更没有饭吃了"。但在他看来,这不足以成为"贫穷成就文人"的理由。因为"作文人究竟和'大出丧'有些不同"。结论不言而喻:"穷极,文是不能工的。"[③]这样与众不同的见解,无愧其现代中国思想第一人的荣誉。苦难美学的精神实质属于那些能够超越个体情感的更具普遍性的主题。比如帕斯捷尔纳克获诺贝尔文学奖的名著《日瓦戈医生》。这部小说的故事主角尤里·日瓦戈是西伯利亚富商的儿子,但很小便被父亲遗弃。10岁丧母成了孤儿。舅父把他寄养在莫斯科格罗梅科教授家。教授一家待他很好,让他同女儿东尼娅一起受教育。日瓦戈从医科大学毕业后当了外科医生,并同东尼娅结了婚。第一次世界大战爆发后日瓦戈应征入伍,在前线野战医院工作。十月革命胜利后日瓦戈从前线回到莫斯科。他欢呼苏维埃政权的诞生,但命运并没有像他所希望的那样发展。他在经历了各种曲折之后终于等到了战争结束。但最终他却因心脏病发作,猝然死在人行道上。

毫无疑问,这部小说所表现的是主人公一生的"苦难历程"。但显然,

---

[①] [英]托马斯·卡莱尔:《英雄和英雄崇拜:卡莱尔讲演集》,张峰等译,上海:上海三联书店1988年版,第149页。
[②] [法]阿尔勃特·加缪:《置身于苦难与阳光之间》,杜小真、顾嘉琛译,上海:上海三联书店1996年版,第158页。
[③] 鲁迅:《鲁迅论创作》,上海:上海文艺出版社1983年版,第114页。

这份苦难所毁灭的不只是主人公的生活，同样也是一个时代许多像日瓦戈这样热爱生活的人。这位富商后代并不是什么超凡脱俗的英雄，但他拥有一个普通人应该拥有，却在许多人那里往往缺失的品性。当我们跟随日瓦戈的生活足迹进入其生命意识，看到"他常常像告别时那样，用恋恋不舍的热情的眼睛望着白云和树木，望着街上的行人，望着正忍受着艰难困苦的这座俄罗斯的大城"，我们不难感受到一个平凡生命深处的一种高贵的痛苦，并为之深深感动。这也正是这部小说不同凡响之处，它因此成为一部20世纪世界文坛不可多得的伟大之作。只有在此意义上，我们能够认同"文学是用来受难的一种形式"的主张。正如桑塔格所说：美学应予以高度评价的，是受难带来的精神上的价值和好处，一位真正的艺术家应该成为受难者的典范，因为"作为一个人，他受难；而作为一个作家，他把苦难转化成了艺术"。不言而喻，这里的关键不仅仅是"受苦受难"，而在于能否利用其"职业性途径"而"使他的苦难升华"①。无论如何，只有懂得体验和珍惜光明而非沉溺于黑暗才是艺术的目的。从中我们可以更好地领悟"艺术与苦难"的关系。

## 23. 诗人与女人：性别美学

对美与欲的关系的研究告诉我们："美在人们的关系中是一种伟大的力量，最能使人们互相吸引。"②随着"美"的这一人类学意义的日益显明，有一个现象迄今早已不成为秘密：虽然自从创世纪里将夏娃归于亚当的一根多余的肋骨以降，女人作为"第二性"的身份似乎就已被确认，但事情在美的王国中看来恰好相反。"永远的女性引导我们上升"，歌德的这一名言早已广为人知；"我们并不想把女人……看作引诱我们走向毁灭的女妖洛拉莱，而视为招手引导我们上升的善良天使"③，英国文学家杰罗姆的这番话道出了事情的真谛。我们知道，正是凭借对想象中的"永恒女性"杜尔西内娅与贝亚德的爱戴，让"伟大骑士"堂吉诃德做出了迄今可称之为"行为艺术"的壮举，使"新世纪第一位诗人"但丁顺利地抵达上帝的天堂。

在艺术界的诸多善男信女们看来，最高的审美境地总是与那些不同凡

---

① ［美］苏珊·桑塔格：《反对阐释》，程巍译，上海：上海译文出版社2003年版，第48—49页。
② ［法］米歇尔·德·蒙田：《蒙田随笔全集》中卷，潘丽珍等译，南京：译林出版社1996年版，第340页。
③ ［英］杰罗姆·K. 杰罗姆：《闲人退想录》，沙铭瑶译，天津：百花文艺出版社1997年版，第16页。

响的女性同在。所以有"上帝把三分之二的美丽赋予了夏娃"这样的伊斯兰谚语，和"一位漂亮的妇女是一位真正的诗人"这样的说法。爱默生曾经写道："不论美走到哪里，它都制造喜悦和欢乐。……它在妇女身上达到了自己的高峰。"①德国浪漫主义运动的旗手弗·施勒格尔认为："妇女们不大需要诗人的诗，因为她们的本质就是诗。"②时至今日的都市社会，在各种传媒里占据核心的常常是女性的人体与面孔，它们时刻都在提醒着人们，这个所谓的"视觉时代"是属于女性的时代。随着"选美"逐渐成为一项女性的事业，那些艳惊四座的夏娃的后代们事实上迄今已成为"美"的形象代理。无可置疑，男女两性分别在世俗与审美领域里各自为政、互领风骚，这已形成现代文明的一种格局。法国当代社会学家里波韦兹基教授甚至认为："即使在今后，美也不会在男女之间平分秋色，平等观念的逐步增强并不能为两性在美学中不平等地位的消失提供任何机会。"因此，"我们完全可以列出以下等式：第二性＝美丽的性别"③。其实，康德在说出"现代美学第一句话"之际，便已经注意到可以"把妇女称为'美的性类'的人"。在他看来："多亏女人，才能在人类本性中把美的素质和崇高的素质区别开来。"④无论如何，不应该随意地认为这是对女性的"消费"。

通常而言，"称某个年轻小伙子是'美的'，则是暗指他具有女人气"⑤。这样的经验也早已为人们所熟悉。"他象（像）一个男子汉那样生活了，也象（像）一个真正的男子汉那样离去了。"⑥歌德在杰出的德国历史学家温克尔曼去世后所给予他的这番评价，从古至今一直是给予一位男人的最高评语，在某种意义上它无疑是对所谓"性别审美等级"的一种确认。更能说明问题的，是艺术创造活动中的裸体作品。许多年前温克尔曼曾经提出："男性裸体像也许能够让人们从中获得性格，而只有女性裸体像才能够让人

---

① ［美］吉欧·波尔泰：《爱默生集》下册，赵一凡译，北京：生活·读书·新知三联书店1993年版，第1243页。
② ［德］弗·施勒格尔：《雅典娜神殿断片集》，李伯杰译，北京：生活·读书·新知三联书店1996年版，第178页。
③ ［美］吉尔·里波维兹基：《第三类女性》，田常晖、张峰译，长沙：湖南文艺出版社2000年版，第86页。
④ ［德］康德：《对美感和崇高感的观察》，曹俊峰、韩明安译，哈尔滨：黑龙江人民出版社1989年版，第30页。
⑤ ［美］托马斯·门罗：《走向科学的美学》，石天曙等译，北京：中国文艺联合出版公司1984年版，第447页。
⑥ ［德］J.J.温克尔曼：《论古代艺术》，邵大箴译，北京：中国人民大学出版社1989年版，第289页。

们去憧憬美、追求美。"①无论这个观点能否令人满意,在古往今来的视觉艺术中,女性裸体画像在数量方面占据多数,在审美魅力上也呈压倒性的优势,这已是不争的事实。一个典型的范例便是出土于希腊米洛斯岛的著名雕像《维纳斯》。1820年4月8日,居住在米洛斯岛上的一位名叫约哥斯的希腊农民正在自家地里掘土。随着他锄下土地的突然塌落,这座被长埋于地下已两千多年的艺术珍品重返人世。自此以后,这座大理石雕像便成了人类雕塑艺术中无可匹敌的至尊女皇。"我的姑娘虽无双臂,但无关紧要,她将使大院之门永远打开。"②时任法国驻康士坦丁堡大使里维埃尔侯爵的此番评语,精辟地概括了事情的实质;罗浮宫的地板在她面前的那一块,每年都在与别处不相称地磨损着。英国学者彼德·福勒的这番话,形象地道出了这座雕像所拥有的那种独步天下的审美价值。

关于《维纳斯》的魅力,正如著名英国作家萨克雷在其小说《纽卡莫一家》里所描述的:"她静默而高贵地挺立在雕塑厅的一间展室的正中,她以她的美,使人在第一眼看她时,便激动得透不过气来。"③在很大程度上,这不啻意味着在权力舞台上不可一世的男性们在美与诗的国度里只能充当配角。或许从某种意义上讲,这多少可以被看作为大自然所设定的一种性别平衡:当男人们凭借其世俗权力征服世界,女人们则能凭借自己的天赋之美来征服男人,就像巴尔扎克当年所说:"每个美女都是一位女王。"历史学家们也曾戏言:倘若当年的那位埃及艳后的鼻子略低几毫米,历史不知将会做何改变。但毫无疑问,倘若因此而过分夸大两性间在审美方面的价值差异这并不妥当。随着史前文化研究的深入,越来越多的证据表明,所谓"美丽的性别"仅仅是现代社会形态初期的产物,西方文明中对女性之美的敬仰与崇拜约始于公元6世纪,伴随着骑士文化的兴盛而得到发展。在古代希腊,对男性外表的赞美之词较女性更为常见,就像神话中的主宰者宙斯带着英俊少年加尼迈德去为众神司酒,其美貌不仅令在场的女人们相形见绌,也让宙斯本人为之倾倒。所以,与歌德将女性视为其理想主义的容器不同,史家们早已指出:"柏拉图式的爱的对象是男性青年而非女性青年。"④著名人类学家玛格丽特·米德对大西洋洲尚比利部落的观察告诉我们,通常是该部落里的男性更注重他们的外表,佩带更多的饰品。同样地,

---

① [英]肯尼斯·克拉克:《人体艺术论》,彭小剑译,成都:四川美术出版社1991年版,第149—150页。
② [英]彼德·福勒:《艺术与精神分析》,段炼译,成都:四川美术出版社1988年版,第61页。
③ [英]彼德·福勒:《艺术与精神分析》,段炼译,成都:四川美术出版社1988年版,第71页。
④ 刘小枫:《人类困境中的审美精神:哲人、诗人论美文选》,魏育青译,北京:知识出版社1994年版,第264页。

意格尔·加里纳也注意到，在美洲的马萨与穆赛部落中，"男人是对身体的美观最注重的性别"[1]。而作为人类首批圣母与女神的丰乳肥臀形象则表明，女性最初受到赞颂不是由于其美，而是由于她们是掌握生育这种神秘力量的主人。但承认这些并不意味着可以对性别间的审美级差做出否决，在美的国度里无法推行男女同权。

诚然，女性美的发现虽然有其历史过程，但这在很大程度上是由于人类早期社会生产力过于低下，妇女的价值更多地在于经济方面，其审美意义受到抑制。正如凡勃伦所说：当社会还处于那样的一个经济发展阶段，上层阶级对妇女所重视的还只是她们所提供的劳务时，作为女性美的典型的总是那种四肢壮大的健妇。通常情况下，"所有权制度是从对人，主要是对女人的占有开始的"，妇女不仅"一般都是奴隶"，而且"女性奴隶成了经济生活中的一个特征"。[2]这同样也可以解释原始文化中普遍存在的"大母神"雕像的象征意义。正如德国学者诺伊曼所阐释的，这些雕像大都"头部几乎无法辨认，却夸张地刻画了乳房、下腹、臀部和阴部"，"特别强调的是生殖器三角区"，有些还有一个"手持乳房"的特点。这样的造型"来源于生育力仪式，仪式的目的是使动物奇迹般增长"。[3]其经济学根源在于：在科学文明尚未发达的时代，人力资源无疑是主要的经济杠杆。此外，男性注意其外表美的情形具有复杂性。一方面它更多地发生于母系社会中，为的是以这种和平的方式引起女性的注意来获得配偶（如同马林诺夫斯基所描述的位于西太平洋的特罗布里恩德岛的生活）；另一方面则是为了达到引人注目的效果以表明自己的与众不同和勇敢坚强，既刺激异性又恐吓敌手。

格罗赛在其名著《艺术的起源》里早已指出过，红色和橙红色是一切民族都喜欢的，在原始文化里"尤其是男性的装饰上，红色总占着极重要的地位"。这无非是由于红色最易激发情感让人兴奋，更能够体现出男人的战斗性。这点在文身上体现得更为显明。如同一首澳洲土著歌谣所唱的："现在谁能够杀死我？／我已经刻刺过了，我已经刻刺过了！"[4]这些早期男性对外观的重视与现代女性对美的追求有其本质的区别：不同于现代女性美的观赏性，在这些行为中有其显著的实用目的。毋庸讳言，在审美文化

---

[1] ［美］吉尔·里波维兹基：《第三类女性》，田常晖、张峰译，长沙：湖南文艺出版社2000年版，第89页。
[2] ［美］T.B.凡勃伦：《有闲阶级论》，蔡受百译，北京：商务印书馆1964年版，第43页。
[3] ［德］埃利希·诺伊曼：《大母神》，李以洪译，北京：东方出版社1998年版，第94—95页。
[4] ［德］恩斯特·格罗赛：《艺术的起源》，蔡慕晖译，北京：商务印书馆1984年版，第47—55页。

中应该给男性美以应有的位置并承认审美形态的多元性：如果说女性的魅力表明了"柔"的审美价值，那么男性之美的特征则是对"刚"的审美价值的一种肯定。而康德则以"美"与"崇高"来做出区别："可以说两种性别都在自身结合着崇高和美。只不过女人身上的其他优点仅仅是为着加强她的美，一切都符合美的要求；而男人以崇高为突出的性别标志。"[①] 对于一位优秀的男性而言，他的美也就是他所具有的力量。问题在于虽然美的内涵包含着力量，但并非任何力量都无一例外地具有真正的审美意味。那些横行霸道的罪恶势力从来不缺乏一种巨大的破坏力，但也因此而从来都与美感相去甚远。大自然中的火山喷发只有在其对我们的生存活动不构成毁灭性威胁时才能被我们视为壮观的审美景象，否则就只会令人恐惧。不言而喻，力量之美来自于其受到必要的控制，而任何形式的控制都意味着一种独特的文明品格：温柔。这是一种同侵略性与扩张感相对立的令人亲近的品质。

所以温克尔曼在分析贝尔韦德里宫的阿波罗雕像（公元前4世纪）时指出：古希腊传说中的太阳神阿波罗之所以能"被认为是神灵中最优美的神"，是由于"男性青年美的最高标准特别体现在阿波罗身上"。如同在这座雕塑中，"成年的力量与优美的青春期的温柔形式结合在一起"。因为我们能够清楚地看到，"众神最美的阿波罗像上的这些肌肉温柔得象（像）熔化了的玻璃，微微鼓起波澜"[②]。但耐人寻味的是，不同于孔武粗犷的米隆的《掷铁饼者》和波利克列托斯的《荷矛的人》，这座阿波罗像显得多少有些女性化。因为无论我们如何强调性别构成的社会—文化机制，都不能否认男女之间在解剖学方面所表现出来的生理差异，本身就具有其内在的历史与文化意义。相对于男性的阳刚之气，作为一种补充的女性的阴柔具有一种自然的本色。这并非否认男性自有其性别魅力，而只是想强调并非魅力就等于美，美的魅力有其独特的品质规定。以此而言，只要我们不将美的内涵做无边的扩张，那么在政治/经济活动中总是以"老大"自居的男人们，便无可否认其在审美活动中属于"第二性"。当然男人们无须因此而效仿那些"女权主义"者，站在"男权主义"立场对这种境遇耿耿于怀。应该看到女性美作为历史发展的结果也正体现了人类文明的进步，反映了人性的一种必然。里波韦兹基说得好："对苗条的热衷在美学方面反映出女性

---

① [德]康德：《对美感和崇高感的观察》，曹俊峰、韩明安译，哈尔滨：黑龙江人民出版社1989年版，第29页。
② [德]J.J.温克尔曼：《论古代艺术》，邵大箴译，北京：中国人民大学出版社1989年版，第158—162页。

想从性工具及生殖工具的传统命运中解脱出来,同时也反映出她们要求自主掌握自己的命运。"至少"它更应该被理解成为两性地位的平等化的标志而不是女性受压迫的标志"①。

尽管不能否认,在所谓"士为识己者死,女为悦己者容"的男权文化中,女性之美常被作为一种为男人特设的特殊消费品,美丽成了女性唯一安身立命的资本与发达进取的手段。在男人与女人之间形成了一种以财富、权力、地位与荣耀来交换美貌的"双边贸易"关系,就像英国女评论家鲁宾斯坦在分析笛福的名著《摩尔·弗兰德斯》时曾谈到的:笛福的这部小说"以深刻的洞察力向我们表明,中产阶级的男人当时还能直接与物质财富打交道,而中产阶级的女人却只能通过间接与这些财富的所有者——男人——进行交易才能获得。"②小说女主角摩尔就是一位除了自身的女性魅力外再一无所有的女人,为了能够谋生她只能辗转于各类男人间,最终背上"道德败坏"的罪名。总之,"女性的脸孔一向都是商品,美丽的女性通常总能嫁得好丈夫,脱离较低的社会阶层和贫穷"③。唯其如此,现代女权思想严厉批判这种女性美神话,将其视为男性霸权对女性的性别奴役,这实在事出有因。

有必要对问题进一步深入探究的是,进入20世纪以后,随着女性在经济生活方面日益自立和社会地位的提高,这种以"美"换"物"的"贸易关系"已不再具有昔日那样的迫切性;但女性对美的追求热情不仅没有相应消退,反而出现了前所未有的全面上涨。"在极尽了革命思想之后,女人们什么都想要、什么都想做,但有一条:不能抹去她们女性美的特征。"④事实正是如此。而这也就清楚地表明了,女性在美学上的性别优势并非是被动的"他律",而具有"自律"性。也即女性的美不只是"客体化"地供男性欣赏,同样也具有"主体性"地自我(包括女性群体互相间)欣赏的意义。就像法国女作家玛格丽特·特纳瓦尔笔下的一位贵夫人所说:"我爱我的身体,您问我为什么,因为它美丽而且使我赏心悦目。"⑤尽管站在极端的

---

① [美]吉尔·里波维兹基:《第三类女性》,田常晖、张峰译,长沙:湖南文艺出版社2000年版,第123页。
② [美]安妮特·鲁宾斯坦:《从莎士比亚到奥斯丁》,陈安全等译,上海:上海译文出版社1987年版,第342页。
③ 艾黛:《感觉之美:感受生命的浪漫质地》,北京:民族出版社1999年版,第52页。
④ [美]吉尔·里波维兹基:《第三类女性》,田常晖、张峰译,长沙:湖南文艺出版社2000年版,第177页。
⑤ [美]吉尔·里波维兹基:《第三类女性》,田常晖、张峰译,长沙:湖南文艺出版社2000年版,第103页。

女权立场仍可以对此不以为然，但不能不看到女性作为"美丽的性别"并非只有社会学方面的背景，除此之外还有其人类学方面的根源，只有这样才能够对进入现代社会以来女性始终是审美消费的主流做出有效解释。这样，当我们屈服于《维纳斯》那不可抵御的美的征服时，真正重要的便不是怎样去调解性别争端，而是如何透过男性在审美上作为"第二性"这种现象，去努力把握美的奥秘。

女性的这种审美优势究竟意味着什么？在《红楼梦》里的贾宝玉看来，其中道理在于男人混浊肮脏，女人则纯洁干净；因为男人是土做的，女人是水做的。16世纪的法国作家菲汉左尔罗在其《论女性之美》里也认为："美女是我们能看见的最美丽的尤物。"这些都是从男性视角出发对女性美的肯定，而在身为女性的法国作家玛格丽特·杜拉斯看来，男女间的最根本差异就是"屋"与"家"的区别："男人可以建筑许多房屋，但不能创造一个家。"与此不同，"女人就是家。她过去是，现在仍然是"①。无须赘言，杜拉斯的这一形象化表述虽含蓄但却深刻。总体来讲，男人较女人更为社会化因而也就更为虚伪和功利，女人则较男人更具有生命的本色因而也更显得单纯与真实。杜拉斯说得好："女人和她们的孩子，你去看看，永远不会让你感到消沉。"作为"生育之性"的女性在根本上是母性，首先意味着生命的繁衍与生生不息，她作为生殖之性最接近生命之源。所以女性的生存活动通常更显得自在、本色，不像男性那样容易为各种身外之物所诱惑而本末倒置地将自己异化。就像杜拉斯所说："男人自以为是英雄，但始终和小孩子一样。"②与母亲们在家中似乎已司空见惯的孕育生命的活动相比，男人们乐此不疲地所从事的那些江山大业看似宏大壮观、激动人心，但本质上仍不过是放大了的儿戏；他们所热衷的功名业绩与所怀抱的雄心壮志更多地体现了其个体的欲望，其破坏性并不少于建设性。

所以哲学家们不断提醒人们，男人们常会咎由自取地为虚无所困，而女人们则只是无奈地为失望所苦。因为她们曾满怀希望生产出来的那些生命体，一而再、再而三地让她们的这种希望落空。"在她一生的历程中，她的王国在日复一日的失望中丧失。"虽然她会因此而不断地像杜拉斯那样提醒自己："对儿子不能估计过高，正像对父亲不能过高估计一样。"③但最终她仍然会重新上路，去履行其创造生命的天职，继续给大地以希望。曾经，《圣经》里的以色列人正是怀着这样的希望在摩西的带领下出了埃及，因为

---

① ［法］玛·杜拉：《物质生活》，王道乾译，天津：百花文艺出版社1997年版，第57—58页。
② ［法］玛·杜拉：《物质生活》，王道乾译，天津：百花文艺出版社1997年版，第58页。
③ ［法］玛·杜拉：《物质生活》，王道乾译，天津：百花文艺出版社1997年版，第52页。

第五讲　美学理论

上帝对他们说过,在远方有一个辽阔而自由的国度,一个流淌着乳汁与蜂蜜的地方。以人类学的眼光来看,这个生命之乡并非虚幻的伊甸园,而是对女性文化价值尺度的回忆,因为乳汁是来自母亲的物质产品,蜂蜜则是其以母爱酿就的精神食粮。所以"母亲"这一称呼是神圣的,作为其载体的那些女性也因此而拥有一种终极之美,她那不可阻挡的魅力只不过是向我们证明了这样一个道理:"每一个美丽的物体,都会有某种浩瀚的和神圣的东西注入其中。"①

女性作为母性的特点也在于其无私与平等。这一本色充分地体现于母爱与父爱的差别上。一般说来父爱常常是有条件的,父亲们总是会将他们的赞赏给予他最出色因而也最能继承其所开创的事业的孩子;与此不同,虽然有些做母亲的同样也抱有望子成龙的期待,但母爱的伟大却在于其对她所有的孩子不分美丑、无论成败的一视同仁。这也就是阶级的差异只是父权社会的产物,而母系社会里从未出现等级制的缘故。因为"一个母亲爱她的孩子只因为那是她的孩子"②。所以同男性相比,蕴含着母性的女性显得更富有人情味也更显得人文化。如同古希腊索福克勒斯的著名悲剧《安提戈涅》,克瑞翁以国家与法律的名义,宣判听从心灵中的亲情呼唤而违抗命令的安提戈涅的死刑。虽然他的理由十分冠冕堂皇、义正词严,但其行为却缺乏审美的光彩。这表明,相对于外在的所谓社会规则,内在的生命法则才具有至高无上的道义。所以由母亲的怀抱所营造的"家"总是弥漫着一种温馨,回家的路因此而永远让人倾心。尤其是对于那些从名利场归来的遍体鳞伤的战士和在茫茫人间四处漂泊的游子,它不仅是生命之旅的始发港,更是目的地。浩渺宇宙中唯有这里没有尔虞我诈的争斗,没有虚伪、欺骗与背叛。

所以,"没有任何地方像家一样美好",当《绿野仙踪》里的女主角桃乐西这么说时,她所指的显然就是作为"母亲怀抱"的一种象征的空间。从这个意义上说,弗洛伊德所发现的"俄狄浦斯情结"是深刻的,但其对之做出的解释却显得肤浅。因为事实上不仅男孩,每个人类生命都渴望着能一如既往地得到母亲般的关爱。这就像弗洛姆所说,在文明社会普遍存在的"恋母倾向"有其更深刻的根源:"这是人对一种特殊人物、一种女神的追求。这女神卸下我们的负担,保护我们不受伤害,提供给我们天堂般

---

① [美]吉欧·波尔泰:《爱默生集》下册,赵一凡译,北京:生活·读书·新知三联书店1993年版,第1249页。
② [德]埃里希·弗洛姆:《生命之爱》,罗原译,北京:工人出版社1988年版,第34页。

的庇护所。"①虽然我们为此得付出放慢乃至拒绝成长的代价，但必须接受我们生命中的这一"阿喀琉斯之踵"，因为这种不求回报之爱乃是我们人性发育的胎盘与文明发展的能源。法国女作家波伏娃曾指出，一方面男性可以住进一个由女性所缔造的温馨舒适的天地，另一方面女性却要搬入生硬粗糙的男性世界，这个古老的矛盾对于女性不仅不公平，而且常常难以忍受。因为女人的双手和男人们一样"在渴望着接触柔软平滑的肉体，渴望占有她所给予男性的那种珍宝"。这不仅有助于我们理解为什么女性比男性更喜爱花朵等事物的心理，也能够很好地解释何以"许多女人程度不同地具有同性恋倾向这一事实"②。

当代法国作家费尔南代有一个观点：爱情虽然美丽，但同性恋更美。因为"同性恋可以说是纯粹的，对美的单纯渴望，没有功利的想法"③。这在一些表现女同性恋的作品里似乎不无道理。比如在美国黑人女作家艾丽丝·沃克的书信体小说《紫色》里，两个在男性世界里饱受欺凌的女人茜莉和莎格终于结为一体："我和莎格睡得挺沉。她背靠着我，我搂着她的腰。这像什么呀？有点像跟妈妈睡觉的样子……不过，跟她睡从没觉得这么好，柔软而暖和。我感到莎格的大奶头在我手臂上跳动，像浓浓的肥皂泡沫。这让人觉得像是两人双双进入天堂一样，一点也不像跟X先生睡觉时的样子""我和莎格一起睡，像一对亲姐妹。我仍然很想跟她同床，我很喜欢看看什么。我的乳房软软的，那小东西……我爱拥抱一阵子，那就行了，她说，紧紧地拥抱在一起，此刻，别的什么也不需要。"④毋庸讳言，这段毫无渲染的文字给予了我们一种审美享受。

但分析起来，这并非同性恋因不育而显得"单纯"，而在于它向我们揭示了虽然友谊并不等于爱情，但真正的爱情却从来都是在友谊基础上进一步的强化与提升。这之所以在女性同性恋里更能体现，是由于在此关系中当事人双方较易形成一种完全对等的格局，通过互相触摸与拥抱而进行的抚慰具有真正的互惠性质，友好、真诚、体贴的交流使双方共同拥有一种亲密无间的感觉。在此每一方都既是主体又是客体，既是君主又是奴隶，让原本分离的二元成为一体。著名希腊传记作家普鲁塔克早已说过："在斯巴达，女性之爱是相当高贵的，即使是最可敬的妇人也会迷恋上少女。"⑤浪

---

① [德]埃里希·弗洛姆：《生命之爱》，罗原译，北京：工人出版社1988年版，第157页。
② [法]西蒙娜·德·波伏娃：《第二性》下册，陶铁柱译，北京：中国书籍出版社1998年版，第461页。
③ [法]多米尼克·费尔南代：《美丑》，朱存明译，上海：上海文化出版社2000年版，第33页。
④ [美]艾丽斯·沃克：《紫色》，杨仁敬译，沈阳：沈阳出版社1999年版，第113、142页。
⑤ 转引自康正果：《女权主义与文学》，北京：中国社会科学出版社1994年版，第5页。

漫主义诗人拜伦所赞美的"如火焰一样炽热的萨福"就是这样的一位女性，为她赢得了"第九位缪斯"的荣誉的这些篇章，大都是写给阿提斯和安托利亚两位女伴的情诗。相比之下，男性同性恋行为之所以常显得黯然失色，不仅因为缺乏真正的美感，还常有一种对美的排斥，主要也是由于男性同性恋关系在实质上仍是以"性倒错"的方式进行的父权制文化中的异性恋。在这里，两性关系就其本质而言乃是一种统治／被统治的政治关系，权力运作中的强与弱、主与客、支配与被支配的结构完整无缺。当一方将另一方置于屈从位置，使其以男性的身躯承担起女性的功能，处于这种位置的那个男人不仅被当作女人，其实也被当成了毫无独立人格、仅供主宰者渲染其生理欲望的一样物体与工具。

对这种现象的有意忽视，反映了当代"女权主义"的虚伪。关于这种占有与被占有、玩弄与被玩弄，以及主人与奴仆、驱使与服从的关系，熟悉中国文化传统的人对此不难领会。比如唐人朱庆余的《近试上张水部》一诗："洞房昨夜停红烛／待晓堂前拜舅姑／妆罢低声问夫婿／画眉深浅入时无。"诗句表面上写一个将见公婆的新娘轻声而妩媚地向丈夫讨教，自己的梳妆打扮合适否。实际上是以此作比，借闺房情事隐喻考试能否让主考官员满意。作者对女性心理可谓传神入化的把握引人注目，驾轻就熟的表达给人以出自一个女性之手的错觉。在某种意义上这并不难理解：在威权政体文化中，即使是男人间的上下级关系也就如同男人与其所拥有的女人的关系。甚至于可以说除拥有最高权力的皇帝一人外，其余所有人多多少少都具有受这种威权政体奴役与控制的、毫无个性、如同玩物的"小脚女人"的品格。这样的情形自然难以激起我们的审美情绪。这也意味着威权文化对男人的摧毁较女性其实更为严厉。以此来看，当杜拉斯耸人听闻地提出"所有的男人都有可能是同性恋者"时，她其实是在说所有被威权文化彻底异化了的男人已不再具有真正的平等意识，骨子里都存在着这种奴役／被奴役的欲望，能随时随机地根据自身境况在傲慢／媚态的结构中做出相应的反应。

从这个意义上讲，受自身内在生命力牵引的女性多少是幸运的，她们的相对柔和的生命特征使之差不多本能地拒绝加入这种统治与被统治的游戏；她们所寻求的是人际的亲和力，需要的只是自尊与自爱。诸如俄国的叶卡捷琳娜与中国的武则天这样的女皇，其实已是男权政体的受害者，却成了这种文化的一种特殊表现形式。没有任何生命体愿意受到伤害，身为女性的波伏娃深刻地指出：那种总是期待着受男性征服的所谓"真正的女人"，其实是男权文化一手铸造的人为产物。即使一些怀春的"少女通常在想像（象）中接受一个半神，一个英雄，一个男性的支配，但这仍只不过是一种自恋的游戏，根本不意味着她实际上愿意服从具有这种权威的肉体的操纵"①。虽然女性不仅在历史上，而且迄今仍未彻底改变受支配的位置，但只要其生命中的母性内核不变，她们其实是最无法接受这种命运的生命主体。这也正是当今方兴未艾的女权主义思潮的意义所在：不是以男权主义的方式来掀起一场反统治的性别战争，而是与饱受威权文化奴役的男人们一起，在真正互相尊重的前提下创造出一个互惠互补的生命共同体。一部文明史的实质也就是人类的个体生命寻求自立与自主、摆脱各种形式的压迫走向自由解放的天地。这是人类永恒的憧憬。

从审美人类学方面讲，正是女性生命在人类学意义上的这种独特性，为我们提供了一个在"此岸"世界构筑起属于"彼岸"的神话的最佳条件。用现代雕塑之父罗丹的话说："对于我们艺术家，温柔的女性是我们和上帝间的媒介。"②如果"上帝"在此意指无处不在的那种人类对自我的终极关怀，那么我们无须否认，"美是人与人的合作，以及人与上帝的合作"③。这是我们通过女性的美学优势得以进一步领悟到人类生命奥秘的又一个道理。但除此之外，女性在美学方面的优势也不仅在于其具有神圣性与亲和力，还在于其具有较男性更为突出的高贵品质。这主要体现在女性生命较男性对精神生活有更迫切的需求。现代社会学调查早已发现，进行色情消费的男性数目远高于女性。无论一些极端的女权论者如何试图以男性之道回敬男性，迄今为止一直没有专为女人设置的"红灯区"。按照现代社会有需求就有供给的市场机制，这种情形无疑表明女性群体对纯粹建立在肉体关系上的这种赤裸裸的性交易缺乏兴趣。

杜拉斯谈道："男人只能和男人，另一些男人，谈体己之事，他们谈话谈的就是性。而谈性也就是处在性欲之中。"④这样的情形毋庸讳言，它事实上已构成所谓"男性文化"中一道永久的风景。但这其实并不意味着男性在性需求上强于女性，而只是表明男性的这种需要在品质上更偏重于生理与躯体，因而也就显得相对低级。因为只有这样的需要才具有普遍性，从而也更适合被取出来进行集体讨论与交流，甚至于用来作为炫耀的资源。而感情则是更为内在、更为私人化，从而也是更为珍贵的东西，所以除非

---

① [法]西蒙娜·德·波伏娃：《第二性》下册，陶铁柱译，北京：中国书籍出版社1998年版，第457页。
② [法]奥古斯特·罗丹：《罗丹在谈话和信札中》，宗白华译，见《宗白华美学文学译文选》，北京：北京大学出版社1982年版，第196页。
③ [俄]尼·别尔嘉耶夫：《人的奴役与自由》，徐黎明译，贵阳：贵州人民出版社1994年版，第215页。
④ [法]玛·杜拉：《物质生活》，王道乾译，天津：百花文艺出版社1997年版，第45页。

万不得已不会也不适合于被随便向公众曝光。驻足于这点来看我们应该承认：女性通常对于各种色情行为的克制态度并不是受传统伦理束缚而不够开放使然，而是那些仅仅停留于生物学层面、多少有点"返祖归宗"的动物般的色情场面无法激起她们内在的生命冲动。这样的活动让女性不适的原因并非是性本身，而是那种非人格的性方式。一言以蔽之："色情正好建立在对女性的理想性爱观的否定之上"①。这一方面是由于"女性身体有一种特别的心身性，就是说，心理与肌体常有着密切的联系"，另一方面也取决于性行为本身对女性而言，较男性要更为"内在"化："性交时男人只使用外部器官，而女人却被深深地刺入身体的内部。"②波伏娃的这一见解具有文化象征内涵。

巴尔扎克曾提出："爱情就是女人生活的全部。"虽然这种断定如今显得有些武断，但它至少能够提醒我们，女性的内心通常比男性更难以忍受感情的赤字，她们对爱情的追求其实也是她们向往精神天地的一种表现。在人类学意义上，作为"第二性"的女性较自命不凡的男性要来得典雅高贵。所以那些深谙此道的艺术家为了更好地表现高贵的气质，常常会选择女性形象来达到目的。托尔斯泰《安娜·卡列尼娜》里的同名女主角就是一个典范，迄今为止世人仍是通过这一文学形象领悟"高贵"的含义。但这也让安娜之美在人类文学世界中显得出类拔萃，能与之相匹敌的只有诸如《简·爱》《嘉尔曼》等作品里的同名女主角。在她们身上共同具有的高贵品质，赋予了这些性格各异、身份有别的女人们以同等的审美量级。这让我们想起舍勒关于人的一个名句：人类以"精神"作为其生命标志。精神通过主体的生命自觉而形成自我意识为发端，以对生命潜能的自由伸展为内涵；它赋予生命以自我提升的动力，让其通过对自由的渴望来提高生存的质量。所以深入一步来看，体现着精神光芒的这种高贵品质并不是什么莫测高深的东西，其实质也就是对以生命的个体性为前提的自由人格的追求。

诚如哲学人类学家舍勒所说："'精神'本质的基本规定便是它的存在的无限制、自由。"③拥有精神的人类之所以较动物界的牲畜禽兽们高贵，如同拥有人格者较甘心受主子支配的奴役高贵，就在于前者的生命中体现着

---

① ［美］吉尔·里波维兹基：《第三类女性》，田常晖、张峰译，长沙：湖南文艺出版社2000年版，第26页。

② ［法］西蒙娜·德·波伏娃：《第二性》下册，陶铁柱译，北京：中国书籍出版社1998年版，第449、442页。

③ ［德］马克思·舍勒：《舍勒选集》下册，李小兵译，上海：上海三联书店1999年版，第1331页。

一种自由意识。所以归根到底，高贵／卑贱的差异也就对应于自由／奴役的区分。而安娜们的魅力不仅再次成功地捍卫了女性在美学上的优势，也让我们懂得"美"的意义在于促使我们在面包之外的精神上空，进行一番生命的自我超越。毋庸讳言，在人们将女性之美做出如此这般的强调中，一个关于女性的神话叙事有意无意地也在同步进行：女性不仅成了男性世界的拯救者，而且也是一个能够向苦难人世许以幸福的唯一神。为此，她被要求一如既往地继续自我约束和做出牺牲，成为上帝普度众生的工具，而她本人作为一个生命主体的需要与特点则再次被忽略。如同波伏娃在其《第二性》中所指出的：可以说，女人本质上就是男人的诗；但并没有人告诉女人，她在她自己的眼中是否也是诗。日本城西大学教授水田宗子女士也认为，近代以来通过艺术活动的推波助澜对女性的审美憧憬遮蔽了这样一个事实：对女性的自我意识实施否定，将女性仅仅当作男性化解精神苦恼、排遣生存压力的作为"另类"的"他者"。为此她提出："必须认清女性的神话化是一个阴谋"，"是向往专制主义重要的一环"。[①]

但与此不同，里波韦兹基认为，从历史的角度看，美的性别的诞生不能被简化成仅仅只是一种"物化女性"的行为。"对女性的歌颂不能被简单地视为一种纯粹的压迫女性的工具，它体现了对女性的认可，并头一次承认了女性的价值"，"使得女性能与人类文化的高尚内容相匹配"。[②]面对这种众说纷纭、莫衷一是的局面，我们究竟怎么选择？无疑必须承认，随着大众文化由边缘走向中心并最终与体制意识形态结成同盟，对女性的审美朝拜其实已被以美的名义实施的解构给全面颠覆。事实正是这样：当今各种传媒"对女性美的颂歌宣扬的仅是一个虚拟的女性形象"，那些表情漠然缺乏个性的"第二性类似于一个仙女或不食人间烟火的生物而不是一个活生生的人"。[③]但问题显然在于，与其说这是对女性的美化不如讲是一种彻底丑化，因为这里只有以"美"的方式包装起来的漂亮商品，而不再有体现着生命活力的美的女性。同样还应该看到，以女性美为中心的女性崇拜曾经是一种历史的进步，就像雪莱所说：时至今日，"人类两性间彼此的正确关系，已经很少被人误解了，……这造福人群的大功应该归于女性崇

---

① ［日］水田宗子：《女性的自我与表现》，陈晖等译，北京：中国文联出版社2000年版，第12、13页。
② ［美］吉尔·里波维兹基：《第三类女性》，田常晖、张峰译，长沙：湖南文艺出版社2000年版，第110—111页。
③ ［美］吉尔·里波维兹基：《第三类女性》，田常晖、张峰译，长沙：湖南文艺出版社2000年版，第109页。

拜"①。问题在于这种崇拜是否还具有其现实意义。

我们知道,古往今来的许多哲学家都一直在捍卫着价值与意义的永恒性。比如康德曾提出:"无论世界上不同国家的居民的趣味有多么大的差异,在一个国家被认为是美的东西,在所有其他国家也一定被认为美。"②爱默生也曾一再强调,真正美的事物会天长地久,因为"美是一种可以恒久不变的品质"③。时至今日,这已受到了挑战,英国作家毛姆就曾表示:美是随着一个个特定世代的需要而改变的,"我们今天以为是美的东西,无疑将被另一代人所鄙弃"④。但无论如何,这并不妨碍我们从具体审美事实出发做出选择。让我们返回到关于《维纳斯》的讨论。正如萨克雷笔下的那位纽卡莫所说,这座雕像中的主体看上去"并非是聪明的女人,她只是美!"但这却是一种能够穿越时空与地域、民族与文化、性别与年龄的美。用曾任英国美术协会主席的肯尼思·克拉克的话讲:"她保留了人性中最辉煌的关于肉体的理想,她以最高贵的姿态驳斥了所谓艺术品必须表现其自身时代的当代批评的侈谈。"⑤但这并不意味着她是抽象的。如同彼德·福勒所指出的那样,"《维纳斯》实际上是对某一特别种族的赞美",并且她还是一位"成熟的、三十岁左右的、母性人体的作品"。⑥他从精神分析理论出发,认为这个作品的成功除了在文化上雕塑语言本身较文字语言具有极大的文化和历史的超越性,最重要的是它满足了我们残存于无意识领域的那种对母亲身体的幻想性攻击与修复的欲望。对福勒的这种发挥我们不妨姑妄听之,但还可以从雕像所实际表现的人类精神上再做补充。雕像中的女士身体露而不裸,体态丰满而不失曲线,成熟而不失青春活力,表情端正而不失某种妩媚,姿态大方而不失一些诱惑,既有灵性又有肉感,既是一位神也是一个人,安分但不守己,祥和宁静中孕育着勃勃生机。

所有这一切蕴含着人类生命最基本的向往:"健康"与"和平"。自古

---

① [英]雪莱:《为诗辩护》,缪灵珠译,见刘若端:《十九世纪英国诗人论诗》,北京:人民文学出版社1984年版,第144页。
② [德]康德:《对美感和崇高感的观察》,曹俊峰、韩明安译,哈尔滨:黑龙江人民出版社1989年版,第40页。
③ [美]吉欧·波尔泰:《爱默生集》下册,赵一凡译,北京:生活·读书·新知三联书店1993年版,第1242页。
④ [英]W.S.毛姆:《毛姆随想录》,俞亢咏译,天津:百花文艺出版社1992年版,第62页。
⑤ 参见[英]肯尼思·克拉克:《人体艺术论》,彭小剑等译,成都:四川美术出版社1990年版,第59页。
⑥ [英]参见彼德·福勒:《艺术与精神分析》,段炼译,成都:四川美术出版社1988年版,第87页。

以来，这是所有宗教文化都在许诺的东西，也是所有那些英雄伟人们努力为之奋斗的目标。这个目标不仅远离种种外在的天灾人祸，也远离那些内在的焦虑与不安。"我有一个梦，我梦想有一天，幽谷上升，高山下降，坎坷曲折之路成坦途，圣光披露，满照人间。"①曾经，美国黑人运动领袖马丁·路德·金的此番着眼于种族平等的讲演之所以打动了整个世界，就在于他道出了我们所有人的心愿。不能不承认，人类有着共同的生命追求：健康而诗意地栖居于大地上，而其前提就是"和平"。所以，被爱因斯坦赞扬为"我们这一世纪最伟大的人物"的法国人文学者史怀泽说道："要知道，和平高于一切理性。"②现在这个梦想通过一座雕塑在某种意义上得到了一种象征化的体现，这就是《米罗的维纳斯》这座雕像的深刻意义：在"她"身上"家"的意味被艺术地张扬。正如罗斯金所说："这就是家的真正性质——它是和平的地方；避难所，不但免遭一切伤害，而且还免遭一切恐怖、怀疑和分裂。"③带着女性的自信，杜拉斯告诉我们，"家"其实也就是"伊甸园"：为什么迄今为止，"女人的基本愿望仍然是照料家庭，把家庭维护好"？因为"由女人创造出来供人安居其中的家，这就是所谓乌托邦的所在"。④它不仅为男人们所需要，同样也为女人自己所向往。

所以，当我们为《维纳斯》的魅力所深深吸引，其实是为它所透露出来的那种美好愿景所征服，它让我们明白：在和平的土地上热爱生活珍惜生命，这就是美的意义。法国学者布封在其所著的《女人之美》一文里这样写道："女人远没有男人强壮，但男人力量的最大用途也是最大的恶习，就是奴役和经常用强暴的手段对待人类的另一个性别。而女人们反对武力，她们温良恭俭让，使我们意识到美的力量要远远大于武力。但是发挥这种力量必须有技巧。只有当女人们懂得自尊、拒绝那些通过感情以外的其他途径的进攻，才产生了美。一旦产生感情，相敬如宾的习俗就随之而来了。"⑤以此来讲，如果说历史从男性开始，那么文明则从女性发端：在"刚"性的男性文化中常常难以避免无度的征服与扩张，通常会遭遇"柔"性的女性文化的排斥。如同康德所说："我们早已发现，同美的性类交往会

---

① [美]马丁·路德·金等：《我有一个梦想》，北京：中国社会科学出版社1993年版，第333页。
② [法]阿尔贝特·史怀泽：《敬畏生命》，陈泽环译，上海：上海社会科学院出版社1992年版，第138页。
③ [英]约翰·罗斯金：《罗斯金散文选》，沙铭瑶译，天津：百花文艺出版社1997年版，第73页。
④ [法]玛·杜拉：《物质生活》，王道乾译，天津：百花文艺出版社1997年版，第57页。
⑤ [法]布封：《奇妙的生灵》，何敬业等译，上海：上海文化出版社1998年版，第109页。

使男人的性格更温和，使他们的行为更正派文雅，使他们的仪表更优美。"[1]因此，就像母亲的柔软、光滑、富有弹性的肉体不仅能激起男孩的欲望，同样也在激起女孩的欲望；在女性身上寄托人类共同的乌托邦梦想，这应被视为人性的一种别无选择的选择。因为无论女性能否最终成为能与男性全面抗衡的"新女性"，停止一切形式的战争行为，创造和平与希望的世界，这无疑都符合所有人类生命体的共同利益。

古人道："己所不欲，勿施于人。"如果说这是人伦道德的最高典范，那么"柔性文化"所独具的人类学价值也就不言而喻。在这个意义上，将随文明发展而来的女性美视作人类借"上帝之手"做出的一种文化选择，这应该能够成立。易言之："正是女性，在根本意义上'包容'着和平、快乐和结束暴力的希望。娇弱、消极被动、感性已成为妇女肉体的特征，这也就是女性被压抑了的人性的特征。"虽然女性的这一特点的形成如上所述有其历史／文化的实际背景，但否认两性机制的定型除此之外仍有其人类学根据，这说不过去。德国学者马尔库塞写道：尽管人们现在应该承认，"妇女的这种形象（和现实性）是被进攻性的、男性控制的社会所决定的，但这一事实并不意味着必须否定这种决定，也不意味着妇女的解放必须克服女性的'本性'。这种将男性和女性等同化将是倒退的作（做）法：它将是一种新的女性对男性原则接受的形式"[2]。这样的声音值得认真倾听。著名学者康拉德·洛伦茨说得好："我们的价值观很可能是建立（于）一种先天的机制基础上的，这些机制阻扰了某些特定的、对人类有害的蜕变现象的发生。这种猜测是很合理的，如：我们的'正义感'也同样是事先就编入我们的基因程序中，其作用就是抵制那些人类蛀虫的恶劣行径对社会的浸润。"[3]同样地，迄今我们之所以仍在为《维纳斯》的魅力所倾倒，是因为透过这种美丽我们感受到了人之为"人"的那种如今已经常被遗忘的含义。

以此来看，当诗人们吟道，"啊，她是多么美丽，妙不可言的美丽！就像天使走进了屋里，其它（他）一切都变得平淡而俗气"[4]，其实不过是在借对女性美的颂扬，向人世间一切的神圣精神做最后的礼赞。人们之所以

---

[1] ［德］康德：《对美感和崇高感的观察》，曹俊峰、韩明安译，哈尔滨：黑龙江人民出版社1989年版，第45页。
[2] ［美］赫伯特·马尔库塞：《审美之维：马尔库塞美学论著集》，李小兵译，北京：生活·读书·新知三联书店1989年版，第148—149页。
[3] ［奥］康拉德·洛伦茨：《文明人类的八大罪孽》，徐筱春译，合肥：安徽文艺出版社2000年版，第124页。
[4] ［英］杰罗姆·K.杰罗姆：《闲人退想录》，沙铭瑶译，天津：百花文艺出版社1997年版，第19页。

会不由自主地发出这样一种赞叹,是因为其实一切都很清楚:"对生命的热爱不是某种理性的或建立于生活体验上的东西,它是某种先天的和自发的东西。正是维纳斯基因体用植物群和动物群覆盖了地球。"① 这是这座伟大的雕塑所永远拥有的一种价值。

## 24. 动脑与动心:接受美学

虽然以往的艺术哲学,一直在为如何界定"艺术"而困扰,但当代审美哲学所关注的,是怎样辨别"好艺术"。因为艺术不仅是艺术家们的作品,它的意义还取决于能否满足艺术受众们的需要。像毛姆曾明确表示他读小说只是为获得享受而不是接受教育。无论如何,"……为了从其中得到乐趣。这是一切艺术的产生和发展的根源"②。从这个角度讲,讨论好艺术的出发点应该是让人们普遍感兴趣,觉得有意思。用启蒙思想家伏尔泰的话说:"各种文学都好,只有乏味的那种除外。"③

这些原本不成问题的判断,由于后现代"概念艺术"的出现而受到质疑。比如1991年,古巴裔美国艺术家菲利柯斯·冈萨雷斯,以《无题》命名提供给人们这样一件"半现存物作品":两只并放在一起的一模一样的钟表,上面的时间指针完全一致:12点差5分零5秒。这个让普通观者迷惘不解的"作品",受到了多少后现代美学家的赞赏。在阿瑟·丹托的眼里,这件作品表达了一个"爱与婚姻"的主题,因为通常情况下两只钟的其中一只会在另一只之前停止走动,如果它们两个均停止在同一时间的话,那会是一件很美的事情。就像一对夫妻死在一起那样。因此它被判决为"是一件非常温柔、非常感人的艺术作品。它是一种思考,与人类生活和意义的巨大奥秘存在联系"④。如果此话不只是"丹托们"一厢情愿的奇思怪想,那么关于"好艺术"的讨论从此将走向一个截然不同的地方,成为诸如脑筋急转弯的游戏或智力竞赛活动。但事实上,丹托的说法属于典型的"过度诠释"。因为艺术的特征是让我们"心动"而非"脑动"。所以说,"回到绘画是告别观念的游戏,是回到人的真实感受"⑤。艺术领域属于感同身受的体验而不是抽象观念。

---

① [美]乔治·桑塔亚那:《诗与哲学》,华明译,北京:北京大学出版社1991年版,第41页。
② [美]房龙:《人类的艺术》下册,衣成信译,北京:中国和平出版社1996年版,第511页。
③ [俄]列夫·舍斯托夫:《以头撞墙》,方珊等译,西安:陕西师范大学出版社2003年版,第194页。
④ [美]阿瑟·丹托:《美的滥用》,王春辰译,南京:江苏人民出版社2007年版,第123页。
⑤ [法]高行健:《文学的理由》,香港:明报出版社有限公司2001年版,第193页。

第五讲 美学理论

换言之,"所有艺术都是身体化的",这也是何以美学家往往想以音乐来表示艺术的实质的原因。因为音乐的心理感觉不是物理声音,"音乐必定是以身体化的方式存在的。"①丹托式的美学家为了否定艺术事实,也就必须否定艺术与身体的这种联系。在他看来:"如果你想找出什么是艺术,那你必须从感官经验转向思想。"用他的话说:"艺术邀请我们进行知性思考,不再是为了创造艺术的目的,而是为了从哲学上理解艺术是什么。"②这种说法完全无视这样的简单事实:产生于民间劳作活动的人类艺术,毕竟是为了普通大众的欣赏。无论如何,"艺术,能否实际上愉快地去欣赏才是问题的所在"③。所以,尽管"味道"这个词挪用于饮食文化,虽然有味道的东西也并不就属于艺术,但无论如何,真正优秀的艺术作品总是有它的独特味道的。如何对这种属于艺术文化的"味道"的具体内涵,做出相对清晰确凿的阐述,是当代审美哲学的职责。但也正是味觉的主观性,让审美哲学关于"好艺术"的讨论的陷入困境。

问题由来已久。曾经,俄国作家契诃夫曾提议美学家们做一件事:把各个时代艺术家创作的最优秀作品搜集起来放在一起,使用科学方法来理解其中有一种什么共同的东西使得它们彼此相近,成为它们的价值的原因。他认为:"那些被称为不朽的作品有很多共同点;如果从其中每个作品里把这类共同点剔除干净,作品就会丧失它的价值和魅力。"④这话听起来言之确凿,但实施起来并不容易。毫无疑问,"在美的艺术的范畴内,我们需要一个标准来判断作品是优是劣"⑤。但任何一种尺度的构成都需要有明确的标准,问题在于,"判断一部小说是一件单凭经验粗略估计的事,我们无法诉诸(于)一个会颁布普遍适用的法律的美学法庭"⑥。英国著名作家安尔尼·伯吉斯的这段话,道出了长期以来艺术评价所面临的困境。比如卢森堡在她的《狱中书简》中,谈到法国作家罗曼·罗兰的名著《约翰·克

---

① [美]阿诺德·伯林特:《环境与艺术:环境美学的多维视角》,刘悦笛等译,重庆:重庆出版社2007年版,第176—177页。
② [美]阿瑟·丹托:《艺术终结之后》,王春辰译,南京:江苏人民出版社2007年版,第17页。
③ [日]佐佐木健一:《美学入门》,赵京华等译,成都:四川人民出版社2008年版,第40页。
④ [俄]安东·契诃夫:《契诃夫论文学》,汝龙译,合肥:安徽文艺出版社1997年版,第101页。
⑤ [英]保罗·克罗塞:《批判美学与后现代主义》,钟国仕等译,桂林:广西师范大学出版社2005年版,第63页。
⑥ 转引自:[英]康诺利、[英]伯吉斯:《现代主义代表作100种提要 现代小说佳作99种提要》,李文俊等译,桂林:漓江出版社1988年版,第109页。

里斯朵夫》时，一方面觉得它不错，但同时又批评它，与其说是一本小说，倒不如说是宣传手册更加恰当。她还批评另一部名为《有产者》的小说社会倾向性过于强烈，提出"在小说里我不看它的倾向性，我要看艺术价值"①。卢森堡针对这部小说的评价是否妥当可另当别论，但从中提出的这个问题是尖锐的：究竟什么是艺术价值？如何掌握艺术杰作的评价尺度？

一般说来，关于艺术的成功之道的讨论，不能不围绕"经典的构成"这个话题来展开。而经典是时间的筛选：能够在时尚中"各领风骚三五年"的未必是经典，能够征服时间、赢得读者青睐的作品则必定优秀无疑。用毛姆的话说："一部作品之所以成为经典，并不是由于评论家的交口称誉、教授们的分析阐释或是在大学课堂里进行研究，而是一代一代的读者在阅读中获得乐趣和精神食粮。"②因此，接受美学提出从读者的兴趣来评判艺术的优与劣是一个十分现成的选择。契诃夫就说过："我把所有的作品分成两类：我喜欢的和我不喜欢的。别的标准我没有，要是您问我为什么喜欢莎士比亚，不喜欢兹拉托甫拉特斯基，我也答不上来。"③但问题正在于，人们的欣赏偏好有时不仅不与作品的艺术质量成正比，而且许多时候似乎恰好相反。英国作家柯林·威尔逊曾指出：每个人都同意，巴尔扎克是比大仲马更伟大的小说家，但是只有一个人赞赏巴尔扎克的《高老头》或《幻灭》，却有一百个人阅读《三剑客》或《基度山伯爵》。④陀思妥耶夫斯基也早已指出，许多伟大作品在读者的拥有量上，都无法与大仲马的《三个火枪手》相比，但"这种情况不能作为大仲马这本家喻户晓的书是艺术顶峰的无可争辩的证明"⑤。

中国学者施蛰存先生也曾表示："在唐诗中，李商隐不能说是最伟大的诗人，因为他的诗的社会意义，远不及李白、杜甫、白居易的诗。但我们可以说李商隐是对后世最有影响的唐代诗人，因为爱好李商隐诗的人比爱好李、杜、白诗的人更多。"⑥比如北宋初年以杨亿、刘筠等人为首的一群诗人，曾掀起一个虔诚学习李商隐诗的热潮。这场运动最后的结果体现

---

① ［德］罗莎·罗森堡：《狱中书简》，傅惟慈等译，广州：花城出版社2007年版，第89页。
② ［英］W.S.毛姆：《巨匠与杰作》，王晓明等译，上海：华东师范大学出版社1987年版，第86页。
③ ［俄］安东·契诃夫：《契诃夫论文学》，汝龙译，合肥：安徽文艺出版社1997年版，第163页。
④ ［英］柯林·威尔逊：《我生命中的书》，陈苍多译，重庆：重庆出版社2006年版，第31页。
⑤ ［俄］陀思妥耶夫斯基：《陀思妥耶夫斯基论艺术》，冯增义译，桂林：漓江出版社1988年版，第73页。
⑥ 施蛰存：《唐诗百话》，上海：上海古籍出版社1987年版，第576页。

在一部《西昆酬唱集》里，以至于后世评论家从此把追随李商隐风格的作品称为"西昆体"。施先生仅仅以"社会意义"来评定艺术的高下是否妥当这里先暂且不议，他认为李商隐的艺术成就不如李白和杜甫，这个评价是恰当的。和威尔逊一样，他认为单从读者的喜爱难以判断艺术价值的高下，这也不无道理。分析起来，艺术与读者的关系，受到作品形态的雅与俗、创作年代的旧与新、艺术类型的现代与后现代等不同因素的制约。尽管不是所有人都会像毕加索那样坦然承认："受公众欢迎，这件事非常重要！……艺术家需要公众的肯定。不仅是为了生存，更是为了实现自己的事业。"[1]事实上没有一种名副其实的艺术创作活动能无视市场需求。就像现代派小说家米歇尔·布托所说：写作的意图总是为了被人阅读，写作活动本身已经包括了读者大众。

总体而言，纯文学是指那些"作者本位"的艺术创作，它们更强调在作品中表达作者自身对世界的感受。因而纯文学不注重读者的数量而强调质量，在意的是理想读者，这种读者实质上是作家自己。俄国小说家纳博科夫说过：一个艺术家不该去管读者（观众）是谁。他最好的观众是每天早上刮胡镜里看见的那个人。我想艺术家想象的观众是一屋子戴着他自己的面具的人。他明确强调："写作只是为了取悦一个读者：自我。"[2]德国戏剧家布莱希特也说过类似的话："我只能为我所感兴趣的人写作；就这一点而言，文学作品同书信一模一样。"[3]这种态度进一步的结果，就是对读者的排斥。当代美国作曲家约翰·凯奇曾经表示："如果我的作品被听众接受，我必须继续努力，使它不被接受。"[4]这其实并不是真的不想与受众交流，而只是强调了艺术修养对于艺术欣赏的重要性，也由此对大众读者缺乏信任。因此在传统美学中，我们常常能听到这样的说法："一切真正伟大的诗人有权对我们这些门外汉说：'你们喜欢我与否，跟我有什么相干？'"[5]所以纯文学也就是精英艺术。与之相反，所谓"俗文学"更多是从大众需求出发，更在意为他们的愿望提供满足，因而更习惯于运用传统的模式来降低欣赏门槛。事实证明，属于精英文学范畴的作品未必艺术品位就高，而通俗文学则往往在受到大众欢迎方面占得先机。

---

[1] ［法］布拉萨依：《毕加索谈话录》，杨元良译，长沙：湖南文艺出版社2000年版，第200页。
[2] ［美］弗拉基米尔·纳博科夫：《固执己见：纳博科夫访谈录》，潘小松译，长春：时代文艺出版社1998年版，第20页。
[3] ［美］瑙曼等：《作品、文学史与读者》，范大灿编，北京：文化艺术出版社1997年版，第127页。
[4] ［美］泰勒·考恩：《商业文化礼赞》，严忠志译，北京：商务印书馆2005年版，第184页。
[5] ［俄］屠格涅夫：《散文诗·文论》，巴金等译，北京：人民文学出版社1993年版，第169页。

威尔逊就认为,像巴尔扎克与福楼拜这样的"严肃的小说家"所注重的写实主义之所以不具有普遍吸引力,在于他们不再满足幻想实现大众愿望。中国有一句俗话:外行看热闹,内行看门道。以大众喜闻乐见为目标的通俗文学,常常无所谓门道而只满足于热闹。因此,一些精英人士往往表现出对大众口味缺乏信任。比如以"瓦尔登湖畔的散步者"出名的大卫·梭罗就认为:"大众从未完全读懂伟人诗人的作品,因为只有伟大的诗人才能真正读通它们。它们被群众阅读的方式,正如群众观看繁星,至多是从星象学角度,而不是从天文学的角度理解的。"[1]这样的看法并不准确,以金庸的武侠写作为例,它们受到大众的欢迎迄今已长达半个世纪。我们显然不能反过来,因为它们如此博得大众的青睐,而判定其不是优秀小说。

以读者的喜欢定高下的不妥,也表现在审美现代主义与后现代主义的区分中。作为19世纪中期以来的"生产社会"的美学,现代主义艺术推崇"艺术自律"的立场,它崛起于同大众艺术的分道扬镳,"接受了对生活的排斥"。比如先锋派戏剧家尤奈斯库说过:"我构思的完全是一种没有观众的戏剧。"[2]这个表态对于现代主义艺术有着普遍性。以波德莱尔和卡夫卡等为代表的现代主义文学,大都体现了一种沉重、严肃的美学。这样的状况往往让一般读者望而却步。用桑塔格的话说:"对观众来说不可接受,这是现代艺术的典型目的。"[3]但作为消费社会的产物和对审美现代主义的反动,后现代主义艺术偏爱通俗文化的编码,近似于媚俗艺术。媚俗艺术的本质是艺术的消遣化和娱乐化,这使许多优秀批评家"无法让自己严肃地对待后现代主义"[4]。但尽管如此,就像超现实主义的游戏比现实主义艺术的现实关怀更能拥有市场,以博尔赫斯、纳博科夫、卡尔维诺等人为代表的后现代文学虽然体现了一种"困惑诗学"(poetics of perplexity),但毕竟重新开始赢得读者的选择。

第三,我们的接受经验往往偏爱当下发生的、我们所熟悉的东西。如前所述,艺术是通过感动而被我们接受,但事实证明,"每一个读者,在他

---

[1] [美]马歇尔·布鲁克斯:《书的罗曼史》,高桦等译,北京:新星出版社2007年版,第228页。
[2] [法]欧仁·尤奈斯库:《法国作家论文学》,北京:中国社会科学出版社1984年版,第571页。
[3] [美]苏珊·桑塔格:《激进意志的样式》,何宋等译,上海:上海译文出版社2007年版,第9页。
[4] [美]马泰·卡林内斯库:《现代性的五副面孔》,顾爱彬等译,北京:商务印书馆2002年版,第286页。

的阅读中，只能被他以前曾经有过亲身体会的东西所感动"①。而我们客观上局限于具体的时间与空间。这就产生这样的艺术接受法则：一般说来，地域遥远的国外的作品不如本土作品更受欣赏，历史久远的古代作品不如现代作品更易获得我们的青睐。而经典之所以为经典，很重要的特征在于它能经受时间的检验。"不能让人重读的作品算不上经典。"耶鲁教授哈罗德·布鲁姆所写的那部巨著《西方正典》里的这句名言无可置疑。经典总是有一种对当下性的超越。卡夫卡认为：绝大多数当代作品都不过是目前社会的写照，很快就过时了。只有古籍经久不衰，是因为它具有传承性。"那就是经典名著与普通读物的区别。"②这个说法的保守立场或许会让一些人不快，但从实际经验来看，不能不承认这是事实。正因为经典的历史性，往往让"不过是目前社会的写照"的当下故事，比经典作品容易让普通读者产生兴趣。比如曾颇受读者好评的刘震云的新作《我叫刘跃进》。该书出版以来，一度高居各大书店文艺类畅销书排行榜，其受欢迎的程度让那些古今中外的文学经典相形见绌。这部小说的可读性并不说明它就是一部优秀小说。借用李长之先生在《鲁迅批判》里的一段话说：这个小说"社会的意义容或是有了，不过充其量，是一如一篇社会调查的新闻稿之有着社会的意义而已，艺术的价值却是被削夺了。"③尽管作者本人自认为"刘跃进就是阿Q他外甥"，他试图追随鲁迅先生的"文化批判"创作立场的姿态也隐约可见，但与真正的优秀小说相去甚远。由于作品抓人眼球的"卖点"在于"奇闻逸事"，这使它连"见证时代生活"这样的作用都未能体现，小说的艺术价值更无从谈起。

　　读者的喜好受到艺术的类型与题材等的限制，除此之外还随着个人生活阅历的积累而变化。比如柯林·威尔逊说，他20岁时，认为海明威的《永别了，武器》是"人们所曾写过的最伟大的小说"。而30年后重读此书，他改变了看法，发现了虚伪的语气，女主角凯瑟琳受作者男权立场的制约，显得过于谄媚而不真实。④意大利作家卡尔维诺也有同感。他写道："有那么一个时候，对我和大致与我同代的人来说，海明威是一个神。"但没有多久就开始看到他的局限和缺点，对他热衷于"没什么事情发生的故事"产生厌烦，觉得这位自视甚高的作家的小说，只不过是写了一批无根的美国人，他们唯一感兴趣的是"努力出色地滑雪、出色地射杀狮子、建立良好

---

① ［英］托·艾略特：《艾略特文学论文集》，李赋宁译，南昌：百花洲文艺出版社1994年版，第251页。
② ［美］马歇尔·布鲁克斯：《书的罗曼史》，高桦等译，北京：新星出版社2007年版，第144页。
③ 李长之：《鲁迅批判》，北京：北京出版社2003年版，第80页。
④ ［英］柯林·威尔逊：《我生命中的书》，陈苍多译，重庆：重庆出版社2006年版，第167页。

的男女关系和男人与男人之间的关系"①。卡尔维诺关于海明威的评价有失公允,但威尔逊的批评不无道理。无论如何,人们的艺术欣赏水平有一个逐步走向成熟的过程。小说家略萨的文章里也谈到,年轻时他曾是"萨特作品的狂热的读者",但在他自己也成为一位杰出小说家后,他觉得萨特的小说"已经老化,极其乏味"②。对于试图简单地从受众的喜欢与否评价艺术作品高低的做法,上述这些案例提出了质疑。

从接受美学来看,必须排斥两种极端。一方面,我们必须强调优秀艺术的受众性,对诸如"艺术不能让自己'通俗化'"③的观点持否定立场;但另一方面,同样也必须拒绝简单地以"市场造就伟大的艺术"④这样的说法,凭借销售量来评判艺术作品的好坏。事情正是这样,"可有哪个伟大诗人的作品,被那些我们称为普通老百姓们的人读过?德国的普通百姓不读歌德,法国的普通百姓不读莫里哀,甚至英国的普通百姓也不读莎士比亚"⑤。但这并不影响这些文学家的伟大。味道作为味道,在于"味"中有"道"。所以审美哲学的任务并不是谈"味",而是由"味"入手来论其"道。"用本雅明的话说:"去寻找什么给人们带来了愉悦"。因为对于艺术而言,真正重要的事情是,"艺术并非意味着模仿某种姿态而是意味着为它的魅力倾倒"⑥。如果说"诗之味"不可道,那么"诗之道"犹能探。不过这却是一趟崎岖艰险之旅。诗人李白有"但得酒中趣,勿为醒者传"的形容,准确地道出了述说这种诗之"道"之难。比如宋人严羽的《沧浪诗话》中写道:诗之极致曰入神,诗而入神至矣尽矣。在这种"神秘主义诗论"面前,我们对于诗道只能敬而远之。又比如袁枚在其《随园诗话补遗》卷一中也说过:"诗者,人之性情也,其言动心,其色夺人,其味适口,其音悦耳,便是佳诗。"这些见解同样很中肯,但它的全面性让它缺乏实际的认识论价值。这种现象反映了探索艺术奥秘的艰难。

---

① [意]伊塔洛·卡尔维诺:《为什么读经典》,黄灿然等译,南京:译林出版社2006年版,第263页。
② [秘鲁]巴尔加斯·略萨:《谎言中的真实》,赵德明译,昆明:云南人民出版社1997年版,第2页。
③ [美]赫伯特·马尔库塞:《审美之维:马尔库塞美学论著集》,李小兵译,北京:生活·读书·新知三联书店1989年版,第221页。
④ 参见[美]泰勒·考恩:《商业文化礼赞》,严忠志译,北京:商务印书馆2005年版,第241页。
⑤ [俄]屠格涅夫:《散文诗·文论》,巴金等译,北京:人民文学出版社1993年版,第283页。
⑥ [美]林赛·沃特斯:《美学权威主义批判》,昂智慧译,北京:北京大学出版社2000年版,第36页。

原因有三，其一在于诗味的微妙性。明代学者王骥德的《曲律》中指出，诗词有两种毛病，本色之弊易流俚腐，而文词之病每苦太文。其二在于艺术风格上的丰富性。比如清代学者袁枚打过一个极好的比方，来形容李白与杜甫的不同成就：春兰秋菊各有时。其三在于艺术文类的不同要求。比如清代学者纪昀在其《阅微草堂笔记》中有过这么一则记载：李秋崖与金谷村尝秋夜坐济南历下亭，时微雨新霁，片月初生。秋崖曰："韦苏州'流云吐华月'句兴象天然，觉张子野'云破月来花弄影'句便多少著力。"谷村未答，忽暗中人语曰："岂但著力不著力，意境迥殊，一是诗语，一是词语，格调亦迥殊也。即如《花间集》'细雨湿流光'句，在词家为妙语，在诗家则靡靡矣。"愕然惊顾，寂无一人。正如有学者指出，这则故事很可能是纪昀编造出来的，但它所道出的不同艺术形态对艺术有不同审美要求，这个见解是深刻的。美学史上许多偏见的由来，正是同忽视这种现象有关。比如清人陈仅曾提出"诗有十病，总归曰露"的观点。这有一定道理。所谓"露"是指所表达的思想内容过于直白。这样的结果常常导致两种情形：假与浅。清人任大椿《别友诗》写道：无言便是别时泪，小坐强于去后书。艺术中的含蓄不仅仅是一种方式，它同时也就是一种内容。

所以一些欠含蓄的诗句有时反映了意思的浅近。比如"平生不作皱眉事，世上应无切齿人"。这其实是以诗的形式进行的伦理说教，当然毫无诗意。相比之下，一些含蓄的表达更具诗之魅力。比如松尾芭蕉的著名俳句《古池塘》："寂寞古池塘，青蛙跳入水中央，扑通一声响。"虽然如此朴素，但却回味无穷。如果我们因此认同陈仅所说视"露"为艺术之病，则又未免过于简单。含蓄一般而言有助于增强艺术性。比如唐代诗人孟浩然的《宿建德江》："移舟泊烟渚，日暮客愁新。野旷天低树，江清月近人。"清代黄叔灿《唐诗笺注》里评论说："'野旷'一联，人但赏其写景之妙，不知其即景而言旅情，有诗外味。"这说得很到位。又比如张继的名篇《枫桥夜泊》："月落乌啼霜满天，江枫渔火对愁眠。姑苏城外寒山寺，夜半钟声到客船。"诗人凭这首诗名垂中国诗史绝非偶然，全诗从文辞字句上看似乎只在如实写景，然人事沧桑尽在不言之中。但写得相对"直白"同样也有好诗。比如杜甫的《闻官军收河南河北》："剑外忽传收蓟北，初闻涕泪满衣裳。却看妻子愁何在，漫卷诗书喜欲狂。白日放歌须纵酒，青春做伴好还乡。即从巴峡穿巫峡，便下襄阳向洛阳。"意思表达得直截了当，没有太多的"言外意"。但就像当代学者周振甫所说，此诗好就好在有一种"直率之美"，将人生中特有的一种心情表达得十分贴切。

艺术的"滋味"由此可见，存在难以一言蔽之的多样性，这是美学试图由"味"来认识艺术性的难点所在。但无论如何有一点可以肯定："味"

强调身与心的一体。用袁枚的话说，味欲其鲜，不论厚薄，以妙为主。怎么理解"妙"？宋代理学的早期代表人物邵雍曾说过："人不善赏花，只爱花之貌；人或善赏花，只爱花之妙。花貌在颜色，花妙在精神。"将"妙"落实为精神，强调了其可以凭心意会不能用口明言的特点。说来绕去还是在比喻的网络中，没有进入概念分析的系统。但这也表明，以"味"论"诗"的比喻，指的是一种既非单纯的生理反应（不同于饮食），也并非离开感官的知性思想的现象，是一种表现为身与心的张力关系的愉悦。比如宋人张戒《岁寒堂诗话》："韵有不可及者，曹子建是也，味有不可及者，渊明是也。"虽举例并不十分妥当，但指出韵与味之间仍有差异则有启示性意义。所以前人对代表艺术性的"滋味"一分为三地做过"意味—趣味—韵味"的区分。

所谓"意味"属于一种"虽在言外，仍能言说"的东西，通常是生活经验的提取。比如司马光的："清茶淡话难逢友，浊酒狂歌易得朋。"这是无意深求之句，但能传颂天下之联。因为其中有意味。又比如元好问的《帝城二首》其一的上两联："帝城西下望孤云，半废晨昏愧此身。世俗但知从仕乐，书生只合在家贫。"和龚自珍《己亥杂诗》其五："浩荡离愁白日斜，吟鞭东指即天涯。落红不是无情物，化作春泥更护花。"所谓"趣味"，其相对意味要更难以用概念表达，它一般在"可言与难言"之间，主要表现为一种"生机勃勃，生气凛凛"的状态。相对而言，趣味的领域较意味更偏于精神性，就像明代的袁中道所说：天下之趣未有不自慧生。趣味是意味的进一步提升，意味中未必一定有趣味，但趣味里多少会有点意味。趣味的基本元素是"好玩"，但其表现形态仍显得丰富多样。比如袁枚曾将其同乡陈星斋《题画》与郎夫《尚湖晚步》各两句诗合成一首，自有另一种趣味："秋似美人无碍瘦，山如好友不嫌多。友如作画须求淡，山似论文不喜平。"体会起来，这里的"趣"主要在于比拟恰当，有一种智慧性的东西。所谓"韵味"则属于完全无法道出所以然的现象。最典型的例子是李商隐的《锦瑟》："庄生晓梦迷蝴蝶，望帝春心托杜鹃。沧海月明珠有泪，蓝田日暖玉生烟。此情可待成追忆？只是当时已惘然。"此诗的"味道"虽然不能完全离开对文字的词意的理解，但我们显然又绝不能认为，那就是诗味的来源。只能说此味是由字面意思与音韵效果的共同合成。

由此可见，归根到底，无论是意味、趣味、韵味，殊途同归于"心动"。所以海德格尔据此提出，"美不仅仅与趣味相关，不只是趣味的对象"，而是意味着"从作为存在者之存在状态的存在那里获得了照亮"。[①]这

---

① [德]马丁·海德格尔：《林中路》，孙周兴译，上海：上海译文出版社1997年版，第46、65页。

话讲得十分晦涩，叶嘉莹的话更明白："我把'能感之'简单地分成三个层次，即感受、感动、感发。"所谓感发是在感动基础上的再进一步，即"你除了这种感动之外，忽然之间好像精神上获得了一种超出你所为之感动的情事之外的启发和觉悟，这就叫感发"①。换言之，真正的艺术感动是一种"启发"，它所指向的是"意义"的追究。正是那些杰出的艺术作品不断激发我们对生命意义的追问，让我们面对"意义"问题。通过感动而领悟那些艺术杰作所蕴含的意义，是我们掌握接受美学的目的。

## 25. 看法与见识：批评美学

虽说与文学作品的广受关注相比，文学批评的行情向来难以并提，但偶尔也有旌旗招摇、得胜回朝的时候。诺贝尔文学奖得主、印裔英国人奈保尔甚至表示，在英国一位批评家比作家更受人关注。这似乎验证了王蒙的此番见解："作家其实是很注意批评家的言论的，尽管作家往往有那么一种'我写你评'的优越感，也要常常摆出一副随他说去的清高状。"②这是大实话。比如艾略特，在将批评家们大骂一通后又亲自操笔上阵，不仅撰写批评文章而且还进行批评之批评的暗含动机：从其洋洋数十万言的批评文字中，他对于文学批评的看重以及因此而急于将其改进的心情可见一斑。人们对文学批评家及其行当的难以掩饰的不以为然，乃是由于这个行业内的许多人，手艺实在太差、所干的活过于粗糙。因此，如何让举步维艰的文学批评重振雄风，不仅有所作为而且体现出一种"批评的力度"，近些年里一直是批评理论家们关注的焦点。

虽然有诸如"诗学何为"这样的困惑，但业内人士们逐渐殊途同归地将成功的希望落实到方法的升级换代，使对方法论的关注不断升温，最终达到一种饱和状态。短短一段时间，我们已由微观精致的"文本"的小木屋经过了奇妙的"文体"森林而顺利抵达了广阔无垠的"文化"的海域。我们不仅早已遗弃了结构主义并且结束了与其孪生姐妹解构主义的蜜月，而且也不再满足于单纯地与诸如女权主义和解构主义等的调情；在越来越老到地同诸如后殖民主义、后现代主义、后人文主义和后东方主义等新方法进行全方位全球化约会之际，我们的视野以一种全天候的状态密切关注上至火星月球下至世界的每一个旮旯，随时准备将新出笼的方法招聘至帐

---

① 叶嘉莹：《叶嘉莹说汉魏六朝诗》，北京：中华书局2007年版，第308页。
② 王蒙：《批评或有之隔》，见王蒙：《欲读书结》，深圳：海天出版社1992年版，第153、161页。

下、揽入怀中。当各式各样有名无名的"洋教授"们,带着他们刚发明的某种功效神秘威力巨大的X方法的X代产品,从四面八方匆匆赶来接受我们的热情拥抱,另一些"洋先生"们则在盛宴结束后悄悄离去,怀里揣着那些余温虽在却已经被宣布过时的方法。文论家们的每一次聚集,差不多都成了未经审批但已默认的举行方法论的过招比武的擂台。

当然,世界上没有无缘无故的热爱。在某种意义上,对方法的这种热衷实乃科技主义时代"工具膜拜"的一种表现。对方法的重视是为了占据学术研究的制高地。我们知道黑格尔曾经说过:"在探索的认识中方法也就是工具,是主观方面的某个手段,主观方面通过这个手段和客体发生关系。"①我们也已经熟悉了这样的认识:"每个领域都有一种方法论,例如有化学的、教学的、苦行的以及许多别的方法论。"根据这位著名学者鲍亨斯基的研究,"方法论"这个词来源于古希腊文的"沿"和"途",因此其字面意思就是"论述(正确)行动的途径"②。显然,无论我们如何妄自尊大,都不会拒绝选择一条行之有效的道路。尤其是这些念头常常能够从一些大师们那里得到赞同。比如我们被告知契诃夫就曾指点一位渴望成功的批评家:他认为对于一名文学批评家,要紧的倒不在于他有明确的见解、信仰、世界观,而在于他有方法;对于从事分析的人来说,如果他是学者或者批评家,方法就是才能的一半。但我们在这种方法论热中显然有点忘乎所以,忘了方法毕竟是由人来操纵的,并不能代替人的工作。

尼采写道:"没有一个时代,人们对艺术谈论得如此之多,而尊重得如此之少。"正如他所说:"当批评家支配着剧场和音乐会,记者支配着学校,报刊支配着社会的时候,艺术就沦为茶余饭后的谈资,而美学批评则被当作维系虚荣、涣散、自私、原本可怜而绝无创造性的社团的纽带了。"③受这种套路复杂的理论的诱惑,我们的批评家纷纷成了方法论的俘虏,生动地证明了这样一个事实:"拙劣的批评编织聪明的理论,出色的批评则为出人意料的直觉提供依据。"④一种早已被驱逐的按图索骥式的批评观,如今借助于以各种五花八门的批评理论的雄起而死灰复燃、卷土重来。"人人都知道,照这些令人起敬的理论家的意见看来,所谓批评,就是把这些理论家的教本中

---

① [苏]列宁:《黑格尔〈逻辑学〉一书摘要》,见《列宁全集》第38卷,北京:人民出版社1959年版,第57页。

② [瑞士]J.M.鲍亨斯基:《当代思维方法》,童世骏译,上海:上海人民出版社1987年版,第9页。

③ [德]弗·尼采:《悲剧的诞生》,周国平译,北京:生活·读书·新知三联书店1986年版,第99页。

④ [美]M.迪克斯坦:《伊甸园之门》,上海:上海外语教育出版社1985年版,第236页。

所叙述的一般规律套到某一个作品中去。"①曾经，俄国批评家杜波罗留波夫曾对那些只会拿原则来指手画脚的批评家如此提出过批评。但这种几乎已可以被看作文学批评界的一种丑闻的现象，如今随着文学方法论的走红堂而皇之重新粉墨登场。就像美国反应理论批评家霍兰德所说：如果我们将文学批评确认为关于文学的一种解释，那也就意味着将作品置于某种理论的范畴之中，因为"解释一个现象就是将它和比它更一般的原则相连"②。

  这是一种十分典型的似是而非的话语。对于这类理论家，离开了作为方法论的原则就将寸步难行是事实，但这并不意味着没有诸如此类的假设推定，文学批评就会如迷途的浪子找不到前进的方向。事情其实恰好相反：对这样的有理论知识而无批评经验的批评文论从业人员，文学作品只是用来验收其精心发明的理论学说的试验品而已，他既不对作品也不对读者负什么责任，只满足于借花献佛地以文学批评为名，在批评舞台进行誉满全球的观念表演。在赢得掌声与关于其观念产品的无数订单之际，完成了自我实现的理论家踱步于海边别墅、飞翔于白雪高山。留下那些无名无钱的货真价实的批评家，吃力不讨好地在那里为他的混淆视听的高见擦屁股，为已被糟蹋得一地鸡毛的人文事业鞠躬尽瘁。因为真正的批评家明白，在文学艺术领域里，总是充满着种种偶然性、复杂性和多样性。所以，与习惯于从方法论原则摆布文学作品的文学理论家不同，真正的批评家以一种实事求是的策略对待之，让方法为文学作品内在的本色意义"出场"提供方便。对于这样的批评家，批评总是根据文学所提出的事实而发挥的（车尔尼雪夫斯基语），批评永远是和它所批评的对象相适应的。因此，对于坚持"批评是现实底（的）意识"③的文学批评家，永远拒绝任何想当然的"看法"，而在意洞察力的"见识"。

  为什么弗洛伊德的信徒们看见一座塔（或者柱子什么的）就认为是男人的那个宝物，并能从所有诗人的诗篇中千篇一律地读出性的饥渴或者"俄狄浦斯情结"？为什么女权主义鼓吹者总是能从一个爱情故事里发现男人对女人的性别迫害，无论她是否是查泰莱夫人或者洛丽塔？著名心理学家弗洛姆曾指出：思想家们都有一种自信，以为他的思想是自己思维的产物，而实际上是由各种无形的力量所决定的，"这些客观力量在人的背后起

---

① ［俄］杜波罗留波夫：《杜波罗留波夫选集》第2册，上海：上海文艺出版社1959年版，第336页。
② ［美］诺曼·霍兰德：《文学反应动力学》，清国庆译，上海：上海人民出版社1991年版，第348页。
③ ［俄］别林斯基：《关于批评的话》，见《别林斯基论文学》，北京：新文艺出版社1958年版，第259页。

作用"①。事情显然正是这样。问题在于思想家们常常都不会明智地自我限制，满足于分疆而治的格局，守住一点所谓"片面的深刻"；而总是想方设法通过大一统的体系化实行思想扩张，让全世界的人们都成为其信徒，满足其以"哲学王"的角色与世俗皇帝分享权力与光荣。这就导致爱因斯坦所说的"方法论的不育症"。因为方法论所推崇的方法毕竟只是一种思想工具，至于"这个工具在人的手中究竟会产生出些什么来，那完全取决于人类所向往的目标的性质"②。

但文学批评实践之所以拒绝方法，是因为与方法论所要求的"整体优先原则"正好相反，在实践中真正起作用的从来都是"局部优先性"。在此意义上，方法不过是看法的一次手淫，正如它所得到的那种快感与真正的爱的享受毫无关系，它所得到的"看法"只是一种闭门造车的产物，同真知灼见无关。所以随着现代科学的崛起，形而上学本质主义的权威被终结。实践让科学研究不再相信理论的指手画脚，经验则让文学批评不能接受方法的垂帘听政。事实上，所有这些批评可以称为片面的，因为每一种都试图以考虑一部分的问题来解决全部问题。迷信方法论的批评家如同传统社会里的中国女人，将一生希望全寄托于找到一个好男人，而放松了对自己的思想改造和上进的脚步。结果是好男人也终有一天因实在不能忍受女人的"落后"，而一个个都成了现代陈世美。也如同一则流行而不够正经的笑话：对于一名对人的认识总是局限于下身而不是上体的肛门科大夫而言，无论是头痛还是脚痛，失眠抑或便秘，他一律以痔疮药给病人开处方。

正是出于这样的教训，一些头脑还算清醒的批评家开始有所觉悟。比如韦勒克曾对弗莱的原型批评理论提出批评，认为他在让其功成名就的《批评的剖析》中"企图创建一种自命不凡的无所不包的文学理论"，是一种明显的观念的越界行为。他提出："对批评理论的功能持稍微谦虚一点的态度似乎是明智的。"正像他所说："没有一个严格意义上的弗洛伊德批评家赢得过任何尊敬。"因为"保守的弗洛伊德派文学批评通常沉溺于对性象征的不厌其烦的探求中，经常曲解作品的意义，破坏了艺术的完整性。"不仅如此，韦勒克的批评观的务实性使他一方面肯定"真正有生命力的是产生于文化人类学和荣格的理论的神话批评"，同时也表示"这种批评方法的危险性也是显而易见的：它抹杀了艺术与神话，乃至艺术与宗教之间的界

---

① [美]埃里希·弗洛姆：《在幻想锁链的彼岸》，张燕译，长沙：湖南人民出版社1986年版，第112页。

② [美]爱因斯坦：《爱因斯坦文集》第1卷，许良英等译，北京：商务印书馆1994年版，397页。

限",认为"当他们把每一件艺术品都用这些术语破译一遍以后,留下的就只是一种徒劳无功和索然寡味的感觉"[1]。他的这些意见无疑不仅是对具体的几种批评方法的批评,同样也可以看作是对整个文学方法论的功能神话的一种颠覆。因为方法并不产生真正的见识,它既是看法的产物,也是产生看法的胎盘。

不能由此得出方法论一无所用的结论,它显然不会被看作一段文化盲肠似的随便让人割去。如同任何产品一样,方法论之所以能如此这般地走红自有其供需方面的运作机制:这就是它能形成一个关于文学的"看法界"。方法论不断生产制作各种关于文学的看法,关于文学的这些看法事实上无须做出关于文学实践的任何承诺,也更不会受到这种来自文学实践的监督。"看法"在高层次上只对逻辑负责,以形成自己的话语体系为最高目标;而在低层次上,则只要求能够制造出一种能供整个批评界予以借鉴或批判的某种"说法"。这就是文学方法论由现代性向后现代性转型期间的文化功能。它将自身的价值基础构筑于作为"文学看法"的系统结晶的"文艺理论"的生产上,将其进行如此这般的概括:"……我们必须掌握文艺理论;不依赖于一种特定的文艺理论,要使文学研究达到科学化的程度是难以想象的。"[2]以及这样的裁决:"一个批评家的文学观点,他对艺术家和艺术品优劣的划分和判断,需要得到理论的支持和确认,并依靠其理论才能达到发展。"[3]

但这种看法显然并不进一步追究这样的问题:为什么有必要强调文学研究的科学程度?这样的程度除了满足研究员的自我欣赏外,于实际的文学创作与欣赏有何意义?作为一种文学实践的文学批评,难道真的有必要接受文艺理论的莅临指导而不是相反,成为一种文艺理论避免沦为胡说的指导?显然,关于文学的看法与真正的文学批评无关。事实上,如同创作家的创作实践从不接受任何"理论指导",批评家的批评实践不仅也是一样,而且它其实是文艺理论的研究基础。用韦勒克的话说,文学研究不可能而且也不允许与文学批评分离;用弗莱的话说:"文学批评的基本原理及要求是不能现成地从神学、哲学或科学中信手拈来的。它们只能从批评所

---

[1] 参见[美]勒内·韦勒克:《批评的诸种概念》,罗钢等译,成都:四川文艺出版社1988年版,第321、331页。
[2] [荷]佛克马、易布思:《20世纪文学理论》导论,北京:生活·读书·新知三联书店1988年版,第1页。
[3] 参见[美]勒内·韦勒克:《批评的诸种概念》,罗钢等译,成都:四川文艺出版社1988年版,第13、74页。

探讨的文学艺术中发展而来。"①所以，靠汲取文学批评供给的营养而生存的文学看法，想当然地要求文学批评倒过来承认在接受其恩惠，这虽说很滑稽，但人世间的许多事从来就是如此。对于文学批评家，真正有意义的是警惕以主观的看法遮蔽了真正的见识。

在此意义上，一直被推崇为当代批评方法宗师之一的弗莱的这番话，无疑是发人深省的：从根本上讲，我不相信会存在如此众多的批评方法，尽管我能见到在文学批评的活动中存在着分工。我也不相信今天存在着不同的批评"流派"，分别隶属于互不相同又彼此不可调和的形而上学的假定；在我看来，这种现状仅仅反映了文学批评理论的混乱现状。特别是把我说成是属于或开创了一个神话或原型批评的学派，这种观点反映了对待我的混乱认识。……我只是认为，文学的结构和形象乃是文学批评应加考虑的主要成分，舍此以外，我并不墨守什么批评"方法"。②弗莱这一立场意味着，他属于以利维斯为代表的"专家批评家"阵营的一分子，虽然他比利维斯多了一点"理论"色彩，但与那些靠理论吃饭的"批评理论家"仍大相径庭。因为对于他们这些"批评专家"，理论只是用来帮助其进入作品的一种工具，他们是工具的主人而不是工具的奴隶，工具的意义只在于达到目的，随时可以被丢进垃圾堆。相反，批评理论家们则靠方法论的推广应用而得以生存，他们的理论小铺能否逐渐升格为学术大厦取决于人们对其方法论的需求量与推崇度。所以他们奔波于世界各地，借一切渠道让人们产生一种"世上皆俗事，唯有方法高"的念头，不仅本末倒置地将手段当作目的，并且还由此而将种种虚幻的构建当作真实的世界。

弗洛姆在《幻想锁链的彼岸》里谈道：在人们的生活中，需要避免的最大危险之一是语词与事实的混淆，"语词的物化妨碍了对现实的理解"。这里所说的"语词的物化"，其实也是主观臆断的看法被当作了见识而在现实中成为一种思想货币四处流通。它所造成的种种危害呼唤着真知灼见的出场。事实一再表明，对作为一种实践活动的文学批评，不是批评家的"看法"而是他的"见识"，真正决定着其所从事的文学批评实践的意义，他的批评成就是对这种见识平庸与否的检验和直接结果。具有卓越文学批评实践的"京派批评家"李健吾曾提出："一个真正的批评家，犹如一个真正的艺术家，需要外在的提示，甚至于离不开实际的影响。但是最后决定

---

① ［加］诺思洛普·弗莱：《诺思洛普·弗莱文论选集》，北京：中国社会科学出版社1997年版，第374页。

② ［加］诺思洛普·弗莱：《诺思洛普·弗莱文论选集》，北京：中国社会科学出版社1997年版，第30—31页。

一切的，却不是某部杰作或者某种利益，而是他自己的存在，一种完整无缺的精神作用。"[1]这番精辟之言中已经"出场"而未被点明的一个概念，就是批评家的见识。这种"见识"不同于廉价的假宝石，能够被大量批发，所以它常常被"看法"冒名顶替。而事实上，彼此完全不是一回事。见识与看法的表面相似在于，二者都表现为个人立场，而彼此在实质上大相径庭：看法是一种主观的人工制作的纸花，而真正的见识中却散发着真实生命的健康气息，有一种穿越主观直抵真相的力量。

唯其如此，如同一切小人都本能地装扮得比君子还君子，所有的看法都会让自己与见识相混淆。唯一能够识别的方式在于：见识总有一种"本原"性和"本色"化，不需要涂脂抹粉；而看法则往往极富雄辩性和诱惑力，企图以此来蒙混过关。比如作家王蒙在短文《我爱读〈红楼梦〉》里这样说道：《红楼梦》是经验的结晶。人生经验，社会经验，感情经验，政治经验，无所不有。《红楼梦》是一部想象的书。它留下了太多的玄想、奇想、遐想、谜语、神话、信念。《红楼梦》是一部解脱的书。万事都经历了，便只有大怜大悯大淡漠大悲痛大欢喜大虚空。《红楼梦》是一部执着的书。它使你觉得世界上本来还是有一些让人值得为之生为之死为之哭为之笑的事情。它使你觉得，活一遭还是值得的。《红楼梦》令你叹息。《红楼梦》令你惆怅。《红楼梦》令你聪明。《红楼梦》令你迷惑。《红楼梦》令你心碎。《红楼梦》令你觉得汉语汉字真是无与伦比。《红楼梦》使你觉得神秘，觉得冥冥中有一种不可思议的伟大。[2]

这就是小说家关于《红楼梦》的一些"见识"，它直截了当地扑面而来，没有过渡也无须任何修饰。就如同那些美妙的音乐，虽只有对于真正拥有"音乐的耳朵"的人产生作用，给他们以心灵的共鸣与启发；但也不会拒绝任何愿意与它做交流的听众，让他们在觉得有意思之外去回味体会。这说明"见识"是文学批评的力量之本。这种力量与一切外在的虚张声势和权力运作毫无关系，它只是其内在价值的体现，而这种价值的基础就是一种具有自明性的见识。"世间不言自明的真理是有的，但由于我们的懒惰和不学无术，常常被人冷落一旁，怎么也不能对人类的活动有所影响。"[3]俄国文学家帕乌斯托夫斯基曾如此感叹。见识就是这样的一些通往真理的东西，它的本原意义上的自明性使其拥有两大品格：本色与简约。见识是事情的"本来面目"的"显现"，是现象学家整天挂在嘴里唠叨个没完，但自

---

[1] 李健吾：《李健吾文学评论选》，银川：宁夏人民出版社1983年版，第40页。
[2] 王蒙：《我爱读〈红楼梦〉》，见《逍遥集》，长沙：群众出版社1993年版，第70页。
[3] ［俄］帕乌斯托夫斯基：《金蔷薇》，上海：上海译文出版社1980年版，第220页。

己却从不会言行一致地去实践"回到事情本身"。所以它本色而简约,无遮无蔽。

"简洁是智慧的灵魂。"莎士比亚如此说过。"简练是天长的姐妹。"契诃夫也这么讲过。话语之所以能够简洁,是由于言之有物,这些宝物正是优秀批评家在文化行业里安营扎寨的精神资本。那些伟大批评家之所以伟大,就在于在他们的批评实践里,这样的见识如珍珠撒地。比如歌德在评论莎士比亚的《哈姆雷特》时提醒我们,这部戏的关键点是主人公的这句台词:"这是一个颠倒混乱的年代,嗨,倒霉的我却要负起重振乾坤的重任。"比如屠格涅夫在比较歌德的《浮士德》与塞万提斯的《堂吉诃德》时指出,后者比前者更伟大,因为说到底,没有这些可笑的怪人——发明家,人类大概就不会有进步,那么哈姆雷特们大概也就不会有什么可以思考的了。比如勃兰兑斯在比较《唐璜》和《浮士德》时说:前者的那种强劲而讲求实际的历史精神,似乎要比激励着后者的那种哲学精神更有分量。如此等等。见识的力量来自于它对事情本质具有一种洞幽烛微、一针见血的穿透性。在《早已想就的一本书》这篇文章里,帕乌斯托夫斯基采用寥寥几笔拈出所写对象的神情。

比如他用一句话来搞定契诃夫小说的艺术精神:他的作品不能容纳一点点灰尘和斑点;他用布洛克《温暖的夜笼罩着岛屿》这首诗的一行"我那遥远的梦幻的春天……"来就其创作的实质做出概括:这是一句不同凡响的话。这是光,整个布洛克便是由这种光造成的;他这样谈法国莫泊桑的小说:他是把生活叫作"作家的临床诊所"的解剖家。他明白,假如在他的作品中加上同情心,那么他会作为善的化身留在人类的记忆中;他如此评价高尔基:如同若没有伏尔加河我不能想象俄罗斯一样,我也不能想象在俄罗斯没有高尔基;他对雨果的意义一言以蔽之:他的视觉使他真实地夸大了他在生活中所看到的一切和所写的一切,他给欧洲的停滞的空气通了风,吹进了不可遏止的理想的气息;他看普利希文:从一个人的灵魂中把他最隐秘的幻想揭示出来,这便是全部任务;他谈童话大师格林:以全部作品为人类幻想辩护,陶醉于"崇高的感情"。他还曾告诉我们:"在每一个儿童童话中,都包含着另一个只有成人才能完全理解的童话";在人类诸多宝贵品质中,心灵的单纯最应珍惜。"单纯比光辉、缤纷的色彩、孟加拉的晚霞、星空的灼烁,比那些好像强大的瀑布对人的内心的作用还要大。"[1]这些无可置疑的见识,是不起眼的《金蔷薇》之所以拥有强盛的文化生命力的原因;也昭示着真正的文学批评何以能向文学读者们理所当然地

---

[1] [俄]帕乌斯托夫斯基:《金蔷薇》,上海:上海译文出版社1980年版,第187—207页。

要求一份属于自己的尊重。

亨利·詹姆斯曾经表示：一部艺术作品最深湛的品质，将永远是创作者心智品质的表现。"专家批评"的旗手利维斯在其《阅读能力》一文里曾对此大加赞赏，认为"这句话很可能是批评的基础"[①]。这无疑是很中肯的，这番"心智"也就是批评家的见识。真正的见识总得显得质朴无华，这常让一些口味浓重的读者觉得不满足，期待着批评家的继续。不能认为这种要求不合理，但却有必要指出：只有如此这般的见识才是批评的港湾，批评家的每一次起锚只是利用这些见识为燃料；批评家的每一场精彩演出，都不过是对这些见识所做的各种深入浅出的阐释。正如曹雪芹在其《红楼梦》里所说，世事洞明皆学问，人情练达皆文章。批评家所必备的见识便属于这一类"学问"和"文章"。它是一种从丰富的经验里所提取出来的敏锐的洞察力，这是其较"看法"珍贵得多的原因：它是人类思想领域的黄金。艾略特曾一言以蔽之："批评家必须具有非常高度发达的事实感，这绝不是一种微不足道的或常见的才能。它也不是一种容易赢得大众的才能"，而是一种"需要很长时间才能培养起来"的东西，因而它的完美发展便意味着"文明的最高点"[②]。这无疑是值得重视的经验之谈。事实感包括艺术与人生两大维度，二者既互相渗透又各有侧重的结果，在文学批评领域形成了"专家批评"与"作家批评"两大阐释形态的分庭抗礼。

汪曾祺曾谈到，沈从文的《边城》出版后，曾"激怒了一些理论批评家和文学史家，因为沈从文没有按照他们的要求、他们的规定模式写作"。主要有两条"罪名"：一是小说没有写阶级斗争，掏空了人物的属性，二是小说写的是一个世外桃源，脱离现实生活。我们知道沈从文的回答是：你们要的事多容易办，可是我不能给你们这个！[③]类似的批评逻辑经常会出现于批评理论家们的批评话语里。批评之道最终取决于对生活经验的直接／间接的汲取，这是拥有丰富多彩的人生阅历的"作家批评"，在同书斋文匠的"专家批评"的总体较量中获得成功给予我们的启示。这意味着同"理论性"相比，对生活与艺术关系的良好的"事实感"，才是批评家迈入文学作品的门槛。这种事实感对于批评家的重要性，就像"真实感"对于小说家的重要性。亨利·詹姆斯指出：一部好小说必须拥有真实感，这是小说家同生活发起竞争的地方，如何获得这种东西构成了小说艺术的起点和

---

① ［英］利维斯：《阅读能力》，见《现代美英资产阶级文艺理论文选》下册，北京：作家出版社1962年版，第308、322页。
② ［英］托·艾略特：《艾略特文学论文集》，南昌：百花洲文艺出版社1994年版，第74页。
③ 汪曾祺：《汪曾祺文集》文论卷，南京：江苏文艺出版社1993年版，第99页。

归宿。对于小说家而言，困难的就在于虽知道这种感受属于一种创作心理，"但是很难给你一个让你产生那种感觉的秘方"①。

但这并不意味着这类批评形态只是热衷于雕虫小技，无视文本的精神创造。无论采取什么样的批评立场，真正出色的文学批评总是会殊途同归地聚集于这一维度：对作品所达到的精神高度做出测绘与评估。与职业的专家批评相比，作家批评的最大优势其实并不在专业知识而在于人生阅历。说到底，所谓艺术奥妙无非也就是世事的洞明与人情的练达，离开了对生活的亲近与对人性的洞察也就无所谓人文艺术；能够最紧密地拥抱生活体会其甜酸苦辣，既是成就文学家的唯一途径，也是成全文学批评家的不二法门。亨利·詹姆斯认为："对于一个诗人或者一个小说家来说，重要的问题是：他对生活有何感受？"②这样的问题完全可以被挪用来提醒批评家。一位优秀的批评家会像帕乌斯托夫斯基在结束其创作生涯之际一样表示：我最想感谢的是生活本身，简单而又意义重大的生活，我有幸成了它的见证人和参与者。③正是生活本身，最终造就了文学批评家的"事实感"。这就像詹姆斯所说：人们如何体验生活，他们也就会如何体验和生活关系最为密切的小说。这当然也是一个名副其实的批评家的"工作方法"。

所以，如同对实际生活的相对隔离会让一位优秀的职业作家逐渐失去创造力，这方面的缺陷同样也容易导致职业化的专家批评的目光失去穿透性，而优秀的作家批评家则能够越过这种陷阱。比如，当詹姆斯提醒我们，莫泊桑的作品是既淫秽放肆又纯洁无瑕；当纳博科夫提出，在卡夫卡《变形记》里，格里高尔是在虫的外壳掩盖下的人，而他的家庭成员则是装扮成人的虫；当茨威格指出，司汤达的小说世界总是盘旋在两种男性命运的永恒极端：一端是对女性美的孩童般的迷乱与渴望，另一端是对世俗权力的具有讽刺意味的自负与向往；当毛姆表示，托尔斯泰的那位心灵高贵的安德烈公爵之所以如此吸引人，是由于他身上存在着诸如傲慢而专横、偏狭而不通情理等人性弱点……诸如此类的深邃之见除了依据成熟的生活体验是难以实现的。所以目光敏锐的弗莱终于感叹说："那种用'洞悉生活'字样形容的文学批评，也即从文学作品中发现对于自己经验具有特别重要意义的东西，也许是文学批评能够获得的最易于显示它所研究的作品的手段了。"④在很大程度上，批评家的工作主要就是努力整理自己的阅读感受，

---

① ［美］亨利·詹姆斯：《小说的艺术》，上海：上海译文出版社2001年版，第13页。
② ［美］亨利·詹姆斯：《小说的艺术》，上海：上海译文出版社2001年版，第79页。
③ ［俄］帕乌斯托夫斯基：《文学肖像》，北京：人民文学出版社2002年版，第231页。
④ ［加］诺思洛普·弗莱：《诺思洛普·弗莱文论选集》，北京：中国社会科学出版社1997年版，第29页。

设法从印象的草丛里发现见识，就像李健吾所说："所有批评家的挣扎，犹如创造者，使自己的印象由朦胧而明显，由纷零而坚固。"①但在其中，最为重要的基础仍是来自我们生命历程的体验。

由此可见，那种试图觅取一种最先进的"批评方法"来攻城略地的心态，培训出的只是一批学术商人。对于真正的文学批评，记住帕乌斯托夫斯基的这番话很有必要："涅瓦河上的一个白夜，比起数十本作品以及关于那些作品的数十小时的思考来，使我更多地了解了俄罗斯诗歌。"②为了理解这样的诗歌，我们不能在书斋里坐而论道，而需要走出"圈子"进入活色生香的日常生活。

---

① 李健吾：《李健吾文学评论选》，银川：宁夏人民出版社1983年版，第41页。
② ［俄］帕乌斯托夫斯基：《文学肖像》，北京：人民文学出版社2002年版，第227页。

# 后 记

  这是本新书，但算不上新著。其中的内容基本上取材于我多年前的学术写作，它们曾在我的几部相关著作中出现，也曾陆续在国内的学术期刊上发表。但这些书都脱销已久，是时候以不同方式再版了。本次出版对文本内容做了一些修订和润色，在书的结构框架上做了重新安排，目的是为相关专业的教学提供更合适的阅读资料，同时也向对美学问题仍有兴趣的普通读者开放。所以，尽可能做到深入浅出是我的努力目标。在高校为学生开设美学课程几十年，面对已完全不同的"手机一代"，我们必须与时俱进。这样的努力或许仍然徒劳，但作为一名"人文教师"至少已经尽力。尽管是许多年前的旧文，现在读来仍未过时，这带给我一种安慰与满足，让我对自己的"职业生涯"问心无愧。

  每个时代都有属于它的时代旋律。在躬逢其盛的"现代性"思潮下，中国学界曾经为"人的归来"而殚精竭虑。时至今日在"后现代"的语境中，从海内外相聚的学者们，都有意无意地接受了"解构论"的招安，对"人的离去"无动于衷。对此很难简单地用"进步或倒退"的标签来给出评价。就我个人而言，我始终认为"喜新不厌旧"是人文研究的最佳选择，学术的继往开来总有其相关的思想谱系。当我们迷思于各种层出不穷、花样翻新的"说法"之际，很可能已面临理论的陷阱。无论如何，在"轻文明"社会中，"与时俱进"地把培植思想之花的学术苑地变成展示学术时尚的走秀T台，这种自悦自乐的情景和自欺欺人的嗜好，会让我们越来越远离真正的"人文学术"，不该得到鼓励。在形势大好之下，为了能够更好地从胜利走向新的胜利，保持一份理智与清醒从来都不是坏事。没必要不好意思承认一个事实：众多西方学者扎堆地来到早已并不神秘的中国，参加各种"文艺理论高峰会议"，未必是他们多么渴望与我们进行"跨文化交流"，很大程度上其实是除了不差钱的中国，他们早已无处可去。我不知道现在是否已经到了"中国可以说'不'"的时候，我只是确定，当今世界早已进入"没有大师，不见英雄"的时代。在"理论之后"的人文学界，曾经的"学术神话"早已破灭。那些仍在兜售剩余理论库存的西方学者们，早已不再能充当"文化英雄"的角色，失去了在人文研究领域呼风唤雨的魔力。

# 后 记

　　学术门派的花拳绣腿可以获得行业看客们的喝彩，但永远解决不了真正的学术问题，这个道理无须再做论证。翻来覆去地让人文研究充当向某种"说法"颁发证明其伟大正确的行业证书的角色，这样的"学术产品"事实上已对我们的人文事业构成威胁。真理往往是简单的。"修辞立其诚"，这句来自孔子的千年古训早就道出了"如何做学问"的不变之"道"。在财富为王的时代，曾经被视为"象牙塔"的学术阵地正在快速沦陷为名利场的殖民地，一度清高的校园开始盛行似是而非的专业主义。利益交换早已全方位渗入自视甚高的学术界，在五花八门的学术荣誉大幅度贬值的背景下，所谓的"精致的利己主义者"们层出不穷。时至今日，能否逆流而上，成功捍卫人文研究的尊严，这对于每一个人文学者都是一个挑战。我无法预测，只有希望：期待在今后的日子里，我们的美学研究能够后继有人。当然，现实从来都是严酷的，唯其如此，生命中不能没有一点浪漫情怀。我会怀念那段燃情岁月，怀念那种永远具有人文价值的理想主义精神。

2019年6月16日于玉泉求是村